中国人民大学宪政与行政法治研究中心
● 比较行政法研究所系列丛书 ●

比较行政法
——方法、规制与程序

The Comparative Administrative Law
—Method, Regulation and Process

主编 杨建顺

中国人民大学出版社

《比较行政法》文丛编辑部

主　任　杨建顺
副主任　高秦伟　宋华琳
秘　书　张步峰

地　　址　北京市海淀区中关村大街59号
　　　　　中国人民大学法学院
邮政编码　100872
电子邮件　xzf.yang@126.com

所长寄语（代序）
携手共创比较行政法研究新时代

《比较行政法》文丛所肩负的使命有如下四点：首先，她是该所及其研究员的研究成果交流平台；其次，她是该所及其研究员和国内外行政法学者进行交流的平台；再次，她是中国与世界行政法的理论研究和制度实践交流借鉴的通道；最后，她是公共政策讨论、研究、参与和制定过程中放眼世界，与世界接轨，进行科学决策的重要参考。

在以信息技术为中心的技术革命带来了经济、社会、政治和文化等环境变化，企业与经济、政府与行政、国内与国际社会等体制皆要求变革的时代，《比较行政法》文丛将对各国行政法最新状况（理论研究和制度建设）、各国行政法的异同及最新发展，乃至中国行政法在世界范围内的定位等问题展开跟踪式、全程式的介绍和研究。因此，《比较行政法》所容纳的内容广泛，她不必强求"研究"、"论证"或者纯学术性，也可以是翻译、介绍；不限于理论探索，也可以是制度借鉴。总之，只要具有比较行政法的色彩，甚至作为比较行政法的前提素材的外国行政法、中国行政法的内容，皆可为她所包容。

和其他任何领域的比较研究一样，《比较行政法》也特别提倡并十分重视运用各国原版文献和第一手资料的成果。但是，她绝不拘泥于第一手资料，对于那些运用既有资料展开扎实比较、系统分析、深入求证的成果，她同样是衷心期待的。此外，各国行政法领域的时事问题以及基础信息，也将成为《比较行政法》的重要构成要素。当然，有关介绍和研究本身应当是立体式、交叉式和点、线、面相结合的，有关信息或者资料应当是尽可能地具有客观性、真实性的。

比较行政法当然与中国行政法乃至中国行政法学密不可分，或者说，中国行政法、中国行政法学的实务状况把握以及理论研究积淀，当然是比较行政法探索、考察和研究的基石或者构成部分；对外国行政法的学习和借鉴，促成了中国行政法制建设和行政法学研究的生成、发展和逐步完善；对中国行政法制建设和行政法学理论的全面、系统而深入的研究，无疑将推动中国比较行政法研究的进一步发展。因此，引入比较法视角的某些中国实务问题和相关理论研究的成果也可以成为《比较行政法》文丛的构成要素。

毋庸讳言，《比较行政法》的着重点在于以行政法为依托来完成"比较"这项艰辛而崇高的工作。这里的所谓"比较"，基于前面所述，当是一个动态的空间和过程。不仅有关栏目设置将不断增加和整合，而且征文的范围也会不断得到适宜的调整。我们知道，每一篇文章、每一个栏目的直接目的或者所能解决的问题都是有限的。我们坚信，只要我们坚持不懈地努力做下去，必定会收获可喜的果实和无限的可能性。

《比较行政法》文丛的研究力量主要是来自具有无限可能性的年轻学者和学子。或许，这些年轻研究人员刚刚步入行政法学界，还没有足够的公之于世的成果，还没有成"家"成名，但是，他们所具有的域外求学、访问、交流等的阅历背景，他们对外国行政法、中国行政法和比较行政法的问题意识和潜心研究，他们大胆假设、仔细求证、旁征博引、勤于探索、笔耕不辍的治学姿态，无不在向人们呈示其自身和中国比较行政法乃至中国行政法制建设和行政法学研究的无限可能性。《比较行政法》正是他们展示这种可能性的重要平台。

通过这样的一系列工作，联结不同的知识体系，连接理论研究和实务探索，团结天各一方的研究者和实务家，齐心协力来探索现代社会发展所要求的"综合性"或者"专门性"的视点，对超越理论研究和实务领域的问题进行全面或者专门的分析，这将是《比较行政法》积极践行并永远追求的目标。因此，为了形成"综合性"或者"专门性"的视点，就必须强调研究视野和过程的开放性。换言之，《比较行政法》不仅属于比较行政法研究所正式研究员，而且也属于其他任何对比较行政法、外国行政法以及中国行政法感兴趣或者有研究的人们。

比较行政法的发展，依存于对所比较对象的充分把握。比较行政法研究的科学性，成立于所选比较对象的容许性。当一种制度、一种理论或者构想在某个国家萌芽、生成、并取得一定的发展之时，通过将其置于比较研究的视域之中，寻找其他国家的相应参照物，将更加有利于人们深入且全面地把握相关制度。中国比较行政法研究已经走过简单罗列和宏观体系的介绍阶段，进入了拓展新的视野、挖掘深层课题的扎实探索时期。《比较行政法》文丛是我们携手共创中国比较行政法研究新时代的重要平台。刚刚创立的《比较行政法》还很稚嫩，她的发展成长，需要每一位热爱行政法和比较行政法的朋友给予理解和支持，包括广大研究者和学子的理解、支持，包括诸位作者和读者的理解、支持。

《比较行政法》的出版，有来自诸方面的理解和支持，有我们十二分的激情、热情和持之以恒的努力，相信《比较行政法》文丛必将茁壮成长，为中国比较行政法和行政法学研究做出其应有的贡献。若果如此，那就是我们的所愿，也是我们的荣耀了。

杨建顺

中国人民大学宪政与行政法治研究中心

比较行政法研究所所长

2007 年 5 月

目　录

方法探索

前行没有路障
　　——比较行政法学与中国当代
　　　行政法学发展的一个概览 …………………… 骆梅英、朱新力　3
比较行政法学的历史使命和方法论 ………………………… 章志远　16
论行政法比较的可能性与比较方法 ………………………… 王维达　30
外国行政法研究的几个问题 ………………………………… 田思源　36

行政权能

走向综合的行政信赖保护方式 ……………………………… 王贵松　53
略论有限政府的职能定位问题
　　——从新近发生的政府职能争议案例说起 ………… 莫于川　73
论地方政府规章的制定权限 ………………………………… 刘文静　86
论法律保留范围的确定标准与立法政策学
　　——从比较法视角的解读 ……………………………… 许亚东　99

行政程序

行政程序中的形式与形式主义 ……………………………… 刘　艺　109
论行政程序中的律师代理制度 ……………………………… 于立深　121
美国社会保障中的听证制度 ………………………………… 胡敏洁　136
论中国行政程序的正当化
　　——兼及比较行政法研究的一点认识 ……………… 张步峰　147

行政评价

论行政评价机制与参与型行政 …………………… 杨建顺 159
美国监管影响分析制度述评 ……………………… 马英娟 185

纠纷解决

日本 ADR 的新动向
　　——以"ADR 基本法"为中心 ………………… 王天华 205
美日行政纠纷解决机制比较研究 ………………… 王丹红 217
行政执法和解制度探讨 …………………………… 赵银翠 236
试论政治解决途径在我国土地历史遗留问题中
　　的选择性适用 ……………………………… 张艳丽 246
浅论民事纠纷处理的行政介入机制 ……………… 吕艳滨 260

规制诉讼

通过诉讼防范规制机关的不作为
　　——透视美国环境规制政策中的公民诉讼制度 ……… 张兴祥 275

归责赔偿

法国行政责任归责原则之无过错责任 …………… 沈　军 293
普通法传统下香港行政赔偿的类型与实践 ……… 许　炎 301

名著精译

风险规制中的标准制定和对责任公共行政
　　的探求 …………… ［英］Elizabeth Fisher 著　宋华琳译 315
对独立机关独立性的争论
　　——一种实证考察 …… ［美］Geoffrey P. Miller 著　苏苗罕译 338
《联邦行政程序法》中的一个非立法性规则
　　条款 …………………… ［美］Russell L. Weaver 著　郑淑霞译 345

新著评介

感悟法国的行政法治
　　——在读译《法国行政法》之间 ………………… 高秦伟 361

附录

《比较行政法》文丛及约稿函 …………………………… 373

方法探索

前行没有路障
——比较行政法学与中国当代行政法学发展的一个概览

骆梅英[*] 朱新力[**]

> **目 次**
>
> 引言
> 一、"打地基、搭框架"时期（1978—1989）
> 　（一）苏联和东欧国家行政法学的历史烙印
> 　（二）大陆法系国家行政法学的间接继受
> 　（三）英美法系国家行政法学的理念传承
> 二、"砌砖墙、建主楼"时期（1989—1998）
> 　（一）立法导向下的比较行政法学
> 　（二）从宏观体系转向微观制度的介引
> 三、"搞粉刷、内装修"时期（1998— ）
> 　（一）比较行政法走向成熟，中国问题意识显现
> 　（二）学说概念进一步精细化
> 四、小结

引 言

　　马丁·洛克林曾言，寻求在社会发展的语境中表述和阐明公法问题是一种历史悠久的智识活动。而对中国当代行政法学发展历程的考察，简直就是在为这句话添加一个生动而贴切的注脚，尽管我们的结论也许无涉对于这种智识活动成功与否的评判。仅仅从过程角度来审视，不可否认的是，对域外行政法学理论和制度的借鉴、吸

---
[*] 浙江大学法学院宪法学与行政法学专业博士研究生。
[**] 浙江大学法学院教授，法学博士。

收、引入在这种智识活动中扮演了重要的角色。由于学科基础的薄弱①，域外行政法相对发达国家的公法理论和制度成为我国当代行政法学发展过程中每一步跨越都"走不出的背景"。这种影响并没有因为公法领域相对于私法领域开展比较法研究更为困难而有丝毫减轻，相反，在某种程度上，当代我国行政法学理论在发展之初就是在一大堆舶来词汇的基础上构建起来的。从负笈英伦的龚祥瑞先生在晚年怀着宪政与法治情结撰写的《比较宪法与行政法》②，到堪称开启了行政法学一个时代的王名扬先生撰写的《英国行政法》、《法国行政法》、《美国行政法》三部曲③，对域外行政法学理论和学说体系启蒙式的介引，极大加速和推动了始终处于蹒跚学步期的中国行政法学的发展。从早期的美浓部达吉、古德诺、南博方、施瓦茨到晚近的韦德、盐野宏、毛雷尔、斯图尔特等，再到最近我们甚至都无法一一列举名字的这些在我们的行政法学论文中——无论是内容还是注释——展现耀眼光芒的外国行政法学名家，几乎在中国行政法学发展的每一个台阶上都有他们不可磨灭的脚印。

另一方面，考察对域外行政法学的借鉴、吸收、引入的过程同样也不能脱离中国当代社会发展的语境。公法在某种程度上作为政治话语的延伸，在不同的社会发展阶段，其核心问题也随之改变④，是曰"公法常变，而行政法常新"。公法学者从来也不能"跟着感觉走，紧抓住梦的手"，相反则是需要一双"慧眼"将蕴藏于纷繁复杂的社会现象之后且不断变迁的时代主题看个"清清楚楚，明明白白，真真切切"。如果我们将中国当代行政法学的发展过程比喻为造房子的话，那么在下文所论述的三个不同的建造时期，从初期行政法学话语结构、学科框架的搭建，注重对域外行政法学宏观体系的介绍，到中期结合具体制度的构建注重对域外行政法学的某一制度或学说的引入，再到晚近框架体系进一步确立、跨学科研究开始出现、新的行政法哲学抬头等，域外行政法学也

---

① 姜明安教授认为，从1949年新中国成立到1978年中共十一届三中全会召开的30年期间，可称为我国行政法发展的"史前阶段"。在此期间，很少有学者专门研究行政法学，全国几乎没有出版过一部行政法学教科书或行政法学专门著作，也几乎没有一所高等学校的法律院系开设过中国行政法学专门课程。建国30年，行政法学在我国学科分类目录上一直处于空白状态。参见姜明安主编：《行政法与行政诉讼法》，70页，北京，北京大学出版社、高等教育出版社，1999。

② 参见龚祥瑞：《比较宪法与行政法》，北京，法律出版社，1985。

③ 王名扬先生的主要作品有：《英国行政法》，北京，中国政法大学出版社，1987；《法国行政法》，北京，中国政法大学出版社，1988；《美国行政法》（上、下），北京，中国法制出版社，1994。张树义教授认为中国行政法学事实上存在一个"王名扬时代"，可以说，没有哪位中国行政法学者的著作，能够达到如其"外国行政法三部曲"这样高的知名度和引用率，参见张树义：《行政主体研究》，载《中国法学》，2000（2）。应松年教授也认为，王老的这三部著作，"20年来，对拓展中国行政法学者的视野，推进我国行政法理论研究，乃至从中获得借鉴、促进我国行政法制的发展完善，都起着重要的作用。可以说，目前正在从事行政法理论研究和实务工作的人，都从其中获益"。参见应松年：《编辑缘起》，载张越编著：《英国行政法》，北京，中国政法大学出版社，2004。

④ See Bernard Schwartz, *Some Crucial Issues in Administrative Law*, 28 Tulsa L. J, 793 (1993).

相应地从单一学科朝着跨学科、从关注司法审查朝着同时关注行政过程的研究方向发展；从纠"左"话语下对苏维埃行政法的"情有独钟"到干部人事制度改革背景下公务员法比较研究的"一枝独秀"以及行政程序法立法导向下行政程序比较研究的"如火如荼"，再到行政国家下以追求良好行政为己任的政府规制研究的"崭露头角"，这些都表明域外行政法学的引入与中国当代社会发展语境下行政法学的兴衰水乳交融的一面。

本文试图从一个"航拍者"的视角，概览自 1978 年以来域外行政法学对我国行政法学发展的影响。如前所述，如果将中国行政法学的发展过程比喻为造房子的话，这种影响大致可以划分为三个时期。1978 年至 1989 年为"打地基、搭框架"时期，这一时期行政法学处于初创阶段，学科框架初步确立，域外行政法学的引入以宏观体系的介绍为主；1989 年至 1998 年为"砌砖墙、建主楼"时期，行政法学从宏观体系的介绍转向具体制度的构建，行政法学理论逐步走向成熟，域外行政法学的引入以立法为主轴，以制度和学说引介为核心；1998年至今为"搞粉刷、内装修"时期，行政法学研究走向繁荣，学科体系框架进一步确立，域外行政法学的研究呈现"百花齐放"的场面，大量的译著、文章被介绍到中国，并推动行政法学的发展朝着更关注行政过程、部门行政法的方向发展。

一、"打地基、搭框架"时期（1978—1989）

1978 年党的十一届三中全会以后，法律和法制逐渐在政治话语中获得了话语的正当性和合法性，一度被打入"冷宫"的行政法也因国家行政管理实践的需要尤其是 1982 年机构改革以来充分暴露的行政管理方面的问题而开始日益"走红"。这一时期，行政法学的学科体系初步确立，而在这个重建过程中，域外行政法学作出了卓越的贡献，同时对这种贡献的考察事实上也在为我们回答"中国行政法学从哪里来"这个学科发展的源头问题提供答案。

（一）苏联和东欧国家行政法学的历史烙印

1978 年开始乃至整个 20 世纪 80 年代，由于受到整个意识形态、政治气候和社会结构的影响[1]，早期我国的行政法学研究受苏联和东欧国家渗透着浓厚

---

[1] 苏力将 1978 年至整个 20 世纪 80 年代的法学研究称为"政法法学"时期，并且认为这一时期法学虽然逐渐与政治相分离，但是并没有形成属于学科自身的专业性的问题，而"基本上是一种政治话语和传统的非实证的人文话语"。苏力关于"政法法学"的判断同样也可以在行政法学上得到印证。如在早期的行政法学教材上经常性地会出现"中国特色的社会主义行政法学体系"、"在党的统一领导下实行党政分工和党企分工的行政法原则"、"社会主义国家的行政法不同于资本主义国家的行政法"等词句。参见苏力：《也许正在发生——中国当代法学发展的一个概览》，载《比较法研究》，2001（3）。

的行政管理色彩的行政法学影响甚巨。

首先在基本理念上，20世纪80年代苏联和东欧许多国家的行政法学往往同行政管理相结合，并且同"行政违法法典"[①]相联系，其主要目的在于通过行政命令的手段来管理社会，强调公民遵守行政法规范，忽视对管理者的监督和公民一方的权利，行政法被视为"管理法"，最典型的定义是："行政法作为一种概念范畴就是管理法，更确切一点说，就是国家管理法。"[②] 早期我国行政法学因此也受"管理论"影响[③]，将行政法定义为"关于国家各个方面行政管理活动的法律规范的总称"[④]、"一切行政管理法规的总称"[⑤] 等等。其次，在著述体例和内容上，我国20世纪80年代初期、中期出版的行政法学教科书多以苏联和东欧的行政法学著述[⑥]为蓝本。以我国第一部公开出版的统编行政法学教科书——《行政法概要》和瓦西林科夫主编的《苏维埃行政法总论》为例，前部被誉为"开启了我国行政法学研究之先河"的著作，主要的章节包括"我国国家行政管理的指导思想和基本原则"、"国家行政机关"、"国家行政工作人员"、"行政行为"、"国家行政管理的法律监督"等。而后者则主要分为"苏维埃行政法——社会主义法律的一个部门"、"苏维埃国家管理的概念和原则"、"苏维埃行政法主体"、"苏维埃国家管理的形式与方法"、"行政诉讼"、"苏维埃国家管理中法制和纪律中的保障"六章。两相对照，多少都能在前者身上找到一些后者的影子。在内容上，《行政法概要》一书的编写正如该书前言所说乃"从我国当前国家行政管理的实际出发"并"结合目前我国正在进行的国家行政机构改革新经验"修订，而且其分论也都以"行政管理"为题，论述各个领域的行政管理原则和规范，这也与苏联和东欧许多国家80年代的"管理行政法"、将行政法作为管理的工具的特征相吻合。

---

① 原苏联最高苏维埃于1980年10月23日通过苏联历史上第一个《苏维埃社会主义共和国联盟和各加盟共和国行政违法立法原则》，俄罗斯则先后于1984年和2001年通过了两部《行政违法法典》，1984年的中译本为任允正、马骧聪译：《俄罗斯联邦行政违法行为法典》，北京，法律出版社，1987；2001年的中译本为刘向文译：《俄罗斯联邦行政违法法典》，北京，中国人民大学出版社，2004。转引自朱新力、宋华琳：《现代行政法学的建构与政府规制研究的兴起》，载《法律科学》，2005（5）。

② [苏] B·M·马诺辛等著，黄道秀译：《苏维埃行政法》，24页，北京，群众出版社，1983。

③ 参见罗豪才：《行政法之语义与意义分析》，载《中国法学》，1993（1）。

④ 《法学辞典》，修订3版，上海，上海辞书出版社，1989。

⑤ 王珉灿主编：《行政法概要》，北京，法律出版社，1983。

⑥ 主要的译著有 [苏] B·M·马诺辛等著，黄道秀译：《苏维埃行政法》，北京，群众出版社，1983；[苏] 瓦西林科夫主编，姜明安、武树臣译：《苏维埃行政法》，北京，北京大学出版社1985；[苏] 科兹洛夫等主编，中毅、林芳译：《苏联国民经济管理的行政法原则》，北京，法律出版社，1985。事实上，在此之前，我国在20世纪50年代曾开设过苏维埃行政法课程，当时就已经翻译了大量苏维埃行政法的著述，如 [苏] 符拉索夫著，中国人民大学国家法教研室译印：《苏维埃行政法提纲》，1954；[苏] 科托克：《苏联行政法概论》，北京，人民出版社，1951；[苏] 科拉夫楚克著，王庶译：《国家法·行政法》，北京，法律出版社 1955。

不仅如此，这一影响也可以在整个80年代苏联、东欧国家行政法译文所占外国行政法译文的比重上得到印证。在1980年至1989年我国翻译的外国行政法译文和比较行政法论文中，苏联和东欧国家的行政法译文和比较行政法文章约占三分之一。[①] 苏联和东欧行政法学的引入成为我国行政法学早期发展过程中抹不掉的历史烙印。

（二）大陆法系国家行政法学的间接继受

我国行政法学在早期由于受到时代背景和苏联行政法学的影响，依附于其他学科尤其是政治学和行政管理学，因此其自身的学科特点和专业话语并未建立。但是随着理论和实践的发展，其学科地位进一步巩固，专业领域的问题开始出现，行政法学要继续发展必然需要确立真正意义上独立的自主地位，建立一套能回应实践的专业话语体系和一个能运用这套话语体系的职业共同体，虽然这可能更多的是20世纪80年代后至20世纪90年代的工作重心，但是在此之前，作为法学意义上的行政法学亟待建立起一套突出其法学属性和淡化其行政学属性的概念和框架体系。如果说苏联和东欧国家的行政法学对我国行政法学发展的影响更多地体现在"行政"一面上的话，则大陆法系尤其是德国、法国行政法学的影响主要是体现在"法"的一面上，尤其是学科的框架体系上。我国行政法采总论、分论体系，围绕行政主体、行政行为、行政救济等核心概念展开，并采行政行为类型化分析路径，在此基础上发展起行政处罚、行政许可、行政强制等概念，由这些关键词构建起来的行政法学大厦的"建筑风格"与法、德行政法学框架体系存在异曲同工之妙。

最直接的证据莫过于被学界誉为中国行政法学研究的"概念工具百宝箱"的《法国行政法》，该书对行政行为理论的全面介绍在今天仍然是"中国行政法学研究的基石"（应松年语）；该书介绍的行政合同制度，整整影响了一代行政法学家；更为重要的是作者在这部书中对行政法院制度的介绍，成为我国行政诉讼法的范本和国家赔偿法立法时的重要参考资料。王老的贡献，使得我国行政法学在理论体系和分析框架上更多地与大陆法系国家行政法学存在一个间接

---

① 如［捷］约瑟夫·梅克尔著，陈振业译：《捷克斯洛伐克国家管理机关的社会主义特性》，载《外国法学译刊》，1981（3）；［匈］阿·劳宾：《匈牙利人民共和国检察院对行政机关的监督》，载《法学译丛》，1981（1）；［保］J. I. 斯泰诺夫等著，姜明安译：《社会主义行政法的特征、渊源和范围》，载《国外法学》，1982（5）；［苏］B. M. 拉扎列夫著，锡生摘译：《苏联国家管理机关的相互关系》，载《法学译丛》，1982（5）；［苏］P. A. 谢尔吉廷科著，锡生译：《完善苏维埃公务立法》，载《法学译刊》，1985（3）；［南斯拉夫］留比沙·科拉奇著，刘赓书译：《论南斯拉夫的国家行政管理制度》，载《法学译丛》，1986（5~6）；［波兰］科林·T·瑞达著，周汉华译：《波兰的行政诉讼程序》，载《法学译丛》，1989（1）；李华年：《苏联第一部行政法典——乌克兰行政法典》，载《外国法学研究》，1985（3）、（4）；任庆安：《保加利亚的民意征询法》，载《政治与法律》，1989（1）等等。具体可参见宋华琳、苏苗罕整理：《外国行政法和比较行政法论文译文篇目年表（1977—2004）》，感谢作者提供资料。

继受关系。

　　这种间接性还体现在日本行政法学和我国台湾地区行政法学对我国大陆行政法学的影响上。[1] 日本行政法学与我国行政法学的亲缘关系可以追溯到上个世纪20、30年代。当时我国出版和翻译的外国行政法学著作和论文中，尤以日文为最[2]，当时很多著名的行政法学者也都有留学日本的经历。如我国第一本行政法学著作——上海商务印书馆出版的《行政法总论》的作者白鹏飞教授，就师承了导师日本东京帝国大学法学部教授美浓部达吉博士的理论体系[3]，而作为日本行政法的理论指导者的美浓部达吉教授，其代表作《日本行政法》则继受了德国行政法学奠基者奥托·梅耶撰写的《德国行政法》的体系结构。[4] 这些民国时期出版的行政法学专著译著，则成为我国20世纪80年代初期行政法学学科重建的重要文献资料。无论是教材编撰还是体系架构，都相当程度上参照甚至引用了这些专著译著，在此基础上得以发展壮大至今。[5] 另外日本行政法学者南博方撰写的小册子《日本行政法》[6] 也对我国早期行政法学研习者影响深远。日本行政法与德国行政法之间的源远流长的关系，使我国行政法也间接继受了德国行政法的体系和框架。

　　当我们惊叹于学术的长河中那因点点星光而激起的层层涟漪，乃至形成波澜壮阔的图景时，探求规律的知识理性告诉我们谱系形成的背后不仅仅是偶然。事实上，20世纪80年代初我国行政法学面临着在文献资料短缺、知识储备贫乏的情况下短时间内迅速重建学科体系的难题。在当时有限的知识竞争中，大陆法系以其缜密的概念体系和严密的法律思维，必然成为建构中国初创的行政法学体系的首选，尽管我们无法考证这种选择背后的理性成分有多大。

（三）英美法系国家行政法学的理念传承

　　如果说，大陆法系行政法学以其概念框架在中国行政法学重建的知识赛跑中赢得了胜利的话，那么英美法系的很多理念则因为更能打动人的心怀而在中国培育了生长的土壤。20世纪80年代中后期，我国社会进入了一个思想活跃期，民主和法制进一步发展，人们不再满足于苏联"官本位"似的"管理型"

---

[1] 参见朱芒：《外国法的意义与中国问题意识——简评于安：〈德国行政法〉》，载《法学》，2001(1)。

[2] 在1984年出版的《行政法资料选编》（《行政法概要》编写组编撰，法律出版社1984年版）的附录中，列举了清末和民国时期的外国行政法译著22种，其中日文著作有14种，比例为63.6%，如[日]清水澄著，商务印书馆编译所译：《行政法各论》，上海，商务印书馆，1919；[日]美浓部达吉著，杨邻芳、程思谦译：《行政法撮要》，北京，商务印书馆，1934。

[3] 参见陈新民：《行政法学的拓荒者》，载陈新民：《公法学札记》，263~268页，台北，三民书局，2005。

[4] 参见陈新民：《德国公法学基础理论》（上册），132页，济南，山东人民出版社，2001。

[5] 参见《行政法概要》编写组编撰：《行政法资料选编》，附录四，北京，法律出版社，1984。

[6] 参见[日]南博方著，杨建顺等译：《日本行政法》，北京，中国人民大学出版社，1988。

的行政法学,渴望控制政府的权力,人民与政府之间的平等对话,因此,以"控权"为核心的英美行政法学迎合了这一社会发展对行政法提出的要求。说到英国和美国行政法学对早期我国行政法学发展的影响就不能不提到两位学者和一本著作。两位学者都是在比较行政法学领域居功甚伟的人物,一位是北京大学的龚祥瑞先生[①],另一位是中国政法大学的王名扬先生。[②] 龚先生早年留学英国伦敦大学经济政治学院,师从詹宁斯、拉斯基等名家研读法律学与政治学。归国后,致力于将西方宪政和法律制度介绍到中国,并倡导在法学研究领域开展实证调研,其思想、著述对我国宪法与行政法学的发展影响深远。[③] 在龚先生的影响下,我国行政法吸收和借鉴了英国行政法的一些理念和制度,其中包括英国文官制度对我国公务员制度的影响;越权无效、自然公正两大原则在我国行政法指导思想中的渗透;行政合法性原则和行政合理性原则作为我国行政法基本原则的确立[④];行政合理性原则的内容、自由裁量的概念和理论等等。王名扬先生的三部外国行政法著作在我国行政法学发展史上的地位已得到了学界的一致公认[⑤],这三部经典著作为我国行政法的发展奠定了重要的知识基础,直到今天,它们仍然是行政法学研习者必读的著作和学者在讨论相关问题时必引的著作。"一本著作"则是指伯纳德·施瓦茨教授的《行政法》[⑥],这是我国

---

① 龚祥瑞先生的主要作品、译著有:《西方国家的司法制度》(与罗豪才、吴撷英合著),北京,北京大学出版社,1980;《英国行政机构和文官制度》,北京,人民出版社,1983;《比较宪法与行政法》,北京,法律出版社,1985;《文官制度》,北京,人民出版社,1985;《行政与行政诉讼法》(主编),北京,法律出版社,1989;《法治的理想与现实:〈中华人民共和国行政诉讼法〉实施现状与发展方向调查研究报告》(主编),北京,中国政法大学出版社,1993;《宪政的理想与现实》,北京,中国人事出版社,1995;[英] W. I. 詹宁斯著,龚祥瑞、侯健译:《法与宪法》,北京,三联书店,1997。先生还曾在80年代组织翻译过丹宁勋爵的一套丛书:《法律的训诫》、《法律的界碑》、《法律的正当程序》等。

② 当然,王名扬先生所涉猎的不仅仅是英美行政法领域,在其撰写的三部巨著《英国行政法》、《法国行政法》、《美国行政法》中,《法国行政法》以其翔实的外文资料和对法国行政法理论和制度的精湛疏理成为影响我国行政法继受大陆法系国家行政法影响的又一力证。虽然其第三部著作《美国行政法》在1994年出版,严格说来也不属于本章节所讨论的时间段,但这些都无妨笔者在这里将两位先生相提并论,因为无论是从两位先生在比较行政法学领域的学术贡献还是从其对中国行政法学学科发展的影响来说,都处于先驱者的地位。

③ 例如,《西方国家的司法制度》详细介绍了法国的行政法院、英国的行政裁判所和美国独立管理机构的行政裁判制度,是我国较早出版的研究西方国家法律制度的著作之一;《比较宪法与行政法》则堪称我国比较行政法学的开山之作,直至现在仍然是高等法律院校比较行政法课程上的经典教材;《法治的理想与现实:〈中华人民共和国行政诉讼法〉实施现状与发展方向调查研究报告》则是我国法学界第一次专门而深入地对一部法律实施状况的调研,运用问卷、访谈和统计数字等方式,对我国新生的行政诉讼制度进行了实证研究。

④ 龚祥瑞先生是较早撰文论述行政法基本原则的学者之一,参见龚祥瑞:《论行政合法性原则》,载《法制建设》,1986 (1);《行政合理性原则》,载《法学杂志》,1987 (2);《行政应变性原则》,载《法学杂志》,1987 (6)。

⑤ See Bernard Schwartz, *Some Crucial Issues in Administrative Law*, 28 Tulsa L. J. 793 (1993).

⑥ 参见 [美] 伯纳德·施瓦茨著,徐炳译:《行政法》,北京,群众出版社,1986。

较早翻译的一本系统介绍美国行政法的著作,作者施瓦茨教授以流畅易懂的文体论述了行政法的全部论题,阐述了美国行政法的基本理论,因这本书而生的"美国行政法的核心是正当程序"的判断在学界影响多年,并且成为当时了解和研习美国行政法必读的著作。

二、"砌砖墙、建主楼"时期(1989—1998)

1989年乃至整个20世纪90年代,我国行政法出现了一个高速发展期,独立的学科地位得以确立,特别是《行政诉讼法》颁布之后,围绕该法以及最高法院的司法解释,针对司法审查的理论和实践问题,在当时已经逐渐译介的一些外国行政法著述影响下,学者们开始建构和讨论"行政行为"、"行政主体"、"行政相对人"、"行政法律关系"、"滥用职权"、"违反法定程序"等一系列概念,以司法审查为中心,以规范和控制行政权力为主线的行政法学体系得以架构。需要说明的是,将1989年作为划分两个不同时期的分界线,其实并非因为这一年发生的特别事件,可能更确切地应当是指80年代末至90年代初这一分界期[①],从这一时期开始,我国进入了一个行政立法的膨胀期[②],这一时期域外行政法学的研究呈现的一个突出特点是对外国法的引入以立法为中心,同时由早期注重宏观远景式的介绍转向具体制度的架构。

(一)立法导向下的比较行政法学

首先是从20世纪80年代末到20世纪90年代初围绕《行政诉讼法》展开的一系列司法审查制度的比较研究,《行政诉讼法》制定和实施过程中的具体问题的探讨和争论使得行政法学的许多基本理论成为确定的领域,在此基础上,涌现了很多新的"问题点",学界开始了建设行政法学科大厦"主楼"的工作。

---

① 几个标志性的事件是,1986年由法学家和部分实务界人士组成的行政立法研究组成立,负责起草具有全局性意义的行政立法,为立法提供咨询和搜集国内外行政立法的资料等等。该小组成立后,翻译了大量外国行政立法文本和资料,提出了行政诉讼法、国家赔偿法、行政处罚法试拟稿等,从此,我国行政立法工作开始了一个全新的局面。参见应松年:《行政法工作者的追求》,《中国走向行政法治探索》代序,载http://www.jcrb.com/zyw/n6/ca11524.htm,2005年6月24日访问。1989年,《中华人民共和国行政诉讼法》颁布,为行政法学研究提供了新的"经济增长点",开启了行政法学的新局面;1989年,罗豪才教授主编的《行政法学》由中国政法大学出版社出版,该书是继《行政法概要》之后第二本行政法学统编教材,其确立的行政法学的范畴、体系、基本概念和原则,对此后的行政法学产生了巨大影响。

② 参见姜明安主编:《行政法与行政诉讼法》,69页,北京,北京大学出版社、高等教育出版社,1999。

在此期间，翻译了外国大量有关行政程序法、行政救济法方面的论文[1]，出版了一定数量的有关案例分析的著作和案例汇集。[2] 这一时期，除行政诉讼法外，比较行政法学研究的中心主要集中在公务员制度、国家赔偿法、行政处罚法、行政强制制度、行政复议制度、行政程序法等领域[3]，而这些都涉及我国行政法领域当时被提上议程的全局性立法。其中对公务员制度的研究实际上是贯穿了1978年后的整个80至90年代，这主要与我国在纠正"左"的路线后所实施的一系列干部人事制度方面的改革以及一直以来学界对于制定一部完善的公务员法的期望相关。[4] 另外90年代中后期，特别是1996年《行政处罚法》颁布后，国内行政程序研究开始升温，并且随着设立一部统一的行政程序法呼声日益高涨，行政程序领域的比较研究可以说是至今仍然方兴未艾。以1997年为例，这一年比较行政程序法论文占到了比较行政法论文的近60%[5]，另外，先后出版的比较行政程序研究方面的著作也为极大地丰富了我国行政程序研究的资料。[6]

（二）从宏观体系转向微观制度的介引

这一时期，比较行政法学研究开始从早期的注重宏观远景式的介绍转向更为具体的学说和制度的构建。这个结论可以不费力地从对照1989年前后比较行政法论文、译文的题目和内容得出。早期行政法学由于处于"打地基、搭框架"时期，首要的工作是确立行政法学的学科地位，固然在研究风格上注重国外宏

---

[1] 如任高潮、周伟：《各国行政诉讼制度之比较》，载《中国法学》，1987（4）；姜明安译：《美国行政诉讼若干问题》，载《国外法学》，1988（4）；王勇亮：《法国近期行政诉讼法的重大改革》，载《法学杂志》，1989（1）；[日]富家藤四郎著，周游斌、陈亚平译：《日本行政法中的救济手段》，载《法学译丛》，1990（1）；[美]施瓦茨著，周汉华译：《英美行政程序的比较》，载《法学译丛》，1991（4）；[德]卡尔·赫尔曼·乌勒：《普通行政诉讼方式与特殊行政诉讼方式》，载《法学译丛》，1992（3）；[德]格尔诺特·多尔等：《德国行政程序》，载《法学译丛》，1992（5~6）；姜明安译：《英国司法审查规则》，载《行政法学研究》，1993（1）等。

[2] 如应松年、胡建淼等编著：《中外行政诉讼案例选评》，北京，中国政法大学出版社，1989；皮纯协、胡建淼：《中外行政诉讼词典》，北京，东方出版社，1989。

[3] 参见宋华琳、苏苗罕整理：《外国行政法和比较行政法论文译文篇目年表（1977—2004）》。

[4] 1978年至1997年，我国行政法学领域关于公务员制度方面的外国行政法和比较行政法论文有将近40多篇。参见宋华琳、苏苗罕整理：《外国行政法和比较行政法论文译文篇目年表（1977—2004）》。

[5] 1997年我国共发表外国行政法译文、比较行政法论文25篇，其中涉及行政程序法的15篇。如车美玉译：《韩国行政程序法（1996年）》，载《行政法学研究》，1997（3）；胡建淼：《行政程序法比较研究》，载《比较法研究》，1997（2）；叶必丰：《行政程序法的两大模式——两大法系行政程序法之比较》，载《中外法学》，1997（1）；张勇：《荷兰基本行政法典及东亚一些国家和地区的行政程序法的立法及其动向》，载《行政法学研究》，1997（4）；章剑生：《两大法系行政程序法观念之比较研究——兼论中国行政程序法观念》，载《比较法研究》，1997（1）；朱芒：《论行政程序正当化的法根据——日本行政程序法的发展及其启示》，载《外国法译评》，1997（1）等。参见宋华琳、苏苗罕整理：《外国行政法和比较行政法论文译文篇目年表（1977—2004）》。

[6] 如应松年主编：《比较行政程序法》、《各国行政程序法规汇编》，北京，中国法制出版社，1998；章剑生：《行政程序比较研究》，杭州，杭州大学出版社，1997；杨海坤、黄学贤：《中国行政程序的法典化——从比较法的角度研究》，北京，法律出版社，1999等。

观体系的介绍，如《社会主义行政法的特征、渊源和范围》①、《法国行政法和英国行政法》②、《现代行政与法》③ 等等，1989年后行政法学研究进入了"砌砖墙，建主楼"时期，自然需要进一步填充各个具体概念的定义、具体制度的内容等等，因此诸如行政赔偿责任制度④、强制与处罚制度⑤、行政复议制度⑥等一些外国法上的具体制度⑦被介绍到中国。

在著述方面，这一时期也是成绩斐然，主要翻译了日本的和田英夫、室井力，美国的盖尔霍恩和利文，英国的韦德等名家的行政法著作⑧，也出版了一些比较行政法著作。⑨

三、"搞粉刷、内装修"时期（1998— ）

当时钟指向1999年，这个世纪之交的年份，万物仿佛都在准备着迎接新世纪的曙光，刚刚度过幼年期的行政法学也像一只展翅的雏鹰站在了一个飞向更有作为的天空的起点上。这一年盐野宏的《行政法》⑩、平特纳的《德国普通行政法》⑪、罗尔夫·斯特博的《德国经济行政法》⑫、奥里乌的《行政法与公法精要》⑬、狄骥的《公法的变迁：法律与国家》⑭ 等等影响我国行政法学研究的大量译著问世，推动我国比较行政法的研究上了一个新的台阶。此后伴随着这股

---

① 参见［保］J. I. 斯泰诺夫等著，姜明安译：《社会主义行政法的特征、渊源和范围》，载《国外法学》，1982（5）。

② 参见［法］勒·达维著，高鸿钧译：《法国行政法和英国行政法》，载《法学译丛》，1984（4）。

③ 参见［日］西冈久鞆著，贾前编译：《现代行政与法》，载《国外法学》，1985（5）。

④ 参见王名扬：《法国的行政赔偿责任》，载《法学杂志》，1989（6）～1990（1）等。

⑤ 参见邱生：《当代日本的行政强制与行政处罚》，载《日本研究》，1991（2）等。

⑥ 参见胡建淼：《中外行政复议制度比较研究》，载《比较法研究》，1994（2）等。

⑦ 参见马龙：《美国行政裁决程序基本构成》，载罗豪才、应松年主编：《行政程序法研究》，北京，中国政法大学出版社，1992。

⑧ 参见［日］和田英夫：《现代行政法》，北京，中国广播电视出版社，1993；［日］室井力主编，吴薇译：《日本现代行政法》，北京，中国政法大学出版社，1995；［美］欧内斯特·盖尔霍恩、罗纳德·M·利文著，黄列译：《行政法和行政程序概要》，北京，中国社会科学出版社，1996；［英］威廉·韦德著，徐炳译：《行政法》，北京，中国大百科全书出版社，1997等。

⑨ 参见姜明安主编：《外国行政法教程》，北京，法律出版社，1993；胡建淼：《比较行政法：二十国行政法评述》，北京，法律出版社，1998；杨建顺：《日本行政法通论》，北京，中国法制出版社，1998等。

⑩ 参见［日］盐野宏著，杨建顺译：《行政法》，北京，法律出版社，1999。

⑪ 参见［德］平特纳著，朱林译：《德国普通行政法》，北京，中国政法大学出版社，1999。

⑫ 参见［德］罗尔夫·斯特博著，苏颖霞、陈少康译：《德国经济行政法》，北京，中国政法大学出版社，1999。

⑬ 参见［法］奥里乌著，龚觅等译：《行政法与公法精要》，沈阳，辽海出版社、春风文艺出版社，1999。

⑭ 参见［法］狄骥著，郑戈、冷静译：《公法的变迁：法律与国家》，沈阳，辽海出版社、春风文艺出版社，1999。

旋风，"忽如一夜春风来，千树万树梨花开"，外国行政法的大门就这样向我们敞开，奥托·麦耶、毛雷尔、沃尔夫、胡芬、古斯塔夫·泽佩尔、斯图尔特、夏皮罗、森斯坦、布雷耶、克雷格、卡罗尔·哈洛和理查德·罗林斯等等名家及其名作，Lexis-Nexis、West law、SOSIG Law Gateway 等等信手拈来的数据库和无所不包的互联网，书店里琳琅满目的行政法学著作、订书单上日新月异的行政法学新书目，每每让行政法研习者不由感慨："不是我不明白，这世界变化快。"

这一时期比较行政法学所呈现的百花齐放，事实上也是我国行政法学逐步走向繁荣的写照。笔者试着从这些纷繁复杂的图景中抓住几抹主色彩，也许有助于理解我国行政法学研究之部分现状。

(一) 比较行政法走向成熟，中国问题意识显现

随着行政国家、福利国家的兴起，行政权扩张的同时也给传统行政法带来了挑战。一是行政法总论如何适应各具鲜明特征且纷繁复杂的部门行政法的发展需要[①]，二是围绕司法审查为中心的行政行为类型化模式，将行政过程片面地割裂、划分为一个个单独的行政行为，如何克服难以全面纠正行政权运作中的缺陷的困境，三是过多依赖于司法审查的控权功能的行政法学如何在设计更好的行政政策、制度上更有作为，四是行政法学如何借鉴和引入经济学、社会学、政策学的分析工具，摆脱自给自足的学科体系[②]，等等。这些比较行政法研究与中国问题意识相结合的难题为我国行政法学打开了一扇新的窗户。于是，随着"行政过程论"，"行政法律关系论"，"政府规制学派"等域外新兴学说、流派的引入[③]，我国行政法学界也开始反思行政法学的功能定位、研究范式的转变等问题。与此相应的是，比较行政法开始朝着更多地注重于全面客观地描述和介绍外国行政法的具体制度的方向发展，从而努力为我国本土问题的解决

[①] 目前德国等大陆法系国家也在进行行政法总论的反思和改革，参见 [德] Rainer Pitschas 著，黄钲堤译：《论德国行政法总论之改革》，载《宪政时代》，第 24 卷第 1 期 (1998)。

[②] 包万超博士曾提出"作为严格社会科学的行政法学"，倡导在行政法中引入经济学、社会学、政治学、行政学、哲学等，参见包万超：《作为严格社会科学的行政法学》，载《法制日报》，1999-12-19 (上篇)，1999-12-26 (中篇)，2000-01-09 (下篇)。

[③] 参见 [日] 盐野宏著，杨建顺译：《行政法》，北京，法律出版社，1999；赖恒盈：《行政法律关系论之研究——行政法学方法论评析》，台北，元照出版有限公司，2003；董炯：《政府管制研究——美国行政法学发展新趋势评介》，载《行政法学研究》，1998 (4)；马森述：《重建日本经济 推进规制缓和——日本规制缓和的必要性和原则》，载《行政与法制》，2000 (9)；杨建顺：《公共利益辨析与行政法政策学》，载《浙江学刊》，2005 (1)；[英] 卡罗尔·哈洛、理查德·罗林斯著，杨伟东等译：《法律与行政》，北京，商务印书馆，2004；[美] 肯尼思·F·沃伦著，王丛虎译：《政治体制中的行政法》，北京，中国人民大学出版社，2005 等。

提供更多直接有益的借鉴。①

（二）学说概念进一步精细化

作为学说体系的行政法学，早期停留在粗放型思维上，注重宏观体系的搭建，忽视概念和内容的精细。至今，我国的行政法学在许多方面，还缺乏那些在概念上得到明确界定、在逻辑和意义上得到完全澄清的命题、方法和学说。很多舶来词汇仍然没有被吃透甚至理解，行政法学要继续发展必然需要建立起一套经过严格论证的知识体系。在这一方面，向来以思维缜密、逻辑严谨著称的德国法再一次进入我们的视野，毛雷尔的《行政法总论》、胡芬的《行政诉讼法》以及与德国行政法属于同一谱系的日本行政法著作盐野宏的《行政法》等等的翻译、出版，可以说为我国行政法学的研究迈上一个新的台阶提供了文献基础。在这些译著以及译文的影响下，现代行政法学的精耕细作正在使每一个概念成为一件件更为精致的工艺品。从最早的行政自由裁量权概念发展为裁量基准、不确定法律概念与判断余地、裁量余地理论，引申出构成要件、涵摄、法律后果之间的裁量，再到瑕疵裁量的三种形态②等等就是一例。

同样的进步还体现在研究方法的科学化，功能主义比较法③的盛行，以及研究分工的专业化上，在这个知识爆炸的时代，谁也不可能包罗世界各国的行政法，而是选择与自己知识结构、学术背景和问题意识最为契合的国别行政法，各信各的佛，各取各的经，从而为解决中国问题提供了多样的视角。

四、小　结

行政法学学术质量的提升，不外乎三种路径：输入外来学说，进行比较研究；弘扬优秀文化遗产；完成外来思想学说与本土法文化的结合与创新。④整理比较行政法学在我国行政法学发展过程中不同时期的特征和贡献，我们明白在第一条路径上我们一直在努力，并且也作出了一定的成绩；对于第二条路径，由于我国传统行政法律文化的薄弱，我们恐怕难有作为；第三条路径正是现在

---

① 如对国外信息公开制度的整理，参见杜钢建、刘杰：《日本情报公开法的制定与实施》，载《国家行政学院学报》，2000（2）；朱芒：《开放型政府的法律理念和实践——日本信息公开制度》（上）、（下），载《环球法律评论》，2002年秋季号、冬季号；对国外行政复议制度的整理，参见周汉华主编：《行政复议司法化：制度、改革与实践》，北京，北京大学出版社，2005等；对美国社会保障申诉委员会制度的整理，参见宋华琳：《美国的社会保障申诉委员会制度》，载《环球法律评论》，2004年春季号。

② 参见 Yutaka Arai-Takahashi 著，骆梅英译：《德国行政法上之裁量：学说重述》，载《行政执法与行政审判参考》，北京，法律出版社，2007。

③ 关于功能主义比较法，参见［日］大木雅夫著，范愉译：《比较法》，81页以下，北京，法律出版社，1999。

④ 参见王学辉：《对行政法学基础理论的思考》，载《西南政法大学学报》，2002（3）。

已经开始将来也始终坚持的前行的方向。当然，在域外行政法和比较行政法研究领域，我们还存在很多不足。诸如对于外国某一制度甚至机构的运行的实证性的整理还很少；对外国行政法学说史、制度史的整理不够重视；在翻译和引用国外行政法学资料上尚欠客观，往往将其作为论证自己观点成立的权威证据[①]，而对这一学说、制度在该国整个学界中的地位、产生的时代背景等缺乏把握，这样往往"容易导致根据论证需要剪裁撷取国外制度和学说片断的倾向，也难免有削足适履失真走样的可能"[②]。

　　罗马法有云，罗马应有一种法，雅典应有另一种法，虽然法律这种植物不一定会在不同的土壤中开花，但是在这个全球化、一体化浪潮影响下国家之间相互依赖不断增加、政治文化交流不断扩大的世界上，"比较法已经成为名副其实的法学家的基本知识"[③]。中国行政法学一路走来，可谓风雨坎坷，回首前程，我们不会因为曾经的幼稚或者知识传播的讹误感到可笑，甚至不屑，因为那是一个学科的成长难以回避的过程；展望将来，我们也不会因为现在仍存的不足或者学术研究的某些"硬伤"而感到沮丧，甚至放任，因为同样坚信前行没有不可逾越的路障。

　　[①] 波斯纳法官将这种现象称为"名望性"引证，往往暗示被引注著述的声望和地位，通过将自己的作品与被引注著述相关联，引注者就提高了自己作品的置信度。See Richard A. Posner, *The Theory and Practice of Citations Analysis, with Special Reference to Law and Economics (1999)*, University of Chicago Law School, John M. Olin Law & Economics Working Paper No. 83.
　　[②] 宋华琳、苏苗罕整理：《外国行政法和比较行政法论文译文篇目年表（1977—2004）》。
　　[③] [美]伯纳德·施瓦茨著，徐炳译：《行政法》，中文版序言，北京，群众出版社，1986。

比较行政法学的历史使命和方法论

章志远[*]

> **目 次**
> 一、比较行政法学在当代中国的发展
> 二、比较行政法学的历史使命
> 　（一）探究人类实现行政法治的共性规律
> 　（二）理解本国走向行政法治的个性选择
> 三、比较行政法学的方法论

德国学者塞克尔曾言："不知别国法律者，对本国法律便也一无所知。"[①] 一个多世纪以来，虽然争议、诘难不断，但比较法仍然像"魔女诱惑性的歌声"一样吸引了无数的虔诚研习者。不论比较法的本质是独立的法律学科抑或专门的研究方法，也不论比较法的目的是认知抑或移植，至少就其文化意义而言，比较法能够"把我们的目光转向其他法律制度，并把我们从民族主义的夜郎自大之中拯救出来"[②]。作为比较法的一个重要分支，比较行政法的研究自上世纪中叶以来一直得到了各国的普遍重视。在我国行政法学研究恢复以来的二十多年时间里，外国行政法的介绍和研习也日渐成为一种重要的学术研究进路，被公认为是"中国现代行政法得以迅速发展的重要因素之一"[③]。当然，从严格意义上来说，比较行政法学的研究在我国尚处于发展阶段，不仅与行政法学体系中其他分支学科

---

[*] 苏州大学法学院副教授，法学博士。
[①] ［日］大木雅夫著，范愉译：《比较法》，68页，北京，法律出版社，1999。
[②] ［德］伯恩哈德·格罗斯菲尔德著，孙世彦等译：《比较法的力量与弱点》，21页，北京，清华大学出版社，2002。
[③] 应松年：《编辑缘起》，载张越编著：《英国行政法》，卷首，北京，中国政法大学出版社，2004。

的发展存在差距，而且其本身的一些基本理论问题也没有得到应有的澄清。为了进一步推动比较行政法学在中国的发展，本文拟在简单勾勒比较行政法学研究现状的基础上，着重就比较行政法学的历史使命及方法论两个问题进行探讨，并就教于学界大方。

一、比较行政法学在当代中国的发展

人类的生活经验表明：对未来的展望与规划是建立在对历史与现实的深刻反思基础之上的。对于比较行政法学未来的发展而言，其同样应当建立在对现状的正确评估基础上。那么，我们应当怎样看待比较行政法学研究在当下中国的发展呢？从极为有限的学术文献来看，学界对此似乎存在两种截然不同的评价：一为消极评价，如有的学者指出，比较行政法学研究存在"有材料而少比较、有著述而无体系、有个别而乏宏观、有评说而欠方法论"等四个显著问题[1]；二为积极评价，如有的学者从学术史角度对我国的比较行政法学研究进行了一次全面而系统的梳理，认为1978年至1989年为"打地基、搭框架"时期，1989年至1998年为"砌砖墙、建主楼"时期，1998年至今为"搞粉刷、内装修"时期。[2] 笔者以为，在当代中国行政法学发展演进的二十多年里，作为研究方法的比较法确实风行一时，对提升行政法学术研究的水准起到了重要推动作用；但就其成熟程度而言，远未达到作为独立分支学科的比较行政法学的内在要求。为此，对当下比较行政法学研究的评估就应当从已有贡献和发展障碍两个方面进行分析。概括起来，二十多年来比较行政法学研究的贡献体现在以下四个方面：

一是比较行政法学译著之劳。翻译是从事比较法学研究的直接手段。通过外国行政法原始文献的翻译，能够为比较行政法学研究的展开提供充分的材料基础。自上个世纪80年代我国行政法学研究恢复以来，一批行政法学者在被称为"天下最难事"的译事上辛勤耕耘，翻译了大量外国行政法的著作和论文，为国内比较行政法学研究的兴起及时地提供了重要素材。从最初对苏联行政法著述的译介，到对美国、日本零星著作的翻译，再到晚近对西方诸行政法治发达国家行政法著述的大规模译介，可以说，外国行政法的翻译是过去二十多年我国比较行政法学所取得的最为耀眼的成就。在对外国行政法进行大量译介的基础上，以比较行政法命名的著作开始出现。如今，比较行政法、比较行政程序法、比较行政诉讼法、比较公务员法等著作充斥坊间。除此之外，外国行政

---

[1] 参见关保英：《比较行政法学若干问题探讨》，载《法学研究》，2001(2)。
[2] 参见朱新力、骆梅英：《前行没有路障——比较行政法学与中国当代行政法学发展的一个概览》，载http://lmykiky.fyfz.cn/blog/lmykiky/index.aspx?blogid=88047，2006年8月16日访问。

法与比较行政法方面的论文、译文也大量涌现。

二是域外先进制度借鉴之绩。我国行政法学研究的恢复与发展是伴随着大规模的行政法制度建设而展开的。在这一进程中，比较行政法学研究的"立法导向性"十分明显。正如德国比较法大师茨威格特所言："每一位追求高质量的立法者都认为，从比较法学方面拟就一般报告或者特别地以专家鉴定的方式提供资料，乃是不可缺少的工作手段。"① 自1986年行政立法研究组成立之后，组织翻译介绍外国的行政法律制度便成为其重要的工作之一。在短短两年时间里，行政立法研究组就组织译介了8个国家的26部法律。② 通过译介，域外发达国家诸多先进的行政法制度先后为我国的行政立法所借鉴、吸收。从上个世纪80年代至90年代对外国行政诉讼制度、国家赔偿制度、行政听证制度的参考与借鉴，到晚近以来对外国行政许可制度的关注，直至即将进行的行政程序法、信息公开法的制定过程中对国外相关制度的译介与整理，这些实践充分反映出我国当下比较行政法学研究服务于立法的功利主义倾向。

三是学科基本范畴提炼之功。法理学者张文显教授曾言："范畴及其体系是人类在一定历史阶段理论思维发展水平的指示器，也是各门科学成熟程度的标志。……如果没有自己的范畴或者范畴的内容模糊不清，就不能引发共识，各门科学就无法正常地、有效地沟通、对话、合作。"③ 随着比较行政法学研究的展开，西方国家行政法中的若干基本范畴逐一被介绍到我国，渐次为我国学者所吸收，从而在提炼基本范畴的基础上完成了行政法学知识体系的初步架构。以行政主体范畴在上个世纪80年代末期的生成为例，虽然当时的行政机关范畴在传递"行政权力行使者"上存在先天不足，且行政诉讼被告资格确认的现实需求加速了行政机关范畴解构的步伐，但这一新范畴的最终确立却得益于法国、日本行政主体理论的及时引入。值得关注的是，随着比较行政法学研究的深入，我国行政法学初创时期的学科基本范畴正面临着"系统重整"，包括行政主体在内的诸多基本范畴的内涵与外延都将在日益深化的比较行政法学研究中获得重生，立足于精细化范畴之上的行政法学知识体系的科学性也必将大大增强。

四是法学研究范式转换之德。自美国科学史学家库恩首度提出"研究范式"一说之后，人文社科学者频频采用这一工具分析各自领域的研究状况。在国内行政法学界，"研究范式"、"范式转换"也渐成当下的学术流行语。值得肯定的是，伴随着比较行政法学研究的日渐深入，国内学者的眼界顿开，研究方法、关注主题在潜移默化之中都出现了令人可喜的转变。有的学者在回顾当代中国

---

① [德] 茨威格特、克茨著，潘汉典等译：《比较法总论》，23页，北京，法律出版社，2003。
② 参见何海波编著：《法治的脚步声——中国行政法大事记（1978—2004）》，51页，北京，中国政法大学出版社，2004。
③ 张文显：《法哲学范畴研究》（修订版），1页，北京，中国政法大学出版社，2001。

行政法学的历程时,曾经将行政法学的研究范式概括为"政法法学"、"立法法学"及"社科法学"等三种类型。① 应该说,这三种研究范式的存在及其转换正是比较行政法学在我国二十余年来步履蹒跚的真实写照,同时在很大程度上也归因于比较行政法学的发达与否。一个典型的例证是,随着晚近以来美国行政法最新文献的大量译介,政府规制理论逐渐为国内学界所熟悉和运用,以关注真实世界行政法问题研究为己任的新行政法研究悄然兴起,从而在很大程度上激活了"沉睡已久"的部门行政法、行政实体法研究,进而初步回应了规制国家对传统行政法学研究范式提出的诸多挑战。可以说,比较行政法学研究的成熟必将进一步促进我国行政法学研究范式的转变,这是比较行政法学弥足珍贵且最值得期许的贡献。

应当承认的是,对于从其他学科夹缝之中生长起来的中国行政法学而言,上述四个方面的劳绩功德确属来之不易。但是,面对当下中国的社会转型对行政法学所提出的诸多课题,既有的比较行政法学研究尚不足以贡献更多的智力支持。概而言之,比较行政法学研究的深入发展面临如下四个障碍:

一是可资比较材料之局限。比较行政法学的深入发展有赖于外国行政法学原始文献的全面收集与准确译介,如同有的学者在论及比较行政法的研究范围时所指出的那样,开展比较行政法研究应从规范比较、制度比较、理论(思想)比较和环境(运行过程)比较等四个不同的层面进行。② 虽然外国行政法的著译事业在过去二十多年里已经有了长足的进展,但就其所提供的比较素材而言,总体上还存在很大的局限,突出表现为:偏好教科书式的介绍而忽略专题式的研究;偏好成文规范的译介而忽略司法判例的译介;偏好制度的静态描述而忽略制度的动态运行;偏好最新立法成果的译介而忽略学说史、制度史的系统梳理。很显然,在外国行政法所提供的素材极为有限的背景之下,真正有价值的比较行政法学研究也就难以为继。

二是域外制度学说之误读。比较法研究是一把双面刃。在正确、全面掌握外国行政法素材基础之上的比较研究,确有可能发挥比较行政法学的应有功能。反之,如果在对外国行政法制度学说不求甚解甚至一知半解的基础上进行比较研究,其结论必然失真。特别是比较法的研究者在进行比较法研究之前往往都接受了其本国法的教育,因而在对外国法研究时就更有受既定法律思维模式影响导致误读的可能。在我国当下林林总总的比较行政法学研究中,此类误读误解之例可谓俯拾皆是。此处仅举两例,以示所言非虚。一是在当下热闹非凡的

---

① 参见何海波:《中国行政法学研究范式的变迁——问题、方法与知识》,中国行政法学会2005年年会论文(2005年8月,海南博鳌)。

② 参见[德]沃尔夫等著,高家伟译:《行政法》,第一卷,"译者后记",529页,北京,商务印书馆,2002。

行政公益诉讼研究中，一种十分流行的叙事格式是：域外各法治发达国家均已建立了行政公益诉讼制度，其先进经验证明了中国建立行政公益诉讼的可行性。其实，深入考察西方主要国家的行政诉讼制度，不难发现，"行政公益诉讼是域外行政诉讼的通例"是一个典型的伪命题，其间反映了我国学者对西方国家相关制度的误解甚至曲解。二是在晚近比较行政程序法的研究中，一个代表性的研究结论是：大陆法系国家由于受传统的集体主义思想的影响，其行政程序法一般侧重效率模式；英美法系由于受个人主义法律传统及普通法中自然公正原则的影响，在目标模式上侧重于公正模式。撇开学者所言及的行政程序法目标模式究竟为何物不论，仅就上述比较研究结论而言，确有根据论证需要剪裁撷取国外制度和学说片断的倾向。

三是比较研究使命之模糊。在当下的行政法学研究中，一个日渐明显的趋势是，无论对于什么样的研究主题，研究者大多偏好展示其比较法的视野，似乎没有外国法的东西就不成其为学术论文。然而，对于为什么需要进行比较法的研究亦即比较行政法学的使命究竟是什么，则普遍显示出认识上的模糊。综观当下的比较行政法学研究，有以借鉴他国成熟行政法律制度为我所用甚至直接进行法律移植为使命的，有以通过比较论证中国特有行政法律制度存在之合理性为使命的，有以揭示能够普遍适用于各国的共性行政法规律为使命的，有以拓宽视野缩短我国行政法学研究与发达国家差距为使命的，还有引介外国行政法学说提升我国行政法学研究品位为使命的，等等。研究使命的不同虽然在客观上形成了多样化的比较行政法学成果，但这一认识上的模糊与分歧对于比较行政法学的成长也是很不利的。特别是在当下大规模的行政法律制度建设告一段落的中国，如何理解比较行政法学研究的使命更是需要予以澄清的前提性问题。

四是比较方法运用之失当。德国学者拉德布鲁赫曾言："就像因自我观察而受折磨的人多数是病人一样，有理由去为本身的方法论费心忙碌的科学，也常常成为病态的科学，健康的人和健康的科学并不如此操心去知晓自身。"[①] 对于方法论有些过剩的德国而言，拉氏之见解确有警醒之效。然而，对于方法论尚十分欠缺的行政法学特别是比较行政法学而言，无疑需要得到格外的重视。一般来说，通行的比较法研究方法主要有四组，即宏观比较与微观比较、功能比较与概念比较、动态比较与静态比较、历史文化比较与单纯法规比较等。[②] 在我国当下的比较行政法学研究中，宏观比较、概念比较、静态比较以及单纯的法规比较方法得到了普遍的运用。相比之下，微观比较、功能比较、动态比较

---

① ［德］拉德布鲁赫著，米健等译：《法学导论》，169页，北京，中国大百科全书出版社，1997。
② 参见沈宗灵：《比较法研究》，34页，北京，北京大学出版社，1998。

以及历史文化比较方法还没有受到应有的重视。这种比较方法运用上的偏好使得人们对外国法的理解往往陷于肤浅，由此得出的结论亦经不起推敲。尤其令人关注的是，受诸多因素的影响，单纯的法规比较在当下的比较行政法学研究中十分流行，这种立足于静态规范层面的比较将复杂的法律制度设计简约为纸面的条文对比，忽略了制度背后诸多的社会影响因素及其现实的运作图景，从而导致其研究的价值大大降低。

如果说比较材料的局限和制度学说的误读尚属形式意义的缺陷的话，那么研究使命的模糊和研究方法的失当则构成了当下比较行政法学研究实质意义上的缺陷。甚至可以说，正是由于研究使命的模糊和研究方法的失当才导致了可以利用的比较法素材的缺乏和对国外制度学说的误读。因此，为了扫清我国比较行政法学研究进一步发展的障碍，就必须着重解决好历史使命和方法论这两个至为关键的问题。

二、比较行政法学的历史使命

在比较法学一百多年的学术发展历程中，比较法的目的或使命一直是各国比较法学者所共同关注的问题。大体上来说，国外学者对此形成了两种截然不同的认识：一种观点认为，比较法的目的在于通过对各国法律的比较，寻求一个最佳的法律模式来解决具体的法律问题，德国的茨威格特和克茨、法国的达维德及日本的大木雅夫等大多数比较法学者均持这一看法；另一种观点则认为，比较法的目的仅仅在于通过认识和比较国外的法律来更好地认识和理解本国法的安排，意大利的萨科等少数学者即持这一另类的看法。在我国比较法学界，压倒多数的意见也认为，比较法研究能够开阔视野，寻求人类法律发展的共性规律，进而为我国法律的制定和完善提供借鉴。其中，比较法学者米健教授的学术主张最具代表性。他认为，比较法学最直接的目的或最基本的使命就是通过对本国法律和外国法律的比较研究，提出改进和完善本国法制的设想，指出其可行的方法和途径；而比较法学的最终目的或最高历史使命则是从全人类和整个世界的高度，本着对全人类和整个世界的关怀，对所有民族国家法律及其相应制度中所蕴涵的人类共性予以探究和阐明，进而从人类社会的角度发现和确立可以普遍适用于人类社会或整个世界的共同法或普遍法。①

相比较而言，国内行政法学者直接就比较行政法学的研究目的或历史使命进行论述的尚不多见。在上个世纪80年代，王名扬教授曾经在其《比较行政法

---

① 参见米健：《从比较法到共同法——现今比较法学者的社会职责和历史使命》，载《比较法研究》，2000（3）。

的几个问题（提纲）》一文中提出，比较行政法的研究具有两个目的：一是实用目的。研究其他国家的行政法，可以作为我国行政立法的参考，对于同样的问题，由于各国的具体情况不同，就有不同的理论和不同的解决方法。我们可以从别人的经验中吸取教训，对有用的东西加以改造，使之适合我国国情，对有害的东西进行批判。二是学术目的。研究外国行政法当然要研究比较行政法，就是研究中国行政法，比较行政法也有帮助。研究比较行政法，可以扩大我们的视野，丰富我们的想象力，增强认识问题的广度和深度，对于我们分析中国材料，提出自己的理论，能够提供一些启发和帮助。① 这一观点后来一直被学界所沿用，如颇具影响的《比较行政法》一书即将比较行政法的研究价值区分为理论价值与实践价值两个方面。② 晚近以来，有的学者则重新将比较行政法学的任务表述为"寻求行政法价值上的共性"、"寻求行政法规范构成上的可贯通性"、"寻求行政法调整手段上的相异性"及"寻求行政法历史发展的连续性"等四个方面。③

　　笔者认为，上述有关比较法及比较行政法研究目的的论述对我们在当下重新理解比较行政法学的历史使命不无启迪之处，但鉴于公法与私法的巨大差异性，特别是行政法发展的时代性尤为强烈，因而对比较行政法学历史使命的认知也必须放置于特定的历史语境中加以考察。诚如英国学者马丁·洛克林所言："公法只是一种复杂的政治话语形态；公法领域内的争论只是政治争论的延伸……寻求在社会发展的语境中表述和阐明公法问题是一种历史悠久的智识活动。"④ 如果说私法因调整平等主体之间的人身关系与财产关系且与商品经济表现出内在契合性而更多地体现出共通性的话，那么公法则因所调整的法律关系具有明显的政治性而更多地体现出个性化的色彩。就我国行政法学研究所处的时代背景而言，大规模的立法运动即将结束，行政法的基本制度架构业已初步形成，因而以服务于国内立法为首要使命的"立法导向型"的比较行政法学研究需要进行及时调整和转向。在建设法治政府、实现行政法治已经成为时代强音的当下中国，比较行政法学无疑应当义不容辞地担负起特殊的历史使命。这是因为，作为一个法治后发型的国家，特别是一个人治传统极其浓厚的国家，中国的本土资源无法为法治政府的缔造和行政法治的实现提供尽可能多的支持。"只有通过对（西方法治政府建设——引者注）各种模式进行深入的分析和比较

---

① 参见王名扬：《英国行政法》，265 页，北京，中国政法大学出版社，1987。
② 参见张正钊、韩大元主编：《比较行政法》，"导言"，10～11 页，北京，中国人民大学出版社，1998。
③ 参见关保英：《比较行政法学若干问题探讨》，载《法学研究》，2001（2）。
④ ［英］马丁·洛克林著，郑戈译：《公法与政治理论》，8～9 页，北京，商务印书馆，2002。

研究，我们才可能获得符合中国法治建设的多种资源。"① 有鉴于此，比较行政法学在当下中国的历史使命就应当包括以下两个方面：

（一）探究人类实现行政法治的共性规律

作为现代法治的核心组成部分，行政法治业已成为各国所共同追求的目标。虽然各国实现行政法治的具体方式与途径可能相去甚远，但最终都会殊途同归地获得共同的结果。就比较行政法学的研究而言，其根本的任务并不是向人们展示不同国家行政法的差异性，因为外国行政法的译介已经足以满足人们对这种个性的了解，而透过表面上的个性捕捉实质上的共性才是比较行政法学所真正追求的目标。事实上，自比较法学产生以来，发现和建立"人类的共同法"就一直是比较法学者心中挥之不去的情结。法国学者朗贝尔即指出："比较法应当逐步地消除那些使文明阶级和经济形态相同的民族彼此乖背的各种立法上的偶然性的差异。比较法应当减少那些不是基于各民族的政治、道德或者社会特性而是历史上的偶然性、暂时的存在或者不是必要的原因所产生的法律上的差异。"② 因此，超越个性探究人类实现行政法治的共性规律应当成为时代赋予比较行政法学最重要的历史使命。具体来说，这种行政法治共性规律的存在主要是缘于各国身处同样的时代、面临同样的问题。

1. 行政国家的时代背景

在人类历史的发展进程中，公共行政的范围、形态因历史时期的不同而相去甚远。直到 20 世纪之初，"除了邮局和警察以外，一名具有守法意识的英国人可以度过他的一生却几乎没有意识到政府的存在"③。这种职能单一、范围狭窄的行政正是西方自由法治国时代的真实写照。然而，自从 20 世纪以来，尤其是第二次世界大战以后，随着科技、经济和社会的发展，政府行政权急剧扩张，行政职能日益强化，行政组织的作用和自主权明显扩大，现代行政国家正在形成，行政"从'政治侍女'的地位一跃上升到执政治牛耳之位"④。日本公法学家手岛孝教授曾经将"行政国家"定义为"本来作为统治行为执行过程之承担者的行政，同时亦进入国家基本政策形成决定的政治过程，甚至起到中心的决定性作用这样的国家"⑤。"行政国家"的出现意味着行政疆域的不断扩张、行政裁量的复杂化和行政职能的多样化，它一方面使社会成员有可能获得更多的公共产品和服务，从而增加公众对公共行政的依存度；另一方面，行政的优越

---

① 罗豪才：《法治政府的建设与制度资源的多样性——"法国公法与公共行政名著译丛"（代序）》，3页，沈阳，辽海出版社、春风文艺出版社，1999。
② [德] 茨威格特、克茨著：潘汉典等译：《比较法总论》，4页，北京，法律出版社，2003。
③ [英] 威廉·韦德著，徐炳等译：《行政法》，3页，北京，中国大百科全书出版社，1997。
④ 张国庆主编：《行政管理学概论》，234页，北京，北京大学出版社，1990。
⑤ [日] 大须贺明著，林浩译：《生存权论》，52页，北京，法律出版社，2001。

性又可能引发公共权力滥用、官僚主义甚嚣尘上、行政效率低下等负面效应,从而对社会成员的基本权利和自由造成威胁。

如果说西方国家的表现形态普遍经历了由立法国家到司法国家直至行政国家的话,那么行政国家现象在中国则是自古以来就一直存在。封建社会的皇权至上自不用多说,即使是在新中国建立之后的几十年间,这种超强的行政权更是达到了巅峰,"泛行政化"即是其集中表现。长期以来,行政权无所不在、无所不能,犹如一个十足的"巨灵怪兽"凌驾于社会、个人之上,并渗透到社会生活的每个角落,掌握着一切社会资源配置的绝对控制权。可见,在当下中国,展现在世人面前的依旧是一幅典型的原生态的行政国家图景。身处行政国家的同样情境,中国同西方国家一样,都必须在警惕行政权力侵犯公民权利的同时,注意发挥行政权力的积极功能提高公共福祉。因此,在行政国家的语境中,行政法的时代机能就应当包括私人权益的司法保障和公共福祉的制度体现。"将行政法定位为私人权益的司法保障,其背后的基本哲学是:行政机关在本质上倾向于滥权而侵害人民权益;容易滥权的行政机关必须受法律的拘束;不论是避免行政机关滥权或保障人民权益,都必须藉由独立公正并具有法律专业的法院进行。将行政法定位为公共福祉的制度体现,其背后的基本哲学是:行政机关在本质上应被定位为增进公共福祉;法律并非消极的用来拘束行政机关,而是藉由适当的制度设计,积极地促成公共福祉的增进;公共福祉的体现,并不能只靠独立公正并具有法律专业的法院,行政机关或政府整体所主导的程序,更是影响公共福祉体现的重要场域。"[①]

2. 社会治理的共同难题

在行政国家时代,面对日益复杂的利益网络,各国政府都必须时刻应对类似环境恶化、交通拥堵、贫困失业、食品安全、突发灾害等源源不断的治理难题。一方面,社会经济的持续发展、民众福利的不断提高、社会秩序的长期稳定都需要行政担负起应有的职责,以公共利益代表者与维护者的身份选择适当的形式在诸行政领域进行适度的经济性规制与社会性规制;另一方面,就处于规制对象的民众而言,不仅面临着政府过度规制侵权的可能,而且还有着参与政府治理的内在冲动,进而通过公私协力完成社会治理的重任。因此,在行政国家时代,政府与民众之间并非截然对立的利益集团,毋宁说是一种亦敌亦友的复杂关系。正如美国学者乔迪·弗里曼所言,公私合作带来了行政法的新发展,把当代治理描述为"混合行政"(Mixed Administration)体制最为合适。质言之,行政是一项以多个不同主体之间(如行政机关、私人公司、顾客、非营利组织和专业协会)相互作用为特征的事业,这种共同的治理事业要求具有

---

① 叶俊荣:《行政法案例分析与研究方法》,9~11页,台北,三民书局,1999。

一个灵活、便利的政府观念,即国家必须有能力在混合体制中扮演多重角色:经纪人、沟通者、监督者、执行者和合伙人等等,任何一种主体的结合形式,只要被证明可以最好地实现利益最大化,并将特定公私安排带来的风险降至最低,国家在混合行政中的首要作用就是促成这种结合形式的介入。[①] 特别是随着现代科学技术的发展和信息传播的快捷,社会风险进一步加剧。如何通过有效的公私合作,如何借助行政的专业判断来化解现代社会治理中的各种风险业已成为各国政府所面临的共同难题。所幸的是,在晚近三十年来席卷全球的治道变革中,各国政府治理已经取得了相当成熟的经验。

在我国,自改革开放以来,放松规制与强化规制一直在社会治理过程中交织进行。国外工业化社会所带来的诸多问题也逐渐在我国显现,这在很大程度上构成了对政府治理能力的考验。在这一背景之下,比较行政法的研究无疑"起着一种国际地震仪即一种'预警系统'的作用,是了解正在发生变化的社会的极佳方式"[②]。尤其值得关注的是,近几年来,"婴儿奶粉事件"、"苏丹红事件"、"松花江水污染事件"、"禽流感事件"、"流脑事件"、"欣弗药品不良反应事件"等涉及公众安全的重大社会事件的频频发生,昭示了我国已经进入了突发事件集中爆发的风险社会。面对社会治理中的诸多难题,比较行政法"作为一所'真理的学校'扩充了并充实了'解决办法的仓库',并且向那些有批判能力的观察家提供机会,使他们能够认识在其时其地'更好的解决办法'"[③]。

(二) 理解本国走向行政法治的个性选择

了解国外行政法的制度及学说、探究各国行政法治的共性规律并不是要简单地照搬照抄,而是在全面考察、比较的基础之上的一种"创造性转换"。但问题的另一面是,一国法律制度的建立及其运行往往受制于该国特定的社会经济条件、民族传统、政治体制安排、历史习惯、意识形态等诸多"隐素",因而时常表现出难以统合的个性化差异。法国比较法学者达维教授在比较英法两国行政法时就曾指出:"在全部监控行政法规或决定的事项上,也许可以表明英国和法国所采取的不同方法,这种差异与英国法和法国法的不同历史发展相联系。英国法强调的是程序,法国法强调的则是实体性内容。对法国法律家来说,主要的问题是确定行政部门或机构是否已做出了正确的决定;而英国的法律则更倾向于审查在做出行政决定之前是否已做出了适当的考虑,是否遵守了必需的

[①] 参见〔美〕乔迪·弗里曼著,晏坤译:《私人团体、公共职能与新行政法》,载《北大法律评论》,第5卷第2辑,422页,北京,法律出版社,2004。

[②] 〔德〕伯恩哈德·格罗斯菲尔德著,孙世彦等译:《比较法的力量与弱点》,173页,北京,清华大学出版社,2002。

[③] 〔德〕茨威格特、克茨著,潘汉典等译:《比较法总论》,22页,北京,法律出版社,2003。

全部程序步骤。"①

在中外行政法的对比中，人们时常也能够发现，在某个国家存在的问题在另一国家则并不成其为问题；相反地，在某个国家已经开始着力解决的问题，在另一国家则远未提上议事日程。例如，围绕我国《行政强制法》的制定引发了旷日持久的有关行政强制执行模式的争论。事实上，我国现阶段所存在的"执行难、行政强制执行更难"的问题在西方诸国并不存在，可以说是一个典型的中国特有问题。因此，简单地归纳国外行政决定的执行模式并试图从中选择一种适合于中国的模式（如直接引进美国的执行诉讼制度或者参仿德国建立纯粹的行政机关执行模式）的做法并不妥当。又如，行政诉讼目的论问题近年来引起了国内学界的关注。然而，在对行政诉讼制度目的的定位上，中外之间的差距日益明显。如果说西方国家行政诉讼制度的长期实施极大地保护了行政相对人的权益的话，那么晚近以来防止行政权力的行使受到过分伤害则成为他国行政诉讼制度日益关切的对象。于是，在当下的法国，"行政诉讼的目的就不仅是为了满足行政相对人对保护他们的要求，同时又不使由行政体现的总体利益受到过分的伤害。行政法院的全部艺术在于巧妙地实现两者的平衡并使这个平衡随着社会的发展而发展。"②但在中国，鉴于行政权力的过分强大以及行政相对人权利司法保护的极度乏力，"以保障行政相对人合法权益作为行政诉讼制度的唯一目的"几乎得到了学界的一致认可。也许，只有等待行政诉讼制度充分实施、人权保障取得积极明显成效之后，防止行政权力的运行受到伤害才有可能走入中国行政诉讼制度的视野之中。但在现阶段，谈论行政诉讼目的的二元论实属为时过早。可见，一国行政法治的实现是一个渐进的过程。在这一过程中，外国法的了解、借鉴与吸收必须立足于本国所处的特定历史阶段。否则，任何盲目的削足适履之举都会导致法律制度实践的受挫。

我国目前正处于急速的社会转型时期，社会结构的急剧变迁导致法律制度也处于变动不居的状态，而公法制度的变迁特别是行政法制度的变迁还要受到现实政治改革进程和方式的影响。因此，在社会转型的特殊语境中，中国的比较行政法学研究除了要超越形式相异性探究人类实现行政法治的共性规律之外，还应当"同情地理解"本国走向行政法治的个性选择。至少，后者应当作为当下中国比较行政法学研究的另一重要历史使命。例如，晚近以来，我国以行政审批制度的改革为契机，在世界范围内率先以一部统一的法典形式来规范所有类型的行政许可行为，这一立法创举可视为中国在走向行政法治进程中所迈出

---

① [法] 勒内·达维著，潘华仿等译：《英国法与法国法：一种实质性比较》，112页，北京，清华大学出版社，2002。

② [法] 米歇尔·帕耶：《法国行政诉讼的目的和功能》，2006年中法行政诉讼学术研讨会论文（2006年5月，西安）。

的坚实步伐。毕竟，在一个长期实行计划经济体制的国家，审批经济已经成为计划经济的代名词。因此，大量削减行政审批项目、通过法律严格规范行政许可的设定和实施已成为当下行政体制改革的关键和建立市场经济体制的试金石。虽然从比较法的角度来说，这一做法并没有任何国际先例可以借鉴，但就现阶段特殊的社会情境和面临问题而言，这一做法无疑是中国走向行政法治的一种个性化选择，因而值得同情地理解。正如德国比较法学者格罗斯菲尔德在评价比较法的意义时所言："我们不应该太急迫地要去教导其他国家应该做什么。我们从比较法得知每一种文化都有其自己的合理性，它没有必要采纳我们的对合理性的理解。"[①]

三、比较行政法学的方法论

在比较法学兴起的一百多年间，方法论问题一直吸引着比较法的研习者。甚至可以说，有多少人以比较法的名义从事"比较法"研究，就可能有多少种比较方法，但这并不意味着迄今为止还不存在公认的比较法方法。在比较法学的发展历史上，功能主义的比较方法就受到了各国比较法学者的垂青。就学术谱系而言，功能主义方法本为社会学的研究方法。法国社会学家迪尔凯姆在论及解释社会事实的准则时曾言："当我们试图解释一种社会现象时，必须分别研究产生该现象的原因和它所具有的功能。"[②] 功能主义方法在法学领域的适用始于德国法学家耶林，经过美国学者威格摩尔和帕温德的推动，在德国由拉贝尔和莱因斯坦等人导入比较法，最后由茨威格特和克茨确立了功能主义的比较法。作为现代功能比较方法的主导者，茨威格特和克茨指出："全部比较法的方法论的基本原则是功能性原则，由此产生所有其他方法学的规则——选择应该比较的法律，探讨的范围和比较体系的构成等等。人们不能够对不可能比较的事物作出有意义的比较，而在法律上只有那些完成相同任务、相同功能的事物才是可以比较的。……因此，任何比较法研究作为出发点的问题必须从纯粹功能的角度提出，应探讨的问题在表述时必须不受本国法律制度体系上的各种概念所拘束。"[③] 可见，功能主义的比较法立足于实际问题的解决，完全是以问题意识为中心而不是以结构或体系为中心展开的。这种方法通过抽取具有等值功能的事项进行比较，能够动态、综合地把握不同国家法律制度之间的关联，从而在不同法系之间架起沟通的桥梁。

---

① ［德］伯恩哈德·格罗斯菲尔德著，孙世彦等译：《比较法的力量与弱点》，175～176页，北京，清华大学出版社，2002。
② ［法］迪尔凯姆著，狄玉明译：《社会学方法的准则》，111页，北京，商务印书馆，1995。
③ ［德］茨威格特、克茨著，潘汉典等译：《比较法总论》，46～47页，北京，法律出版社，2003。

功能主义的比较法自提出之后得到了各国比较法学者的积极响应，日本的大木雅夫、意大利的卡佩莱蒂、我国的沈宗灵等比较法名家都在其著述中给予了积极评价。特别需要指出的是，卡佩莱蒂教授晚近还在总结其数十年比较法教学与研究经验的基础上，对功能主义比较方法的适用进行了进一步的深化和提炼，提出了著名的比较法研究"六步曲"：第一步是在所要比较的国家中找出人们共同遇到的社会问题或社会需要，也就是找到"共同的起点"；第二步是分别研究这些国家为解决该问题所采取的法律解决方法及有关的法律规范、程序和制度；第三步是对各国所采取的不同解决方案的理由进行研究；第四步是进一步研究这些异同的产生原因及其所反映出来的发展趋势；第五步是对各种不同的法律解决方案以其是否符合社会需要这一客观标准进行评价；第六步是根据既定的社会需要、既定的解决方案的实际影响和所反映的发展趋势，合理地预测所研究的问题的未来发展。[①] 卡氏的这一总结客观地再现了功能主义比较法适用的全过程，展示了此种方法对于比较法研究目的达成的重要价值，因而得到了比较法学界的广泛支持。应当指出的是，近年来功能主义的比较法逐渐为我国比较行政法学研习者所接受，但与简单材料堆砌的习惯性比较方法相比，功能主义的比较法还需要得到更为广泛的运用。有鉴于此，以下按照卡佩莱蒂教授的"六步曲"，选择"行政救济与司法救济程序衔接之比较"为例，分析在具体的比较法研究中如何利用功能主义的比较方法。[②]

第一步"寻找比较共同起点"。自近代以来，各国行政法治的经验均已显示：作为行政法领域两种最重要的权利救济路径，只有通过行政救济与行政诉讼的有机结合，才能充分发挥各自的制度价值，进而实现对公民基本权利的"无漏洞"维护。因此，行政救济与司法救济在程序上如何更好地衔接就应当成为行政法学研究中的一个重要课题。虽然行政救济与司法救济在各国的称谓各不相同，但二者在程序上如何衔接才能更好地发挥制度的预设功能却是各国行政法所共同面临的问题。于是，这一课题的比较便具有了"共同的起点"。

第二步"归纳不同解决方法"。从世界主要行政法治发达国家来看，行政救济与司法救济程序衔接关系的设置主要有三种代表性的模式：以穷尽行政救济为原则的"美国模式"；与行政诉讼类型相勾连的"德国模式"；以当事人自由选择为原则的"法、日模式"。

第三步"解析不同方案理由"。美国模式的理由包括：保证行政机关能够利用其专门知识和行使法律所授予的自由裁量权；让行政程序连续发展不受妨碍；保护行政机关的自主性；避免司法审查受到可能的妨碍；减少司法审查的需要，

---

① 参见［意］卡佩莱蒂著，王宏林译：《比较法教学与研究：方法和目的》，载《比较法学的新动向》，15~19页，北京，北京大学出版社，1993。
② 参见章志远：《我国行政复议与行政诉讼程序衔接之再思考》，载《现代法学》，2005（4）。

使法院有限的人力和财力能更有效地使用。德国模式的理由在于：对诉讼的类型的规范是其《行政法院法》的核心内容。该法不仅对行政诉讼的基本类型进行了极为细致的划分，而且诉讼程序的具体设置在很大程度上也是建立在这一划分的基础之上的。作为提起诉讼的适法条件之一———是否必须以行政救济程序的适用为前提，并不直接取决于行政争议的标的，而是完全取决于其后续行政诉讼的类型。法日模式的理由在于：充分尊重公民的程序选择权，满足行政争议日趋复杂化、多样化的需要。

第四步"展示方案产生原因"。美国模式的产生原因：行政程序的高度发达；充分尊重行政机关的专业判断。德国模式的产生原因：精密的诉讼类型划分；相对成熟的行政程序立法。法日模式的产生原因：行政救济制度的历史久远；行政救济的日趋司法化。

第五步"评判不同解决方案"。三种不同的解决模式本身并无绝对的优劣之分，均与各自国家的法律传统、文化背景、政治体制等相适应，能够满足行政争议解决和相对人权益保障的需要。

第六步"展望未来发展趋势"。世界范围内行政救济与司法救济程序衔接的三种模式虽然相差甚远，体现出明显的个性化色彩，但在个性的背后却蕴涵着诸多共性的规律：程序衔接设置标准的明确；公民权利有效救济的基准；司法与行政比较优势的发挥；司法最终原则的落实。从各种模式的历史变迁中可以发现，在日益崇尚个人自由的时代，尊重当事人对法律救济程序的自主选择越来越成为各国的共同趋势。只有通过行政相对人的自由选择，行政救济与司法救济制度才能在彼此激烈的竞争中获取相应的生长空间。

论行政法比较的可能性与比较方法

王维达*

目　次

一、法律比较的可能性
二、行政法也具有可比性
三、行政法比较的方法

一、法律比较的可能性

各国法律的可比性是建设比较法学学科的基础。早在上世纪初，比较法学的奠基人就是以此为出发点，深信各国法律因其具有共同的人类理性而完全可以比较。[1] 当然，在当时他们把比较法学当做学科来建设的目的是准备创建一个世界的法律体系（droit commun de l'humanite）。虽然，这个雄心勃勃的目标早已被为改善本国法律，趋近各国法律，便利法学教学等现实的目的所替代，但是对各国法律之间是否具有可比性，特别是与政治制度密切相关的行政法之间是否具有可比性这一问题一直有所争论。相当一部分法学家对建立在人类普遍理性和功能主义基础之上的法律可比性持怀疑态度，尤其在上世纪中叶，在当时冷战的背景之下，东西方的意识形态专家更加对法律的可比性持否定态度。当时社会主义国家的法学家从意识形态出发，认为社会主义法律与资本主义法律具有本质的区别，首先各自的功能就有本质的不同。社会主义法律的功能是为

---

* 同济大学法政学院法律系，中德学院经济行政法教席教授，博士。
[1] Zweigert, Rechtsvergleichung, Bd. 1, 1984, S. 3.

人民服务的，而资本主义的法律功能是为资产阶级的统治服务的。因此，社会主义国家的法律与资本主义国家的法律之间难以比较，甚至毫无可比之处。他们认为，社会主义国家的法律比资本主义国家的法律在事实上具有不可比拟的优越性。相反，资本主义国家的法学家则认为法律是自治的系统，是具有固有形式逻辑的独立系统。他们否认法律具有社会的功能。[1] 这两种观点从根本上否定了比较法学作为一门学科的基础的可比性，或者至少认为即使对法律进行勉强的比较，其结果也是差强人意的。

与此相反，在比较法学界中还是有许多学者坚持认为，各国的法律是具有可比性的，他们认为法律本身具有"进化的普世性"[2]，这种"进化的普世性"标志着人类社会持续发展的理性化和现代化过程。他们认为，"现代化体现了一个进化过程，一个增长过程中各种变数的组合（发展趋势）和结构断裂（转变），这种发展趋势和转变，在间或出现的改革事件之外，对国家效能具有决定性的意义"[3]。因此，他们认为，各国的法律，尽管其发展阶段的不同，是可以比较的，因为它们迟早会遵循具有"进化的普世性"的法律规律的。当然，在一国特定的历史变革期间，这种理性化和现代化的进化现象往往会表现得特别明显，会出现所谓的突变现象。历史不止一次地说明，后进的国家为了满足其总体发展的需要，特别是在其特定的历史变革时期，通过本国法律与其他先进国家法律的比较而获得的认识，改善了本国的法律，从而推动了社会的发展。[4] 这一规律也同样适用于当今动态性发展的时代。在今天，法律的可比性在法学界已经作为认识和实践而被普遍接受。从法律比较的实践中，我们认识到，法律的可比性建筑在法律需求的同样性之上。换言之，"各国法律可比较的就是它们所要完成的同样的任务，发挥同样的功能"[5]。

二、行政法也具有可比性

当然，在法律比较的实践中，对于不同社会制度、政治制度和经济制度之下的国家的法律比较是有困难的，特别是与各国基本社会、经济、政治制度密切相关的行政法的比较是更加困难，因此，也有学者对行政法的可比性提出质疑。但是，这些困难不能否定法律比较的可能性，特别是行政法的可比性。在法律比较的实践中，比较法学家们积累经验，总结和发展出各种精致的理论。

---

[1] Zweigert, Rechtsvergleichung, Bd. 1, 1984, S. 17, Ebert: Rechtsvergleichung, 1978, S. 172ff.
[2] Voigt, Recht als Instrument 1988. S. 7.
[3] Hesse/Benz, die Modernisierung, 1990, S. 13.
[4] 参见 Zweigert, Rechtsvergleichung 中所举的例子。
[5] Zweigert, Rechtsvergleichung, Bd. 1, 1984, S. 13.

例如，Loeber 首先发展出"制度涉及性"理论。他区分了"涉及社会、政治与经济制度的"的法律制度（Rechtsinstitut）与"非涉及社会、政治与经济制度的"的法律制度。他认为，后者具有完全的可比性。在这一细分化理论的基础上，Zweigert 和 Puttfarken 又进一步发展这一理论，并指出，即使是"涉及社会、政治与经济制度的"法律制度的核心部分也是具有可比性的。这当然取决于比较的方法："我们推测，只要把比较分析细心地深入到现实中去，挖掘出更多的可比之处或共同之处，比较分析会比双方（东西方）意识形态专家得到更多的真理。"[1] 这一理论原则上适用于作为"涉及社会、政治与经济制度"的法律制度的各国行政法之间的比较。因此，尽管比较有困难，但是各国的行政法还是具有可比性的。

三、行政法比较的方法

比较法学作为一门年轻的学科，还没有发展出可靠的研究方法。然而，比较方法在法律比较，特别是行政法比较中又具有决定性的意义。在实践中，比较法学家们探索着根据具体的案例发展出不同的方法。但是，既然法律的可比性是基于功能之上的，因此，功能比较法在比较法学界中得到普遍的承认。然而，注重功能比较方法并不意味着排斥法律规范形式的比较方法。因为，法律的功能与法律规范形式是法律比较中两个互相联系的方面，犹如现代语言学中，乔姆斯基深层转换理论中的深层结构与表层结构的关系那样。同一的深层结构可以由不同的表层结构来表示，例如，主动语态与被动语态作为表层结构是不同的，但是其深层的逻辑结构却是同一的。因此，语言的表层结构有区别，并不一定是在其深层结构上区别，真正的区别只有通过深层结构的比较才能显现出来。然而，深层结构的比较往往必须通过表层结构的比较来进行。同样，法律的功能是深层结构，而法律规范形式则是表层结构。法律规范形式的比较不能揭示真正的异同，而功能的比较才能显示真正的异同。但是，法律功能的比较有时往往需要通过法律规范形式的比较来展开。

此外，研究方法与研究对象和比较目的联系在一起。也就是说，研究方法必须根据研究对象和认识的目标来发展。从这一方法论出发，必须首先确定比较目的和比较对象，同时必须寻找出理想的原则和自治的比较范畴。这一比较范畴必须能在各国的法律体系中，从功能的角度来看，表达出同样的内容，因而能提供一种相同的方法论。这一范畴必须直接指向生活现实，因而是客观的和功能导向的。这些范畴必须是超国家的，至少在一定程度上具有普世性的，

---

[1] Zweigert, Rechtsvergleichung, Bd. 1, 1984, S. 43.

因为它们必须独立于国别性的，法律教条体系中的概念。[①] 例如，我们在比较中德经济行政法体系时，我们根据社会经济控制论，选择了调控环境、调控目标、调控主体、调控手段、调控客体，及其构成的调控模式等概念作为中德经济行政法比较的超国家、指向现实的、客观的和功能导向的比较范畴。在这些范畴下，把中德两国的经济行政法进行比较，从而揭示出中德经济行政法的异同。[②]

特别要指出的是，法律比较不仅是单项法律之间的比较，而往往涉及所有有关的法律、法规等法律规范。在行政法中，尤其如此。因为在大多数国家都没有行政法典。

在比较过程中，我们或许会发现，在同一的功能导向的范畴下，并非总能在两国现有法律规范中找到可比的法律规范，有时往往在一国的法律中没有相应的法律规范。而恰恰在此，比较才显现出真正的意义。在这种情况下，有两种可能：其一，是在一国，某一法律规范的特定功能已由其他的社会规范，如道德规范替代了（表层结构不同），不必再通过法律规范来发挥特定的社会功能。其二，是在一国的法律体系中出现了功能缺失，所以必须通过完善法律规范来完善这一社会功能。例如：在德国行政许可制度中，按照德国法学界的通说[③]，公共行政承担的大型设施项目，如机场、垃圾处理设施等的规划确定程序作为特殊的行政许可来看待，并且在《行政程序法》中规定了公共设施项目规划确定的程序。而在我国的《行政许可法》及其他有关法律中对此没有明确的法律规定，也没有其他的非法律规范来替代这一法律规范。因此，通过比较，明显地可以发现在我国法律体制中，在大型公共项目的许可方面存在着规范功能（维持秩序功能）的缺失。此外，通过中德行政许可制度的比较，我们也发觉，在我国《行政许可法》中也没有规定如德国《行政程序法》第36条中所规定的附加条件（如：附加期限，附加义务等）的行政许可种类。在我国行政许可制度中缺失微调功能。因此，行政法比较向我们提供了从这方面完善我国行政许可制度的信息。

相反，有时我们也会发现，同一的具体法律制度在不同的国家中，法律的功能却有不同（功能异化）。在这种情况下，我们必须在政治、经济和社会制度宏观层面上作整体的比较，才找到应有的解释。在与政治、经济和社会制度有密切关系的行政法的比较中往往会发生这种情况。因此，在行政法的比较中，

---

① Ebert, Rechtsvergleichung, 1978, S. 141ff.

② Wang Weida, Die Rolle des Wirtschaftsverwaltungsrechts für die ökonomische Entwicklung der VR China im Vergleich zur Bundesrepublik Deutschland, Speyer, 1993.

③ Hans D. Jarass, Wirtschaftsverwaltungsrecht und Wirtschftsverfassungsrecht, II. Auf, . Alfred Metzner Verlag, 1984. S. 171.

即使是作具体法律制度的微观比较,也必须与整体的宏观比较结合在一起。再以行政许可法律制度为例。在德国行政许可法律制度中,行政许可的功能是单一的,即具有单一的排除公共危害,维持公共秩序的功能。"行政许可的目的是为了保护公共利益或者第三人的利益不遭受某些社会经济活动行为可能造成重大危害。"而公共危害则明确定义为"根据科学知识,一般生活经验的判断,在近期内,如不阻止即会发生损害公共安全,卫生和秩序的情况"[①]。而在我国,行政许可不仅具有排除危害、维持秩序的功能,而且还具有经济宏观调控的功能,因为《行政许可法》第12条第1项明文规定:"直接涉及国家安全、公共安全、经济宏观调控、生态环境保护以及直接关系人身健康、生命财产安全等特定活动,需要按照法定条件予以批准的事项"可以设置行政许可。这就是说,在我国,不仅只是在某事项与公共危害有高度概率出现的直接因果关系的情况下,才可以设置行政许可,而是在任何情况下,只要有经济宏观调控的需要就能设置行政许可。中德行政许可的功能之所以出现这样的区别,我们必须从整体制度方面,即经济宪法的规定来解释。在德国,在法治国家的原则下,公民的基本权利必须受到充分的保护。德国《基本法》不仅列举了公民的基本权利,而且还规定了公民享有普遍行为自由的兜底条款,从这一普遍行为自由可以派生出工商活动自由。然而,行政许可作为干预性行政行为,它的设置必然会限制公民的普遍行为自由,当然也包括工商活动自由。因此,为了充分保护公民的基本权利和自由,行政许可的设置,只有在如不设置,公共利益就会受到重大损害的例外情况下,才能得到立法机关的同意。而且,公共危害的标准是确定的、客观的、可操作的。在德国,为了保护公民的基本权利,行政许可不可能因为具有间接的因果关系,甚至因为出现概率不高的因果关系链而设置。如果这样做,等于在事实上架空了公民的基本权利。因此,德国的经济宪法决定了德国行政许可的单一的排除危害、维持秩序的功能。而在我国,虽然根据法治国家原则,我国也规定了保护公民的基本原则,但是,我国《宪法》列举了公民的基本权利和自由,而没有明确规定公民享有普遍行为自由,因而不能派生出工商活动的自由。另一方面,我国《宪法》第15条明文规定,"国家实行社会主义市场经济。国家加强经济立法,完善宏观调控"。国家具有经济宏观调控权。但是,国家的经济宏观调控的内涵和外延尚无明确的法律规定和界定的标准。此外,从法律社会学的角度来看,在计划经济体制向市场经济的转型期间,在国家摒弃了指令性计划后,我国习惯于用行政许可来控制社会经济的发展,误以为行政许可是宏观调控的手段之一,根本没有考虑到行政许可与公民

[①] Hans D. Jarass, Wirtschaftsverwaltungsrecht und Wirtschftsverfassungsrecht, II. Auf, . Alfred Metzner Verlag, 1984. S. 167.

基本权利之间的冲突。因此，把经济宏观调控规定为行政许可的第二大功能。但是，今后随着我国社会主义法治国家建设的发展，我国的《行政许可法》将因其功能定位问题，而极易产生与《行政许可法》第1条所规定的立法目的相悖的问题。因为，《行政许可法》第1条明文规定："为了规范行政许可的设定和实施，保护公民、法人和其他组织的合法权益，维护公共利益和社会秩序，保障和监督行政机关有效实施行政管理。"

总之，我们可以使用适当的方法来比较不同国家的行政法。通过比较我们可以发现问题，提出问题，从而促使我们去思考问题，分析问题，最后来解决问题。

外国行政法研究的几个问题

田思源[*]

> **目　次**
> 一、为什么要研究外国行政法
> 二、如何研究外国行政法
> 　（一）准确、全面、客观、及时
> 　（二）丰富的研究资料的提供和研究成果的共享
> 三、日本对中国行政法的研究及启示
> 附：日本关于中国行政法研究的成果

中国人民大学宪政与行政法治研究中心比较行政法研究所成立了，这是国内比较行政法学者研究与交流的平台，对推动和促进我国比较行政法学的发展将会起到十分重要的作用。比较行政法的研究以外国行政法研究为基础，故在此对外国行政法的研究谈一点个人的感想和体会。

一、为什么要研究外国行政法

中国行政法的研究实际上是以对外国行政法的研究为基础而进行的。无论是建国前的日本行政法也好，还是建国后改革开放前的苏维埃行政法、改革开放后直至今日的"八国联军"行政法[①]也好，对我国行政法的研究都有很深的影响。中国行政法学的繁荣与发展，

---

[*] 清华大学法学院副教授，法学博士。
[①] 这里是说我国现在的行政法受到了西方主要国家的影响，英美也好，德日也好，不论法系，只要求能够与"中国国情"相结合，为我所用，所以我称当代中国行政法学体系为"诸学合体，中西合璧"。

是与对外国行政法的研究与借鉴分不开的，是外国经验与中国国情相结合的产物。也就是说，对外国行政法的研究，是以借鉴、服务于我国行政法的发展为目的的，即可谓"他山之石，可以攻玉"。

这样的研究外国行政法的目的是不是过于功利了呢？在我们法制建设的初期，学习和借鉴先进国家法制的理念、成熟的理论和具体的制度，当然是必须的，无可厚非。这样的学习和借鉴对我国行政法学的研究和行政法制的建设、发展无疑起到了极大的推动作用。但是，以此目的而进行的对外国行政法的研究，无法保证准确、全面、客观、及时，断章取义、为己所用的情况非常普遍。同时脱离丰富、鲜活的行政法实践，抛开行政法制度的一国政治、经济、文化、法制等社会背景，概念化、条文化、形式化的理解他国行政法，这显然是无法得出对他国行政法的正确认识的。

我们引入了一个行政听证制度。单一的听证形式与无限的听证范围的矛盾[①]、程序正义理念与行政听证程序混乱的冲突，导致了听证制度公信力的下降。曾有一个很著名的、意义重大的听证会，叫"圆明园环境整治工程环境影响听证会"[②]。该听证会不是针对防渗工程本身（防渗工程已经结束），而是对防渗工程（环境整治工程）给周围环境可能造成的影响所进行的听证，环境影响评价是一个科学的问题，是有客观标准的学术判断，科学问题也可以搞听证吗？[③] 国家环保总局最后要求对圆明园防渗工程整改的处理意见，是基于有环境影响评价资格的清华大学的《圆明园东部湖底防渗工程环境影响报告书》，而不是"圆明园环境整治工程环境影响听证会"。也就是说，我们并没有根据"圆

---

① 听证形式仅仅为正式的听证会，而听证范围虽然目前我国只有《行政处罚法》、《价格法》、《立法法》、《行政许可法》和《治安管理处罚法》等五部法律规定了行政听证，但其他各种形式的立法也有很多关于听证的规定，不是通过法律规范确立的不具有法律意义的听证更是五花八门。听证成了行为正当的托词和行为合法的理由。听证制度被滥用了。

② 2005年4月13日，国家环境保护总局举办。

③ 涉及科学问题的所谓听证会实质是专家论证会而不是听证会。专家论证会也好，听证会也罢，既然是涉及科学问题，总应该由专家来参加，但"圆明园环境整治工程环境影响听证会"的参加人员并不都是专家，国家环保总局在充分考虑各方利益并顾及代表性的基础上，根据申请人的不同专业领域、不同年龄层次等因素，邀请了22个相关单位、15名专家、32名各界代表参加听证。他们中最大的80岁，最小的11岁（是来自中国少年儿童手拉手地球村的小记者管铖）。既有知名专家学者，也有普通市民与下岗职工；既有各相关部门的负责人，也有各民间社团的代表；既有圆明园附近的居民，也有千里之外赶来的热心群众。参见《国家环保总局举行圆明园环境整治工程环境影响听证会》（2005年4月13日），载国家环境保护总局网（http://www.sepa.gov.cn/xcjy/zwhb/200504/t20050413_65891.htm）；《关于圆明园整治工程环境影响听证会的通告》，国家环境保护总局函[2005]117号，2005年4月11日，载国家环境保护总局网（http://www.sepa.gov.cn/info/gw/huanhan/200504/t20050411_65845.htm）。

明园环境整治工程环境影响听证会"① 作出任何的行政处理决定。国外原本的听证制度就是这样的吗？我们到现在连在什么情况下可以搞听证都没有研究清楚，听证却已经泛滥成灾了。对外国行政法律制度的借鉴，应当在对该制度全面、客观、深入了解的基础上进行，不能只知其一，不知其二，学其皮毛，盲目引进。

我们还学来了一个行政指导制度。该制度是西方法治国家在法治环境下对法的一个补充措施，但在非法治状态下，行政指导是否有其适用的条件呢？行政指导是不具有强制力的，行政相对人是否接受行政指导完全出于自愿，所以这里我强调法治环境的重要性。因为在非法治状态下，权力的淫威、专横和任意，行政相对人只能服从、屈从，此时如果采用行政指导，无非是行政权力运作方式的变化，它并没有改变权利服从于权力的实质。我国当前处在法治化过程之中，法治还没有真正建立起来，人治的传统还根深蒂固，我们还没有建立起行政相对人对行政指导的完全的自愿的选择接受的法治环境，如果行政相对人接受行政指导还具有被迫性，那么行政指导就体现着间接的强制性。如此一来，学者们大力提倡的行政指导，是否可能导致行政主体为了规避法律责任而用政策代替法律，从而妨碍法治国家建设的后果呢？对外国行政法律制度的借鉴，应当在对该制度产生的历史文化背景、适用的环境和条件等予以深刻分析、历史考察的基础上进行，不能搞形式主义、教条主义，简单移植。

我们对于外国行政法研究而为我所用的目的，使我们没有从行政法律制度体系上准确、全面、完整、客观地学习和了解外国行政法，我们现在所知道和掌握的外国行政法是不是正确的外国行政法也还是一个问题。当然在为我所用的目的面前，正确与否实际已经并不重要了。

我们为什么要研究外国行政法？答案很简单，就是为了知道、了解外国行政法。至于知道了外国行政法又有什么用，那是需要者和利用者的事情，不同的人自然有不同的需要，有不同的利用方式，作为研究者，只需提供研究成果就是了。就像学习外语一样，研究者需要提供正确的、标准的外国语来供学习者学习和使用，学习者为什么要学习外语，是学商务外语、旅游外语、社交外语，还是为了通过出国、职称评定等外语考试，这些都不是研究者的问题而是利用者的问题，利用者是有目的性的，而研究者则应该是客观的。对于外国行政法研究者而言，你首先需要提供客观、真实、全面、崭新的外国行政法，以供大家来利用，这其中也包括自己。比如下面是一个最基本的外国法需要：在

---

① 国家环保总局副局长潘岳 2005 年 7 月 7 日向新闻界通报，环保总局于 7 月 5 日组织各方专家对清华大学的环评报告书进行了认真审查，同意该报告书结论，要求圆明园东部湖底防渗工程必须进行全面整改。参见《国家环保总局要求圆明园防渗工程整改》（2005 年 7 月 7 日），载国家环境保护总局网 (http://www.zhb.gov.cn/ztbd/ymyfcgc/mtbd/200507/t20050708_68378.htm)。

当今国际交流融合的趋势下，中国公民走出国门的机会日益增多，出国访问、进修、学习、工作、劳务、旅游、探亲、投资、商务往来、在国外的结婚定居、突发事件的危机应对、处理，等等，这些是不是都需要我们知道和了解当地的基本行政法律制度和重要的行政法律规定呢？外国行政法是否可以被我们借鉴，是否对我国行政法治建设有益，那是另外一个问题，也是一个仁者见仁、智者见智的问题。如果开始就想到借鉴，法治发达国家恐怕没有什么理由要研究法治不发达国家的法律，我们的法学界恐怕也没有什么机会和资格与西方法学界平等对话了。

二、如何研究外国行政法

（一）准确、全面、客观、及时

首先要准确。外国法的研究成果往往成为其他人的研究资料而被广泛利用，如果不够准确，就会以讹传讹，既影响他人研究的科学性，又会造成不良的影响。要做到准确，需要研究者的外语能力和专业能力，需要研究者严谨的治学态度和正确的思维方式。

其次是全面。在为我所用目的指导下，我们对外国行政法的研究，在研究国别、内容等方面是有选择的（当然这也有研究力量薄弱，研究者研究能力不足等客观因素），它不能反映外国（或一国）行政法的全貌。我们翻译一本书，书中的观点仅仅是著者自己的观点，而不能得出该国行政法即是如此的结论。我们应该尽可能系统、全面地研究和理解外国行政法。

再次是客观。既不能盲目崇拜，又不能带有偏见，要客观，实事求是，不要掺杂个人感情，不能用自己的理解去推论，去主观臆断，"全面"的要求实际也是对"客观"的一种保障。

最后是及时。各国行政法的理论与实践发展很快，需要我们及时反映国外最新的研究成果。研究要有一贯性、连续性、同步性，从而与国际接轨。"及时"也是"准确"和"客观"的要求。过时了的、不能反映现时点研究的到达点的研究成果，当然是不准确、不客观的。

我们说法国是行政法的母国，但我们对行政法母国的法国行政法的了解还局限在王名扬1988年的《法国行政法》上。[①] 王名扬在1987年还出版了一本《英国行政法》[②]，这也是我们了解英国行政法的最重要的著作。最近新出版了一本张越编著的《英国行政法》，其中有张越的这样一句话："在本书付梓之际，

---

① 参见王名扬：《法国行政法》，北京，中国政法大学出版社，1988。
② 参见王名扬：《英国行政法》，北京，中国政法大学出版社，1987。

几可毫无愧言：本书的面世将使我们对英国行政法的了解推进15年：从1987年到2002年。考虑到笔者设身处地地感受到的以及本书中显而易见的英国行政法在这15年间的跨越式发展，则我们对英国行政法的了解已经就此从现代跨越到了当代。"① 显而易见，我们对英国行政法的研究是中断的跳跃式研究，而不是追踪的持续性研究。同样，我们对法国行政法的研究还处在中断阶段而没有跳跃到下一个新的起点，我们对法国行政法的了解定格在了1988年，是否也属于"现代"法国行政法而不是"当代"法国行政法呢？我们对法、英行政法的研究都是如此，对法治非典型、非代表性国家，以及法治欠发达国家行政法的研究更是如此。比如在亚洲，我们主要研究日本、韩国以及我国台湾地区和香港地区的行政法，而对越南、泰国、菲律宾、马来西亚、新加坡等亚洲国家的行政法基本上是漠不关心、不闻不问的。

准确、全面、客观、及时地介绍和研究外国行政法，需要一个正确的研究导向和良好的研究环境，需要学者的努力，也需要杂志、媒体、出版界等的支持与配合。如果介绍和研究外国法的文章、论文很难发表，势必影响我们对外国行政法的研究。

(二) 丰富的研究资料的提供和研究成果的共享

我们不可能常年在国外研究外国行政法②，在国内研究外国行政法，第一手资料尤为重要，即便是在资讯如此发达的今天。这就使得外国法的研究者一定要有很好的外语基础。但由于我们研究的第一手客观资料，包括国外的理论研究、立法、司法、执法等的最新动态，很难通过学术刊物的发表予以推广而让更多的人所利用，因此研究难以形成规模，成果难以让他人共享，重复劳动、重复研究的现象比较严重。比如，日本于1999年制定了《情报公开法》③，关于其中文翻译，有一种说法是"《情报公开法》中文翻译最早发表在刘杰著：《知情权与信息公开法》，第296－311页，清华大学出版社，2005年版"④。而实际上，朱芒在2003年翻译的《日本信息公开法》应该更早一些。⑤ 即便是朱芒的翻译，也是在《日本信息公开法》通过颁布若干年以后。更进一步而言，当今日本很多的行政法动态我们都没有翻译过来。外国行政法和比较行政法研究者凭借个人所掌握的外文资料单兵作战，而那些没有国外资料或者不擅长外语的学者，因其无法共享其他学者的研究资料和成果，其对外国行政法的了解、

---

① 张越编著：《英国行政法》，"阅读说明"，2页，北京，中国政法大学出版社，2004。
② 而实际上常年在国外的学者更多的是发挥其在研究中国法方面的优势，介绍和宣传中国法。
③ 全称为《关于行政机关保有的情报公开的法律》，简称《日本情报公开法》，也可译为《日本信息公开法》。1999年5月14日日本法律第42号公布。
④ 《〈日本情报公开法〉中文翻译》，参见法信网（http://www.law863.com/Article/2006-02/7593.html）。
⑤ 参见罗豪才主编：《行政法论丛》，第6卷，586～592页，北京，法律出版社，2003。

研究和借鉴存在一定的障碍。

所以我们需要一个平台、一个阵地，来展现我们对外国行政法、比较行政法的研究成果。本刊的出版，是我们向正确的方向上迈出的第一步，希望她能够为更多学者的研究提供资料，大家共同分享研究成果，共同推动外国行政法和比较行政法研究的发展。

三、日本对中国行政法的研究及启示

中国在研究外国法，外国也在研究外国法，包括研究中国法。那么他们在研究外国法方面对我们研究外国法有何经验可以借鉴呢？这里我们以日本对中国行政法的研究情况为例，看看国外是如何研究外国法的。

日本的中国法研究专家铃木贤在1993年曾经撰文，介绍日本对中国法研究的情况并对中国法研究学者做了世代划分。他认为，第一世代为第二次世界大战后的中国法研究学者，代表人物是平野义太郎、仁井田陞、福岛正夫、幼方直吉、高桥勇治等；第二世代为"文化大革命"期间对中国法的主要研究学者，包括针生诚吉、浅井敦、稻子恒夫等，此外，还包括十一届三中全会之前的主要学者宫坂宏、向山宽夫人、大塚胜美等；第三世代是"文化大革命"后的中国法研究学者，主要是西村幸次郎、土屋英雄、木间正道、田中信行、土歧茂、野泽秀树、加藤宽昭、国谷知史、近田尚已等，他们构成了当时（1993年）中国法研究的主力军；第四世代是十一届三中全会之后的通山昭治、高见泽磨和铃木贤本人以及小口彦太。此外，其他社会主义法的研究所看不到的一个现象，是中国留日学生中的佼佼者，如季卫东、王亚新、王晨、周作彩、周剑龙、杨建顺、王云海等，他们精通日本法，用西方的法学方法分析中国法的问题，作为中国法的研究群体而引人注目。①

从上述的"四个世代"的划分可以看出，日本对新中国成立以后的现代中国法的研究一直持续着，并涌现出众多的中国法专家，每个时代还有其代表人物。伴随着中国更多的学生和学者到日本学习、进修、访问、讲学，他们及时地把中国行政法治建设、发展的情况介绍给了日本的学术界和法律界，同时日本的中国法专家也经常来中国进行学术考察、交流，日本对中国法的研究可以说是非常全面、及时的。当然这也得益于日本的相关学术杂志注重国外法的介绍和比较法研究成果的发表而使外国法得到推广。

就行政法而言，日本主要是在中国《行政诉讼法》颁布以后开始关注中国

---

① 参见［日］铃木贤：《围绕中国法的研究》，载社会主义法研究会编：《社会主义法的变容和分歧》（《社会主义法年报》第11期），162～173页，日本，法律文化社，1992。关于中国法研究的世代划分，还可参见［日］木间正道：《战后日本的中国法研究》，载《季刊中国研究》，1988（9），63页以下。

行政法的。从开始的对中国行政法的一般介绍到现在的深入研究具体问题;从开始的较长的研究周期到现在的较快的研究速度;从开始的较窄的研究范围到现在的广泛的研究领域;从开始的较少的研究成果到现在的丰硕的研究成果,都反映出日本对中国行政法研究的进步和发展。

就研究专著而言,最有代表性的是两位中国留学生的博士论文,即张勇的《中国行政法的生成与展开——与日本法比较的视点》(信山社,1996年)和叶陵陵的《中国行政诉讼制度的特质》(中央大学出版社,1998年)。

就法律条文的翻译而言,土歧茂1992年翻译了1989年的《集会游行示威法》[①];室井力、张勇1993年翻译了1990年的《行政复议条例》;室井力、吴微、张勇1994年翻译了同年的《国家赔偿法》;张勇1996年翻译了1989年的《行政诉讼法》;叶陵陵1998年翻译了1996年的《行政处罚法》和1997年的《行政监察法》;长谷川丰、南部广孝、吉村澄代1999年翻译了1998年的《高等教育法》;小高刚、申顺芬2000年翻译了1999年的《行政复议法》;等等。可以看出,中国重要的行政立法基本上都被翻译成了日文,而且中国学者的贡献很大。翻译的速度也很快,如果考虑到发表和出版的时间,有些中国法律的翻译、发表的速度是惊人的。

就研究论文而言,体现了这样几个特点:第一,数量越来越多。上个世纪90年代初期,发表中国行政法的研究论文是个例,有的年份没有,有的年份只有一两篇,而现在每年都有十几篇。第二,研究范围越来越广泛。以前主要研究行政法基本制度上的问题,现在涉及了行政法的各个领域,包括环境法、教育法等部门行政法。第三,研究内容越来越具体。开始的研究主要集中在对新的法律的具体内容、特色和问题点的研究上,而现在的一些研究则非常具体,如户籍政策的问题,《土地法》实施状况的调查,行政诉讼中"具体行政行为"的含义等。第四,对中国行政法治建设中的重大问题都有集中的研究。比如,对行政诉讼、行政复议、信访、行政赔偿的研究,对行政处罚、劳动教养、行政许可的研究,对情报公开、行政程序的研究,对公务员制度、依法行政的研究,对土地法、教育法、环境法的研究,等等。第五,很少有用中国行政法的经验来完善日本行政法的建议。日本学者也好,中国学者也好,都很少谈及日本需要借鉴、可以借鉴、怎样借鉴中国的行政法。

日本对中国行政法的研究给了我们如下启示:第一,研究成果的及时发表、出版;第二,跟踪的持续性研究;第三,可以单纯介绍、评价外国行政法而不必拘泥于对本国的意义;第四,对不同国籍学者不同的研究背景、研究思维、研究方法、研究结论的宽容和尊重。

---

① 翻译的时间是译文公开发表或出版的时间;法律的时间是法律公布的时间。下同。

附：日本关于中国行政法研究的成果[①]

第一类：著作

1. 张勇. 中国行政法的生成与展开——与日本法比较的视点. 日本：信山社，1996
2. 叶陵陵. 中国行政诉讼制度的特质. 日本：中央大学出版社，1998
3. ［日］筱原清昭. 关于中华人民共和国教育法的研究：现代中国的教育改革和法. 日本：九州大学出版会，2002
4. ［日］上拂耕生. 中国行政诉讼的研究. 日本：明石书店，2003

第二类：译著

1. 罗豪才主编，应松年副主编，［日］上衫信敬译. 中国行政法概论1. 日本：近代文艺社，1995
2. 龚祥瑞主编，张树义，姜明安副主编，［日］浅井敦，间田穆，吉川刚译. 法制的理想与现实. 爱知大学国研丛书. 第2期. 第2册. 新评论，1996
3. 罗豪才主编，应松年副主编，［日］上衫信敬译. 中国行政法概论2. 日本：近代文艺社，1997
4. 皮纯协，冯军，吴德星著，［日］小口彦太，周作彩，加藤千代译. 中国行政法的理论与实践. 日本：成文堂，1998

第三类：相关著作中的中国行政法章节

1. 周作彩. 中国行政裁判的统治. 见：［日］针生诚吉，安田信之编. 中国的开发和法. 第2章. 日本：亚洲经济研究所，1993
2. 叶陵陵译. 行政法. 见：王家福，［日］加藤雅信编. 现代中国法入门. 第3章. 日本：劲草书房，1997
3. ［日］小林昌之. 中国的民主化和法——以行政救济制度的发展为中心. 见：［日］作本直行编. 亚洲各国的民主化和法. 第2章. 日本：亚洲经济研究所，1998
4. 王晨. 人权和行政诉讼——民告官. 见：［日］土屋英雄编著. 中国的人权和法——历史、现在和未来. 第3章. 日本：明石书店，1998

[①] 在日本，对行政法范围的理解与我国有所不同，同时也考虑到篇幅的原因，在此我们省略了港澳台行政法；基本上省略了行政改革、中央与地方关系、居民自治组织等和宪法、政治学、行政学相交叉的问题；基本上省略了税法、环境法、教育法、土地法、医事法、食品卫生法、消费者权益保护法等部门行政法的问题。成果全部为日文，成果各项信息在此被翻译成中文。成果统计分为著作、译著、相关著作中的中国行政法章节、法律条文翻译和论文等五类，并以年代顺序排列。统计中的疏漏在所难免，仅供参考。

5．［日］铃木贤．行政法．见：［日］木间正道，铃木贤，高见泽．当代中国法入门．第 3 章．外国法入门丛书．日本：有斐阁，1998（2000 年第 2 版，2003 年第 3 版，2006 年第 4 版）

6．［日］纸野健二编著．东亚行政的情报化和公法．名古屋大学 CALE 丛书 1，2002

7．［日］伊龙泽．东亚的行政复议制度（其中包括我国的《行政复议条例》和《行政复议法》等内容）．日本：有信堂，2004

8．［日］北川秀树．行政法．见：［日］西村幸次郎编．现代中国法讲义（第 2 版）．第 3 章．日本：法律文化社，2005

第四类：法律条文翻译类

1．《中华人民共和国集会游行示威法》（［日］土歧茂译）．见：社会主义法研究会编．社会主义法的变容和分歧．社会主义法年报第 11 期．日本：法律文化社，1992.223 页

2．《中华人民共和国行政复议条例》（［日］室井力，张勇译）．见：法律时报．第 65 卷．第 5 期，1993；张勇．中国行政法的生成与展开——与日本法比较的视点．日本：信山社，1996.302～310 页；（叶陵陵译）见：叶陵陵．中国行政诉讼制度的特质．日本：中央大学出版社，1998.426～436 页

3．《中华人民共和国国家赔偿法》（［日］室井力，吴微，张勇译）．见：法律时报．第 66 卷．第 10 期，1994；张勇．中国行政法的生成与展开——与日本法比较的视点．日本：信山社，1996.311～318 页；（叶陵陵译）见：叶陵陵．中国行政诉讼制度的特质．日本：中央大学出版社，1998.437～445 页

4．《中华人民共和国行政诉讼法》（张勇译）．见：张勇．中国行政法的生成与展开——与日本法比较的视点．日本：信山社，1996.291～301 页；（叶陵陵译）见：叶陵陵．中国行政诉讼制度的特质．日本：中央大学出版社，1998.413～425 页

5．《中华人民共和国行政处罚法》（叶陵陵译）．见：中国行政诉讼制度的特质．日本：中央大学出版社，1998.446～458 页；（［日］上杉信敬译）见：东亚经济研究（山口大学）．第 57 卷．第 4 期，1999

6．《中华人民共和国行政监察法》（叶陵陵译）．见：叶陵陵．中国行政诉讼制度的特质．日本：中央大学出版社，1998.459～467 页

7．《中华人民共和国高等教育法》（［日］长谷川丰，南部广孝，吉村澄代译）．见：季刊教育法．第 118 卷，1999

8．《中华人民共和国行政复议法》（［日］小高刚，申顺芬译）．附：于安．行政复议法对中国行政复议制度的改善和发展．见：名城法学（名城大学法学会）．第 49 卷．第 2 号，2000

9.《中华人民共和国人口与计划生育法》(张伟丽，[日]山本正宪译).户籍时报.第569卷，2004

10.《医疗事故处理条例》([日]岩志和一郎，川城忆红译).比较法学(早稻田大学比较法研究所).第37卷.第2期，2004.289页

11.《中华人民共和国民办教育促进法》(刘文君译).季刊教育法.第143卷，2005.101页

12.《中华人民共和国内河交通安全管理条例》([日]香川正俊译).海外事情研究（熊本学园大学附属海外事情研究所）.第32卷.第2期，2005.129页

13.《国务院全面推进依法行政实施纲要》([日]上杉信敬译).东亚经济研究（山口大学）.第64卷.第1期，2005.55页

第五类：论文
1998年以前：

1. [日]南博方，周作彩.中国行政诉讼制度的动向和现状.一桥论丛.第101卷.第1号，1989.1～18页；[日]南博方.中国行政诉讼制度的动向和现状.见：[日]南博方.纷争的行政解决手法.第13章.日本：有斐阁，1993

2. [日]南博方.中国行政诉讼法的内容和特色的检讨.见：行政法的诸问题（中）.雄川一郎先生献呈论集.日本：有斐阁，1990.499～527页；[日]南博方.中国的行政诉讼法.见：[日]南博方.纷争的行政解决手法.第14章.日本：有斐阁，1993

3. [日]近藤昭三.现代中国行政法法源试论.札幌法学.第4卷.第1，2期合并号，1993.48～107页

4. [日]伊龙泽.关于中国行政诉讼的特色和问题点.创价法学（创价大学法学会）.第22卷.第1期，1993

5. [日]杉田宪治.中国行政诉讼制度的特异点·论点.修道法学（广岛修道大学法学会）.第14卷.第1期

6. [日]室井敬司.中国行政处罚法.亚细亚法学（亚细亚大学法学研究所）.第29卷.第2期.1995

7. 湛中乐.中国行政法学的历史和现状概要：《行政诉讼法》实施状况的分析.[日]间田穆，吉川刚译.爱知大学法学部法经论集（爱知大学法学会）.第139卷，1996

8. [日]上杉信敬.中华人民共和国行政程序的立法化.东亚经济研究（山口大学）.第54卷.第4期，1996

9. [日]西村峰裕.关于中国劳动行政处罚程序的规定.国际商事法务（国际商事法务研究所）.第25卷.第12期，1997

10. 叶陵陵. 关于中国国家赔偿制度比较法的检讨. 新报. 第 103 卷. 第 2, 3 期合并号, 1997

11. [日] 曾我贵志, 渡边刚. 中国土地管理法的改革. 国际商事法务 (国际商事法务研究所). 第 26 卷. 第 11 期, 1998

1999 年：

1. [日] 上拂耕生. 关于中国行政诉讼制度的考察：以个人权利保护为基点. 国际协力论集 (神户大学). 第 6 卷. 第 2 期

2. 胡建淼. 中国国家赔偿制度的现状和课题 (报告). 法律. 第 9 卷

3. [日] 石本茂彦, 江口拓哉. 中国行政复议法的制定. 国际商事法务 (国际商事法务研究所). 第 27 卷. 第 7 期

4. 张国璐. 关于中国高等教育改革的法律问题. 立教大学大学院法学研究 (立教大学大学院法学研究会). 第 22 卷

2000 年：

1. [日] 西岛和彦. 中国暂住人口管理制度. 阪大法学 (大阪大学大学院法学研究科). 第 50 卷. 第 1 期

2. [日] 伊龙泽. 关于中国行政复议制度的特色和问题点. 见：高田敏, 畑博行编. 宪法和行政法的现在. 北树出版所, 2000

3. 安念念, 沙银华. 中国的行政指导是"不可抗力"吗？. 国际商事法务 (国际商事法务研究所). 第 28 卷. 第 3 期

2001 年：

1. 应松年. 中国法治行政的发展 (讲演). [日] 樋口胜译. 创价法学 (创价大学法学会). 第 30 卷. 第 1 期

2. [日] 纸野健二. 东亚的行政立法和行政处罚. 法律时报. 第 73 卷. 第 2 期

3. [日] 外间宽, 叶陵陵. 中国行政复议制度的发展. 比较法杂志 (比较法学会). 第 34 卷. 第 3 期

2002 年：

1. 彭云业, 张德新. 中国的行政公开制度及其研究. 关东学园法学 (关东学园大学法学部). 第 11 卷. 第 2 期. 237 页

2. 李哲范. 中国行政诉讼法中的"具体行政行为"的概念 (1). 法学论丛 (京都大学法学会). 第 151 卷. 第 2 期. 53 页

3. 李哲范. 中国行政诉讼法中的"具体行政行为"的概念 (2·完). 法学论丛 (京都大学法学会). 第 151 卷. 第 6 期

4. 绪方康, 王景斌. 加盟 WTO 与中国政府行政法治化建设. 国际问题研究所纪要 (爱知大学国际问题研究所). 第 116 卷

5. ［日］铃木敬夫．不宽容的劳动矫正．札幌学院法学（札幌学院大学法学会）．第 18 卷．第 1 期

6. 周帆．中国公务员制度的回顾和展望．创价法学（创价大学法学会）．第 31 卷．第 3 期

7. 但见亮．中国的劳动教养制度．法研论集（早稻田大学大学院法学研究科）．第 102 卷

2003 年：

1. ［日］上杉信敬译．关于中国行政程序法的调查报告．东亚经济研究（山口大学）．第 61 卷．第 2 期．87 页

2. ［日］上杉信敬．中国行政立法程序条例．东亚经济研究（山口大学）．第 61 卷．第 4 期，2003．175 页

3. 李哲范．中国行政诉讼中的除外事项（1）：中国裁判权的界限的一个侧面．法学论丛（京都大学法学会）．第 152 卷．第 1 期．23 页

4. 李哲范．中国行政诉讼中的除外事项（2·完）：中国裁判权的界限的一个侧面．法学论丛（京都大学法学会）．第 152 卷．第 3 期．25 页

5. ［日］伊龙泽．关于中国行政复议法的主要内容和问题点（1）．创价法学（创价大学法学会）．第 32 卷．第 1，2 期合并号．23 页

6. ［日］伊龙泽．关于中国行政复议法的主要内容和问题点（2·完）．创价法学（创价大学法学会）．第 32 卷．第 3 期．1 页

7. ［日］冈村志嘉子．行政法体系的整备（海外法律情报/中国）．法学家．第 1247 卷．95 页

8. 吕艳滨．中国行政法的发展和课题：中国法制度改革的现状．专修大学社会科学研究所月报．第 477 卷．2 页

9. 殷志静，郁奇虹．关于中国户籍政策改革中的政策决定．［日］斋藤匡史译．东亚经济研究（山口大学）．第 61 卷．第 2 期

10. 殷志静，郁奇虹．中国户籍制度改革的调查研究．［日］斋藤匡史译．东亚经济研究（山口大学）．第 61 卷．第 4 期

11. 王曦．中华人民共和国的环境法和环境保护行政体系．［日］铃木常义译．龙谷法学（龙谷大学法学会）．第 35 卷．第 1 期

12. 郁志明．关于中国的行政赔偿．国际商事法务（国际商事法务研究所）．第 31 卷．第 11 期．1588 页

2004 年：

1. ［日］西岛和彦．人口流动化的进展和户籍制度．见：［日］西村幸次郎编著．全球化中的现代中国法．第（9）部分．日本：成文堂，2004

2. 李瑜青．关于法律文化的人格作用：中国信访制度的历史命运．北大法

学论集（北海道大学法学部）．第 54 卷．第 6 期

　　3．徐慧．中国对"约款"的行政规制．阪大法学（大阪大学大学院法学研究科）．第 53 卷．第 6 期

　　4．金如根．中国行政处罚制度的法的研究（1）．法政论集（名古屋大学法学部）．第 200 卷．173 页

　　5．但见亮．中国的行政拘禁制度的改革．比较法学（早稻田大学比较法研究所）．第 38 卷．第 1 期

　　6．舒雯．关于中国行政许可法的制定．国际商事法务（国际商事法务研究所）．第 32 卷．第 10 期．1689 页

　　7．张建华．关于中国人口政策的推移．大阪府立大学经济研究（大阪府立大学经济学部）．第 48 卷．第 3 期

　　8．［日］川城忆红．关于中国的医疗制度（1）：卫生行政与医疗机构的关系．法研论集（早稻田大学大学院法学研究科）．第 111 卷．53 页

2005 年：

　　1．［日］镰田文彦．全国人民代表大会土地管理法的执行情况调查．外国的立法（国立国会图书馆调查立法考察局）．第 222 卷．174 页

　　2．金如根．中国行政处罚制度的法的研究（2）．法政论集（名古屋大学法学部）．第 205 卷．67 页

　　3．彭小武．中国国家公务员的录用制度及其课题．冈山大学大学院文化科学研究科纪要．第 18 卷．131 页

　　4．［日］上杉信敬．中国行政许可法的制定（2003 年）．东亚经济研究（山口大学）．第 63 卷．第 2 期．131 页

　　5．［日］上拂耕生．中国的行政立法和依法行政原则：行政立法的特质和法治主义的矛盾、问题．管理（熊本县立大学综合管理学会）．第 11 卷．第 1，2 期合并号．1 页

　　6．陈爱武．中国人事诉讼程序研究．［日］椎桥邦雄译．山梨学院大学法学论集（山梨学院大学法学研究会）．第 52 卷．91 页

　　7．沈军．中国土地的征收．法研论集（早稻田大学大学院法学研究科）．第 114 卷．1 页

　　8．［日］相川泰．中国的环境破坏、环境纠纷的实态和 NGO 的活动．社会科学研究所年报（龙谷大学社会科学研究所）．第 35 卷．17 页

　　9．［日］北川秀树．中国的环境保护对策和民主化．社会科学研究所年报（龙谷大学社会科学研究所）．第 35 卷．77 页

　　10．［日］上拂耕生．中国的情报公开制度．季刊情报公开个人情报保护．第 17 卷．38 页

11. ［日］冈村志嘉子．中华人民共和国公务员法的制定．法学家．第1294卷．107页

12. 叶陵陵．中国行政许可法的制定和行政管理体制的改革：关于中国行政行为的程序和法（1）．熊本法学（熊本大学法学会）．第107卷．77页

13. 吕艳滨．中国行政法的发展和课题．见：［日］内藤光博，古川纯编．东北亚的法和政治．日本：专修大学出版局，2005

14. 沈瑛．关于中国公务员制度和人事制度改革的一点考察．政治学研究论集（明治大学大学院）．第21卷

15. ［日］山内信俊，邬晓飞．中国土地整理改革的动向及今后的课题．国际商事法务（国际商事法务研究所）．第33卷．第12期．1689页

2006年1-10月：

1. 毛桂荣，白智立．中国公务员制度的构筑：围绕公务员法的成立．季刊行政管理研究．第112卷．21页

2. 彭小武．关于中国国家公务员管理的研究．冈山大学大学院文化科学研究科纪要．第20卷．57页

3. 东晓，［日］石田和之．中国的国家机构改革．德岛大学社会科学研究．第19卷．15页

4. 金如根．中国行政处罚制度的法的研究（3）．法政论集（名古屋大学法学部）．第211卷．183页

5. 金如根．中国行政处罚制度的法的研究（4）．法政论集（名古屋大学法学部）．第212卷．381页

6. ［日］上拂耕生．关于中国行政许可程序的考察（1）：以中华人民共和国行政许可法的规定为中心．管理（熊本县立大学综合管理学会）．第12卷．第3，4期合并号．29页

7. ［日］石塚迅．中国地方政府的政务公开：以吉林省长春市的事例为中心．一桥法学．第5卷．第1期．163页

8. ［日］木间正道．在日本的中国法研究：历史、现状和课题．明治大学法科大学院论集．1．159页

9. 熊达云．关于中国"依法行政"的法整备．见：［日］寄本胜美，辻隆夫，县公一郎编．行政的未来．日本：成文堂，2006

10. ［日］宇田川幸则．关于公民和行政关系的中国特色的初步考察．法学论集（关西大学法学会）．第55卷．第4，5期合并号

行政权能

走向综合的行政信赖保护方式

王贵松[*]

[*] 北京大学法学院博士研究生。

> **目　次**
> 一、大陆法系的信赖保护方式
> 　（一）偏重于实体性保护
> 　（二）兼及程序性保护
> 二、英美法系的信赖保护方式
> 　（一）侧重于程序性保护
> 　（二）对实体性保护的排斥与吸纳
> 三、欧盟法对信赖保护方式的调和
> 　（一）欧盟法的程序性保护
> 　（二）欧盟法的实体性保护
> 四、信赖保护方式的反思与借鉴
> 　（一）信赖保护方式的反思
> 　（二）信赖保护方式的借鉴

　　"随着现代行政量的扩大、质的复杂化，国民生活对行政的依存性也在增强，国民信赖行政所表明的见解，对此有必要保护。"[①] 信赖保护原则就是要在行政主体变更某行政法律状态之际对其加以限制，以保护行政相对人正当合理的信赖。信赖保护原则彰显着实质法治的精神，在当代逐步引起重视，进而演化为行政法上的一个重要原则。信赖保护原则的研究在我国也依次展开，本文即重点探讨信赖保护的方式，这是信赖保护原则中的核心问题之一。学界在

[①] ［日］远藤博也、阿部泰隆编：《讲义行政法Ⅰ》（总论），133页，日本，青林书院新社，1984。

这方面的研究颇为不足，仅有的见解也颇有分歧。这些认识的不同产生于对信赖客体的复杂多样性的不同理解，也产生于对不同法系考察的疏失。概括起来，信赖保护大致有两种类型的保护方式：其一，实体性保护，其二，程序性保护。而从两大法系的保护方式走向来看，它们正在朝着综合化的方向发展。

一、大陆法系的信赖保护方式

信赖的实体性保护，是大陆法系国家经常采用的方法。当然，这并不是说英美法系国家不采用这种保护方式，只是后者采用并不如前者多见而已；也不是说，大陆法系国家对信赖仅有实体性的保护，程序性保护在立法和实践中都存在并发挥着重要的作用。

(一) 偏重于实体性保护

归纳起来，大陆法系信赖的实体性保护主要有两种具体的保护方式：一为存续保护，二为财产保护。

1. 存续保护

存续保护，又称维持原状，是指行政主体基于信赖保护的目的，不得撤销、废止其作出的授益性行政行为，或对行政行为作出不利于相对人的变更。选择存续保护方式的条件是：将信赖利益与否定原行政行为所欲维护之公共利益进行客观对比，在前者显然大于后者时，不得撤销或废止授益性行政行为。存续违法的行政行为是信赖保护与依法行政原则冲突最为剧烈的一种表现，故而限制较为严格。为贯彻依法行政原则，行政主体发现其行政行为有违法瑕疵时，原则上固然可以依职权加以撤销。但如果因违法行政行为而受益的相对人，对于该违法行为的存续已产生信赖，在衡量比较撤销违法行为所可维护的公共利益后，其信赖值得保护时，则该违法授益行为即不得任意依职权撤销之。[①] 下面对存续保护作一个简单的分解研析。

(1) 行政处理等具体的信赖客体的不撤销或不撤回

具体的信赖，一般包括行政处理、行政承诺等，它是一种具体的处分行为。对于违法的授益性行政处理的撤销与否，在德国法上也存在着三种态度。第一是原则上否定撤销权，只有公益或者法律上有必要时方予承认；第二，原则上肯定撤销权，但是应受到信赖保护的限制；第三，职权撤销所获得的利益与相对人信赖保护的利益之间进行衡量。[②] 笔者以为，承认撤销权，这是形式合法性的要求。但是，这种撤销权的行使不得给相对人造成不公平，否则即违反了

---

① 参见陈清秀：《行政法的法源》，载翁岳生编：《行政法》，157～158 页，北京，中国法制出版社，2002。

② 参见 [日] 兼子仁编著：《西德行政行为论》，276～279 页，日本，成文堂，1987。

信赖保护的实质正义的要求,这也是不允许的。在信赖保护成立之后,信赖的保护方式的选取应该是衡量的结果。在权衡信赖利益与公共利益的基础上,如果信赖利益优于公共利益,原来的信赖客体即不得撤销或撤回。也就是说,撤销或撤回原授益性行政行为的行为将会被撤销,而原授益性行政行为将会存续下来。纵然原授益性行政行为有一定的瑕疵,但若无强烈的公益要求,也不得撤销。我国台湾地区"行政程序法"第117条规定,受益人无信赖不值得保护之情形,而信赖授予利益之行政处分,其信赖利益显然大于撤销所欲维护之公益者,不得撤销违法之行政处分。

(2) 行政立法等抽象的信赖客体的不溯及既往

抽象的信赖,一般包括行政立法、行政计划、行政惯例等,其效力一般面向未来,并且不需要相对人具体的处分行为。为了消除抽象规则稳定性与现实生活变动性之间的紧张关系,修法就成为常用的一种方式。在新的规则取代旧的规则时,法不溯及既往已经是法治的一个基本要求。法的秩序应该安定,如此,人民才能预见到自己的行为是否合法,才能合理地自主地安排自己的生活,这样的法也才是值得信赖的。德国联邦宪法法院认为,如果人民依据当时的现行法作出某种行为,可以得到何种法律后果的法律秩序应该获得信赖感。[①] 我国《立法法》亦明确规定,法不溯及既往,有利溯及是例外。新颁布的后法如果是授益性的,则不存在违宪违法的问题。只有后法是负担性的,才构成这里的不得溯及既往的类型。[②]

理论上一般将溯及既往分为纯粹溯及和不纯粹溯及两种。为了维护法安定性、保护人民的信赖,纯粹溯及常常被宣布违宪或者违法。因为人们根本无从根据未经颁布的规则来安排自己的生活,处分自己的行为。纯粹溯及对人们的既得权益造成了重大的影响,伤害了人们对原法律秩序的信赖。对于不纯粹溯及,由于新法产生时法律事实或法律关系依然存续,人们对旧法的信赖感会减弱,可以按照新法变更自己的行为,这时,原则上认为不纯粹溯及并不违宪。但是,如果该法对旧的法律状态的变更太大,已经逾越人们的信赖程度,这时有可能违反信赖保护原则而构成违宪。[③]

(3) 过渡条款的设立

过渡条款就是要在新的决定中规定明白承认旧决定的某些内容可以在一定期限继续存在适用的条款。这是一个中间类型,既不是不撤销原决定,也不是

---

① 参见陈新民:《德国公法学基础理论》(下),542~543页,548~549页,济南,山东人民出版社,2001。

② 在我国司法实践中也存在这样的判决。例如,林明富诉惠州市公安局交通警察支队行政不作为案,(2002)惠中法行终字第04号。

③ 参见林合民:《公法上之信赖保护原则》,105页,台湾大学法律学研究所硕士学位论文,1985。

立即撤销原决定，只是建立了一个缓冲地带。人类生活有其连续性，新法即使没有溯及效力，但对人民依旧法所建立的生活秩序，仍难免发生影响。如果人民依该修正前法律已取得的权益及因此所生的合理信赖，因该法律修正而向将来受不利影响的，立法者即应制定过渡条款，以适度排除新法在生效之后的适用，或采取其他合理的补救措施，这样才符合法治国的法安定性原则及信赖保护原则。我国行政实践中一般用"过渡办法"来指称过渡条款，例如，为了保护《教师法》实施前已经在学校或者其他教育机构中任教但未具备本法规定学历的教师，原国家教委于1995年底依法制定了《教师资格认定的过渡办法》。但有时虽然使用"过渡办法"一词，但是却指称在法律、行政法规修改之后的溯及力问题，而不是真正的过渡条款，例如国家知识产权局《关于施行修改后专利法及其实施细则的过渡办法》即是如此。[①]

过渡条款一般在立法当中讨论较多，但在其他的行政处理、行政规划、行政惯例等当中也有适用的余地。过渡条款可以缓和法不纯粹溯及所带来的冲击，也可以减少因行政处理等骤然撤销或废止给相对人所造成的巨大损失。"新政策中过渡条款的存在，其自身即为应该考虑的一个因素，可以决定决策者是否对新政策的合格性有充分考虑。"[②] 对于违法的授益性行政处理的撤销，其效力一般应自行政处理成立时开始，也就是说溯及既往。但是如果存在正当合理的信赖需要保护，那么这时撤销行为可以自撤销时向后生效，而不溯及既往，甚至可以让原来存续的授益性行政处理在一段时间内继续存在。这或许也能算得上是一种过渡条款或过渡办法的存在。

（4）公权力的失效

公权力的失效是一种比较特殊的存续保护方式。在私法当中有一项"权利失效"（Verwirkung）的原则，与此相对应，公法上存在着公权力的失效。所谓公权力的失效，是指公权力主体长期不行使其权力，使相对人确信其不再行使权力，若公权力主体再次行使，相对人对此可以进行抗辩，公权力主体即不能主张行使其公权力。[③] 公权力的失效与行政便宜主义是截然对立的，在应用上也需要严格把握其要件。否则行政的自主性和行政合法性原则将因此而受到威胁。在民法中，权利失效的要件是非常严格的。"就要件言，必须有权利在相当期间内不行使之事实，并有特殊情况，足使义务人正当信任权利人已不欲其

---

① 国家知识产权局公告第78号，2001年6月25日。
② P. P. Craig, *Substantive Legitimate Expectations in Domestic and Community*, 1996, the Cambridge Law Journal, 295.
③ 江苏省高级人民法院（2002）苏行再终字第002号为这一理论提供了鲜活的说明。相关分析，可以参见王贵松：《论公权力的失效》，载万鄂湘、张军主编：《最新行政法律文件解读》，2006（4），139～144页，北京，人民法院出版社，2006。

履行义务,致权利之再为行使有违诚信原则。在作此项判断时,必须斟酌权利之性质、法律行为之种类、当事人间之关系、经济社会状态、及其他主观客观因素而决定之。"① 与此相类似,公权力的失效在适用上需要遵循严格的要件,才能在制度安定和个案公正之间寻求合理的平衡。

具体而言,公权力失效的适用要件如下:(1)公权力主体长时期不行使公权力,这是信赖的基础。至于多长时间可视为"长时期"不能一概而论,需要视案件而定。这也是与时效制度的一个差别。(2)相对人正当的信赖。依据法律生活的经验,相对人善意地相信公权力主体将不再行使其撤销权等公权力。(3)具有特别的情况,足以让相对人相信公权力主体将不再行使其公权力。(4)公权力主体应该具有可归责性。公权力主体明知瑕疵的存在,而不行使其公权力,从而导致行使其公权力时有违公平。(5)公权力的行使一般与公益关联不大。公益在其中如果占有很大比重,则该公权力很难不行使或者失效。(6)公权力失效的适用只具有补充性。只有在适用实定法将发生法律漏洞或者严重僵化不公的情形,才能依据信赖保护原则适用本保护方式。②

2. 财产保护

采取存续保护,法院通常面临着两难的抉择困境。如果为了保护相对人的信赖,而任凭违法的行政行为的存在,固然保护了相对人的权益,但是却损害了法律所追求的公益,从而造成因私益而牺牲公益的情形;如果为了贯彻法律规定,径行撤销该有瑕疵的授益性行政行为,则将对相对人造成不能预期的损害,似乎又不能不予以救济。这种不是公益就是私益的"全部或零"式的抉择困境,均因采取存续保护的方式而引起。因此,若将行政法上信赖保护原则的保护方式定为存续保护,将造成审判实务上的困难,无论如何裁判,势必牺牲公私益中的某一方,而无法两全其美。为了克服这种两难的困境,德国1963年的《行政程序法》草案提出了以补偿相对人损害的方式来保护相对人的信赖,以兼顾公益与私益的维护。这种设想也为1976年的德国《联邦行政程序法》所采纳。③

财产保护,是指行政主体作出的行政行为在必须撤销或废止的情况下,相

---

① 王泽鉴:《民法学说与判例研究》(1),311页,北京,中国政法大学出版社,1998。
② 有学者认为,公法上的权利失效其适用要件共计有以下六项:第一,权利人长时期不行使其权利;第二,相对人的正当信赖;第三,具有特别的情况,致使相对人相信权利人不再行使其权利;第四,权利人须可归责;第五,必须是可抛弃的权利;第六,公法上权利失效的补充性。参见林合民:《公法上之信赖保护原则》,311~313页,台湾大学法律学研究所硕士学位论文,1985。实际上,该学者所指称的"公法上权利失效"与笔者所指称的"公权力的失效"内涵是相同的,但是公法上权利失效仍失之宽泛,将私人在公法上的权利也囊括其中,而且"权利"一词也不能彰显"公权力"不可抛弃等特色,故而,这里使用"公权力的失效"来表述似乎更好。
③ 参见林合民:《公法上之信赖保护原则》,76页,台湾大学法律学研究所硕士学位论文,1985。

对人的信赖利益因此遭受损失，必须给予相对人以合理的财产补偿。需要说明的是，这里所说的是"财产补偿"，而不是赔偿。在公法上，一般认为，赔偿系因违法行为导致损害而产生的法律责任，而补偿则是因合法行为导致损失而产生的法律责任。信赖保护问题中一般涉及两个前后的行为，前一个行为构成了信赖的基础，而后一个行政行为则违背了相对人的信赖，但是后一个行为在形式意义上是合法的，故而，一般将信赖保护的财产保护以补偿来说明。[①] 财产保护方式就是在将信赖利益与公共利益进行权衡，如信赖利益显然不能大于撤销或废止某一行政行为所欲维护的公共利益的情况下即予以选用。[②] 如果公益与私益的权衡能表明，不允许行政主体变更所取得的公益优越于允许行政主体变更而给相对人造成的损失，为什么要给相对人以补偿而不是存续原行政行为呢？这是基于公共负担平等原则的考虑。既然信赖保护已经构成，行政相对人的信赖是正当合理的，那么处置财产、安排生活的自由就应该受到保护。但公共利益要求撤销原行政行为，公众因此而受益，相对人因此而受损，将多数人受益建立在少数人受损的基础之上，这是不公平的。有信赖，有损害，必有赔偿或补偿，这是法治国家对社会成员的承诺。补偿的范围一般应与损失的范围相当，在补偿数额上也有所限制。德国《行政程序法》第48条规定，行政机关须应相对人申请，行政机关须对相对人因信赖行政行为的确定力而遭受的财产不利作出补偿，但以其信赖依公益衡量需要保护为限。财产不利不得超过相对人在行政行为存在时所具有的利益值。行政机关有权确定须补偿的财产不利。"消极的财产不利或者信赖利益是补偿的下限，因行政行为存在的可得利益是补

[①] 但是，在日本的信赖保护方式中则常常提及"赔偿"。例如，在1981年1月27日最高法院审理的有关招商政策变更的案件中，上诉人兴业公司主张被上诉人宜野座村变更招商政策的行为是一种违法的加害行为，与其信赖利益受到损害之间存在着相当因果关系，请求对这种积极的损害加以赔偿，最高法院支持了这一请求。参见日本最高裁（第三小法庭）昭和56年1月27日判决，《行政判例百选Ⅱ》[第四版] No.153，最高裁判所民事判例集第35卷第1号第35页、判例时报第435号第75页。熊本地方法院玉名支部则指出了其中的逻辑。法院认为，信赖关系成立，而原告又有充分的值得保护的法益，被告荒尾市未采取代偿措施即予以剥夺，这违反了信义原则、公序良俗乃至禁反言的法理，因而相当于具有违法性。熊本地裁玉名支部昭和44年4月30日判决，下级裁判所民事裁判例集第20卷第3·4号第263页、判例时报第237号第213页。昭和44年即1969年。可以看出，日本的法院实际上是从实质意义上看待法治，违反了信赖保护的形式上合法的行政行为实质上是违法的，因而对于这种违法行为只要与损害之间存在一定的因果关系，就应该予以赔偿。这种理解对我国行政法上信赖的保护是有所启示的。因为我国《行政许可法》等虽然规定了信赖保护的原则，规定了对违反信赖的补偿保护方式，但是并没有相应的法律对于补偿问题作出一般或者具体规定。实际上导致仍然无法补偿。如果理解为赔偿，尚且可以适用《国家赔偿法》予以保护。

[②] 事实上，信赖利益要大于公共利益是很难的。欧洲法院在一起案件中也认为贸易商的信赖利益大于欧盟的利益完全只是例外情形，只有在贸易商不仅被国内机构的行为或措施而且被欧盟机构不适当的或误导的行为真诚地认为，补助是合法的，才有可能。See French Republic v. Ladbroke Racing Ltd and Commission of the European Communities, Case C-83/98, European Court reports 2000 Page I-03271, para. 89.

偿的上限。"① 当然，财产保护也不限于使用金钱方式加以补偿，还可以使用其他一些代偿措施②，例如给予一定的优惠政策，减免一定的负担等。

（二）兼及程序性保护

信赖保护主要是适用于法律状态变更之际。实体性保护十分必要，程序性保护也不可忽视。一个人如果拥有某种权利、利益或者未经表达意见即不应被剥夺的正当期望，则其应享有程序权利。③ 没有程序性保护，不赋予行政相对人以参与权和请求权，实体性保护就难以实现。即使是实体性保护最终不能成立，相对人程序上的权利也不能抹杀。一方面，如果行政机关明确向行政相对人表示其将遵循某种程序，相对人因此产生行政机关肯定会遵循该程序的预期④，行政机关在变更该程序时，应该给予程序上的保护。另一方面，"程序本身不是目的。其宪法的目的在于保障实体的利益"⑤。这就要求给实体性保护设定程序上的请求权，这实际上就是正当程序的要求。对于那些难以运用存续、财产补偿等实体性保护方式加以保护的行政行为，也要赋予行政相对人参与权和请求权，让相对人有机会充分表达自己的意见，促使行政主体听取和考虑相对人的意见并作出合理的选择。概而言之，程序性信赖保护既要保护行政相对人对程序的信赖，也要保护行政相对人对实体的信赖。

偏重于实体性保护的大陆法系，也兼顾到了对信赖的程序性保护，在其行政程序立法中有相应的规定。例如，德国《联邦行政程序法》第73条规定，已展示的规划又有改动，以致首次涉及或更大涉及某一行政机关或第三人的利益的，应通知其有关的改动，并提供机会让其在两星期内表态或提出异议。第76条规定，已确定的规划在完成之前需要修改的，应经过新的规划确定程序。在出现无关紧要变更的情况下，规划确定机关展示规划确定程序的，无需听证程序，也不需要将规划确定决议予以公布。日本《行政程序法》第13条规定，拟为撤销许可等不利益处分时，应举行听证，给相对人以陈述意见的机会。属于大陆法系但在行政法上却实行判例法的法国，与英国在信赖保护方面有着某种程度的相似性。它一方面对正当合理的信赖进行实体性保护，另一方面也通过防卫权原则和对质程序对实体性信赖进行程序性保护。防卫权原则是"指当事人对于行政机关带有制裁性质的决定，或根据其个人情况而作出的决定，为了防卫自己的利益和权利起见，有权提出反对意见。这个原则来源于诉讼程序。

---

① ［德］哈特穆特·毛雷尔著，高家伟译：《行政法学总论》，287页，北京，法律出版社，2000。
② 参见［日］芝池义一：《行政法总论讲义》，3版，68~69页，日本，有斐阁，1998。
③ 参见［英］克雷格著，马怀德、李洪雷译：《正当期望：概念性的分析》，载《环球法律评论》，2003年夏季号。
④ 参见余凌云：《行政法上合法预期之保护》，载《中国社会科学》，2003（3）。
⑤ Olim v. Wakinekona, 461 U. S. 238, 250 (1983). Cited from Robert E. Riggs, *Legitimate Expectation and Procedural Fairness in English Law*, 37 Am. J. of Comparative L. 404 (1988).

在诉讼程序中,双方当事人都有防卫自己利益的权利。行政程序中采取这个原则,根据行政上的需要,当然不能完全适用诉讼程序中的规定。然而根据最低限度必须使当事人有了解对方观点和提出意见的可能"。"防卫权原则有时由法律规定,在法律没有规定时,行政法院认为它是法的一般原则,性质和英国普通法上的自然公正原则中的听取对方意见的规则相同,在某些事项之中必须适用。"它适用于法律规定的事项。根据行政法院的判例它也适用于一切根据个人情况而作出的具有一定重要性的决定,例如拒绝某些申请、撤销某些许可。但如果行政机关的决定不是基于对当事人情况的考虑,而是基于一般利益的考虑,特别是关于一般治安警察的措施,不适用防卫权的原则。此外在紧急情况和特殊情况下,也不适用这个原则。而对质程序是指"行政机关准备作出对当事人不利的处理时,只有在当事人提出答辩以后才能采取"。上述防卫权原则是对质程序的一种。"行政机关如果不是根据当事人的请求作出决定,必须要求当事人以书面形式提出有利于自己的辩护。行政机关必须根据当事人的要求听取全部人士的意见,不限于作为行政决定客体的当事人的意见。"①

上述法国等国的做法实际上是展示了程序性保护的一个方面,即为实体保护提供程序上的请求权,而德国的做法则展示了程序性保护的另一个方面,即对程序自身的信赖如何保护的问题。德国《联邦行政程序法》对信赖保护的规定主要是实体上的保护,而且是对实体的信赖所施以的保护,而其联邦宪法法院1983年3月22日裁判认为,人民对于程序规定的信赖,原则上也应受相同保护。立法者对于人民所置身于向来所产生的程序法上的状态,加以影响时,也应以法安定性和信赖保护的法治国家原则,作为宪法上审查标准加以衡量,以审查其是否侵犯人民宪法所保障的人格自由发展的基本权利。即使是程序的规定也可能创设信赖地位。行政程序规定的变更,对于人民维护其权利有可能会造成影响。虽然在一定范围内,信赖程序法规定的存续,从宪法来看,比信赖实体的法律地位的维持,较不值得保护。但是在个别案件中,程序法上地位因其意义及某种重要性,也可能与实体法上的地位一样,在相同的程度内,同样值得保护。程序从新原则也有例外,其适用结果不得违反公法上的信赖保护原则。②

这样,信赖保护的程序性保护在大陆法系的法典之中虽然没有很明确的规定,但是在实践中还是发展出了与英美法系大致相似的保护方式来。

---

① 王名扬:《法国行政法》,160~161页,北京,中国政法大学出版社,1989。
② 参见陈清秀:《依法行政与法律的适用》,载翁岳生编:《行政法》(上册),217~218页,北京,中国法制出版社,2002。

二、英美法系的信赖保护方式

在程序法和程序观念发达的英美法系，对信赖进行程序性保护，是其常常采用的方式。而对于实体性保护，英美法系则呈现出由采用到排斥再到吸纳的比较复杂的态度。

(一) 侧重于程序性保护

与大陆法系国家相比，英美法系则比较倾向于给予正当信赖以程序性保护。合法期待原则（与德国法上的信赖保护原则基本相同）派生于阐释自然正义概念的诸多案例之中，它主要是作为一种拓展对未经听证即作出的行政决定提供程序性保护范围的工具发展起来的。本质上，"合法期待"的概念就是自然正义何时被应用的检测标准。[1] 英国第一个合法期待的案件（Schmidt v. Secretary of State Home Affairs）采取的就是一种程序性的保护方式，丹宁勋爵认为应该在拒绝延长原告居留期之前给予原告一个陈述意见的机会。在1971年Breen v. Amalgamated Engineering Union案中，丹宁勋爵援引了他在Schmidt案当中的主张，认为一个人对某种利益的合法期待，能在否定该利益的决定作出时成为其请求听证的基础。[2] 程序性保护的内容依赖于诸多因素的权衡，十分灵活。"在这些因素当中，受影响个人利益的重要性和遵守程序的行政成本是特别重要的。其他因素，诸如秘密、国家安全、紧急情况、决定的初步或最终性质、法定内容等也影响到程序性保护的内容。"[3]

英国法律经常规定在撤销授益性行政决定之前，要给以书面通知和某种形式的听证。在没有成文法规定时，撤销授益性行政决定通常也引起程序公正的问题，因为它影响了受影响人的权利或利益。在一定情况下，程序公正是默示的要求，因为撤销授益性行政决定让合法期待失望了。修改许可证或其他授益性决定，和完全的撤销一样，通常也引起程序公正的问题，尽管考虑到成本和情况紧急等相关的因素之后可能会有一个不同的结果。在没有抵消性因素存在时，要修改或中止授益性决定，应该事前提供一个公正的听证。有权在撤销或修改授益性决定时获得理由说明的范围比有权获得通知或者听证受到更多的限制。在法律上，许多行政领域是免除说明理由的义务的。而且没有一个一般的

---

[1] See Robert E. Riggs, *Legitimate Expectation and Procedural Fairness in English Law*, 37 Am. J. of Comparative L. 397-398 (1988).

[2] See Robert E. Riggs, *Legitimate Expectation and Procedural Fairness in English Law*, 37 Am. J. of Comparative L. 418 (1988).

[3] Soren J. Schonberg, *Legitimate Expectations in Administrative Law*, Oxford University Press, 41 (2000).

法律规定要求说明理由或提供给那些受到行政决定影响的人以救济的指导。但是现在渐渐地普遍认为，如果行政决定对重要的利益（诸如自由、生存、生育等）有深刻的影响，如果它显得脱离了常规或者其内容要求说明理由，程序公正则要求说明理由。[1]

行政机关非正式的意思表示也可能和正式的决定一样引起个人的合理期待。一旦证明存在着合法期待，即使非正式的意思表示没有严重影响当事人的权利和利益，某种程度的程序性保护也要提供。这里存在三种情况。第一种情况是公共机构明示或默示地表明他将遵守与特定个人或组织相关的一定程序或政策。如果该意思表示是程序性的，则该机构有义务遵守它。第二种情况是公共机构作出一般性的意思表示，它将在某一类型的决定中遵守某种程序或政策，但是后来在特定案件中它背离了这一意思表示。这时，程序公正要求通知受影响人，给他一个提出书面意见的机会。第三种情况是公共机构根据一般政策的转换而背离其程序或政策陈述，该政策发生于起初陈述与决定之间。在制定一般政策和从属性立法时，普通法上没有义务去咨询或说明理由。但是，如果业已存在的政策引起了合法期待，那么这一原则的适用应该受到限制。这一合法期待奠定了在政策改变之前提供咨询意见权利的基础。现在英国法院还不是很愿意走出这一步。只有在明确承诺将召开咨询会或者申请人已经从固定的咨询实践当中获得好处，咨询意见才能成为公共机构的一项义务。[2] 当然，程序性异议往往是由于没有多少道理的当事人提出的。这时法官们会因为公平听证对结果没有什么影响而倾向于拒绝救济。[3]

美国的法院和法官有时在讨论是否产生了财产或自由利益时使用了"期待"甚至"合法期待"这样的词语。在 Greenholtz v. Nebraska Penal Inmates 案中，作为被告的囚犯主张州法设定了假释的条件，这就在他们没有必需的迟延条件存在时给了他们对假释的合法期待。法院同意所产生的释放的期待赋予了他们享受宪法正当程序条款某种方式的保护。但法院同时认为在该案中采用的程序已经足够了。在 Vitek v. Jones 案中，"期待"的字眼再次出现在对一个囚犯控告的审查之中。他未经听证即被转入精神病医院接受是否患有精神病的检查。法院认可了 Jones 的客观期待，该期待建立在法定标准之上，这就产生了足够

---

[1] Soren J. Schonberg, *Legitimate Expectation in Administrative Law*, Oxford University Press, 42–45 (2000).

[2] Soren J. Schonberg, *Legitimate Expectation in Administrative Law*, Oxford University Press, pp. 54–56.

[3] 对这种"一开始，结果就显而易见"的论点，梅加里法官进行了批判："每个与法律有任何关系的人都熟知法律的道路上撒满了这样的例子：简单明了的案件又莫名其妙的不是这么回事；无法辩答的指控最终彻底回答了；无可解释的行为完全得到了充分的解释；毫无疑义的决定经过讨论却遭到改动。"［英］威廉·韦德著，徐炳等译：《行政法》，176 页，北京，中国大百科全书出版社，1997。

的自由利益以提起正当程序的保护,这样就赋予了他一个听证的机会。使用同一个词并不必然意味着两个国家使用着同一个规则。美国主要是运用正当法律程序原则来保护相对人的合法期待。"合法期待"的内容在两国法律体系中并不是十分一致的。英国愿意保护程序的也逐渐愿意保护实体的期待,这实际上是主要的区别。[①]

(二) 对实体性保护的排斥与吸纳

德国法等大陆法系对信赖的实体性保护首当其冲,而英国法对信赖的实体性保护始终存在着抵触和争论。据统计,从 1968 年至 1984 年,英国对实体性的期待更普遍,在 1985 年之后,相反的方向也就是程序性的保护更普遍。这反映出 GCHQ 案[②]的影响(在该案中,迪普洛克勋爵着重表达了对合法期待的程序性保护的观点),也反映出很难说服法官相信对诸如许可证、入境许可、计划许可等实体利益的期待有一个合法的基础。[③] 相当于信赖保护原则中的存续性保护的禁反言原则在公法中很难适用的原因就在于:不允许公共机构通过对其权限作出意思表示来超越法定权力。如果该意思表示将拘束自身的未来行为,那么该机构在功效方面就是在为自己的权力设定界限。而且,公共机构必须在自己手中持有裁量权,受先前意思表示的约束就等于放弃行使裁量权。[④] 这些都是与分权原则相悖的。合法期待的实体性保护也存在着同样的问题。以至于有学者认为,期待的内容可以是实体性的,也可以是程序性的。但救济却排他性地是程序性的。它不是在实体依据基础上撤销行政决定的。[⑤]

司喀门(Scarman)勋爵在 1984 年底判决的范德莱诉内政部大臣案(In Re Findlay)中即反对进行实体性保护,而着重指出期待的程序性保护:

> 合法期待原则在发展司法审查的规则中占有重要的地位。然而,这一原则并不必然适用于本案,它仅仅提醒注意,合法期待能够提供足够的利益基础让无法指出存在实体性权利的人申请到法院的司法审查……但是什么是其合法的期待呢?假定有关假释的立法本旨和目的,一个已经判决的囚犯所能合法期待的至多也就是:无论大臣采取何种合适的政策——只要

[①] See Robert E. Riggs, *Legitimate Expectation and Procedural Fairness in English Law*, 37 Am. J. of Comparative L. 423-424 (1988).

[②] [1985] A. C. 374.

[③] See Robert E. Riggs, *Legitimate Expectation and Procedural Fairness in English Law*, 37 Am. J. of Comparative L. 406 (1988).

[④] See C. F. Forsyth, *The Provenance and Protetion Legitimate Expectations*, Cambridge Law Journal, 257 (1988).

[⑤] See Robert E. Riggs, *Legitimate Expectation and Procedural Fairness in English Law*, 37 Am. J. of Comparative L. 433 (1988).

政策是在法律赋予其裁量权范围内合法的选择——他的案子都将个别地予以审查。任何别的审查都将导致法律赋予部长的不受约束的裁量权在一些案件中受到限制，以至于要妨碍甚至阻止政策的变化。鉴于大臣必须考虑的事项的复杂性，鉴于假释执行中的公共利益的重要性，我想议会并不愿以后一种方式来限制裁量权的行使。①

在之后的GCHQ案中，迪普洛克勋爵在总结出了司法审查的三大基础——不合法（illegality）、不合理（irrationality）、程序不适当（procedural impropriety）之后，将合法期待置于程序适当之下，并指出：

因而初步看来，受雇于政府通讯总部的文官（全国性工会的会员）至多在1983年12月合法地期待他们将继续享有该会员的好处，合法地期待将由工会代表其与政府管理部门代表就改变雇佣关系进行磋商。因而，但又只是初步看来，大概在公法的"程序适当"名目之下，他们有权在行政决定撤销该好处之前与全国性工会进行沟通，这样他们就能知悉撤销的理由，工会也有机会对此加以评论。②

在该判词后面，迪普洛克勋爵又明确指出，合法期待的原则与"与'听取意见的权利'紧密地联系在一起"③。很明显，这里所提供的保护只是程序性保护而已。鉴于这一判例的重要性，其对于合法期待保护方式的影响亦更为深远。

直到1994年11月，合法期待的实体性保护才稍有转机。在女王诉农业、渔业与食品部案（Hamble Fisheries案）中，赛德莱法官（Sedley J.）指出：

我们很难理解，为什么挫伤对决定者将做什么或不做什么的合法期待比挫伤申请人将在行政决定者决定是否采取特定步骤之前听取意见的合法期待更公正。这一原则并不敢限制公共机构履行其公共职责。因为任何个人都不能因为其个人的特定情况而合法地期待公共职责不再履行或者被扭曲。正如我在后面希望显示的那样，合法性自身是一个相对的概念，它是用来测定期待的法律与政策内涵之间是否成比例的。毫无疑问，这就是为什么成立一个申请人将被听取意见的合法期待要比成立一个行政决定者将作出某特定结果的合法期待更容易。但是在我的判断中，公正原则同样统

---

① [1985] A.C. 318, at 338.
② [1985] A.C. 374, at 412.
③ [1985] A.C. 374, at 415.

制这两种情形。①

他接着说:

> 不仅必须给个人程序上的机会去说明为什么政策变更不应该影响到他，而且行政也受制于实体性的要求，如果变更政策无视个人先前的期待，就必须要有一个压倒一切的公共利益存在。②

然而，这一实体性保护的做法和说法在随后的女王诉内政部大臣案（Hargreaves 案）中被推翻。比尔（Pill）勋爵认为：

> 赛德莱法官在 Reg. v. Ministry of Agriculture, Fisheries and Food, Ex parte Hamble (Offshore) Fisheries Ltd. [1995] 2 All E. R. 714 要求更大的权力来审查一个决定实体内容的公正，我认为原则上是错误的。③

直到 1999 年，上诉法院审理了著名的女王诉东北德文郡卫生局案（Coughlan 案）④，合法期待的实体性保护又重新建立起来。但是未就 Hargreaves 案发表意见。2001 年的女王诉纽汉伦敦市区议会案则明确推翻了 Hargreaves 案法院的观点。施曼（Schiemann）勋爵指出：

> 历史表明，宽泛的模式能在个案中产生公正结果，但后来看来它不必要地限制了法律的发展。法院早先在 R v. Secretary of State for the Home Department, Ex p Hargreaves [1997] 1 WLR 906 中持有这样一种观点——法院只能保护程序性的期待而不能保护实体性利益的期待，那是个错误的架构。这正是法院在 R v. North and East Devon Health Authority, Ex p Coughlan [2001] QB 213 中所表达的观点。⑤

但也有很多学者对反对实体性保护的看法进行反驳。有学者认为，法院在对期待进行实体性保护时实际上并没有处理行政决定的是非曲直问题。法院并不关心裁量权的行使是否明智。如果不是那样的话，那法院就卷入了决定的是

---

① [1995] 1 C. M. L. R. 533, at 544.
② [1995] 1 C. M. L. R. 533, at 552.
③ [1997] 1 W. L. R. 906, at 925 - 926.
④ [2001] QB 213.
⑤ [2002] 1 W. L. R. 237, at 246.

非曲直之中。实体性保护并不要求那样，它仅仅要求，没有例外情况时，引起期待的公共机构应该满足这种期待。[①] 也有学者认为，"在行政机关决定以某种方式行使其裁量权后，如若法院用自己的有关裁量权应如何行使的观点取代行政机关的观点，以此来对行政进行干预，这在宪法上是不适当的"。但是，有时案件本身是无法给予程序保护的，比如紧急情况、涉及某种秘密。已经公布的宣告内容应予适用，除非存在证据证明背离是正当的。法官这时才给予实体维度的保护。既然公共机构既可面向未来改变其政策的实体内容，又可以基于特殊的原因在此种情形下不适用最初的政策，这里即不存在司法对决策的是非曲直的不当僭越。[②]

综观之，两大法系对于信赖的保护逐渐将实体性保护和程序性保护熔于一炉。这里可以大致绘出两大法系信赖的保护方式图示。

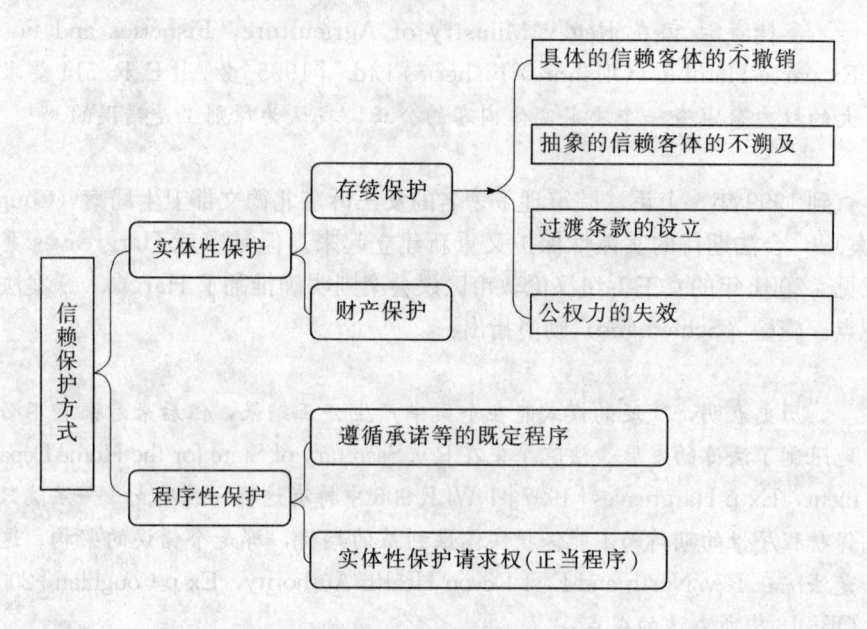

```
                                    ┌─ 具体的信赖客体的不撤销
                      ┌─ 存续保护 ──┼─ 抽象的信赖客体的不溯及
          ┌─ 实体性保护┤            ├─ 过渡条款的设立
信赖       │            └─ 财产保护 ─┴─ 公权力的失效
保护方式  ─┤
          │            ┌─ 遵循承诺等的既定程序
          └─ 程序性保护┤
                       └─ 实体性保护请求权（正当程序）
```

三、欧盟法对信赖保护方式的调和

欧盟法在大陆法系与海洋法系之间扮演着一个中间的角色。欧洲法院在

---

① See C. F. Forsyth, *The Provenance and Protection Legitimate Expectations*, Cambridge Law Journal, 241 (1988).

② 参见［英］克雷格著，马怀德、李洪雷译：《正当期望：概念性的分析》，载《环球法律评论》，2003年夏季号。

1978 年就宣布保护合法期待的原则构成了"欧共体法律秩序的一部分"①。在 1999 年，它较为详明地阐述了对保护合法期待原则的态度。欧洲法院指出，保护合法期待是欧盟法的一般原则，它来源于各成员国共同的法律传统；合法期待的范围及其适用的条件由国内法来确定；但是在国家层面上适用该原则的主体须遵循平等原则、欧盟法有效性原则，尊重欧盟利益；欧洲法院有权限制国家法制的自治，要求承认合法期待，甚至直接适用国内法条款。② 在保护方式上，它通过了采用德国法的一些概念又舍弃了德国法的另一些概念，在传统上限制法院监督行政权的作用的法律体系与法院甚至有成文宪法为依据的对行政行为实施彻底和实体性审查的法律体系之间寻求中间领域。③

(一) 欧盟法的程序性保护

在程序性保护方面，在欧盟法上，撤销和修改授益性行政决定要求通知相对人，并至少提供一个提出书面意见的机会。④ 对期待的程序性保护比法国更发达，但又不及英国宽广。在行政背离了对私人一定结果的承诺时，不存在提供听证的义务。在个案中背离一般政策或实践，程序性期待与实体性期待的差别也是很重要的。在特定基础上对欧盟政策进行一般性的改变，不存在咨询或说明理由的法定义务。⑤

(二) 欧盟法的实体性保护

1. 在实体性的存续保护方面，欧洲法院从法国、德国司法中发展出了一个概念上更复杂的公法原则，该原则支撑着在合法性要求与对个人依赖非法决定安排自己生活的公平性之间进行合理的权衡。这一原则既不像英国法那样基于非法的特定种类而引入禁反言原则，也不像法国法那样在撤销上施以时间的限制。欧盟的做法更加微妙更加灵活。欧洲法院在一起案件中认为，撤销违反法律的授益性行政措施，国家机关没有裁量权，推翻了德国法上裁量自由的基本规则。⑥ 它在向前撤销和向后撤销之间作出区分。不合法的授益性决定并不总是溯及既往地可撤销的。只有在撤销的公共利益优于私人因支持该决定而获得

---

① August Topfer & Co. GmbH v. Commission of the European Communities, Case 112/77, European Court reports 1978 Page 01019, para. 3.

② See French Republic v. Ladbroke Racing Ltd and Commission of the European Communities, Case C-83/98, European Court reports 2000 Page I-03271, para. 58.

③ See Georg Nolte, *General Principles of German and European Administrative Law—A Comparison in Historical Perspective*, Modern Law Review, 211 (1994).

④ See Soren J. Schonberg, *Legitimate Expectations in Administrative Law*, Oxford University Press, 48-49 (2000).

⑤ See Soren J. Schonberg, *Legitimate Expectations in Administrative Law*, Oxford University Press, 58-60 (2000).

⑥ See French Republic v. Ladbroke Racing Ltd and Commission of the European Communities, Case C-83/98, European Court reports 2000 Page I-03271, para. 61.

的利益，并且撤销在合理的期限内进行，欧盟机构才具有内在的权力向后撤销。在决定是否追溯既往地撤销时有五种因素需要考虑：决定的最终性，受影响人的利益，合法性原则的重要性，允许非法决定存在是否影响第三方，以及撤销与决定成立之间的时间长短。[1] 在行政意思表示方面，欧洲法院认为欧盟机构受合法期待原则的拘束，并以平等对待原则对此加以补充。[2] 当然，正如前一章所表明的，行政的意思表示需要明确清晰而非模棱两可。在立法的溯及既往问题上，欧洲法院一贯认为，"尽管法安定性原则一般阻止欧盟措施在其公布之前生效，但是在符合下列两个条件下可以例外地成立：第一，所欲追求之目的要求如此；第二，合法期待已经适当地考虑了"[3]。

2. 在实体性的财产保护方面，基于保护既得权原则的要求，合法的授益决定通常是不可撤销的。因而欧盟机构只能依据特定条款才能撤销合法的授益决定。如果适用该条款，机构给个人造成损失，个人是无法获得补偿的。欧洲法院从来都没有明确承认过无过错原则。[4] 第一，在对非法决定的法律责任方面，欧盟法的基本原则更类似于法国法而不是英国法，非法即为过错，只要存在直接的因果关系、确定和实际的损失，就要承担财产责任。[5] 第二，对于错误陈述，欧洲法院认为欧盟机构需要承担法律责任，只有在很难提供确切信息的情况下，其责任才可以免除。第三，对于正确的陈述，欧盟法将由此引起的损失看作裁量性裁决过错责任的一个方面，也将该责任与合法期待联系起来。然而欧盟法上的责任范围要广于英国法，欧洲法院在审查合理期待与公共政策之间的权衡时，其强度也要大于英国的法院。[6]

欧盟法似乎在不同法系之间寻求协调，努力发展出能为其成员国接受的保护方式。欧盟法的中间路线还在继续发展，可能还会发生一些变化。但或许它的实践是一个很好的借鉴。在欧盟法的影响下，英国法也越来越愿意接受合法

---

[1] See Soren J. Schonberg, *Legitimate Expectations in Administrative Law*, Oxford University Press, 2000, pp. 96 – 102.

[2] See Jean-Louis Chomel v. Commission of the European Communities, Case T – 123/89, European Court Reports 1990 page II – 0131, para. 34. Also see Georg von Deetzen v. Hauptzollamt Oldenburg, Case C – 44/89, European Court Reports 1991 page I – 5119, para. 23.

[3] H. van den Bor BV v. Voedselvoorzieningsin-en verkoopbureau, Case C – 428/99, European Court reports 2002 Page I – 00127, para. 48. Also see Gemeente Leusden v. Staatssecretaris van Financien, Case C – 487/01, and Holin Groep BV cs v. Staatssecretaris van Financien, Case C – 7/02, European Court reports 2004 Page I – 05337, para. 59.

[4] See Soren J. Schonberg, *Legitimate Expectations in Administrative Law*, Oxford University Press, 178 – 180 (2000).

[5] See Soren J. Schonberg, *Legitimate Expectations in Administrative Law*, Oxford University Press, 205 – 213 (2000).

[6] See Soren J. Schonberg, *Legitimate Expectations in Administrative Law*, Oxford University Press, 221 – 223 (2000).

期待实体维度的保护。[1]

四、信赖保护方式的反思与借鉴

信赖保护的方式逐渐走向了综合化。站在不同立场看待信赖保护方式，会发现自己需要朝着哪个方向发展。在中国这样一个具有大陆法系传统的国家，程序性保护到底能占据多高的地位呢？到底又应该采取什么样的方式来保护相对人正当合理的信赖呢？

（一）信赖保护方式的反思

两大法系的做法有着一定的差别，其原因大概还存在于不同的法律文化之中。两者的出发点是不同的。英美法系从自然正义或正当程序出发来保护公民的自由和权利，它十分重视程序的作用。美国最高法院的一位法官曾经说过："自由的历史很大程度上是遵守程序保障的历史。"[2] 美国的正当法律程序虽然有实体的内容，但主要还是程序性的。英国法上的自然公正是"支配行政机关活动的程序方面的规则，不是一个实体法规则"。"程序的规则所以重要，正是由于在实体法上不能不给予行政机关巨大权力的缘故。"[3] 英国法院承认裁量的广泛存在，不仅存在于明确赋予的情况下，而且也存在于一般的和不确定的标准之中。这些都需要应用专业知识或者要求对一系列复杂事项进行评估，对未来的发展进行预测。而德国则认为除非在例外情况下，行政裁量只能在明确赋予时才享有。[4] 它特别强调由专门性的法院对行政裁量权进行实体性控制的重要性，从而让公共决定给私人所施加的影响合理化。[5] 德国经历了第二次世界大战之后，自然法再次兴起，形式法治国中也包含了实质法治国的内容，信赖利益受到了实质法治原则和行为自由原则的保护。法院更是加强了对行政裁量的实体性审查。那些与基本权利相关的行政决定，联邦宪法法院不承认其有裁量判断余地；在警察法领域、给付行政领域等也发展出裁量权收缩理论。[6] 与英美相比，德国对行政行为的审查可能更具有"入侵性"。这里，似乎不是特别

---

[1] See Paul Craig, The Impact of Community Law on Domestic Public Law, in Peter Leyland & Terry Woods (eds.), *Administrative Law Facing the Future: Old Constratraints & New Horizons*, Blackstone Press, 287 (1997).

[2] [英] 威廉·韦德著，徐炳等译：《行政法》，94页，北京，中国大百科全书出版社，1997。

[3] 王名扬：《英国行政法》，151～152页，北京，中国政法大学出版社，1987。

[4] See Georg Nolte, *General Principles of German and European Administrative Law—A Comparison in Historical Perspective*, Modern Law Review, 196 (1994).

[5] See Robert Thomas, *Legitimate Expectations and Proportionality in Administrative Law*, Hart Publishing, 19 (2000).

[6] 参见 [日] 宫田三郎：《行政裁量及其统制密度》，294～298、333～336页，日本，信山社，1994。

注重对行政权的尊重。当然,这只是审查范围的广,在不同方面其审查强度还是有所差别的。之所以会将审查或者保护的重点放在实体上,这与以德国法为代表的大陆法系的传统也是相关的。它们的出发点是"依法律行政"的法治主义原理。大陆法系传统上所谓的"依法律行政"的原理,主要是强调行政实体法上的合法性,强调确保行政的能动性和弹性,而对行政程序采取冷淡的态度。它主要是通过排除、抑制行政的恣意、专断来保障国民的权利和自由。但是随着经济行政、社会行政、给付行政、环境行政等行政对象的多样化、复杂化,不确定法律概念、专门性技术性裁量也在增加,行政行为或授益、或侵益、或具有双重效果而更加复杂,诸如此类,法院对行政的实体性审查能力发生了困难,从而逐步从行政过程的角度加强对行政程序的统制。但是历史的惯性仍在延续,实体性的保护仍然处于核心地位。

　　大陆法系对信赖的程序性保护似乎其地位要次于实体性保护,英美法系则与之相反。而欧盟法则在其间寻求一条中间路线。在欧盟法的影响下,两大法系的做法也在某种程度上趋向融合。就大陆法系国家而言,程序性保护是不足的,但或许也不可以过分提高程序性保护的地位。就英美法系国家而言,程序性保护十分重要,但有了程序性保护,不见得就能够充分地保护相对人的合理期待和正当信赖。当然,在程序与实体之间进行严格界分是无法实现的,在行政法上更是如此。"对公共机构而言,程序性保护有时是不切实际的,部分原因在于其成本和费时,部分原因在于通知和听证可能会暗中破坏相关决定的目的。"最重要的是,程序性权利并不能给实体性结果提供任何保证,除非有某种实体性原则在背后作支撑。只有这种实体性原则才能保证相对人所提出的意见能得到考虑,并给予一定的分量。[①] 为什么英国学者将合法期待问题的讨论重点放在了实体性合法期待上?从这里或许能得到一点说明。从这个角度来看,大陆法系一般将信赖保护只作实体性信赖保护来看待、而以存续保护和财产保护等为主要保护方式,也是有其道理的。或许,将对信赖的程序性保护定位于实体性保护的补充是恰当的。当然,这并不是说程序性保护不重要。对于程序价值未能得到彰显的国家,强调程序性保护的作用,是可以理解的,也是必不可少的一个发展阶段。

(二) 信赖保护方式的借鉴

　　反观我国自身,信赖保护原则,已经在《行政许可法》、《全面推进依法行政实施纲要》等法律、文件当中有明确规定,而且在《宪法》(第13条财产权及第二章公民的基本权利和义务,特别是第38条人格尊严中人格自我发展权)、

[①] See Soren J. Schonberg, *Legitimate Expectations in Administrative Law*, Oxford University Press, 62-63 (2000).

《立法法》(第84条法不溯及既往)、《行政处罚法》(第29条违法行为的处罚时效)等当中亦有所体现。当然,作出较为系统规定的还是《行政许可法》:"公民、法人或者其他组织依法取得的行政许可受法律保护,行政机关不得擅自改变已经生效的行政许可。""行政许可所依据的法律、法规、规章修改或者废止,或者准予行政许可所依据的客观情况发生重大变化的,为了公共利益的需要,行政机关可以依法变更或撤回已经生效的行政许可。由此给公民、法人或者其他组织造成财产损失的,行政机关应当依法给予补偿。"该规定对信赖保护的表述清楚,而且还将其作为一个法律原则来规定,应该说会对我国的行政立法和实践产生巨大而深远的影响。但是就本文所关注的问题来说,还存在着下面两个问题。

第一,该规定的保护方式并不周全。它只规定了补偿的财产保护,没有存续保护的规定,也没有涉及对信赖的程序性保护。虽然,该法第7条规定,"公民、法人或者其他组织对行政机关实施行政许可,享有陈述权、申辩权"。这在一定程度上确定了一种正当程序,但也没有得到落实。该法第四章第五节"变更与延续"中的变更是应被许可人进行的,故而不存在信赖保护的问题。在撤销中,也没有听取相对人意见的规定。当然,笔者并不否认第7条规定的约束力。

第二,该规定只是一个原则性的规定,而缺乏具体的法律规范予以落实。虽然,《行政许可法》第69条规定:"有下列情形之一的,作出行政许可决定的行政机关或者其上级行政机关,根据利害关系人的请求或者依据职权,可以撤销行政许可:(一)行政机关工作人员滥用职权、玩忽职守作出准予行政许可决定的;(二)超越法定职权作出准予行政许可决定的;(三)违反法定程序作出准予行政许可决定的;(四)对不具备申请资格或者不符合法定条件的申请人准予行政许可的;(五)依法可以撤销行政许可的其他情形。""被许可人以欺骗、贿赂等不正当手段取得行政许可的,应当予以撤销。""依照前两款的规定撤销行政许可,可能对公共利益造成重大损害的,不予撤销。""依照本条第一款的规定撤销行政许可,被许可人的合法权益受到损害的,行政机关应当依法给予赔偿。依照本条第二款的规定撤销行政许可的,被许可人基于行政许可取得的利益不受保护。"但是,这一规定问题很多。其一,这一规定可以说与信赖保护并没有多大的关联性。该条规定的实际上是行政机关依据利害关系人的请求或者依据职权进行撤销的六种情形。其中第三款所规定的"不予撤销"也只是考虑了公共利益,而没有考虑相对人的重大损失。其二,综合第一款和第四款、第二款和第三款可以看出,对相对人的信赖的正当性要求是不明确的。如被许可人以欺骗、贿赂等不正当手段取得行政许可的,是不受保护的。"不正当手段"的解释不应过于严格。只有在被许可人有故意或重大过失时,才应视为

"不正当"。但是，本条的规定并不明确。其三，第四款的规定有信赖保护的内容，但仍存在诸多缺陷。该规定只保护被许可人，而没有保护其他的利害关系人，保护范围狭窄。第四款规定在表述上也存在问题。依据该条第 1 款所作出的撤销行为应该说具有合法性，虽然被许可人的法益受到损失，但也不存在赔偿的问题，而仅仅是一个补偿的问题而已。似乎补偿与赔偿的实际效果是一样的，相对人的权益都得到了保障，但事实却并非如此。因为依据《国家赔偿法》的规定，国家只对违法的行政行为给行政相对人法益造成损害的，才予以赔偿。对于合法行为造成损失的，在《国家赔偿法》当中并不能找到依据提供救济。《行政许可法》虽然在信赖保护方面取得了明显的进步，但是存在的问题仍然很多，还需要相关的立法进行配套实施。

虽然两大法系的做法有不小的差别，但是正如前文所讲到的那样，两大法系虽然前进的方向不同，但其归属点却是相同的，也就是一方面对信赖进行实体的保护，另一方面也要对信赖进行程序的保护，只是侧重点有所不同而已。无论是大陆法系还是英美法系，还是欧盟法所走的中间路线，都表明了一个趋势，那就是信赖保护方式的综合化。对于实体性的保护，在我国还需要强调个体利益的重要性。我们不能一味地强调公共利益、集体利益压倒一切，而不能不考虑可能给个体利益带来的重大损失，行政程序法中不能没有对信赖的存续性实体保护。对于程序性的保护，其重要性自不待言。我国重实体、轻程序的传统已久，不能不强调对信赖的程序性保护，而且也不能不注意到行政权与司法权之间的界限。我们不能在强调司法权对行政法的监督和控制的同时，完全忽略两者之间的分工。故而，我国在引进信赖保护原则的时候，还是应该两种保护方式兼收并蓄，共同构筑对相对人信赖的完整而到位的保护。

略论有限政府的职能定位问题
——从新近发生的政府职能争议案例说起

莫于川[*]

> **目 次**
>
> 一、提升民营企业竞争力是否地方政府的职能
> 二、行政服务（政府提供公共品）职能的民营化有无界限
> 三、政府规制可否绕开"国际惯例"、"行业惯例"等行业潜规则
> 四、关于有限政府的角色定位和职能调整之简要讨论
> 　（一）行政管理体制改革的目标
> 　（二）如何认识那种被扭曲的政企关系及其他关系
> 　（三）新形势下必须对政府职能进行反思和调整
> 　（四）当今的行政民主化潮流及其带来的深刻影响
> 　（五）行政管理改革创新的基本界限——法治原则和实践标准

　　政府该做什么，不该做什么，这是一个见仁见智、难以简单回答的问题，只能因时、因地、因事加以具体讨论、逐渐认知。本文从行政法视角，采用案例分析、比较研究、规范研究、历史考察的方法，透过若干典型案例，略论当下我国行政管理体制改革的新形势下政府职能定位的几个问题。

---

[*] 中国人民大学教授、博士生导师、宪政与行政法治研究中心执行主任、中国行政法研究所所长，法学博士。

一、提升民营企业竞争力是否地方政府的职能

案例1：浙江组织民营企业家到清华大学深造引发广泛争议

浙江省人事厅不久前选送了首批浙江民营企业家到清华大学培训，此事被称为"民企老总上清华"[①]。首期培训班开课没几天，社会上就展开了激烈争论，带给这些老总很大压力。为什么？有人说，政府怎能做这样的事呢？政府的工作主要就是创造一个好的投资环境，至于这些老板，他们自己投资办企业赚钱，政府怎么还要费心组织他们培训，增强他们的竞争力呢？是要让民企变得更强大，与国企竞争，打败国企吗？这是其一，认为组织民营企业家培训不是政府的职能、职责。其二，批评者还认为，即使这算是政府的职能、职责，政府也不应为其埋单。这些老板们学习提高后自己受益，而且都是千万、亿万富翁，非常有钱，为什么还要把纳税人的钱大把地投到他们身上，而不把这些钱投放到贫困者、残疾人、下岗职工等需要政府扶持的人群身上？这不是政府向富人谄媚、讨好吗？

当时，恰好清华大学举办行政管理体制改革研讨会，邀请我参加，我就在会上发言说：这样的事情不能如此简单地看，应当具体从浙江当地的实际需要来看。浙江省人事厅组织民企老总到清华大学培训，实际上是一种行政服务、行政资助、行政奖励行为，是与传统的行政管理、行政执法行为方式不一样的非强制性的行为方式，也是用纳税人的钱进行的第二次分配。但财政资金的投向历来是争议很多的一个大问题，静态看似乎是一个零和方案，张三多一点李四就会少一点，那么是否只能将财政开支中的职工教育培训经费全部投入到贫困者、残疾人、下岗职工等群体身上，而投入一部分到已经富裕的民企老总身上就一律不行？这样的行政服务、行政资助、行政奖励等行为，值得认真研究，需要从经济学、政治学、行政学、法学等多个角度来观察，不要轻易否定。

对浙江这件事，我个人的看法是：省人事厅的做法没有什么偏差和错误。这种行为放在甘肃、青海等西部省区，也许结论不一样，但在浙江就没有什么问题，因为浙江存在这种需求，地方政府应当设法满足这种需求。在浙江，民营经济不只是占据了"半壁江山"，而是占了全省GDP的70%以上、全省地方税收的60%以上，全省新增就业岗位的90%以上。但调查发现，在浙江，民营企业家近80%是农民出身，70%以上只有初中以下学历，人称"草根浙商"，

[①] 设立于清华大学经济管理学院的"浙江省非公有制企业高层管理人员高级研修班"，由浙江省人事厅与清华大学合作举办，拟每年举办至少两期，每期12～15天，每人学费1.4万元由浙江省政府出资，每天130元的食宿费由学员自己承担。第一期于2005年11月举办，共30位学员。

如何提高民营企业家的总体素质，成为地方政府的重要政策考虑。而且我国宪法已作出修改，要求为非公有制经济的生存发展创造更好的条件。宪法规定的国家与非公有制经济的关系，不再仅仅是以前的"引导、监督、管理"这三个词就可概括了，而是采用了"鼓励、支持、引导、监督、管理"这样五个词，其中增加了"鼓励、支持"两个词来表述，以此对非公有制经济政策作出重大调整。国家不仅要引导非公有制经济的发展，还要鼓励、支持它的发展。这里的"鼓励、支持"，既然是规定为国家的政策和责任，当然也就主要是政府的一项职能和职责。而提高民营企业家队伍管理素质，正是非公有制经济发展的一个重要条件。地方政府如果不做组织民营企业老总培训的事，算不算违宪、违法、失职呢？难道地方政府只能送国有企业老总进党校、行政学院、高校去培训提高，甚至花巨资送他们到国外去"开眼界"？而培训对象换成民营企业老总就铸成大错、违背"天条"？

在浙江，非公有制经济现在是"第一纳税大户"，地方政府在财政开支中的"在职人员教育培训经费"这块蛋糕上切下一小块用于提高民企管理者素质，作为对非公有制经济发展的一种行政服务、行政资助、行政奖励，为何不可以呢？首先，这本身就应当视为非公有制经济作出巨大社会贡献后获得的评价和回报；更重要的在于，它是政府作出的一种政策导向，也即鼓励、支持非公有制经济的发展和民营企业家队伍的成长，并鼓励其他经济成分和人员向他们学习。

再说，让民营企业家到清华大学（或其他教育培训机构）来学习培训，具有开阔视野、提高素质、增强能力的作用。民企老总们大都有一定的管理经验，但也有不少局限性，有时候就差捅破一层窗户纸就可大幅度提高管理素质、能力。经过高水平、高强度、针对性强的短期培训（据说这个培训班的课程是专门为浙江民营企业家量身定做的），一旦捅破了这层窗户纸，他们的素质、能力提高之后，或者说促使其养成注重学习现代管理知识、不断提高自身素养的习惯之后，对其经济发展肯定会产生积极影响，从而也会帮助政府和社会解决更多问题。试想，当地政府埋单的这首期40多万元学费，如果能够按主办者预期那样见到成效，切实促进民企进一步发展，新增更多的就业岗位，增加更多的税收，那将又有多少贫困者、残疾人、下岗职工因此受惠？

关键是必须认识到，鼓励、扶持、保障各种经济成分健康成长，已经成为现代政府的一项职能。传统上认为，"管得最少的政府是最好的政府"，生存竞争只是企业自身的问题，政府不用管。在那样的时代，"三个官"——税官、警官、军官——就能维持社会正常运转，但现在早已不是那样的时代了，"管得最少的政府是最好的政府"已是超出现实的过时观念。当今社会，经济与科技飞速发展，行政机关的职能已经大大扩展，甚至可以说在很大程度上集立法、行政、司法三种功能于一身。为什么呢？因为即便是全能、专职的议员也已经不能及时地为有效的行政管理提供全部行为规则了,随着经济、社会、科技飞速发展,像现代金融、虚拟世界、克隆技术等都不是一般的议员所熟悉的,更何谈及时、充分的立法?传统的"依国会法律行政"已经不能适应社会发展的要求。行政立法(也即政府制定法律约束力的行为规则)看起来似乎不太合理,因为存在自己立法自己遵守之嫌,但却是没有办法的办法,有其必然性。行政司法行为的制度化运行与此同理。可见,在当下我国经济、政治和行政发展的新形势下,政府承担鼓励、扶持、保障各种经济成分健康成长的职能,也是当下我国社会发展对于行政服务和服务型政府的需求,对此不能采取情绪化认知、简单排斥的态度,应当从实际出发加以认识和对待。

二、行政服务(政府提供公共品)职能的民营化有无界限

案例 2:吉林某地方政府推行消防民营化导致困境、引发争议

媒体曾报道,吉林某县为了减轻政府财政负担,决定实行消防事务民营化,政府不再承担一些城郊地区的消防职能,消防队按市场机制运行,一个村子的村民、一个街道的居民,如果还想要消防队来帮助救火,就需要事先与消防队签订合同并交服务费,否则就享受不到消防服务。两年前进行这项改革后,恰好有一个村民失火报警,但是他没有签合同,也没有交费,这时消防队感到非常为难,是去还是不去救火呢?因为失火的村民没有交服务费,如果这次去救火,以后在那个村子可能就再难收到一分钱的消防费了,因为村民也许会想,即便不交钱,失火后消防队还是会来救火的;但是,如果不去,万一烧死了人怎么办,谁能承担得起这样的责任?幸亏那次火灾没有人员伤亡,只是损失了一点财产,否则就会引起更多的社会关注,引发更广泛的专题讨论。

环顾当今世界,行政职能或曰政府管理事务的民营化现象是很普遍的,记得几年前在日本名古屋召开的东亚行政法年会就专题讨论过这个问题。行政职能的民营化,是指本来由政府做的事情,逐步过渡到不由政府自己做,交给老百姓、交给市场、交给企业去做。有广义和狭义两种含义的民营化:狭义的民营化是初步的民营化,是指某项事务还属于政府的职能,但通过签订行政合同等方式,委托给企业、事业单位、社会组织去做;广义的民营化是彻底的民营化,是指某项事务不再属于政府的职能,而成为民间的事情、社会的事务,不再成为公共品。

那么,政府职能民营化究竟有无界限、条件、程序?消防算不算民营化对象?现在有人说,民营化的范围应当放得很宽,在美国,连监狱都已经民营化了啊。近年来,日本的邮政民营化改革也引发了广泛争议,但是小泉政府铤而

走险、拼死一搏,最后终于涉险过关,保住了位置,跨出了邮政民营化的关键一步。那么在我国当下,消防应否民营化,成为非公共品?如果将消防不再作为政府的职能,实行彻底的民营化,如果有村民或居民不愿交费给企业化的消防队,那一旦发生火灾没有得到消防救援最后烧死了人,当地政府是否就没有任何责任?如何认识和解决这个问题,不仅法学界、行政管理学界,还有许多其他学界也在深刻、广泛地讨论这个问题。正是这个热门话题现在引发争议,而学界还不能很好地予以回答,不能明确地描画出这个界限,行政法学者应当对此作出自己的理论贡献。

三、政府规制可否绕开"国际惯例"、"行业惯例"等行业潜规则

案例3:航空公司超售票发生损害争议后政府主管部门尊重"惯例"坐视不管

近年来国内服务贸易市场发生一系列垄断行业损害消费者权益的典型事件,面对社会公众的强烈质疑,垄断者常用"国际惯例"、"行业惯例"等行业潜规则轻松回应,似乎只要是采用所谓"国际惯例"、"行业惯例",消费者就只能被动接受,政府部门也就"只能尊重市场规律"而坐视不管。那么,采用"国际惯例"、"行业惯例"可否成为"租界",政府规制不得入内?

《法制日报》记者肖黎明先生亲身经历和撰写报道过这样一个案例:2006年7月21日,他由北京去广州,提前到了首都机场,拿着事先购买的南航机票去换取登机牌,先被告知航班延误需要改签,后又被告知飞机已经满员;本来购买的是一张南航正点起飞的机票,却没能登上飞机,先被改签到国航一趟被延误的航班,后又被改签到南航一趟被延误的航班,最后耽误行程数小时,严重影响了工作和休息。这一番"变戏法"把肖记者折腾成了一只任人宰割的"羔羊",也在迷惑中了解到一个鲜为人知的内幕:原来国内各大航空公司都在卖"超售票",因此受到损害的乘客不计其数,发生的争议也不计其数,投诉索赔也异常艰难。[①] 据民航界内部人士透露,机票超售已成为国内民航界擅用的一个"国际惯例",之所以这样做,是为了最大限度减少飞机的座位虚耗。因为常常有旅客因各种原因买了票却没有登机,这会给航空公司造成一定损失(例如北京至上海航线一个空位的损失约1 000元)。因此,在某些航线上,航空公司会用超售的做法来弥补因为座位虚耗造成的损失。目前国内几乎所有航空公司都存在"超售"现象,而且还内部控制着相关补偿规定,但都不对外公布具

---

① 参见肖黎明:《航空公司在卖超售票》,载《法制日报》,2006-08-08,第9版。

体补偿办法特别是超售补偿标准,其使用得最多的挡箭牌是"超售属于国际惯例",借以推卸责任、逃避损害赔偿。

实际上,在机票超售的做法上,国内外情况并不一样。首先,国外一般是超售2%,国内航空公司超售票最高达5%;其次,国外的超售是事先告知的,买与不买决定权在自己,但在国内,乘客并不知情,一旦出现无法登机的情形,造成的困境概由乘客自己扛;再次,国外的超售有明确的赔偿标准,但国内没有。国内航空企业各方面的条件都不如国外成熟,超售比例却比一般的国际惯例高出几个百分点,这完全是对国际惯例的一种曲解,是航空企业借名逐利的典型表现。

那么,对于这样经常、大量发生的垄断企业(或曰具有垄断性的企业)为一己利益而巧立名目公然损害民众利益的现象,侵益者与受损者之间看法相去甚远、协商解决不了的情况下,主管该领域行政管理事务的有关政府部门应否进行干预、如何进行干预?据了解,我国目前还没有制定统一的有关机票超售及其补偿的具体规定,甚至还没有制定这方面规定的打算。作为主管部门的民航总局的说法是:机票销售是一种国际惯例,是一种市场行为,政府不能插手;市场的问题应该用市场的手段解决;现在提倡航空公司的差异性服务,政府管得太多,航空公司服务的差异性就难以体现;应当尊重国际惯例,顺应市场规律。但消费者和法律专家并不认可政府主管部门的说法。

对此,吕忠梅教授指出:权利的滥用必须受到制约,法律对于"国际惯例"并不例外。具体而言,法律对于交易习惯的保护也是有限度的,这个边界就是不得违背民事法律行为的最基本准则——诚实信用和公序良俗,一旦交易习惯逾越了这个界限,它就不再是合法行为,而是必须受到法律追究的违法行为。虽然我国法律并未像美国、欧盟那样明确规定航空公司超售票行为中的乘客知情权、乘客遭受损失的填补请求权,但根据诚实信用原则和侵权责任原则,同样可以看出航空公司所负有的告知义务和损害赔偿义务,如果航空公司违反了这样的义务,必须依法承担法律责任,这同样是一个"国际惯例"——违反法律规则的行为人都须承担不利的法律后果,接受法律的否定性评价。对于这些行为,如果置之不理,终将带来航空公司因违约和侵权行为而信用下降的后果。在市场经济发展的今天,各种以"潜规则"形式出现的国际惯例转化为法定权利义务成为发展趋势,但消费者的权利必须得到充分的尊重与保护。在我国,以各种面目全非的潜规则作为逃避违约责任和侵权责任的挡箭牌,不过是垄断企业凭借行业优势、利用人们的法律意识不强的弱点所玩弄的法律技巧。[①]

航空公司卖"超售票"涉及的行政法律关系主要是价格领域的。《中华人民

---

① 参见吕忠梅:《没有不尊重消费者主权的国际惯例》,载《法制日报》,2006-08-15,第9版。

共和国价格法》对政府及其价格主管部门、经营者、消费者三方主体的权利、义务和责任都作出了明确的规定,航空公司卖"超售票"不符合价格法的有关规定。政府主管部门如认为航空公司卖"超售票"符合国际惯例且有其合理性的话,应为其确定适当规则,要求航空公司依据公平、合法和诚实信用原则制定"超售票"的价格或补偿规则。对此,姜明安教授曾专门分析指出:其一,如果"超售票"依国际惯例是合理的话,其若属于政府定价,航空公司应报请国务院价格主管部门或民航总局制定,其无权自行制定;"超售票"若属于政府指导价,航空公司则应报请国务院价格主管部门或民航总局确定价格幅度。其二,如果"超售票"属于市场调节价,航空公司虽有权自行制定价格,但其自行定价"应遵循公平、合法和诚实信用的原则",其在向消费者提供机票时,如不告知其提供的是与正常机票不同的"超售票",违反《价格法》第13条规定的经营者应在商品上注明"商品的品名、产地、规格"或应在提供服务时向消费者明确"服务项目",明显构成不诚实信用;其三,航空公司以正常机票的价格向消费者出售"超售票",实际上还构成了《价格法》第14条第6项规定的"压低等级的手段收购、销售商品或者提供服务,变相提高或者压低价格"的"不正当价格行为"。因此,政府价格主管部门对航空公司卖"超售票"这种违法行为早应掌握和查处。根据《价格法》第40条,至少应责令其改正,还可处以警告、罚款、没收违法所得等行政处罚;根据《价格法》第41条,应责令经营者对多收消费者的价款予以退还,违法行为造成消费者损害的,经营者还应依法对之承担赔偿责任。无论如何,有关政府部门不能任由航空公司以正常机票的形式、价格向消费者出售"超售票",损害消费者的权益,否则就构成行政不作为,同样要承担规制失职的相应行政法律责任。[①]

因此,必须认真讨论、规范操作这样几点:航空客运行业、企业应切实尊重和认真学习关于超售机票的国际惯例;航空客运行业、企业应事先制定发生侵权争议后补偿解决办法、标准,且应予以公开并报政府主管部门备案;尊重市场规律不等于取消行政管理,有关政府部门的航空客运市场监管不能缺位,不能以"国际惯例"作为政府失职的托词。

四、关于有限政府的角色定位和职能调整之简要讨论

(一) 行政管理体制改革的目标

我国多年的经济体制改革和对外开放取得举世公认的巨大成就之后,当下

[①] 参见肖黎明、李韶冠:《法学专家:监管部门不规制构成行政不作为》,载《法制日报》,2006-08-15,第9版。

正在深化改革、扩大开放、加快现代化建设步伐。这一进程中必须大力推进政治文明建设和政治体制改革，其中的一台重头戏就是要切实转变政府职能、深入推进行政改革，或称为行政管理体制改革。不久前，胡锦涛同志强调指出：我国行政管理体制改革尚不完全适应经济社会发展的新形势，要在坚持党的领导、人民当家做主和依法治国的有机统一的前提下，从现实国情、客观要求、人民利益出发，努力拓宽视野、转变观念、创新思路，加快转变政府职能，改进行政管理方式，加强行政法制建设；要通盘规划、突出重点、精心部署，坚定不移和积极稳妥地继续推进行政管理体制改革，由此推动经济社会发展转入以人为本、协调持续发展的轨道；行政管理体制改革要有利于建立完善的社会主义市场经济体制，有利于抓好执政兴国的第一要务——发展，有利于充分调动广大民众的积极性、主动性、创造性，有利于增强全社会的创造活力，有利于巩固和发展民主团结、生动活泼、安定和谐的政治局面。① 那么，这样一项政治性、政策性和社会性极强的宏大改革工程，其基本趋势、基本精神、基本目标是什么？无疑是需要认真思考讨论的问题。

笔者认为，现代行政管理体制改革的基本趋势是民主化、科学化、亲民化、法治化，由此形成的现代行政管理体制，比较符合现代市场经济和民主政治包括现代政府制度的本质要求，而且体现出如下基本精神：

其一，体现民主精神。自由和平等是民主的两大内蕴。之所以说现代市场经济也是民主经济，就在于它以现代自由企业制度和平等的市场机制为基本属性。与现代市场经济相适应的行政管理体制也必然要求民主化：政府行使有限的权力、做分内的事情、扮演指导者和服务员的角色，履行经济调节、市场监管、社会管理、公共服务等基本职能；行政相对人的主体地位和财产权利、人身权利、参与权利受到充分尊重和保障，各项行政民主制度逐步扩大并有效实施。

其二，体现科学精神。科学合理地配置和调整政府职能，注重运用现代科学方法和技术，推动行政管理理念与方法创新，打造方法好、效能高、规模适中的政府机关，这是现代行政管理体制的基本品格。例如，在行政管理和法制实践中，行政指导、行政契约、行政奖励、行政资助等非强制性行政方式的积极采用，电子政务的全面推行和电子政府的稳步建立，更加注重权利与义务、权力与责任、规范与效果、成本与效益的协调和平衡，就是科学精神在行政领域的表现。

其三，体现服务精神。由单一的秩序目标、管理职能，发展到助成目标、

---

① 胡锦涛总书记在2006年12月20日中共中央政治局第27次集体学习会上的讲话，参见《人民日报》，2005-12-22，第1版。

服务职能，这是现代政府不断扩展社会属性方面职能的具体表现，也是公共管理运动的世界发展潮流的重要内容，有助于形成以人为本的良好政民关系。就我国各级人民政府和行政机关的本质来说，也符合其根本宗旨——全心全意为人民服务——的基本要求。实际上，它是亲民化政策取向的必然要求和价值体现。

其四，体现法治精神。现代法治社会要求对行政权力进行有效监督。监督对象和监督主体都应具有广泛性：各级政府和行政机关及其行政公务人员都应纳入监督视野接受全方位的监督；不仅是拥有国家权力的国家机关，而且政党组织、社会团体、企事业单位、大众传媒和公民个人都有权依法监督政府，形成完整的监督网络体系；最基本、最简明、最有效的监督方式，是行政的公开、透明和法治化。这是现代宪政和行政法治的基本要求，能够保证行政权力（它是最主要的公权力）行使过程受到有效控制，人们将其比喻为"阳光之下少霉菌"。

概言之，走向民主化、科学化、亲民化、法治化的我国行政管理体制改革，其基本目标可以概括为：按现代市场经济和民主政治的要求重新定位政府角色而形成有限政府；着力打造方法好、效率高、柔性管理的行政机制而形成有效政府；通过强化公共服务职能、转向服务行政模式来改善政民关系而形成亲民政府；将行政权力掌控者和权力行使过程全部纳入公共监督视野而形成透明政府。这一比较具象的认知，也可换成一种比较抽象的表述，即：我国行政管理体制改革的基本路向和最终目标，就是形成以人为本的政民关系，建成体现上述基本精神的现代法治政府。[①]

[①] 国务院把全面推进依法行政、基本实现建设法治政府的目标确定为：(1) 政府与民众、与企业、与市场、与社会的关系基本理顺，政府的经济调节、市场监管、社会管理和公共服务四大职能基本到位，政府机关之间的职能和权限比较明确，新的行政管理体制基本形成，新的行政执法体制基本建立；(2) 立法、行政立法和制定其他行政规范等制度建设，符合宪法和法律规定的权限和程序，充分反映客观规律和最广大人民的根本利益，能为三个文明协调发展提供制度保障；(3) 法律规范得到全面、正确实施，法制统一，政令畅通，行政相对人的合法权益得到切实保护，违法行为得到及时纠正、制裁，经济社会秩序得到有效维护，政府应对突发事件和风险的能力明显增强；(4) 科学化、民主化、规范化的行政决策机制和制度基本形成，人民群众的要求、意愿得到及时反映，政府提供的信息全面、准确、及时，制定的政策、发布的决定相对稳定，行政管理做到公开、公平、公正、便民、高效、诚信；(5) 高效、便捷、成本低廉的防范、化解社会矛盾的机制基本形成，社会矛盾得到有效防范和化解；(6) 行政权力与责任紧密挂钩、与行政权力主体利益彻底脱钩，行政监督制度和机制基本完善，政府的层级监督和专门监督明显加强，行政监督效能显著提高；(7) 行政机关工作人员特别是各级领导干部依法行政的观念明显提高，尊重法律、崇尚法律、遵守法律的氛围基本形成，依法行政的能力明显增强，善于运用法律手段，依法妥善处理社会矛盾。可见，建设法治政府的目标与本文所讨论的建设有限政府、有效政府、亲民政府、透明政府的行政管理体制改革目标是基本一致的。参见2004年3月国务院颁布的《全面推进依法行政实施纲要》第3条的具体规定。

（二）如何认识那种被扭曲的政企关系及其他关系

行政权力是一柄双刃剑。从消极的角度来说，它是一种支配着最大量的社会资源的公权力，具有易于滥用、追求扩张、破坏市场机制、伤害公民权利的特性，故过去曾将行使行政权力的政府比喻为"必要的罪恶"。在我国，传统行政管理体制下的政府机关，手伸得很长很长，职能和权力几无边界，管了许多不该管也管不好的事情（当然也常常"荒了自己的地"），成为包打天下的"英雄"。例如就政企关系而言，在传统计划经济体制下的政企关系是扭曲的，政府机关俨然是企业的家长，随意发号施令，权力扩张严重，企业只能听命于政府，不能成为真正的市场主体，因而缺乏生命活力；反过来，真正应由政府管理的公共事务，却又疏于管理、无人管理。于是造成"市长抓生产经营、厂长管社会治理"，这样一种政府与企业严重错位的不正常现象。

我国正在发展现代市场经济。而现代市场经济是高效经济，具有合理配置资源、刺激微观活力的强大功能，可以带来迅速增大社会财富总量、充分满足人们物质需求的效果，堪称是人类历史上迄今为止已被实践证明了的最有活力和效率的经济运行机制；同时，现代市场经济还是一种民主经济，因为它具备民主的两大基本内蕴——自由和平等，而民主是保证现代市场经济持久活力和效率的关键因素。[①] 因此，市场经济条件下的行政管理体制，也应具备高效和民主的基本品格，才能与之协调互动，推动经济发展和社会进步。具体到这里，就是要形成民主型的经济行政关系，政府与企业处于平等互动关系，政府在市场、企业面前，手不能伸得太长，而应当适度伸手，让市场机制有序地充分发挥作用，作为市场主体的企业有充分的生产经营权利和自己的利益追求，在法律范围内活动并承担应有的社会责任。

不仅如此。在我国传统行政管理体制下，由于行政权力一枝独大的政治文化传统，政府机关与其他国家机关之间的关系也不正常。[②] 这主要是缺乏法治观念特别是权力界限意识所致。在强调依法行政的背景下，必须廓清行政权力

[①] 支撑现代市场经济的支柱有二：一是实行自由企业制度；二是发挥市场机制的作用。虽然，所谓"自由"，亦是相对的，所谓"市场是天生的平等派"（马克思语），起着配置资源的基础作用，亦不排除"可见之手"的作用，但毕竟自由与平等这两大要素的支撑作用是不可忽视的。因此我们说，现代市场经济既是高效经济也是民主经济，同时民主经济又是高效经济的一种长远保障因素。由于现代市场经济具有高效率和民主性这样的品格，并且具有开放性和普适性的特点（尽管它也有相当的局限性），因而当今世界除极个别国家外，几乎所有国家和地区都先后走上市场经济道路，出现了市场经济一体化、经济全球化的趋势。

[②] 例如，个别地方政府超越职权出台（或转发）包含"赦免民营企业家原罪"内容的红头文件，一些地方政府首长责令当地人民法院采取不予立案、强迫原告撤诉等措施来配合政府搞土地开发、强制拆迁，不少地方出现政府机关假借公共利益之名压价征用、变相剥夺农民土地以及由行政首长直接批出土地的现象。这些做法就摆错了行政机关与立法机关、司法机关之间的关系，摆错了行政首长与行政机关之间的关系，严重侵害了公民权益，踏越了权力边界，大大损害了政府形象和权威。

边界，首先要求政府机关进行自我约束，依照法定的权限和程序行使行政职权，注意上下左右不越界。

(三) 新形势下必须对政府职能进行反思和调整

从各国政府制度史来考察，总体而言，政府职能经历了由很少到很多再到较多（职能范围比较适度）的变化过程。众所周知，自上个世纪中叶，许多西方国家为了解决市场失效的问题，由政府伸出"看得见的手"对市场、企业进行干预，并由凯恩斯主义作为理论支撑逐步强化形成了政府干预传统。但是，由于许多行为的后果是极为复杂和难以预测的，知识和能力并非无限的政府只能在一定范围内控制这些后果且不稳定；加之作为现代政治选择物的政府往往有为特殊利益集团谋利的动力和压力，所以政府在弥补市场失效方面并非万能。因此，在现代市场经济条件下，需要进一步明确市场与政府各自的功能，更科学地界定市场与政府的作用领域，使政府在新的社会条件下扮演好自己的角色，把市场失效和政府失效都降到最低限度。而这正是近几十年来经济行政民主化、柔软化潮流的一个重要背景和动因。这一时期，许多国家都在重新检讨对市场作用和政府作用的认识和政策，程度不同地进行着调整和改革（例如日、美等国的行政改革和放松规制等举措），对政府角色和行政职能更趋向于采取一种较为现实合理的态度。①

经济行政管理的上述调整和改革措施在实践中收到了相当的成效。从当今主要发达市场经济国家的情况看，其市场体系和功能日趋完善，起着基础性调节作用，政府在经济与社会管理中积极履行服务职能、职责，并注重干预和引导的平等性、柔软性、科学性和有效性，扮演领队和顾问的角色，实行一种积极而民主的服务行政模式（也可称为给付行政模式）。

因此，在我国发展市场经济、推动民主政治、促进社会转型、新的行政管理体制形成的过程中，必须适应经济体制和行政模式转换的世界潮流，对政府职能作进一步反思和调整。

(四) 当今的行政民主化潮流及其带来的深刻影响

政府角色问题，还可从行政民主化的世界潮流这一视角来观察分析。随着一波又一波的民主化浪潮，西方民主在20世纪下半叶演进到一个新阶段——当代民主阶段。进入这一阶段的西方民主，在形式上主要表现为直接民主因素大大增长和扩展，具体表现为由普选制、利益集团和新闻舆论三位一体、有机配合地形成当代西方直接民主、半直接民主的机制，其与原有的间接民主相结合而形成民主的当代形态；在内容上则主要表现为民主的因素增多、范围扩大、

---

① 参见卡洛斯·阿尔马达（国际行政科学学会总干事）：《各国行政管理改革的大方向——在政府行政管理改革国际研讨会上的讲话》，载《中国机构与编制》，1999 (1)。

程度加深和步子加快，即由单纯的政治民主扩展到社会民主、经济民主和管理民主，由单纯的宏观民主扩展到微观民主，由单纯的横向民主扩展到纵向民主，出现了更多内容和更广领域的民主生活，开始形成比较健全的参与、竞争、制衡、法治等四大民主机制，取得了前所未有的民主发展成就。[①] 这一民主化潮流影响到经济与社会发展的各个方面，在此背景下也就出现了行政民主化的主客观要求。

注重人本身、强调新民主，是我们整个的行政管理革新或行政法治发展带来的一种影响或趋势。换句话说，真正做到行政相对人更多地参与到行政管理、行政法制工作中来，这是它得以发生的大背景或发展趋势。在社会主义市场经济条件下，按照经济、政治、社会关系民主化的要求，政府的主要职能应当是经济调节、市场监管、社会管理、公共服务。为此，必须摒弃全能政府的角色，以转变政府职能为重点，继续推进政企分开、政资分开、政事分开、政府与市场中介组织分开，加强和完善宏观调控，减少和规范行政审批，把政府职能切实转到经济调节、市场监管、社会管理、公共服务上来。这样的要求和工作目标，可以概括为按现代市场经济和民主政治的要求重新定位政府角色，打造有限政府。

（五）行政管理改革创新的基本界限——法治原则和实践标准

我国过去主要依靠政策行政，这有其历史背景和短期效果，但逐渐暴露出的诸多问题损害了人民群众的利益和政府的形象，妨碍了经济社会的全面发展。于是我国从20世纪80年代中后期开始探索依法行政的路径，各地、各行业陆续出台一些倡导依法行政的文件。1999年11月国务院发布《国务院关于全面推进依法行政的决定》（国发［1999］23号文），各级政府和行政机关开始加强制度建设，严格行政执法，强化执法监督，依法行政的能力有所提高。但冰冻三尺，非一日之寒，转变行政模式绝非一朝之功。与主客观要求相比，我国在依法行政方面一直存在诸多问题，严重损害了人民群众的利益和人民政府的形象，阻碍了经济社会的全面发展。因此，党的十六大报告提出建设社会主义政治文明的命题，强调指出要"加强对执法活动的监督，推进依法行政"。在此背景下，经过深入调研和论证，国务院于2004年3月出台了《全面推进依法行政实施纲要》（国发［2004］10号文，以下简称《实施纲要》）这一具有行政法制建设里程碑意义的重要文件。

《实施纲要》确认了一系列已形成共识的观念、制度，旨在系统地推进政府职能转变，形成更加科学合理的行政管理体制，增强依法行政的能力，更有效

[①] 参见应克复：《西方民主史》，10～12页，北京，中国社会科学出版社，1997；[美]乔·萨托利著，冯克利等译：《民主新论》，9～15页，北京，东方出版社，1998。

地保护行政相对人的合法权益。也即全面推进依法行政，经过 10 年左右坚持不懈的努力，基本实现建设法治政府的目标。这是坚持执政为民和依法执政，推进依法行政、建设法治政府的一项宏大系统工程。那么何谓法治政府？笔者认为，法治政府建设至少应具备如下六个要件：一是行政权力受到有效约束，建立起权力有限政府；二是能够保障市场自由，建立起法制统一政府；三是政务公开、规范，建立起透明廉洁政府；四是遵循法定程序和正当程序办事，建立起公正诚信政府；五是坚持便民、高效的现代管理原则，建立起服务型政府；六是不断完善监督与救济机制，建立起责任政府。这六个要件是相辅相成、互系互动、有机构成的。

《实施纲要》提出的建设法治政府的远期目标中，建设有限政府的目标具体地体现为：政府与企业、与事业单位、与市场、与社会的关系基本理顺，政府的经济调节、市场监管、社会管理和公共服务等四大职能基本到位，政府机关之间的职能和权限比较明确，新的行政管理体制基本形成，新的行政执法体制基本建立。那么，按照有限政府的目标来推进行政管理改革创新，调整和明确政府职能范围的时候，包括进行民营化改革和认定政府机关的不作为责任的时候，有没有一些原则、规则来判断和约束其行为？或者说有没有一定的行为界限？笔者认为应当有。采用新方法、创立新制度也涉及一些原则、规则，总体上可概括为四句话：（1）对于公民来说属于选择性、赋权（权利）性、授益性的制度规范可以宽松一点；（2）对于公民来说属于禁止性、限权（权利）性、损益性的规范则应非常谨慎和严格对待之；（3）创新举措的出发点、目的性必须正当，必须坚持以人为本，实现私益与公益、公平与效率、自由与秩序的兼顾平衡；（4）创新举措的社会效果应有助于贴近改革创新的出发点和归宿点。这几条原则、规则，行政机关的革新举措与之符合者就应坚持实行，不符合者就应改正或摒弃。否则，就会像前面提到的一些事例，改革创新变了味，偏离了正确方向，民众反映强烈，政府形象受损。换言之，行政管理革新的界限应当且可以划出若干原则、确立若干规则，最关键的是看这项改革创新的出发点、目的性和实际效果如何，而且对于不同功用的制度和方法创新可以采取不同的认同度、容忍度和支持度。行政管理革新及其确定的政府职能范围应有界限，应当符合行政科学和国际惯例以及我国实际来确定这个界限，并依法处理因此发生的法律责任问题。

论地方政府规章的制定权限

刘文静[*]

目次

一、问题的提出
二、地方政府规章制定的立法依据
　（一）地方政府规章制定权的法律依据
　（二）地方政府制定规章的立法依据
三、地方政府就行政管理事项制定规章的权限范围
　（一）《立法法》第73条确定了一项还是两项原则
　（二）地方政府制定规章是否需要根据本级地方性法规
　　　　——较大的市遭遇的特殊问题
　（三）何谓"具体行政管理事项"
四、地方政府规章制定的创制权
　（一）地方政府规章创制权存在的现实合理性
　（二）地方政府规章创制权的法律困境
　（三）地方政府规章创制权的有限性
　（四）地方政府规章创制权的延展空间
五、地方政府规章的适用与规章制定权限的制约
　（一）地方权力机关的审查权
　（二）法院在行政诉讼中的选择适用权
　（三）国务院和省级政府的审查权
结语

---

[*] 暨南大学法学院副教授，法学博士。

一、问题的提出

在我国"两级立法体制"下，立法权由权力机关统一行使，中央和地方两级分享。[①] 地方人大及其常委会根据《宪法》、《地方各级人民代表大会和地方各级人民政府组织法》和《立法法》而具有制定地方性法规的权力。同时，在"行政主导"的历史传统下，行政机关实际上又分享着立法权[②]，体现在国务院根据《宪法》第89条第1项而具有制定行政法规的权力，地方政府则根据《地方各级人民代表大会和地方各级人民政府组织法》和《立法法》而有权制定地方政府规章。这样，在地方立法层次上就会产生一个问题：权力机关立法与行政机关立法在权限范围上应当如何分工？《地方各级人民代表大会和地方各级人民政府组织法》和《立法法》虽然提供了一些原则性的规定，但仅仅援引这些原则性规定，尚不足以解决实践中的权限交叉和冲突问题；而这些问题又是地方立法中面临的一大困惑。这些问题的解决，不仅关系到地方立法的发展，而且关系到地方经济建设的发展。特别是，一些较大的市本身是经济体制改革的"实验田"，政府是改革的主导力量。规章制定作为政府一个重要的行政手段，在改革中所发挥的作用不可低估。因此，研究地方政府的规章制定权限，具有理论和实践的双重效应。

二、地方政府规章制定的立法依据

（一）地方政府规章制定权的法律依据

我国现行《宪法》对地方立法权的规定，仅限于省级人大及其常委会制定地方性法规的规定。《宪法》第100条规定："省、直辖市的人民代表大会和它们的常务委员会，在不同宪法、法律、行政法规相抵触的前提下，可以制定地方性法规，报全国人民代表大会常务委员会备案。"除此之外，《宪法》没有规定地方政府有制定规章的权力。《地方各级人民代表大会和地方各级人民政府组织法》（1995，2004）第60条则规定了省、自治区、直辖市的人民政府和国务

[①] 参见戚渊：《论立法权》，32页，北京，中国法制出版社，2002。

[②] 法律实务界和学术界有些专家、学者认为，地方政府的规章制定权不属于立法权，而属于行政权，规章不应当成为正式的法律渊源，主要理由是《地方各级人民代表大会和地方各级人民政府组织法》和《立法法》对地方政府规章制定权的规定并无宪法上的依据。参见周治陶、张明新：《"地方政府立法说"辨析》，载《华中科技大学学报·社会科学版》，2000（4）。本文认为，上述观点作为一种学术探讨，有其理论上的合理性。但从现实情况来看，我国《立法法》将行政法规和规章都作为正式的法的渊源，由此可以认定行政机关作为立法主体的地位。当然，在《宪法》所划定的人民代表大会统一行使权力的前提下，行政机关的立法相对于权力机关立法而言，具有一定的从属性。

院批准的较大的市的人民政府有权制定规章，报国务院和省、自治区的人民代表大会常务委员会、人民政府以及本级人民代表大会常务委员会备案。《立法法》（2000）第73条也规定了省、自治区、直辖市和较大的市的人民政府的规章制定权。据此，可以认定，地方政府的规章制定权限，并非直接来源于《宪法》，而是来源于宪法性法律。

（二）地方政府制定规章的立法依据

不同立法主体的立法权限，受到宪法和法律的限制。或者说，当宪法和法律赋予某一立法主体以立法权时，同时也对这种立法权的界限作了明确规定。"立法依据"就是对立法主体权限范围进行限制的第一步。对地方政府制定规章的立法依据体现在《地方各级人民代表大会和地方各级人民政府组织法》（2004年）第60条和《立法法》第73条。《地方各级人民代表大会和地方各级人民政府组织法》第60条第1款规定："省、自治区、直辖市的人民政府可以根据法律、行政法规和本省、自治区、直辖市的地方性法规，制定规章，报国务院和本级人民代表大会常务委员会备案。省、自治区的人民政府所在地的市和经国务院批准的较大的市的人民政府，可以根据法律、行政法规和本省、自治区的地方性法规，制定规章，报国务院和省、自治区的人民代表大会常务委员会、人民政府以及本级人民代表大会常务委员会备案。"《立法法》第73条第1款规定："省、自治区、直辖市和较大的市的人民政府，可以根据法律、行政法规和本省、自治区、直辖市的地方性法规，制定规章。"根据上述宪法性法律的规定，地方政府制定规章，应当"根据法律、行政法规和本省、自治区、直辖市的地方性法规"。

三、地方政府就行政管理事项制定规章的权限范围

《立法法》第73条第2款规定："地方政府规章可以就下列事项作出规定：（一）为执行法律、行政法规、地方性法规的规定需要制定规章的事项；（二）属于本行政区域的具体行政管理事项。"这已是我国现行法律中对地方政府规章制定权限范围的最"具体"的规定，实际上也只是提供了地方政府制定规章的原则而已。如何理解这一款的规定，仍然值得分析。

（一）《立法法》第73条确定了一项还是两项原则

"为执行法律、行政法规、地方性法规的规定需要"与"属于本行政区域的具体行政管理事项"是应当同时具备的条件还是只要具备其一？对这个问题的回答直接影响着地方政府的规章制定权限。从字面上看，《立法法》第73条第2款第1项的表述与《地方各级人民代表大会和地方各级人民政府组织法》第60条第1款的表述并不一致。详见下表：

《地方各级人民代表大会和地方各级人民政府组织法》与《立法法》
关于地方政府规章制定权限的规定的对照
(着重号为笔者所加)

《地方各级人民代表大会和地方各级人民政府组织法》第60条第1款	《立法法》第73条第2款第1项
……省、自治区的人民政府所在地的市和经国务院批准的较大的市的人民政府,可以根据法律、行政法规和本省、自治区的地方性法规,制定规章,报国务院和省、自治区的人民代表大会常务委员会、人民政府以及本级人民代表大会常务委员会备案。	地方政府规章可以就下列事项作出规定:(一)为执行法律、行政法规、地方性法规的规定需要制定规章的事项;(二)属于本行政区域的具体行政管理事项。

通过对比不难发现,关键的区别在于,地方政府制定规章,是否需要有"根据"。如果地方政府制定规章必须有上位法依据("根据"),即对《立法法》第73条第2款第1项作狭义的解释,则该款第2项的规定只是一个补充性的规定,要求地方政府制定规章不能超越其行政区域的管辖范围之外。反之,广义的解释则将"为执行法律、行政法规、地方性法规的规定需要制定规章的事项"和"属于本行政区域的具体行政管理事项"并列为两项平等的原则,只要具备其中任一条件,即可制定地方政府规章。

1. 狭义的解释:"一原则论"

狭义的解释认为,《立法法》第73条第2款确定的关于地方政府规章制定权限的原则,实际上是一项原则,这项原则包含了两个层次上的三重含义:

(1) 地方政府制定规章必须是为了执行法律、行政法规、地方性法规的规定

这里可能有两种情况:其一,法律、行政法规和地方性法规明确规定由地方人民政府制定规章的事项①;其二,虽然法律、行政法规、地方性法规没有规定地方人民政府可以制定规章,但为执行法律、行政法规和地方性法规,需要制定一些配套措施和具体规定。

(2) 地方政府制定的规章必须同时是属于本行政区域的具体行政管理事项

在《宪法》和《地方各级人民代表大会和地方各级人民政府组织法》规定的职权范围内,属于具体行政管理的事项,有地方立法权的地方政府可以制定规章;不属于具体行政管理的事项,而是属于应当制定地方性法规的事项,地方政府不能制定规章,而应当向本级人大及其常委会提出地方性法规案,由本

---

① 例如《劳动法》第48条规定:"国家实行最低工资保障制度。最低工资的具体标准由省、自治区、直辖市人民政府规定,报国务院备案";第106条规定:"省、自治区、直辖市人民政府根据本法和本地区的实际情况,规定劳动合同制度的实施步骤,报国务院备案"。

级人大及其常委会依法制定地方性法规。[1]

2. 广义的解释:"二原则论"

而另外一个可能的解释是,《立法法》73条第2款所列的两个条件是选择性的,只要满足其中一个条件,就可以制定地方政府规章。也就是说,"地方政府规章不仅可以规定为执行法律、行政法规、地方性法规所需要规定的事项,还可以规定属于本行政区域的具体行政管理事项"[2]。这就对地方政府制定规章的条件作了最广义的解释——只要是关于本行政区域的具体行政管理事项,就可以制定地方政府规章。

第二个解释是比较宽泛的。但是这个解释是否能够成立,显然还面临着一些困难:首先,它将导致《地方各级人民代表大会和地方各级人民政府组织法》第60条第1款规定的失去意义——地方政府制定规章可以不需要"根据"上位法了;其次,这样的解释也与我国宪法设定的权力格局不符。在我国,行政机关是权力机关的执行机关。《地方各级人民代表大会和地方各级人民政府组织法》第54条规定:"地方各级人民政府是地方各级人民代表大会的执行机关,是地方各级国家行政机关。"因此,地方政府的立法,具有"执行性"特点,需要根据上位法、特别是权力机关的立法。

值得注意的是,持狭义解释说者是全国人大法工委工作室(其公开发表的著作系集体署名,因而应当视为代表该机关的意见),持广义解释说者则是国务院法制办公室的官员(其著作以个人署名,应当视为代表个人意见)。两种解释的"本位色彩"都十分鲜明,或许从某种程度上反映出权力机关和行政机关对待地方政府立法权限的不同倾向。

(二)地方政府制定规章是否需要根据本级地方性法规——较大的市遭遇的特殊问题

从《地方各级人民代表大会和地方各级人民政府组织法》第60条第1款和《立法法》第73条第1款的规定,可以看出地方政府制定规章需要"根据"的仅仅是"法律、行政法规和本省、自治区、直辖市的地方性法规"。就省级政府制定规章的"根据"而言,对上述规定的理解不大容易产生歧义——它需要根据本级权力机关制定的地方性法规来制定规章。但是对于较大的市政府而言,情况就复杂得多。这是因为,如果结合前文对《立法法》第73条第2款第1项的狭义解释,则该项中的"地方性法规"是否包含较大的市人大及其常委会制定的地方性法规,就大有可讨论的余地了。实际上,这也正是问题的焦点所在:同级政府与同级人大之间的立法权限范围应当如何划分?是平等分

---

[1] 参见全国人大法工委研究室:《立法法条文释义》,130~131页,北京,人民法院出版社,2000。
[2] 曹康泰主编:《中华人民共和国立法法释义》,180~181页,北京,中国法制出版社,2000。

享，还是地方权力机关有"优先权"？如果是地方权力机关具有立法上的"优先权"，则地方政府规章在立法上的"创新性"将大大受到限制；如果是地方权力机关与地方政府可以"平等分享"地方立法权，那么接下来的问题是，对同一事项，是应当制定地方性法规还是制定地方政府规章？如何确定"分享"的标准？

（三）何谓"具体行政管理事项"

根据《立法法》第 73 条第 2 款第 1 项的规定，较大的市政府制定规章，应当是属于"本行政区域的具体行政管理事项"。这项规定包含了两层含义：第一，规章所调整的事项在立法主体的地域管辖范围内；第二，规章所调整的事项属于"行政管理"的事项。对于第一层含义，一般不易产生歧义；对第二层含义的解释则可能引发广泛的争论，并且很难形成一致的答案，那就是：哪些事项是属于"行政管理"的？

1. 对"具体行政管理事项"的狭义解释

狭义的解释是，行政管理事项应当是关于行政权行使的事项，即调整的是行政机关的权力分配和权力行使方式与程序以及监督与责任的问题。例如全国人大法工委研究室认为，具体行政管理事项大体包括以下三个方面：

（1）有关行政程序方面的事项；

（2）有关行政机关自身建设方面的事项；

（3）不涉及创设公民权利义务的有关社会公共秩序、公共事务或者事业的具体管理制度等。[①]

2. 狭义解释所面临的现实困境

对"具体行政管理事项"的狭义解释显然是一种理想化的解释，在现实中很难实现。最突出的问题是，"有关行政程序方面的事项"和"有关行政机关自身建设方面的事项"是否可以做到"不涉及创设公民权利义务"。狭义解释的本意是，涉及创设公民权利义务的问题，应当由权力机关立法；政府规章的权限应当被局限在为行政机关自身设定权力义务方面。事实上，从行政权力产生的目的上看，本来就是为了管理公共事务；而对公共事务的管理，又势必以限制公民个人的权利为代价。因此，行政权力的行使，必定影响到行政相对方的权利和利益；至于这种影响是否属于"创设"公民权利义务，则明显缺乏客观、明确的判断标准[②]，因而也缺乏可操作性。

[①] 参见全国人大法工委研究室：《立法法条文释义》，131 页，北京，人民法院出版社，2000。

[②] 尽管我国《宪法》对公民的权利义务采取了列举的方式来表述，但这种列举也是原则性、概要性的，并不可能穷尽公民权利义务的一切表现形式。再者，公民的义务当然是通过立法而被"创设"出来的，但"权利"是否能够被"创设"显然值得商榷。如果我们承认权利的初始性，则公民的权利只能在宪法和法律中得到肯定和保护，而不是被"创设"出来。

3. 对"具体行政管理事项"的反向界定：一个相对宽松的解释

一些学者意识到从正面界定"具体行政管理事项"的难度，采取了迂回变通的方式，以"排除法"来作出反向界定。具体的做法是：首先将"本级人大及其常委会认为应当由地方性法规规定的事项"排除在"具体行政管理事项"范围之外；其次，将"具体行政管理事项"笼统界定为"某些比较具体的行政管理事务，不需要法律、法规作规定的事项"；最后，把判断权和决定权交给权力机关，"只要权力机关认为某事项应当由法规规定，政府就应当将该事项提请权力机关制定法规，不再自行制定规章"。这样做的根本原因是，"有些事项是否应当由法规规定，并不总是十分清楚"[①]。所以干脆由权力机关"看着办"——只要地方人大不反对，地方政府在规章制定的范围上就享有尽可能多的宽限。这个解释虽然是在《立法法》颁布之前作出的（相关著作出版于1999年），却是"根据十多年的实践"作出的概括。[②]

事实上，这个相对宽松的解释，不仅符合我国宪政制度的基本框架，而且也符合实践的需要，并且至今具有可行性。以广州市为例，2000年7月1日《立法法》实施以来颁布的至今有效的地方政府规章中，除《广州市保守工作秘密规定》（2001）和《广州市人民政府规章制定办法》（2002）等极少数可以视为"行政程序"或者"行政机关自身建设"的事项，其余大量的规章都是涉及公民权利义务的，更不用说有些甚至是涉及公民基本权利的（例如2001年7月25日的《广州市流动人员IC卡暂住证管理规定》）。如果追溯到1983年以来的规章，则会发现，不仅很多以"××××管理规定"或者"××××管理办法"为名的地方政府规章事实上直接影响到行政相对方的权利义务（例如1996年《广州市公用电话管理办法》，1998年《广州市房地产评估管理办法》，2003年《广州市停车场管理办法》等规章，涉及的事项全部与市场主体的权利义务直接相关），而且有的规章更是直接以处理民事纠纷为内容（例如1998年《广州市劳动争议仲裁办法》）。[③]

四、地方政府规章制定的创制权

（一）地方政府规章创制权存在的现实合理性

地方政府规章制定权在立法体系中的价值得到肯定的前提下，规章制定中

[①] 李步云、汪永清主编：《中国立法的基本理论和制度》，237页，北京，中国法制出版社，1999。

[②] 参见李步云、汪永清主编：《中国立法的基本理论和制度》，236页，北京，中国法制出版社，1999。

[③] 有效的广州市政府规章目录来自广州市人民政府法制办公室于2003年6月21日发出的《关于保送现行有效规章目录的函》附件1《广州市人民政府现行有效规章目录》。

的"创制权"问题必然受到进一步关注。根据《立法法》第 64 条的规定,地方性法规的制定权限除了"为执行法律、行政法规的规定,需要根据本行政区域的实际情况作具体规定的事项"外,还包括"属于地方性事务需要制定地方性法规的事项"和除必须制定法律的事项外,"其他事项国家尚未制定法律或者行政法规的"。后两项内容实际上肯定了地方权力机关在地方立法中具有一定的"创制权";地方政府却没有被赋予相应的权力。然而,在地方立法权行使的实践中,真正具有"创制"或者"创新"冲动的,却并非地方权力机关,而往往是地方政府。

创制性立法权,或者叫做"先行性立法权",在我国的出现和存在的客观必然性,有的学者总结为我国各地发展不平衡,改革开放和市场经济建设的需要以及 20 世纪末出现的"新经济"的知识性、创新性、专门性和巨变性等各方面的要求。[①] 可以说,"改革开放以来,中国经济获得了持续、稳定、高速的增长,其根本的动力,是来源于中国政府在制度供给和创新方面的成功"[②]。政府在经济建设中实际发挥的中心作用,是政府具有"创制性"立法冲动的内在原因——政府需要通过立法将其对经济的干预合法化和规范化。而我国各地区之间在自然、人文、经济、社会等诸多方面存在着较大的差异,为地方政府通过创制性立法而建立适应当地情况的制度提供了必要性。多数地处经济文化活跃地区的较大的市政府,出于对效率的追求和担当改革开放"排头兵"和"实验田"的重任,制度创新对它们尤其具有吸引力。而地方政府立法的低风险、高收益的"性价比",将为地方政府行使创制性立法权提供合理性与可行性论证。[③] 这些原因,直接影响着我国的立法政策。我国目前所依循的先制定地方性法规和规章,再制定正式法律的思路,实际上从政策上承认了地方政府可以通过制定"创制性"规章来行使国家立法权。[④]

(二)地方政府规章创制权的法律困境

依法行政原则,不仅要求政府的立法行为不得与法律相抵触,而且要求政府的立法要有法律的明确授权。[⑤] 从这一原理出发,可以解释为什么《立法法》

---

① 参见于兆波:《从〈立法法〉看地方先行性立法》,载《法学论坛》,2001 (3)。
② 王鉴辉:《我国地方立法的价值取向研究初探》,载《现代法学》,2002 (2)。
③ 参见王鉴辉:《我国地方立法的价值取向研究初探》,载《现代法学》,2002 (2)。
④ 参见袁明圣:《行政立法权扩张的现实之批判》,载《法商研究》,2006 (2)。地方政府通过制定"创制性"规章行使国家立法权,最典型的例子是政府信息公开立法。以 2002 年广州市政府颁布《广州市政府信息公开规定》为开端,迄今已有 4 个省、2 个直辖市和 13 个较大的市(其中省会城市有 9 个)颁布了有关政府信息公开的地方立法,其中绝大多数采取的是地方政府规章的形式,仅有大同市制定的是地方性法规。统计资料来源于全国人民代表大会网站(www.npc.gov.cn),统计日期截至 2005 年 11 月 23 日。又见刘文静等:《WTO 透明度原则与我国行政公开制度》,第七章第二节"我国行政公开立法的层级选择",司法部课题成果,未刊稿。
⑤ 参见刘莘:《依法行政与行政立法》,载《中国法学》,2000 (2)。

将地方立法的创制权赋予了地方权力机关而不是地方政府。那么，这是否意味着地方政府规章不得具有任何意义上的创制性，并且地方权力机关也不能将本来属于自身所有的立法创制权授予地方行政机关？从法理上来讲，确乎如此。一方面，地方政府制定规章需要有上位法依据（"根据……"）；另一方面，就较大的市而言，由于权力机关自身的立法权并非来源于《宪法》，而是来源于法律（《地方各级人民代表大会和地方各级人民政府组织法》和《立法法》），这或许可以被视为属于授权立法的一种。根据"被授权者无权再授权"的一般原理，它无权将自己的立法权再授予或者委托给地方政府。这就使得现实中大量存在的创制性地方政府规章的合宪性遭到了质疑；而事实上，地方权力机关几乎不行使其对地方政府的立法监督权和规章撤销权。于是出现了对于地方政府创制性立法权的法律评价"真空"，使这种权力的效力处于一个实际上的不稳定状态。

（三）地方政府规章创制权的有限性

根据《地方各级人民代表大会和地方各级人民政府组织法》和《行政处罚法》的规定，地方政府规章至少在政府机构设置和一些行政处罚的设定方面享有创制权。

1. 地方政府规章在政府机构设置上的创制权

我国《宪法》第62条规定的全国人民代表大会的职权中，包括了"制定和修改刑事、民事、国家机构的和其他的基本法律"（第3项），这表明中央国家机关的设置，应当由全国人大制定法律来决定。但是在《地方各级人民代表大会和地方各级人民政府组织法》中却没有相应的规定。《地方各级人民代表大会和地方各级人民政府组织法》第8条所规定的县级以上地方人大的职权中，虽然包括了选举省长、副省长，自治区主席、副主席，市长、副市长，州长、副州长，县长、副县长，区长、副区长等行政官员（第5项），却没有提到地方政府的机构设置问题。《地方各级人民代表大会和地方各级人民政府组织法》第64条规定："地方各级人民政府根据工作需要和精干的原则，设立必要的工作部门。"这实际上将地方政府工作部门设置的自主权交给了地方政府。有地方立法权的地方政府通过颁布规章（通常是各种"三定方案"）来设置政府工作部门，实际上就是在行使政府机构设置的"创制权"。

2. 地方政府规章对部分行政处罚的设定权

根据《行政处罚法》第13条第2款的规定，尚未制定法律、法规的，有地方立法权的人民政府的规章对违反行政管理秩序的行为，可以设定警告或者一定数量罚款的行政处罚。罚款限额由省、自治区、直辖市人民代表大会常务委员会决定。据此，地方政府规章可以设定警告和罚款的行政处罚，不过罚款的限额需要由地方权力机关来规定。这表明《行政处罚法》第13条第2款所规定的地方政府规章对行政处罚的设定权是不完整的。由于行政处罚涉及公民的基本权利（财产权和人身权），应当由权力机关来制定；同时，又由于行政处罚的"行政管理"特性，赋予行政机关一定的灵活机动权力可以更有效地加强管理。因此，又谨慎地赋予地方政府规章以部分行政处罚创设权。这种做法与我国《宪法》和《立法法》的整体精神是一致的。

（四）地方政府规章创制权的延展空间

此外，如果我们对《立法法》第73条所说的"具体行政管理事项"作宽泛的理解，则事实上可以为创制性的地方政府规章提供更大的生存空间——前提是地方权力机关的默许。为此，有的学者主张拥有地方政府规章立法权的主体同样应当具有创制性地方立法权，只不过其创制性内容与地方权力机关有所差别。地方权力机关的创制性立法是综合性、全面性的，而地方政府的创制性立法是专门性和单一性的。[①] 也有的学者提出，法律保留原则在地方政府立法权问题上的体现，就是地方政府规章不得规定涉及公民基本权利义务的事项。[②] 本文认为，对于中国这样一个处在体制转轨时期、经济又持续高速发展的国家而言，现实需求的张力往往比制定法的约束力更强大；这一点在多数较大的市会表现得格外鲜明。这就必然导致对地方政府创制性立法权的"正面约束"的苍白无力，实践中大量没有上位法依据的地方政府规章的存在，就是最好的佐证。比较可行的办法是，一方面，承认地方市政府创制性立法权的存在；另一方面，通过地方权力机关积极行使监督权，使地方政府规章的创制权不至于成为行政权力过渡膨胀的便利手段。

五、地方政府规章的适用与规章制定权限的制约

以上分析表明，地方政府规章在调整范围上，并非仅仅限于执行上位法，而是还具有一定的"创制权"。不过，这种创制权是受到限制的。这些限制不仅表现在赋予创制权的法条本身所规定的限制上（例如《行政处罚法》第13条第2款所规定的警告与罚款的设定以及罚款限额问题），而且表现在《立法法》关于地方政府权限和法律适用与监督的规定中。此外，《行政诉讼法》对规章适用的规定，体现了司法权对于行政立法权的一定程度的监督。

（一）地方权力机关的审查权

地方权力机关对地方政府规章的审查权，体现在《立法法》第五章所规定的备案与撤销制度的规定中。

---

① 参见王庆军：《创制性地方立法浅论》，载《连云港职业技术学院学报》，2002（4）。
② 参见杨利敏：《我国〈立法法〉关于权限规定的缺陷分析》，载《法学》，2000（6）。

1. 地方政府规章在地方人大的备案

根据《立法法》第 89 条的规定，地方政府制定的规章应当报本级人大常委会和国务院备案；较大的市的政府规章还应当同时报省级人大常委会和人民政府备案。同时，根据《立法法》第 92 条的规定，地方人大常委会对于报送备案的规章，可以"按照维护法制统一的原则"，自行规定审查程序。

2. 地方权力机关对规章的撤销权

《立法法》第 80 条规定，"地方性法规的效力高于本级和下级地方政府规章"。据此，如果地方政府规章与地方性法规就同一事项规定不一致，应当以地方性法规为准。而根据《立法法》第 87 条和第 88 条的规定，地方政府规章如果出现超越权限；下位法违反上位法规定；规章之间对同一事项的规定不一致，经（国务院）裁决应当改变或者撤销一方的规定的；规章的规定被认为不适当，应当予以改变或者撤销的；以及违背法定程序等五种情形的，地方人大常委会均有权予以撤销。

（二）法院在行政诉讼中的选择适用权

诉讼是引发法律冲突争议的最直接途径。规章之间、规章与上位法之间的冲突，更容易通过诉讼被暴露出来。根据《行政诉讼法》第 53 条第 2 款的规定，人民法院审理行政案件，"参照"部门规章和地方政府规章。对于"参照"的含义与具体程序，相关司法解释并未涉及。最高人民法院《关于执行〈中华人民共和国行政诉讼法〉若干问题的解释》（2000）第 62 条第 2 款则规定："人民法院审理行政案件，可以在裁判文书中引用合法有效的规章及其他规范性文件。"而根据我国《立法法》的相关规定，规章是否"合法有效"，法院并无发言权。这实际上为法院处理此类问题留下了"悬念"。《行政诉讼法》第 53 条第 2 款只规定了如果法院认为规章之间不一致，要由最高人民法院"送请国务院作出解释或者裁决"，却并未涉及如果法院认为地方政府规章与地方性法规之间不一致的，应当如何解决。《立法法》第 90 条也只是规定了最高人民法院如果认为行政法规、地方性法规、自治条例和单行条例同宪法或者法律相抵触的，可以向全国人大常委会书面提出审查的要求，由全国人大常委会工作机构分送有关的专门委员会进行审查、提出意见，没有涉及如果发现地方政府规章与地方性法规之间相抵触应当如何处理。《规章制定程序条例》第 35 条第 2 款则虽然规定了"国家机关、社会团体、企业事业组织、公民认为较大的市的人民政府规章同法律、行政法规相抵触或者违反其他上位法的规定，也可以向本省、自治区人民政府书面提出审查的建议，由省、自治区人民政府法制机构研究处理"，对于地方政府规章与地方性法规之间的冲突也是只字未提。而根据《行政诉讼法》第 52 条，人民法院审理行政诉讼案件，以法律和行政法规、地方性法规为依据。如果法院认为地方政府规章与地方性法规之间不一致，应当直接适用地方性法规。[①]

(三) 国务院和省级政府的审查权

我国是单一制国家，全国地方各级人民政府都是国务院统一领导下的国家行政机关，都服从国务院（《宪法》第110条第2款；《地方各级人民代表大会和地方各级人民政府组织法》第55条第2款）。这就意味着，国务院作为最高行政机关，有权对所有地方行政机关的行为进行监督和审查。尽管《宪法》第89条所列举的国务院职权中，第14项职权仅包括"改变或者撤销地方各级国家行政机关的不适当的决定和命令"，而不包括"改变或者撤销地方各级国家行政机关发布的不适当的规章"，直接的原因是因为《宪法》并未规定地方政府的规章制定权。《立法法》第73条规定了地方政府的规章制定权[②]，第89条第4项要求地方政府规章报国务院备案，第88条第3项规定国务院有权改变或者撤销不适当的地方政府规章，就是最高行政机关对地方行政机关行使监督检查权的表现。同时，《立法法》第88条第6项还规定，省、自治区的人民政府有权改变或者撤销下一级人民政府制定的不适当的规章，这是《宪法》第110条第2款"地方各级人民政府对上一级国家行政机关负责"规定的具体体现，属于直接的上下级之间的监督。

在实际操作中，由于行政管理"层层负责"的特性，监督和审查权的行使，通常情况下只发生在直接的上下级之间。也就是说，国务院对地方政府规章的监督、审查和撤销，一般是针对省、自治区、直辖市政府制定的地方政府规章。对较大的市政府制定的规章，通常应当由省、自治区政府或者本级人大常委会来完成。至于省、自治区政府与较大的市所在地的地方权力机关在规章审查方面如何分工，目前还没有见到公开的规定。这种情况，与地方立法的审查程序在整体上的缺位有直接关系。

结　语

综上所述，对地方政府规章制定权限的理解应当从以下几个方面综合进行把握：

1. 地方政府规章制定的权力来源，是《地方各级人民代表大会和地方各级人民政府组织法》（1995，2004）第60条第1款和《立法法》第73条第1款；

[①] 这里面还有一个难题：裁判文书应当说明理由。万一真的遇到地方政府规章与地方性法规之间不一致的，如果一方当事人提出应当适用地方政府规章，另一方提出应当适用地方性法规，则法院又当作何说明？在这种情况下，如果是一份规范的裁判文书，对规章效力的讨论将不可避免。

[②] 与此形成对照的是，国务院各部门的规章制定权则在《宪法》第90条得到体现；同时，第89条第13项也规定了国务院有权"改变或者撤销各部、各委员会发布的不适当的命令、指示和规章"。

根据上述规定，地方政府制定地方政府规章，需要"根据法律、行政法规和本省、自治区、直辖市的地方性法规"。

2. 根据《地方各级人民代表大会和地方各级人民政府组织法》第60条第1款和《立法法》第73条第2款第1项，地方政府制定规章的调整范围，应当是在自身职权范围内，属于具体行政管理的事项。而对于"具体行政管理事项"的广义或者狭义的解释，直接影响到地方政府制定规章的权限范围。

3. 《地方组织法》第64条以及《行政处罚法》第13条第2款等赋予了地方政府规章在政府机构设置和行政处罚设定等方面享有一定的"创制权"；但事实上地方政府在规章制定中享有的创制权远远不止这些。与地方政府在立法上的"创制权"的现实必要性、合理性形成对照的是这种权力在法律效力（合法性或者合宪性）上的不稳定性。

4. 尽管现行法律规定了地方权力机关、国务院和省级政府对地方政府规章的监督与制约权，以及法院在诉讼中对规章的有限选择权，但监督程序的缺位仍然是值得关注的首要问题。

论法律保留范围的确定标准与立法政策学
——从比较法视角的解读

许亚东[*]

> **目 次**
>
> 一、法律保留概述
>   (一) 概念
>   (二) 与法律优先原则的关系
>   (三) 法律保留的作用
> 二、德国和日本关于法律保留的范围学说的比较
>   (一) 两国学说的比较
>   (二) 对比分析
> 三、法律保留范围确定的标准的探讨
>   (一) 以上诸学说确立的标准的不足
>   (二) 重要性标准的确立
>   (三) 立法政策学的导入
> 四、结语

一、法律保留概述

(一) 概念

法律保留原则是指行政行为只能在法律规定的情况下作出，法律没规定的就不得作出。也就是行政主体的行政行为不能任意作出，只有在立法机关对该事项作出了规范的情况下，行政主体才能按照法律的规范作出相应的行政行为。该项原则的实质在于要求行政

---

[*] 中国人民大学法学院宪法学与行政法学硕士研究生。

权的行使必须在代议机关的监控之中,没有代议机关(民意)的同意行政权就不得行使。上述只是法律保留的经典的定义,它随着实践的发展而不断地丰富和发展。

(二) 与法律优先原则的关系

法律保留和法律优先共同构成了依法行政的理念,但两者是有区别的。法律优先原则是指一切行政行为都要与法律规范相一致,不得与之相违背,可见,法律优先原则只要求行政行为不得违背法律,至于法律没规定的情况下,行政行为能不能作出,法律优先原则并不过问,也就是我们平常所讲的"法不禁止即自由",它是一种消极的依法行政。而法律保留原则则相反,它要求行政行为必须按照法律规定的作出,法律没规定的就不得作出,它是一种积极的依法行政。

(三) 法律保留的作用

1. 法律保留为立法权和行政权的划分提供了原则性的依据。在现代民主法治国家,立法权不仅仅由权力机关行使,行政机关也行使一定的立法权,这样在实践中如何合理地划分两者之间的权限就成为不可回避的问题。而法律保留通过一定法律技术层面的操作为这种划分提供一定范围内的标准。

2. 有助于保障公民的基本权利的实现。根据法律保留的原理,关系公民基本权利的事项往往由立法机关制定的法律予以规定,法律位阶提高,调整的密度增大,这样会更加符合民主制的要求,更有利于保障人权

3. 有利于对立法和行政机关的监督,使它们更好地为人民服务。法律保留为权力机关和行政机关进行博弈提供了一个良好的平台,它不仅监督行政机关依法行政,执政为民,也督促立法机关切实履行责任,对重要的事项进行立法,防止出现公民权利保障的真空。

二、德国和日本关于法律保留的范围学说的比较

(一) 两国学说的比较[①]

法律保留产生和发展于德国,成熟于日本,但两国在实践和理论上都存在差异。任何理论上的学说都是这个国家某一时期在实践中具体制度如何运作的一定程度的反映。对学说的比较在某种意义上是对两国具体制度运作和发展的比较。下面是按照时间的顺序对两国历史上出现的有关法律保留的学说进行一下梳理和比较。

---

① 德国学说主要参考吴万得:《德国法律保留原则的适用范围及其学说》,载《东吴法学》,2001年号;日本学说主要参考杨建顺:《日本行政法通论》,132~135页,北京,中国法制出版社,1998。

1. 侵害保留说。在德国，这种学说产生于19世纪的自由主义国家时代，当时自由的市民阶层只要求尊重其个人领域，对于处于萌芽状态的给付行政没有兴趣，法律保留的领域仅限于自由和财产权的范围内。在日本，也具有相同的内涵，明治以来一直占权威地位的学说认为，行政权是一种追求国家或者公共利益为目的的自律性国家权力，因此，只有在行政权单方地限制或者剥夺国民的自由或财产时，才需要法律予以授权，而其他给国民带来利益的给付行政行为，即使没有法律的授权行政厅也可以根据自己的判断采取措施。例如，行政厅对国民发布赋课租税的命令、征收土地的命令及拆迁建筑物的命令等，分别要求有所得税法、土地征收法及建筑基准法上的具体根据；而决定补助金的交付及营造物的设置，即使没有法律依据，也可以根据行政厅的判断作出适当的处理和决定。[1] 由此可见，侵害保留的范围仅限于秩序行政领域，主要是对自由权和人身权的法律保留。

2. 全部保留说。在德国，此学说又称民主的法律保留或无限制的法律保留，第二次世界大战后，西德在20世纪60年代出现了否定侵害保留理论的"全部保留理论"，认为大凡行政机关的所有行动，都应有明示的法律根据与授权认为法律保留原则应适用于行政法的所有领域，不管是侵害行政或授益行政、给付行政或特别权力关系，也不论是高权行政或国库行政事项，行政机关之活动都必须有形式意义的法律为依据。持此说者认为，依据民主原则，一切国家权力来自人民，民主要求人民之支配亦及于行政，故行政活动应基于人民代表之国会所公布之法律规范。[2] 日本行政法学界从20世纪50年代中期开始，也对侵害保留理论进行了强烈批判，日本学者认为，在明治宪法所确立的立宪君主制下，行政权（以君主为中心）拥有自身的固有权威，行政机关能够依独自的判断进行自律性的活动。但是，在立宪君主制崩溃，国民主权原理确立的民主国家，仍留下依行政官的独自判断而实施公行政活动的领域，是不适当的。特别在日本现行宪政体制下，行政应该完全按照国民的意思行动。原则上，所有公行政作用（包括行政指导等非权力行政作用在内），都必须具有作用法上的根据，没有法律根据，所有的行政活动也不能进行，必须否定"自由的行政领域"之类的观念，并将全部公行政置于法律的保留之下。[3] 由此看出，全部保留说基于民主主义和人民主权的原理，认为所有的行政领域都应当适用法律保留。

3. 部分保留说（社会保留说）。部分保留说是在批判全部保留说的基础上产生的，该理论认为，对公民而言，贯彻全面保留将反而剥夺公民在立法者尚未主动立法的领域从行政权获得给付机会。因此主张"扩张的传统保留"，即对

---

[1] 参见杨建顺：《日本行政法通论》，132页，北京，中国法制出版社，1998。
[2] 参见吴万得：《德国法律保留原则的适用范围及其学说》，载《东吴法学》，2001年号。
[3] 参见刘俊祥：《日本行政法的基本原理——法治主义论》，载《现代法学》，1999（4）。

给付行政不必于任何情况都有法律依据。这样也能适应现代行政任务的积极性和复杂性。仅在负担之课予与利益之授予具有不可分离的关系时,始须有法律依据。部分保留的范围又可分为侵害保留、给付行政保留与重要事项保留等多种形态。此观点有德国学者提出。① 日本学者提出了社会保留说,其含义与部分保留说大体是一样的,随着个人社会权领域的扩大,不仅需要防止国家对公民权利的侵害,同时也要积极地争取公正地给付,要求国家积极地履行义务,但在给付行政领域适用法律保留不具有必然性。② 由此可见,此说相对于前两者而言是一种折中的学说。

4. 重要事项保留说(本质事项保留说)。重要事项保留说乃是通过德国联邦宪法法院的"监狱受刑人案"判决而形成的,联邦宪法法院认为监狱当局对受刑人之通信自由,不可再依传统的特别权力关系,而径以监狱管理规则来限制。亦即,受刑人的基本权利,唯有依据法律始得限制之。此说认为,基于法治国家原则和民主原则,凡是涉及公民权利的形成和行使的事项,以及涉及公共利益尤其是影响共同生活的"重要的决定",立法者不能随便授权行政命令制定,对于基本人权的重要部分,必须保留予立法者制定。重大性理论的出发点也表明了德国宪法法院对法律保留原则正由传统的保障人权扩张到干涉立法者的政策的决定(例如监狱服刑人员的通信自由和通信秘密是否应当受到保护),这可以说是此种学说适应现实发展具有生命力的原因所在。日本学者提出的"本质事项保留论"认为,关系到国民的自由、平等的重要行政作用或本质性事项必须有法律根据。③ 可见这种学说把法律保留的范围的判断标准放在保留对象的重要与非重要,本质与非本质上了,相对与前面的学说这无疑是一个进步,但因其标准很模糊而备受批评和争议。

5. 权力保留说。④ 此说是日本学者提出的,它认为,行政不是法的机械执行,它是具有一定的能动性、创造性和目的性的,所以,即使没有法律根据,行政机关也可以根据行政的目的,以自身的责任和判断从事必要的行政活动。但在民主法治的国家中,国家及地方公共团体自身也不具有优越于国民的固有权威,对国民行使公权力时,必须有允许其行使公权力的法律或者条例的根据。这样,行政厅只要采取所谓权力性行为方式,都要求根据法律的授权进行。法律上没有根据时,行政厅只能通过行政指导或行政契约等非权力性手段来适应和满足行政的需要。最近,这种权力保留说的影响逐渐增大,为越来越多的日本学者所接受。

---

① 参见吴万得:《德国法律保留原则的适用范围及其学说》,载《东吴法学》,2001年号。
② 参见张正钊、韩大元主编:《比较行政法》,56页,北京,中国人民大学出版社,1998。
③ 参见刘俊祥:《日本行政法的基本原理——法治主义论》,载《现代法学》,1999(4)。
④ 参见杨建顺:《日本行政法通论》,135页,北京,中国法制出版社,1998。

6. 机关功能说。它是针对重要性理论的空洞性提出的，此说认为，对于国家的决定而言，不仅要以高度的民主合法性为依归，还要求尽可能正确。即按照行政机关的组织、编制和功能进行决定，由具备最优良条件的机关来作国家决定。此理论认为，因立法机关的产生基础与议事程序较行政机关具有更多的民主正当性，因而重要的、原则性的事务应有立法机关以法律规定，而有关个别专业或技术领域方面的知识并非代表的专长，则宜有行政系统的专家处理，不宜由代表机关决定。[①]

（二）对比分析

1. 通过上面的对比，我们可以看到，两国的法律保留范围发展的历程基本上是一样的，各种学说尽管在称谓上多少有所不同，但含义却基本相同。这也是与两国的历史发展相吻合的。从经济上来说，两国在战后经济都得到了美国的援助，得到了飞速的发展，在当时的世界上名列前茅，经济的发展使得公民的生活更多地依赖国家的给付行政，法律保留的领域逐渐扩大，反映到理论上就是全部保留的出现，但行政的能动性被束缚，不利于行政机关在经济的发展中创造力和贡献力的发挥，进而出现了法律保留范围的缩小，逐步地符合社会的发展实际。从政治上看，经过战争的洗礼和战后的反思，以及受国际环境的影响，两国都建立了民主制的国家，行政权受到立法权的监督，法律保留应运而生，两者的相互之间的不断博弈，两者的权力范围此消彼长，反映在理论上也就是出现了各种有关法律保留的学说。

2. 从法律保留的适用领域来看，它的发展经历了逐渐扩大以致到达全部保留的极点，然后逐渐的稳中有降，实现动态的稳定和平衡。这样的发展也是符合事物的发展规律的，但其背后是一种国家功能和价值观念的变化的作用使然。法律保留是在19世纪自由主义法治的国家理念下孕育而生的，当时奉行"管的最少的政府就是最好的政府的"理念，为了防止以君主为首的行政部门任意侵害公民的权利尤其是自由权和财产权，要求行政部门在为相应的行为时必须有法律依据或法律授权。第二次世界大战后，随着给付行政国家理念的发展，公民的生存和发展更加依靠国家尤其是行政机关的给付和生存考虑，法律保留的范围扩展到给付行政领域。现在人们又认为，凡是重要性事项均适用法律保留，由此法律保留原则的调整范围扩大到了监狱管理、教育及公务员关系等内部行政领域，但也并不是所有的这些领域都适用，主要还是看事项的重要性和本质性程度如何。相对于全面保留的范围来说还是稳中有降，实现基本的动态稳定。

3. 从确定法律保留范围的标准看，由按照适用领域进行法律保留范围的确定转变为以事项的重要性和本质性为依据进行范围的确定，法律保留范围的标

---

① 参见翁岳生编：《行政法》，146～147页，北京，中国法制出版社，2002。

准由机械走向机动。以适用领域的标准来确定范围，很有可能忽略该领域内的其他一些例外的情况，因为社会事务和问题是很复杂的，理论上进行一些分类是必要的，但在现实中搞一刀切往往无助于问题的解决，这样就是原则有余灵活性不足。而重要事项保留以适用对象的重要性程度作为标准，就打破了适用领域的界限，既有原则又照顾到例外，更能适应复杂的社会变化，在实践中更具有可操作性。

三、法律保留范围确定的标准的探讨

（一）以上诸学说确立的标准的不足

1. 领域标准论。侵害保留、全部保留、部分保留说都是以法律保留适用的领域即规制行政，给付行政，特别权力关系行政以及内部行政的划分作为范围确立标准的前提，这种方法具有以下不足：第一，在某个领域内一刀切地适用某个原则很容易忽视例外的情况，行政事务的复杂性和变化性往往是超出我们想象，确立这样的标准往往使行政的能动性和创造性无法发挥，尤其在社会变革的转型时期更不能如此。第二，这些行政领域的划分在更多意义上是一种学术划分，而在现实中这样的界限不是那么的清晰，有些事务甚至横跨两个或者两个以上领域，确立这样的标准在实践中缺乏操作性。

2. 权力性标准论。这个标准是从权力保留说中引申出来的，它按照行政机关所采取的行为是否具有权力性来作为法律保留范围确定的标准，它有如下不足：第一，从理论上说，什么是权力这个命题在学术界还是一个很有争议的问题，其本身的标准就无法确定，那就更不用提再把它作为衡量别的事务的标准了。第二，从实践中看，行政机关往往是处于优势地位的，他们所采取的措施虽然在学理上不具有权力性，但实际上都至少是以权力为背景实施的，而这样往往对公民的意思自治产生影响甚至是强制力，因而在实际上具有了权力性，从而使这种标准在实践中失去了意义。

3. 机关功能标准论。这个标准是从机关功能说中引申出来的，该标准是在重要性标准的基础上进一步要选择在组织上、功能上都符合保留对象要求的机关来决定是否法律保留。这个标准是对重要性标准的完善和细化，但似乎有点过犹不及。因为在此种标准下，既要判断什么事项是重要的，还要判断哪些领域是立法机关的代表不专长的。这样标准套标准的做法是不宜进行操作的，比如，权力机关代表不专长的领域中很重要的事项是应该立法保留还是应该由行政机关作出决定，该标准没有也无法回答。

（二）重要性标准的确立

面对以上标准论的种种缺陷，笔者认为应当确立重要性标准，尽管它也备受争议和批判。理由如下：

第一，此标准的机动性。所谓的重要事项，并非是其字面意思所流露的那样是根据事务的性质进行判断，而是指某一规范对共同体或特定个人有如何重大的影响，如何重要的意义，具有什么样的根本性以及强度如何。此重要性并不具有固定的含义，而是一个具有机动性的公式，即对公众或个人愈重要的事项，对立法者的要求越高。因此，重要性不是一个确定的概念，而是一个阶梯（我国《行政处罚法》的规定）。所以，此标准的机动性和阶梯性为区分什么是最重要的事项（国会保留），什么是重要事项（适用法律保留但可以进行授权），什么是不重要的事项（行政固有权限，不需授权）提供了良好的制度空间，可以说是不大不小。

第二，此标准的兼容性。随着给付行政时代的到来，行政权力几乎无处不在。再加上社会的变革和转型以及价值观念和利益的多元化，往往使标准论不堪重负。而重要性标准打破行政领域的疆界，对多种价值观进行包容、综合、协调、权衡，从而确定法律保留的范围。

第三，从哲学上说，后现代的一个显著的特征就是整合，以前的非此即彼被亦此亦彼所代替，事务之间的界限已经不是很明显，必然要求标准具有兼容性，而重要性标准具有的兼容性顺应了这种趋势。

（三）立法政策学的导入

1. 导入的必要性

虽然说重要性标准具有不可代替的优点，但其具有的概括性和机动性还需要进一步细化以使其具有可操作性和相对的确定性，而重要性标准所要解决的问题是区分什么是最重要的事项（国会保留），什么是重要事项（适用法律保留但可以进行授权），什么是不重要的事项（行政固有权限，不需授权）以确定法律保留的范围。这种情况下法律保留本身已经不能提供答案，必须借助于外在的力量。有必要导入立法政策学的视点。其实说到底，它本身就是一个立法政策学的问题。

2. 导入的可行性

立法政策的研究和制定过程是一个利益衡量，各方主体进行博弈的过程，它必须反映各方主体的利益诉求，不仅要看到多数人的利益，也要聆听少数派的声音，在此基础上进行综合、协调和妥协，最大限度地落脚到事务的规律性上，为制定被公民普遍遵守的良法提供最有力的依据。也只有这样才能真正分清楚什么是最重要事项，什么是重要事项，什么是非重要事项。

3. 立法政策学的具体运用

（1）应当注意权能的分离，只有给行政机关以充足的权力，才会有利于行政目标的顺利和全面实现。我们都知道，在美国历史上的几个重要关口，独立规制委员会发挥了非常巨大的作用。这种独立规制委员会的最大特点就是集传统的行政权和准立法权、准司法权于一身。①

(2) 更应当通盘考虑各种权能的整合效应。从过程论的角度看,法律保留范围的确定是立法权和行政权互相博弈的过程,同时也是对公民权利、地方利益、部门利益等相关主体的利益进行权衡的过程。因此必须建立顺畅的参与机制和利益表达机制,整合各种权能,使各方利益都能得到充分的尊重和表达,实现良法之治。而不是将注意力过渡倾注在对必要的权力进行拆分或者上收上。

(3) 注重有效的监督机制的建立。立法政策的制定和实施过程中也有出现权力的失衡和变异的可能性,必须加大程序性的规制力度,保证法律保留的范围既能有效的监督行政权,又能充分尊重它的专业性、能动性,使其顺利实现行政目标,为公民增加福祉,实现法律的善治。

四、结　语

人类法治的发展史在某种意义上可以说是法律保留不断丰富变迁的历史,并且它也会随着法治文明的发展而不断演进,对法律保留范围和标准的探讨也会继续深入。鉴于法律保留自身不能提供确定范围的标准,有必要导入立法政策学的视角,从而能相对准确地确立标准。当然这并不是唯一的视角,但肯定是一个合适的视角,关于立法政策如何导入,设计怎样的程序保证权力在这个过程中的正常性,都将是下一步必须要面对的课题。但不论怎样,这样一个标准论的构建对于法治的发展无论从理论还是实践上看都是有益的。

---

① 参见杨建顺:《行政立法过程的民主参与和利益表达》,载《法商研究》,2004 (3)。

行政程序

行政程序中的形式与形式主义

刘 艺[*]

> **目 次**
> 一、形式的听证与听证的形式
> 二、形式的行政程序与行政程序立法的形式
> （一）形式的行政程序
> （二）行政程序立法的形式
> 三、实质与形式平衡的行政程序正义

一、形式的听证与听证的形式

近年来，随着行政程序意识的不断提升，国内经常出现各式各样的听证会。这些主题各异的听证会往往是来时轰轰烈烈、去时议论纷纷。总体来看，大部分听证事项并未因听证程序而受到实际的影响。也就是说，价格听证的结果几乎都是"逢听必涨"，其他的申请听证行为也未因经过听证程序而对原来的决定有根本的改动。因此，听证的公正性受到了强烈质疑。争议的矛头直指听证程序本身。这其中曾引起轰动的黄山风景区旅游价格听证最具代表性。

2005 年，黄山风景区管委会以体现世界遗产价值，弥补保护资金缺口，限制超负荷参观客流为理由申请景区门票涨价。黄山市物价局依申请举行了价格听证会。听证会的结果是与会的 23 名代表（包括 5 名旁听代表）一致同意门票涨价，只是在涨价幅度上存在分歧。公众对此听证结果表示质疑。听证会的表决中为什么消费者声音

---

[*] 西南政法大学副教授、硕士生导师，法学博士。

如此弱化？听证会的消费者代表应该有能反映黄山景区游客构成结构 90% 以上的外地游客意见的代表。而参加听证会的 6 名消费者代表却全部来自黄山本地。显然，这样单一的地域代表性很难充分代表民意。对此，黄山市价格论证中心主任张加兴则强调论证会的合法性："国家法律法规要求做的我们都做了，所有要走的程序我们都很认真地做。"①

这真是一语道破天机。其实与此案相似的一系列行政听证都是把该走的程序走完了就了事。② 从法律的角度看，这些听证会是严格的法律适用过程，法律怎么规定，就怎么适用。这样的适用是合法有效的，也是形式严格的。但这些听证究竟为什么没有取得应有公信力？是老百姓对听证程序的理解有偏差，冀望过高；还是部分地方政府和管理部门未能公正履行自身职能；还是个别媒体有失实报导，恶意炒作所致？当然，以上问题都可能存在。但听证程序本身是否合理也是应当予以关注的。以价格听证为例，我国价格听证主要的法律依据是《价格法》第 23 条③、国家发展和改革委员会制定的《政府制定价格行为规则》、《政府价格决策听证办法》和各地方政府制定的相关地方规章。这些法律对价格听证程序的规定都非常原则、粗泛。以黄山门票价格听证案为例，其中最令人诟病的听证代表组成问题在各级法律规范中几乎就没有可操作性的规定。发改委的部门规章只是规定了听证会代表的组成人数大约在 20 人左右，并规定经营者代表、消费者代表和有关方面代表约各占三分之一。另外就只是一些关于听证代表的选拔、年龄、素质等规定。④ 这种过于形式的规定无疑为合法但不公正的听证大开方便之门。执法机关如果只关注法律规定的字面意思，或者仅仅只对待解释的规范性行为进行狭义界定，那么这样的法律适用就变成

---

① 汪延、王立武：《黄山门票价格听证：消费者声音在哪里》，(2005 年 04 月 21 日)，http://finance.sina.com.cn.

② 如北京出租车调价听证会、公园门票价格听证会、鞭炮禁放听证会、圆明园防渗工程听证会、个税起征点听证会等。

③ 《价格法》第 23 条规定：关系群众切身利益的公用事业价格、公益性服务价格、自然垄断经营的商品价格等的定价或调价时，必须应通过听证会制度，征求消费者、经营者和有关方面的意见，论证调价的必要性、可行性。

④ 如《北京市政府价格决策听证办法实施细则》第 13 条规定："听证会代表一般由经营者代表、消费者代表、政府有关部门代表以及相关的经济、技术、法律等方面的专家、学者组成。"第 14 条规定："听证会代表总人数为 20 人左右。经营者代表、消费者代表和有关方面代表约各占三分之一。政府价格主管部门认为有必要时，可以适当增加代表人数。"第 18 条规定："听证会代表由政府价格主管部门向有关单位或团体发工作函，经单位或团体选拔、推荐后，由政府价格主管部门确定并聘请。经营者代表由申请人推荐；消费者代表由消费者协会或其他社会团体推荐；有关方面代表由人大、政协、政府有关部门及高等院校、研究机构在本部门内推荐。"第 19 条规定："听证会代表应当符合下列条件：（一）年龄在 18 周岁以上（教育收费听证会学生代表可在 16 周岁以上），具有完全民事行为能力；（二）具有一定的代表性，有较强的社会责任感，公正、公平的工作态度，并能够真实地反映意见；（三）具备一定的调查研究、分析论证和语言表达能力。"

形式主义①的法律实践。

我们这里只以价格听证的听证代表组成规定为例来说明过于形式化的行政程序②可能造成的危害。但毋庸讳言，这样只重形式、而且走向形式主义的程序规范在我国比比皆是。这类行政程序往往具有过度强调行政程序的形式性，过于概括化和概念化、适用机制僵化等特点。这种行政程序观不恰当地强调了程序的形式性，而有意无意地忽视了程序的实质性。而没有实质性与形式性共同发挥作用，就根本不会有行政程序的良性运行。实践中，这些形式主义的程序往往成为一些部门或机关的卸责机制，根本起不到规制权力、保护权利、追求公正的作用。那么是什么导致了这种错误的行政程序观呢？行政程序的实质性和形式性又所指为何呢？

二、形式的行政程序与行政程序立法的形式

（一）形式的行政程序

只有行政程序实质性因素与形式性因素的平衡和良性互动才有利于实现行政程序的功能。但是以下的原因共同导致了形式主义的行政程序观。

1. 行政程序的反实质化误识

20世纪80年代早期，行政法学界从管理论出发，将行政法界定为行政管理法律规范的总和。行政程序法则是行政管理权行使的过程、步骤、时限和方式的法律规范的总和。这种界定很大程度上受到了计划经济环境下管理效率的影响，有相当大局限性。20世纪90年代后，随着改革开放的深入，政府职能随着历史时期的要求应运而变。以往无所不管的"全能政府"正朝着"有限政府"转变。传统行政法与行政程序法以行政管理活动为基础的界定方法面临着挑战。20世纪80年代中后期，随着英美行政程序法观念的引入，我国行政法从强调计划经济环境下管理效率的理念转变为民主政治下淡化政府规制的"控权"理念。这种理念下的行政程序主要强调的是行政行为的表现形式，无论是空间的还是时间上的，都是一种形式化的权力制约机制，与行政法的实体性相对立。可以说，学界对行政程序的界定已经出现反实体的趋向。我们一般都认同实体法只能通过程序法才能实现其合理性的道理。对于这一点争论不多。而当我们把关注的重心转向程序法时，我们却往往很难认识到行政程序中实体性因素的重要性。如《行政处罚法》第41条规定：行政机关拒绝听取当事人的陈

---

① 本文将具有过度强调行政程序的形式性，行政程序法律规范过于概括化和概念主义、机械的程序法律适用等特点称为行政程序的形式主义。

② 本文将当下对行政程序规范的高度权威性、法律上的有效性以及排斥、无视甚至对抗实质性因素的效力的现状称为行政程序的形式化。

述或者申辩，行政处罚不能成立。陈述权或申辩权的保护主要强调行政机关的听取。《行政处罚法》未对拒绝听取的方式、步骤、顺序、时间有明确的规定。实践中，行政机关拒绝听取的方式有很多，除了直接的形式化、外在性的拒绝听取，还可能是实质上没有听，未对决定产生实际的效果等情况。如上文提到的黄山风景区涨价听证会就是只重形式而不讲实质因素的程序表演。

2. 行政程序的泛司法化误识

行政程序是现代行政法的重要组成部分。而我国法律制度历来缺乏程序法制和程序观念。据考证，先秦以后的传统法中一直缺少程序形式的要素。① 建国以后的权威法学辞书多将"程序法"解释为"诉讼法、审判法、助法……为保障实体法的诉讼法律制度"。程序法长期与诉讼法同义。1990年出版的《中国行政法辞典》中连行政程序这一词条都没有。②

这种情况首先源于我国行政法学对其他部门法"程序——实体"区分的不适当套用。受民法学和刑法学理论的影响，人们很容易比照民法与民事诉讼法、刑法与刑事诉讼法的结构对行政法进行实体法与程序法的区分。在这种认识下，1990年实行的《行政诉讼法》长期被视为行政法的程序法。其次，随着法治观念的影响日隆，我国行政法逐步从强调管理效率转变为强调控权。行政程序的重要性逐渐突现。但在"控权论"的影响下，行政程序的功能成为一种能有效控制行政机关滥用职权的机制。在很多人看来，行政程序法典化的立法工作实际上是在为司法审查提供一种方便的审查标准和尺度而努力。立法机关通过立法严格规定行政行为作出时的方式、步骤、顺序和时限；法院就可依法来裁判行政行为是否违法。在我国司法审判成文化、依法性的特征下，形式化的行政程序能为法官提供方便、快捷的裁决标准，一定程度上可以达到尽快息讼，提高审判效率的目的。因此，在这种泛司法化取向的认识下，程序立法尽量不留下实质性考量的余地，只强调可操作的形式性规定，以免执法机关滥用权力。

3. 行政程序的非法律化误识

视程序正义理念为圭臬的并非只是法律领域。政治、经济、道德领域中程序正义理念也十分盛行，这些领域内的程序变革也很多。也正因为此，我们经常混淆了在政治领域的程序正义与行政程序领域所强调的程序公正。各式各类的价格听证会，实际关涉的是行政管理中政府管理手段、方法及决策正当性问题。这些问题并非法律问题，而是政治问题或者经济问题。但是，借用听证制度这一形式却可使政府的决策带有法制化的特点，进而增强其决策的正当性。

---

① Max Weber, *The Religion of China: Confucian and Taoism*, the Free press, 1964, Chap. 4. 转引自王锡锌：《市场经济与行政程序》，载《法商研究》，1995（5）。

② 参见陈天池、张世信主编：《中国行政法辞典》，上海，上海人民出版社，1990。

而实际的决策权仍然在决策者手中。《北京市实施价格听证会制度》第4条明确规定:"听证会的参加人应当具有一定的广泛性和代表性。听证会应当包括政府有关管理部门的代表;有关专家、学者和经营者、消费者代表。"但该文件并未规定这些代表怎么产生,按什么比例。如果按四类代表各占四分之一的比例计算的话,那么各占25%似乎很公平。但是,针对具有不同缘由或背景的事项,如此原则性的形式规定都极易走向不公。如上文所提黄山风景区调价的听证会,所有代表都来自黄山本地,没有人代表占黄山景区游客构成结构90%以上的外地游客。这些消费者的意见根本没机会被听取,其权益被忽视也是情理之中的事了。这样的听证会还未举行,行政机关对听证结果的预期已经显而易见了。

行政程序是一项法律制度,它所追求的是法律效果。该制度一定包含着对行为的强制性要求及相应的法律责任追究机制。听证会中代表的产生方法、代表的比例分配、代表所享有的权利及听证中的意见对行政决定的直接效果都应由法律明确规定的。而我国广泛举行的听证会是非法律性、非强制性的。听证的所有重要环节都未作详细的规定:是否举行听证,由政府决定;如何举行听证,也是政府说了算。更不用说,听证过程中相关操作的细节也未见明文的规定,多数情况由政府自由裁量。显然,这时的听证会是政治性的,而非法律性的。它是管理程序,而非法律程序。这种对行政程序的看法当然不会重视行政程序的实质性因素的完善。因为这种形式主义程序观将实质性判断全部交托给政治过程和管理过程。自然只对行政程序的形式感兴趣。

(二) 行政程序立法的形式

从立法实践也可见我国行政程序的形式化偏向。综观我国《行政程序法(试拟稿)》,其主要条款都是关于行政行为所应遵循的方式、步骤、时限、顺序的内容。这非常符合学界对行政程序的一般界定,即"行政程序是行政主体实施行政行为时所应遵循的方式、步骤、时限和顺序"[①]。学界通常将"行政行为空间和时间表现形式的有机结合"视为行政程序的本质。于是,"形式性"理所当然地成了行政程序的本质。这种对形式性的过分强调集中体现于《行政程序法(试拟稿)》中。在该文件中,除原则部分包含实体性原则外,其余都是关于行政行为的形式性程序规则。显然,没有哪种法律规范是只有形式而无实质的。过分强调行政程序的形式性因素容易导致行政程序的实质性因素[②]应有的重要性被人忽视。应当说明的是,这种状况并非我国法学界闭门造车的产物。恰恰相反,对行政程序形式性的偏重正是借鉴外国法律经验的结果。不幸的是,这

---

① 姜明安主编:《行政法与行政诉讼法》,2版,365页,北京,北京大学出版社、高等教育出版社,2005。

② 本文中行政程序的实质性是指法律规范的制定中增加对道德、经济、政治、习俗或者其他社会因素的考虑。

种借鉴建立在一种片面误读之上。

自研究行政程序法开始，我国学者就十分注意吸收、借鉴国外有益经验。[①]其中又以英美法为甚。尤其是美国行政程序法对我国行政程序研究影响最为深刻。有学者认为："英美法系有重程序的传统，英国的自然公正原则，美国的许多先进的行政程序制度，例如听证制度，也为试拟稿所借鉴吸收。"[②] 美国1946年《联邦行政程序法》（APA）可以说是我国行政程序立法的范本。这部法典体现了通过制定行政程序法典来制约行政权力的设想[③]，在美国的行政法治建设中发挥过极其重要的作用。很多国内学者都注意到了这部法典较强的形式性特征。但只要我们不局限于单一法律文献，而是对美国行政程序制度稍做全面分析，就会发现美国行政程序制度具有非常显著的实质性特征。而且，正是因为全面体现了程序的形式性和实质性特征，美国行政程序法才成为了行之有效的程序制度。

美国行政程序制度并非只由单一的行政程序法典构成。正当程序的审查与相关的其他程序立法，如《情报自由法》、《隐私权法》、《阳光中的政府法》、《联邦咨询委员会法》和《行政程序法典》一起构成了美国行政程序制度。虽然《联邦行政程序法》中主要体现行政程序的形式性因素，很少实质性因素的体现。但美国联邦的行政程序制度中却不缺乏实质性因素考量。这种考量主要由司法审查保证。我们可以将美国行政程序的"结构—功能"特征描述为：其形式性因素主要由行政程序立法体现；其实质性因素则主要由司法审查保证；两方面的有机结合保证了美国联邦行政程序制度的良性运转。因此，美国联邦行政程序制度的独特结构保证了程序的实质因素与形式因素的良性结合。正是这种结构特征使得美国行政程序制度不会因为《联邦行政程序法》的鲜明形式性特征滑入形式主义的泥潭。

那么，作为行政程序主要司法审查标准的"正当程序"如何实现实质性因素考量呢？在美国，"正当程序"无疑是审查行政权力最重要的程序性司法审查标准。而正当程序审查分为实质性正当程序与程序性正当程序。实质性正当程序审查用于决定政府所能采取的具体措施。程序性正当程序则要过问政府行事的方式及它所采用的执行机制。[④] 而这两部分审查中都存在大量的实质性因素考量。

---

① 应松年教授指出："行政程序试拟稿的原则是谁的先进，谁能为我所用，适合中国的特点，就予以参考吸收，不带任何偏见。"应松年：《行政程序法（试拟稿）评介》，载《政法论坛》，2004（5）。

② 应松年：《行政程序法（试拟稿）评介》，载《政法论坛》，2004（5）。

③ 1916年美国法学会主席路德（Elin Root）提出了该想法。参见应松年：《行政程序法（试拟稿）评介》，载《政法论坛》，2004（5）。

④ 参见［美］杰罗姆·巴伦、托马斯·迪恩斯著，刘瑞祥等译：《美国宪法概论》，128页，北京，中国社会科学出版社，1995。

程序性正当程序审查虽然强调形式性，但却有不容忽视的实质性因素。程序性正当程序是指正式行动必须符合对个人的最低公正标准，如得到充分通知的权利和在作出裁定之前的有意义的听证机会等。这一概念是联邦法院控制州及地方机关决策方法的措施。在可适用的法规和条例允许行政官员非正式地采取行动时，法院能够借此监督联邦机构的决策程序。[①] 而这些决策程序多是对财产或自由权益进行规定。程序性正当程序审查行政案件主要从两个方面入手：第一，自由或财产利益是否受到威胁？第二，为确保公平处理，必须采用何种程序？[②] 第一个问题是根本性障碍，解决事实性问题，即什么才是法律保护的自由或财产。"正像生命或自由那样，'财产'是不能靠规定剥夺它的程序来界定的。"[③] 因此，美国法院必须对自由或财产进行实质性的判断。第二个问题对于现代行政法而言则更加困难。现代行政法试图甄别各种情况的巨大差异，以便在多元性中提出正当程序的权利主张。行政决定影响到各种私人利益，而且政府采取行动的方式也依具体情况而千差万别的。这时的判断也是实质性的。

实质性正当程序的实质性特征非常明显。19世纪末期，美国企业界为保护财产免遭联邦和州的经济规制和干预，经常在诉讼中引用宪法第十四修正案的正当程序条款。1905年著名的"洛克纳诉纽约州案"中佩卡姆法官对立法真正目标和目的的质问，标志着实质性正当程序审查的开始。[④] 纽约州法规定雇主与雇用的面包房工人不可以签订每天劳作超过了10小时和每周超过60小时的合同。最高法院裁定该州法严重干预了正当程序条款所维护的契约自由。因为"购买或出售劳动力是该修正案所维护的自由之一"。正当程序问题就是，纽约州法究竟是不是"一种无理的、不必要的和恣意的干预个人权利和人身自由"[⑤]。该案中法院对正当程序条款的运用并非形式性推理，反而是实质性推理。"洛克纳案"发生在实质性正当程序审查占主导的时期。当时的美国法官们将司法经济价值准则凌驾于立法价值之上，运用正当程序条款不断拷问立法机构的立法目的和目标，表现出对立法的不尊重。直到1934年，"内比亚诉纽约州案"中法院积极探求立法目标的做法才被废止。最高法院开始采用手段与授

---

① 参见［美］欧内斯特·盖尔霍恩、罗纳德·M·利文著，黄列译：《行政法和行政程序概要》，119页，北京，中国社会科学出版社，1996。

② 参见［美］杰罗姆·巴伦、托马斯·迪恩斯著，刘瑞祥等译：《美国宪法概论》，128页，北京，中国社会科学出版社，1995。

③ ［美］杰罗姆·巴伦、托马斯·迪恩斯著，刘瑞祥等译：《美国宪法概论》，130页，北京，中国社会科学出版社，1995。

④ See John Harrison, "*Substantive Due Process and the Constitutional Text*", Virginia Law Review, Vol 83, No. 3. (Apr., 1997), p. 497.

⑤ ［美］杰罗姆·巴伦、托马斯·迪恩斯著，刘瑞祥等译：《美国宪法概论》，103页，北京，中国社会科学出版社，1995。

权目的之间是否"相干"的标准来判断是否违反正当程序。1963年的"弗克森诉斯克鲁帕案"[①]建立了经济规制时代的实质性正当程序新的审查标准。这种现代方式以一种理性基础检验方式来进行。它首先假定一项法律是合宪的,把证明该法律与所允许的政府利益没有任何理性关系的举证责任放在提出质疑的一方的肩上。这个方式使法院不主动去寻找实质性依据来说明立法,而交由质疑者来提供实质性的因素,法院来判断是否违法。而在联邦或州的立法限制行使个人基本权利的案件中,法院摒弃了理性基础检验,而采取更严格的审查标准,只考虑适应紧迫或重大的政府利益的实质性因素在政府行为中的合理性。

由此我们可以看到,无论是谨慎使用的实质性正当程序审查,还是程序性正当审查中实质与形式并重的审查,实质性考量都发挥着非常重要的作用。因为对于何种程序是正当的问题,法院不可能抛开实质性因素而作出决定。正如P.S.阿蒂亚和R.S.萨默斯指出的那样:程序被视为美国法的一个独特领域。人们可以在程序中追求独立的实体性政策。比如说控制警察的方法、比如说确保被告公正参与机会及确保特定争议的实体性法律和事实上的是非曲直能够得到查清。这些都是实体性的价值,尽管它们只能在程序的运行中得到实现。这些程序都具有很强的实体性倾向。它们并不固守"法律就是法律"这种僵化的形式性,也不片面关注程序适当性的形式性。[②]

综上所述,如果不对美国行政程序法进行全面考察,而单纯将美国行政程序法典作为我国行政程序立法范本,极有可能导致南橘北枳的局面。由于我国尚无健全的宪法审查制度,在成文法之上没有更高层级的审查机制。行政程序法典将是行政程序方面的最高法。它的功能不应只局限于对程序的形式性审查。否则程序的实质性缺失将无法补救。其次,基于我国司法审查制度的被动性和有限性,法官没有制度性的造法职能,因此,法官面对形式性的程序立法也只能对行政权力进行形式性的审查监督,而不能更好发挥程序制度对权力适当的实质约束作用。再次,在依法行政的要求下,执法机关对于形式性的程序规定只能严格执行。但因无实质考量的程序规范对于纷繁复杂的执法现状而言过于刚性,常常造成无法适用的状况。因此,要达到对权力进行更有效的程序制约,只能在立法环节,在立法规范中体现更多实质性因素考量的内容,给予执法和司法机关更有效的适用空间和更大的监督力度,才能发挥行政程序的功能。

---

① Ferguson v. Skrupa, 372 U.S. 726, 83 S. Ct. 1028, 10L. Ed. 2d 93 (1963)
② 参见[美]P.S.阿蒂亚、R.S.萨默斯著,金敏等译:《英美法中的形式与实质——法律推理、法律理论和法律制度的比较研究》,187页,北京,中国政法大学出版社,2005。

三、实质与形式平衡的行政程序正义

法律不可能只有形式没有实质,或只有实质没有形式的。各国在法律的形式化与实质化方面的比重可能有所不同。如有学者指出英国法律体系是高度"形式的",美国法律体系是高度"实质的"[1]。但是这两国法律体系中都有实质性依据和形式性依据。像我国这样的成文法国家,行政程序的形式化是必须的。但是,不能走向极端,步入纯形式化、反实质的道路。行政程序形式化的目的是将行政程序的方式、步骤、顺序、时限确定下来。但是,这样纯粹的形式化行政程序并不一定能带来行政行为公正行使的"好结果"。笔者认为,只有在制定行政程序过程中整合包括立法的目的在内的各种实质因素,才能保障行政程序功能的充分实现。但要达到这样的目的,我们必须从两个方面加以努力。

其一,观念是行动的先导。观念往往非常抽象,但如果贯彻得力却可以产生非常切实的效果。我们必须抛弃僵化的形式主义程序观念,在立法领域对行政程序规范的实质性因素给以充分重视。

2006年4月26日举行的北京出租车涨价的听证会按《北京市政府价格决策听证办法实施细则》第14条的规定分配25名代表名额:一是来自北京市发改委价格听证会的常设代表库,共有9位,其中有人大代表2名、政协委员2名,还有居委会等社会各界代表5名;二是消费者和司机代表,共8位,其中出租司机代表2位;三是经营者代表,由北京运输管理局推荐,共8人。政府部门严格依据法律的规定[2]平均分配代表名额。从形式上看,政府的行为可以说是完全合法的。但是,结合实质性因素,我们发现该规定却有不尽合理之处。

首先,在出租车调价问题上利润和收益是需要考虑的因素,却不能成为主要考虑的因素。出租车业是一种具有公益性的行业,而非纯粹以营利为导向的产业。北京作为我国首都,人口流动性大,城市化程度高,出租车作为公共出行工具的重要性无毋讳言。而这次调价后出租车行业能否更好地承担起这项公共事务应是听证的主题。出租车经营者和出租车司机主要考虑收益问题。而在25名代表中,两者的代表就占有10名,占总代表的40%。按多数原则决定制,

---

[1] [美] P. S. 阿蒂亚、R. S. 萨默斯著,金敏等译:《英美法中的形式与实质——法律推理、法律理论和法律制度的比较研究》,1页,北京,中国政法大学出版社,2005。

[2] 《北京市政府价格决策听证办法实施细则》第14条规定:听证会代表总人数为20人左右。经营者代表、消费者代表和有关方面代表约各占三分之一。政府价格主管部门认为有必要时,可以适当增加代表人数。按照该法规定,政府价格主管部门无论增加代表人数与否,按该规章的规定代表的比例总是各占三分之一。

这样的利益代表比例显然不利于体现出租车业的公益性特点。其次，作为经营者代表都是由北京运输管理局推荐的，它们能否代表公益值得怀疑。调价申请是由北京市运输管理局提出的，经营者代表也由北京市运输管理局选择。北京市运输管理局与经营企业是管理者和被管理者关系。人们完全有理由推测北京市运输管理局可能会倾向于推荐与它意见相一致的公司参加。公司也倾向于与北京市运输管理局意见一致。因此，经营企业代表的公正性、客观性还有待考察。再次，司机代表应该归于哪一类？根据法律规定，代表分成三类：经营者、消费者和相关人员。出租车司机既不是出租车的经营者，也不是这类服务的消费者，那它应该归入相关人员中。但是，政府将它们归入消费者代表行列，占去了两名消费者代表的名额。这实际上是减少吸纳关于履行出租车公益功能方面意见的机会。最后，北京市有9万多名出租车司机却只有2名代表。这样划分的比例有没有更好的理由说明其公正性？所有这些疑问其实都是形式化的程序规定中实质性因素考虑的维度。

听证是为了公开、公正地广泛吸纳各方意见。政府部门平均分配代表的做法，表面上看是一视同仁，平等对待；实际上，这种形式化的行政程序，没有包纳千差万别的实质性因素，反而走向程序的僵化、形式主义的道路。因此，我们在立法时应尽量减少严格性的、简单化的规定，给形式化的程序留有适度的弹性幅度。这些弹性其实就为政府进行实质性因素考量提供了发挥作用的空间。由此，听证组织者就负有了组成合理代表结构的责任。从而不能以僵化的形式条款回避责任。这样就既避免了政府逃避责任滥用职权，也为政府决定受到进一步的监督提供了可能性。

其二，除了观念更新外，我们还应当在扩展立法者、执法者的知识储备的同时，让更多专家参与行政程序立法，为实质性因素考量提供坚实的技术支持。重视实质性因素意味着行政程序立法应当考虑更多道德、经济、政治、社会等方面的影响。在我们这个专业分工不断加剧的时代，任何人都不是全知全能的，法律人也概莫能外，因此，各种实质因素如何影响行政程序的问题需要专家系统的支持才能合理解决。当然，法律人也不能坐享其成，而应当自觉主动地扩展知识面，以期更好地在法律实践中进行实质因素考量。

根据《政府价格决策听证办法》的规定，政府价格主管部门应当根据听证内容，合理安排及确定听证会代表的构成及人数。[①] 这样的规定看似并不刻板、僵化，留足了政府部门实质裁量的空间。如果我们稍微具备一定经济学的知识，

[①] 《政府价格决策听证办法》（国家发展计划委员会2001年7月2日发布）第9条：听证会代表应该具有一定的广泛性、代表性，一般由经营者代表、消费者代表、政府有关部门代表以及相关的经济、技术、法律等方面的专家、学者组成。政府价格主管部门应当根据听证内容，合理安排及确定听证会代表的构成及人数。

就发现该条规定所留有的空间不符合一般经济学原理。了解规制经济学的人都知道规制俘虏（Regulatory Capture）理论和"搭便车"行为。斯蒂格勒在70年代初提出的规制俘虏理论是规制实证分析学派对规制动机的一种解释。该理论后来在实践中被反复验证。从理想状态来说，政府部门本应是持有寻求经济利益或政治利益最大的目标来行使权力。但是，政府部门直接参加规制一定会面临着利益决策的冲突。因为相关利益集团在决策过程中会积极活动，让政府参与到共同分享垄断利润的过程中来，使政府规制成为企业追求垄断利润的一种手段，最终促使规制形成对利益集团有利的决定。这样规制者（政府部门）最终被利益集团俘虏了。规制俘虏理论揭示了政府与特殊利益集团之间的相互利用关系。立法机构的规制立法是为满足产业对规制的需要（即立法者被产业俘虏），而规制实施机构最终会被产业所控制（即执法者被产业所俘虏）。组织完善、规模较小的集团（如出租车经营企业）因为更容易迅速组织起来形成各种决定，也更容易俘虏规制者，进而从规制中受益。相对来说规模较大的集团形成决策的成本较高，如出租车的消费者群体面对涨价很难被快速组织起来表达自己的意愿；而且在某种程度上，俘虏规制者的活动具有正外部性，会产生严重的"搭便车"行为，俘虏规制者的成本由一个人承担而收益却由全体成员共享，使集团中成员缺乏足够的激励来维护本集团利益。集团规模越大，"搭便车"现象就会越严重。由于消费者利益集团的规模要远远大于生产者利益集团，因此生产者更容易俘虏规制者，从规制中获得收益。

《政府价格决策听证办法》在制订时如果考量了以上的经济实质因素，就应该作出更细致的规定来防止政府选择的不公。比如说，在制订听证代表应答时间的规则时，就应当考虑以地位更为不利的消费者的反应速度和准备时间为基准。而不应将生产者的反应能力为基准。这样可以给消费者代表更合理的时空条件进行准备和应对。只有在这种实质考量的基础上，给予各方平等的听证准备时间的形式规则才是公正的。综上所述，我们认为在行政程序中整合形式性因素和实质性因素时，应该让更多地专业人士参加进来，提供更多维度、多视角的形式与实质考量。我们的立法者也应更多地了解各种知识，勿犯常识性的错误，莫让我国的行政程序法律规范变成粗鄙的产品。

制定统一的行政程序法典时，也切不可犯以上的观念错误和技术性错误。在行政程序法典中整合形式与实质，不仅可以为复杂的行政行为过程提供可选择的或可变通的程序规定，也能应对复杂多变的行政行为。对于在行政管理领域不太重视技术化和有较强实质化倾向的我国而言，行政程序的形式化必须与公众对法律的理解、道德的追求等因素紧密联系起来，才能获得其正当性。

当然，强调行政程序的形式与实质平衡，并不是主张摒弃行政程序的形式化特征而转向行政程序之实质化。① 形式化仍然是作为行政法律系统重要组成部分的行政程序的首要特征。在现代社会中,法律系统与政治系统、经济系统都是相对封闭和自治的社会子系统。因此,在行政程序中实现形式与实质的平衡并不是要用政治、经济等实质因素决定行政程序,也不是期望行政法律程序能成为调节各种政治、经济、社会实质关系的决定性工具,而是期望将实质因素纳入到程序的形式化中来进行适当的考虑。形式与实质平衡的行政程序机制能为广泛的政治、经济、社会等问题提供更良好的商谈与交流的空间,从而使这些领域的活动始终在行政程序法律框架和范围内开展。唯有如此,行政程序才能成为真正的"良法"。

---

① 关于法律实质化问题的探讨可参见刘艺:《从"立法治教"到"依法治教"——高等教育与法律关系的"反身法"考察》,载《社会科学家》,2006(3)。

论行政程序中的律师代理制度

于立深[*]

目 次

前言
一、程序权利：一种新型的权利
　（一）不断完善的行政程序制度
　（二）新兴且新型的行政程序权利
二、律师功能与行政程序委托代理制度
　（一）权利救济：律师的原始功能
　（二）独立的辅助商：律师的经济行政使命
　（三）公共伦理塑造：律师的新境界
三、一项最有潜力的法律制度
　（一）律师行政程序代理制度的意义
　（二）我国行政程序法上的律师代理制度
　（三）我国律师行政程序代理制度的立法缺陷
　（四）我国律师行政程序代理制度的立法完善
余论

前　言

行政法的最大特点是行政问题的复杂性、不确定性以及行政主体在行政决策和行政争议形成过程中的主动性，也正因为如此，行政法更注重"构建过程性审查"（structuring process review）而非

---

[*] 吉林大学法学院副教授，法学博士。

"构建结果性审查"(structuring outcome review)。① 正当行政程序是消解不良行政问题的主渠道。程序权利是一种与实体权利和诉讼权利相并列的新型权利，在行政程序中，行政相对人、利害关系人具有诸多法定权利，这些权利可以也应该被赋予代理律师。随着中国大陆律师的法律职能（人权保护）和公共职能（实现社会正义、民主政治和依法行政）的拓展，行政程序中的律师代理制度也将变成中国最有发展潜力的一项法律制度。

一、程序权利：一种新型的权利

(一) 不断完善的行政程序制度

最近半个世纪以来，立法权、行政权、司法权之间的关系发生了深刻变化，福利国家和行政国家被凸现出来，行政程序比立法程序和司法程序受到更多重视。早在1938年，美国证券交易委员会的奠基人、哈佛大学法学院院长詹姆斯·兰蒂斯（James Landis）就出版了《行政过程》(The Administrative Process)一书，该书对美国行政程序法产生了深远影响。兰蒂斯对美国行政法的贡献主要在三个领域：一是建立权力分立（separation of powers）基础概念，对行政程序法产生重要影响；二是主张行政程序优越于司法程序（the advantages of the administrative process over the judicial process）；三是发展了行政立法（administrative lawmaking）概念。兰蒂斯认为，司法程序解决现代问题的能力和效力不足甚至失败，产生了对行政程序的需求，行政程序有三个优越性：(1) 决策制定和裁决制度设计上的弹性（flexibility in design）；(2) 行政裁决中的积极参与性（active participation），以及 (3) 专业实体和专家占有支配地位（specialization seem dominant）。司法程序无法担负起现代政府的功能，原因在于司法程序的被动性以及专门化不足导致效率不足，行政程序可以解决实质问题，法院保守主义无法满足基本权利的实现。②

1. 功能分立

在施瓦茨看来，美国《联邦行政程序法》的颁布标志着行政法一个新时代的开始，就像州际商业委员会的废除标志着一个时代的结束一样。③《联邦行政程序法》是一部著名的法，它使行政法发生了震撼世界的转变，改变了美国行

---

① See Mark Seidenfeld, *Bending the Rules: Flexible Regulation and Constraints on Agency Discretion*, Administrative Law, Spring, 1999.

② See Charles H. Koch, Jr. James Landis, *The Administrative Process*, Administrative Law Review, Summer, 1996, pp. 421–428.

③ See Bernard Schwartz, *A Decade of Administrative Law: 1987—1996*, Tulsa Law Journal, 579 (1997).

政裁决制度。《联邦行政程序法》颁布前的行政裁决（pre-APA adjudication）程序是由主检官而非法官（examiners not judges）主持，行政机关的决定是一个"机构决策"（institutional decision），它不是以行政首长名义签署的个人决策，没有人知道该行政决策是由谁和怎样作出的，也就没有人对这个决定负责任，决定的责任没有落实到个人。"机构决策"的缺陷是因为行政机关同时将调查人（the investigator）、检控人（the prosecutor）和判官（the judge）三种角色功能合并在一起造成的，这种决策功能合并（combination of functions）导致了"机构决策"。在听证会上，行政机关既是一个利害关系人，又是一个争论点的裁决者，功能合并将无法保持正义，相对人失去了辩论的机会，行政机关无法被监督。因此，美国行政程序改革（APA Reforms）首先是确立内部分立，调查和检控机关与听证、裁判机关分离，听证由独立的行政法官作出，他们不受行政机关控制，检控人和裁判人分别对行政机关首长负责。[①]

2. 行政司法

美国行政程序的重点在于创立独立的行政司法（administrative judiciary）。《联邦行政程序法》颁布前，联邦裁决听证是由裁决"主检官"（examiners）主持的，尽管他们发现和听取证据，他们可以最大限度地作出建议，但是他们的意见不总是被行政机关首长尊重。行政司法就是使听证人从听证主检官转向行政法官（from hearing examiners to administrative law judges）。依《联邦行政程序法》授权，大量的行政案件都是由主持听证的行政法官作出初审决定（initial decision），除非被上诉，否则这个初审决定就是行政机关的最后决定，行政机关只对明显而易见（clearly erroneous）的初审错误负责。[②] 独立的行政司法程序有一个质的变化，在《联邦行政程序法》之前，"机构决策"过程中"主检官"仅仅是行政机关的工具，屈从于行政首长，而现在行政法官是独立的。

3. 行政法官

与行政司法相伴生的就是行政法官制度。1945年加利福尼亚州在美国建立了一个独立行政法官中心（Central ALJ Corps），法官被分配到不同行政机关。行政法官是独立的法官机构，他们是自治行政机关的一部分。到1995年末，20个州采取了中央控制行政法官制度（central panel ALJ systems），但是因为联邦国会的反对，建立一个独立的联邦行政法官中心是几乎不可能的。美国也有"非行政程序上的行政法官"（Non-APA Administrative Judges），他们的数量是行政程序法上的行政法官的两倍。每年的联邦行政案件总数是35万个，主持听证的法官超过2 600个，仅移民法官就有200个。非行政法官作为听证者和决

[①] See Bernard Schwartz, *Adjudication and the Administrative Procedure Act*, Tulsa Law Journal, Winter, 1996, pp. 203–208.

[②] Ibid., p. 205.

定者，没有裁决决定的独立权，薪金低，缺乏劳动安全，选择和指派非行政法官的程序由行政机关自己来控制。非行政程序法上行政法官难以保证行政正义，但是，让联邦国会用行政程序法上的行政法官去替代非行政法官也是不可能的。[1]

行政法官制度是行政程序裁决制度改革的最伟大成就。行政法官的初审决定将被最大限度地尊重，但是行政法官的决定仍然受制于行政机关审查权，行政机关对行政法官的初审具有审查权，而法院对行政机关的审查具有决定权。美国行政法官设立的目的是保障行政正义，因为财政拮据，行政法官增长的数量不是很快，但是福利国家需要不断增加行政法官来实现管制正义和大众正义（both regulatory justice and the mass justice）。[2] 美国30个联邦行政机关中共有1 343名行政法官，其中超过75％（1 092名）在社会保险局。[3]

美国联邦行政法官分布表（截至1996年3月1日）[4]

行政部门	行政法官/ALJs	资深行政法官/Senior ALJs	总数
农业部	4	0	4
商务部	1	0	1
日用贸易期货委员会	2	0	2
教育部	1	0	1
环境保护署	7	0	7
联邦通讯委员会	6	0	6
联邦能源规制委员会	19	0	19
联邦劳资关系局	5	0	5
联邦海事委员会	3	0	3
联邦矿山安全与健康监督委员会	11	1	12
联邦贸易委员会	2	0	2
卫生和福利部/部门诉愿局	4	0	4
卫生和福利部/食品与药品管理局	1	0	1
住房与城市发展局	5	0	5
内政部	12	0	12
州际贸易委员会	2	0	2
司法部/药品强制执行局	2	0	2
司法部/移民审查局	4	0	4

---

[1] See Bernard Schwartz, *A Decade of Administrative Law: 1987—1996*, Tulsa Law Journal, Spring, 1997, p. 217.
[2] Ibid., p. 219.
[3] Ibid., p. 527.
[4] Ibid., p. 213.

续前表

行政部门	行政法官/ALJs	资深行政法官/Senior ALJs	总数
劳工部	55	0	55
功绩保护理事会	1	0	1
国家劳资关系局	64	0	64
国家运输安全局	4	0	4
职业安全与健康监督委员会	15	0	15
财经制度裁决办公室	2	0	2
证券交易委员会	3	0	3
小实体管理局	1	0	1
社会保险管理局	1 060	32	1 092
交通部/海岸保卫局	9	0	9
交通部/秘书局	4	0	4
美国邮政服务局	1	0	1
总数	1 310	33	1 343

(二) 新兴且新型的行政程序权利

在英国,"最低限度,听取对方意见(audi alteram partem/hear the other side)这一格言是自然正义的根本要求"[1]。在美国,正当行政程序的基本要素是:(1) 政府的某项行为将影响你的生命、自由和财产时必须给予通知(a notice);(2) 受到利益影响的人应被给予听证的机会。在最低限度上,听证应当包括一个评论和听取证据的机会。[2] 听证权既不是行政机关也不是立法机关赋予的权利,而是被宪法赋予的权利。[3] 斯瓦茨认为首要的行政程序问题是:相对人是否具有听证的权利,听证权并非要求在每个案件中都使用,正当程序权利是一种有被听取意见的机会的权利。美国最高法院认为在紧急状态、听证昂贵无以负担的情况下,不存在听证的宪法性权利。[4]

随着法律程序的制度化,我国法理学和部门法学开始将程序权利作为一种独立的权利类型加以对待、分析和说明。程序权利与实体权利相对,它不是一种非实质性权利,而是一种具有实质影响力的新兴和新型权利。程序权利对个人人权保护的重要意义是不言而喻的,它甚至可以修正和颠覆实体权利。程序权利是一种独立的权利,实体权利、程序权利和诉讼权利共同构成了一个国家

---

[1] Bernard Schwartz, *Wade's Seventh Edition and Recent English Administrative Law*, Administrative Law Review, Winter, 1996.

[2] See Steven. J. Cann, *Administrative law*, Publications, Inc. 1995, p. 209.

[3] See Bernard Schwartz, *Recent Administrative Law Issues and Trends*, Administrative Law Journal, Winter, 1989/1990, p. 555.

[4] See Bernard Schwartz, *A Decade of Administrative Law: 1987—1996*, Tulsa Law Journal, Spring, 1997, pp. 520-521.

完整的公民权利体系。

行政程序权利可以分成三类：第一类是基于法律关系形成、变更或者消灭所产生的程序权利，如行政行为说明理由、听取意见、职能分离、回避申请权利。第二类是基于权利救济而产生的程序权利，如申诉权、复议申请权。第三类是基于行政民主而产生的程序权利，如参与行政立法和决策的权利、公共利益起诉资格以及基于政府信息公开获得的资讯请求权。

在行政程序中，行政相对人、利害关系人以及相关私人的程序权利，可以通过授权文书转化为律师的代理权利。律师的执业权利不仅体现在诉讼法和实体法中而且应该（也已经）体现在程序法中，律师在诉讼法和程序法上的权利也可以分为两种类型：第一种是实体性权利，它是授权性质的，包括律师对实体权利和义务的承认、放弃、和解和变更权利。第二种是纯粹的程序性权利，它是法定的或者说是一种习惯性权利，委托代理的内容，除法律、法规另有特别规定外，可以依据民法和民事诉讼法的规定执行。① 例如，律师申请回避既是不需要当事人特别授权的法定权利，也是一种习惯性权利，它是当事人程序性权利的延续。行政程序权利包括听证权、申请回避权、卷宗阅览权、参与权、被告知权、证据收集和确认权等，它们是律师介入行政程序后自然获得的权利，不需要特别授权和说明。例如，在行政复议中，申请人在行政程序中的权利，代理律师都应该享有，这些权利是律师主张申请人实体性权利时自然获得的程序性权利，不需要特别授权，例如《联邦德国行政程序法》（1997年）第19条就规定：代理人须认真维护被代理人的利益。代理人可实施行政程序所涉及的所有程序行为。代理人不受指示的约束。

二、律师功能与行政程序委托代理制度

律师在行政程序中的代理权利的出现，与律师的整个社会功能的演化密不可分。经过漫长演化，律师在现代社会的角色大体定位在三个宽泛的区域：权利救济、商业交易辅助和公共理性塑造，律师的执业权利也正逐步分解为传统的救济权利、新兴的程序性权利和公共问题民主参与权利三个类型。

（一）权利救济：律师的原始功能

按照《牛津法律大词典》的定义，"救济是纠正、矫正或改正已发生或业已造成伤害、危害、损失或损害的不当行为"②。权利救济是指私人权利受到私权力或者公权力侵害发生纠纷后所形成的权利矫正、利益恢复的方式和方法。按

---

① 参见章剑生：《行政程序法比较研究》，272页，杭州，杭州大学出版社，1997。
② ［英］沃克编，邓正来等译：《牛津法律大辞典》，764页，北京，光明日报出版社，1988。

照《世界人权公约》的逻辑，权利救济在人权体系中占有重要地位，任何人当宪法或法律所赋予他的基本权利遭受侵害时，有权由合格的国家法庭对这种侵害行为作有效的补救。

权利救济是人类最古老的社会现象。权利侵害与人类行为相伴而生，权利侵害的普遍性不但衍生了权利救济而且使权利救济扩展为致密的网络形状，形成完整的权利救济方法、正当程序和组织体系。律师的权利救济功能并不是与政治国家同步而生的，而是与市民社会同步成长的。公共权力不断介入私人权利保护领域之后，人类的权利救济制度发生了根本性的转变，确立了司法中心主义下的诉权制度，司法权的权利救济功能和地位被凸现出来后，律师也应运而生。在现代社会，公民权利救济空间的扩张决定了律师历史使命的重要性，律师的权利救济功能也逐步从诉讼救济转向非诉讼救济，行政处理和行政裁决中的律师代理权扩张就是这种演化的体现。

(二) 独立的辅助商：律师的经济行政使命

在道德哲学视角里，律师是正义的化身，但在利益的"食物链"上，律师却是地地道道的商人，他具备了商人的全部特征：自主意识、竞争意识、获利观念、自由平等观念、诚信观念以及社会责任伦理。在商人类型划分中，律师有别于传统的买卖商，他不从事直接的商品生产和交易，律师以自己特有的方式促进市场经济的发展。律师的独立商人地位表现为：

其一，律师生产商事法律规则。律师可以代表商事组织，通过对话、谈判方式与其合作者或者竞争对手达成相对公平或可接受的交易规则，或者直接创设私人治理结构——契约规则。例如，中国律师在全球化行政程序中扮演的角色越来越重要，他们不仅仅帮助中国企业在国际贸易中获利或者维权，而且帮助中国企业获得自己在世界市场上的交易规则和决策的制定权。世界各国针对中国商人的多起反倾销案件和"绿色壁垒"行政案件绝非简单的、短视的物质利益之争，根本性问题仍然是交易规则制定权。律师参与其中，实际上为中国商人拓展了一个普遍平等的经济活动空间。律师服务成本是企业交易费用的一个重要组成部分，企业由此可以获得法定的全球化市场准入和交易成员资格。

律师既可以参与国际商事立法，借此影响世界贸易双边或者多边规则制定，也可以直接参加国内经济立法。在现代社会，由于政府经济规制领域的拓展，法律与经济的界限已经超越了传统的藩篱，商事交易规则就是法律规则。在经济生活变得日益复杂、市场机制变得日益与立法相互纠葛的时代，"个人既可以在既定的制度框架内专心于生产，也可以从规则制定者、立法者和政府机构中争取法律或规则的有利变动，以实现个人财富最大化，具体的途径取决于改变权利结构的相对成本。当成本较低时，有影响的利益集团会影响制定一些使社会的生产能力之部分实现的经济制度"[1]。正因为经济规则与法律规则的交互作用，律师也在事实上从经济大门之外被拖进经济大门之内，并从"经济看客"成长为"经济的影子内阁"。

其二，律师具有交易代理权。有人形象地说：在美国精神文明中，律师不仅接管了政治而且已经接管了企业。当纽约斯卡登律师事务所律师、公司兼并专家弗洛姆先生步入股票交易大厅时，每个生意人都希望成为他的朋友，否则就意味着自杀。[2] 在中国，律师职业也出现了专业分工，执业律师正从诉讼律师向非诉讼律师分流。《个人独资企业法》第 9 条、《公司法》（2004）第 27 条、《行政许可法》第 29 条第 2 款，分别规定了律师在商业登记中的实体性权利或程序性权利。支撑中国律师法律服务增长的最重要原因在于经济基础的扩大，尤其是工商业群体的法律需求扩张。《证券法》和知识产权法中界定的代理制度都是一种实体权利的代理，也是经济扩张需求的表现。

（三）公共伦理塑造：律师的新境界

在过去，律师的公共伦理塑造功能体现在司法程序和政治民主程序上。按照哲学家罗尔斯的理解，个人理性是多元的，因此，民主社会的理性只能是公共理性，司法理性可以作为公共理性的衡量标准，公共理性一定意义上就是指最高法庭的理性。[3] 律师的公共理性角色并不局限于对弱势群体的法律援助，律师对民主、宪政和公共秩序形成也起到了推动作用。律师也是社会正义的建设者，他们通过参与法律制定、条约谈判或者通过司法程序塑造宪政秩序。在人类历史上，欧美律师在民主秩序中的公共理性功能尤其显得突出和成熟，从著名的"马伯里诉麦迪逊"案、"罗伊判例"、种族"隔离但平等"判决到欧盟法院通过比利时足球运动员博斯曼诉讼确立的球员自由转会规则，都表明司法与民主的分野正在缩小，也从侧面表征了律师公共伦理角色的成熟性。民主原则与律师相结合，律师作为一个整体，成为平衡民主的最强力量。[4] 律师有商人逐利本性的一面，他们必须为自己的当事人服务，有时他们的行为似乎与正义无关。但是，律师正是通过调整或重新组装事实与真相，以适合于各种法律范畴和概念，通过对法治普遍规则的捍卫来保卫公共秩序和公共价值的。在政府文件合法性签字、有限公司招股说明书上出具的法律意见中，律师更充分显示了他们的公共伦理责任。

律师的公共伦理塑造功能已经得到立法体现，我国台湾地区的"律师法"

---

[1] ［冰岛］埃格特森著，吴经邦、李耀译：《新制度经济学》，242 页，北京，商务印书馆，1996。
[2] 参见［美］博西格诺著，邓子滨译：《法律之门》，399 页，北京，华夏出版社，2002。
[3] 参见［美］罗尔斯著，万俊人译：《政治自由主义》，244 页，上海，上海译林出版社，2000。
[4] 参见［法］托克维尔著，董果良译：《论美国的民主》（上卷），388 页，392 页，沈阳，沈阳出版社，1999。

(2002年)第1条规定：律师以保障人权、实现社会正义及促进民主法治为使命。律师应基于前项使命，诚实执行职务，维护社会秩序及改善法律制度。在法治尚未昌明的背景下，我国的律师正在努力表达自己在公共领域里的正义形象，他们不单纯是既有制度的适用者而且是新制度的创造者，他们也是中国民主、宪政、法治、人权时代的缔造者，为维持民主政体、社会稳定和财富流转起到了无可比拟的作用。

三、一项最有潜力的法律制度

(一) 律师行政程序代理制度的意义

依我国台湾地区"行政程序法"，律师被选任为代理人或者辅佐人，以协助当事人、利害关系人或行政机关进行交涉或谈判，来改变或者影响行政决策和决定。律师参与行政程序的方法主要有五个方面：(1) 申请调查与证据；(2) 申请阅览、抄录资料或卷宗；(3) 陈述意见；(4) 参加听证；(5) 从事行政程序中的协议或请求等接触活动。① 在我国大陆，因为行政程序的崛起，人们将在立法听证、价格听证、公共事务决策中见到更多的律师形象。律师在权利救济、商业交易辅助以及公共理性塑造方面发挥着重要功能，律师的救济权利、程序性权利和公共参与权利都在变化之中。

律师在行政程序中的代理功能主要体现在三个方面：

其一，提高效率，降低成本。美国《联邦行政程序法》(APA) 的立法目的是促进"程序统一和行政实践的标准化"(uniformity of procedure and standardization of administrative practice)。② 效率是与社会分工紧密相连的，执业律师更能掌握行政机关的资讯和法律程序。为什么行政许可的审批周期长？恐怕不仅仅是行政机关自身的事情，行政机关不负责任可能浪费时间和精力，但是，行政相对人、利害关系人对法律、程序和资讯的无知，或者故意使用虚假材料也会浪费大量的时间和资本。执业律师作为专家可以知道更多的行政法律、政策和行政程序，因此可以促进行政效率，从而为行政相对人、利害关系人降低不必要的成本支出，也为社会降低公共成本支出。"我国行政程序中还没有建立规范化的代理制度，这成为影响我国行政效率的一个重要因素。代理制度的法律意义是，督促行政主体及时履行职责，减少行政怠职，促使行政相对人自觉

---

① 参见林明锵：《论行政程序中律师之功能》，《台大法学论丛》，第30卷第4期 (2001年7月)，6~16页。

② See Bernard Schwartz, *A Decade of Administrative Law: 1987—1996*, Tulsa Law Journal, 497 (1997).

履行义务，提高行政效率。"①

其二，监督行政权力，保护行政相对人和利害关系人权利。律师在行政立法和决策、行政处理中参与行政决定的形成，可以最大限度地保护行政相对人和利害关系人的利益。行政相对人和利害关系人的程序参与权利被授予给律师后，就可以在过程中和结果中同时保护他们的权利。台湾大学林明锵教授认为，传统上律师是"在野的法曹"，"行政程序法"颁布后，律师就是"在野的行政官"，"如果法律人（尤其是其精英的律师）能活跃于行政部门之活动监督上，则'依法行政'才不会变成一句空洞的口号。'法治国家'才可能真正实现"②。

余凌云教授认为在行政听证中，"允许当事人聘请律师或者知晓法律的亲朋好友参与，这对于及时制止错案的发生，都大有裨益"③。余教授同时指出，在英国的行政裁决听证中，允不允许律师代理，不是当事人的绝对权利，而要由听证机关来裁量，裁量的一般考虑要素是：指控或制裁的严厉程度、是否可能出现法律上的争论点、当事人自己应付听证的能力、程序困难、裁决的时间要求、关乎当事人与行政机关之间公正的需要等。④

其三，有助于形成良好的社会规则和民主氛围。行政权力运用的根本目的还是在于形成社会合作、社会秩序和社会正义，行政程序设立的目的也是为了形成社会规则和民主氛围，而所有这些目的归根结底都在于法律目标的实现，律师的程序权利代理制度恰恰可以实现这一目标。

（二）我国行政程序法上的律师代理制度

我国《律师法》（2001年）第25条概括了律师可以从事的7项业务，其中第6项和第7项分别是：接受非诉讼法律事务当事人的委托，提供法律服务；解答有关法律的询问、代写诉讼文书和有关法律事务的其他文书。由于社会发展水平的限制，我国律师执业范围相当狭隘，但是，律师在行政程序中的代理制度将是中国最有潜力的一项法律制度。《行政处罚法》、《行政复议法》、《个人独资企业法》、《公司法》、《税收征收管理法》等法律，均规定了律师的代理权和程序权利，表明行政程序正在司法化，律师可以在行政程序中获得实体性的或者程序性的权利，并且这一权利仍在扩张。

我国律师执业范围在不断扩大，已经有如下非诉讼法律程序具体规定了行政相对人或利害关系人的代理权，也隐含着这些程序权利可以被赋予给律师。它们可以划分为三种类型：

---

① 姜明安主编：《行政法与行政诉讼法》，2版，376页，北京，北京大学出版社，2005。
② 林明锵：《论行政程序中律师之功能》，《台大法学论丛》，第30卷第4期（2001年7月），3页。
③ 余凌云：《行政自由裁量论》，218页，北京，中国人民公安大学出版社，2005。
④ 参见余凌云：《行政自由裁量论》，128页，北京，中国人民公安大学出版社，2005。

1. 行政立法和决策中的参与性权利

从权利来源上看，律师的这项代理权利既包括行政相对人或利害关系人的授权，也包括基于行政民主所赋予的公共伦理塑造功能。虽然尚未有法律明确规定律师可以被委托参加行政立法和行政决策过程，但是，这些权利只要是授予给行政相对人或利害关系人的，原则上都可以授权给律师。

律师在行政立法中的参与性权利，可以从《立法法》、《行政许可法》等法律规范中推导出来。《立法法》（2000年）第5条确立了立法民主、人民多种途径参与立法活动的基本原则；《行政法规制定程序条例》（2001年）第12条则要求起草行政法规时，应当广泛听取意见，可采取召开座谈会、论证会、听证会等多种形式。《规章制定程序条例》（2001年）第14、15条规定起草的行政规章直接涉及公民、法人或者其他组织切身利益时，应当向社会公布，征求社会各界的意见并且举行听证会。《行政许可法》（2003年）第19条规定：起草法律、法规、政府规章草案拟设定行政许可的，起草单位应当采取听证会、论证会等形式听取意见。

律师在行政决策中的参与性权利主要体现在价格决策、环境评价决策以及相邻权、公平竞争性行政许可的决策上。《价格法》（1997年）第23条规定：制定关系群众切身利益的公用事业价格、公益性服务价格、自然垄断经营的商品价格等政府指导价、政府定价，应当建立听证会制度，由政府价格主管部门主持，征求消费者、经营者和有关方面的意见，论证其必要性、可行性。《环境影响评价法》（2002年）第5条鼓励有关单位、专家和公众以适当方式参与环境影响评价；专项规划的编制机关对可能造成不良环境影响并直接涉及公众环境权益的规划，应当在该规划草案报送审批前，举行论证会、听证会，或者采取其他形式，征求有关单位、专家和公众对环境影响报告书草案的意见（第11条）。《行政许可法》第36条规定：行政机关对行政许可申请进行审查时，发现行政许可事项直接关系他人重大利益的，应当告知该利害关系人。申请人、利害关系人有权进行陈述和申辩。行政机关应当听取申请人、利害关系人的意见。

在2005年4月13日进行的"圆明园防渗膜铺设工程听证会"上，受邀代表以环境、文物、建筑等各类专家为主，没有律师参加。2002年由国家计委主持的铁路春运价格听证会中，曾经申请复议和起诉铁道部车票涨价的河北籍律师乔占祥没有当选听证会代表，也没有取得旁听资格。律师在这些行政立法和决策过程中的缺位，舆论界认为是法治和民主缺失的表现。

2. 行政处理中的程序权利

律师在作出行政决定过程中的程序权利体现在：

（1）行政相对人和作为行政相对人的自然人的法定代理人可以委托律师参加行政程序，如《行政复议法》（1999年）第10条第5款规定：申请人、第三人可以委托代理人代为参加行政复议。《行政许可法》第29条规定，行政许可申请人可以委托代理人提出行政许可申请,但是,依法应当由申请人到行政机关办公场所提出行政许可申请的除外。

(2) 在行政处理案件听证中,行政相对人可自己参加听证,也可聘请代理人参加听证。例如,《行政处罚法》第42条规定,行政机关作出责令停产停业、吊销许可证或者执照、较大数额罚款等行政处罚决定之前,应当告知当事人有要求举行听证的权利;当事人要求听证的,行政机关应当组织听证。当事人可以亲自参加听证,也可以委托一至二人代理。

(3) 行政文书送达时,受送达人有代理人的,可送交其代理人签收,代理人在送达回证上的签收日期为送达日期。我国还没有行政程序法律专门规定行政处理决定文书的送达代理问题。

3. 经济行政程序中的律师代理制度

经济行政程序中的代理权利,是一种与民商事交易相关的行政程序权利代理。例如,我国《个人独资企业法》(1999年)第9条规定:申请设立个人独资企业,应当由投资人或者其委托的代理人向个人独资企业所在地的登记机关提交设立申请书、投资人身份证明、生产经营场所使用证明等文件,委托代理人申请设立登记时,应当出具投资人的委托书和代理人的合法证明。

《公司法》(2004年)有多处规定了代理权,第27条规定:股东的全部出资经法定的验资机构验资后,由全体股东指定的代表或者共同委托的代理人向公司登记机关申请设立登记,提交公司登记申请书、公司章程、验资证明等文件;第108条规定:股东可以委托代理人出席股东大会,代理人应当向公司提交股东授权委托书,并在授权范围内行使表决权;第109条规定:股东大会应当对所议事项的决定做成会议记录,由出席会议的董事签名。会议记录应当与出席股东的签名册及代理出席的委托书一并保存。

《税收征收管理法》(2001年)第89条规定:纳税人、扣缴义务人可以委托税务代理人代为办理税务事宜。

除此以外,证券法、投资法、商标法和专利法都规定了委托和代理权利问题,例如《商标法》(2001年)第15条规定:未经授权,代理人或者代表人以自己的名义将被代理人或者被代表人的商标进行注册,被代理人或者被代表人提出异议的,不予注册并禁止使用。上述法律规定表明:中国律师可以在商事登记中获得实体性的或者程序性的权利,并且这一趋势仍在扩大。

(三) 我国律师行政程序代理制度的立法缺陷

如何透过行政程序法律制度的设计,为当事人主张权利、监督行政机关切实依法行政,是行政程序法是否能够发挥其功能的关键之点。[①] 美国《联邦行

---

① 参见林明锵:《论行政程序中律师之功能》,《台大法学论丛》,第30卷第4期(2001年7月),35页。

政程序法》(1976年)第554条规定：行政机关在决定听证的时间和地点时应充分考虑当事人或其代理人的方便和需要；第555条规定：被强迫去接受某机关或其代表询查的人，有权有律师或该机关准许的其他合格代表陪同、代理和担任顾问。当事人有权亲自参加机关的裁决过程，也可以请律师或其他合格代表陪同或代为参加。荷兰《基本行政法典》(行政程序法部分，1994年)第二章第2款规定：为了维护自身的利益，任何人在同行政机关交往中，都可以找一个代理人帮助或被一个代理人代理，行政机关可以要求代理人出示书面委托书。葡萄牙《行政程序法典》(1996年)第44条和第48条分别规定了行政机关的代理人回避问题；第52条规定：所有私人均有权亲身参与行政程序，或由律师或法律代办代理人或辅助参与。韩国《行政程序法》(1996年)第12条明确规定律师可以被当事人选任为代理人。我国《澳门行政程序法》(1994年)第44条、第48条规定了行政机关代理人的回避问题，第52条规定了利害关系人的代理人制度。

德国《联邦行政程序法》(1997年)是世界上最完整确立行政程序代理制度的法律，其中，第14条规定了全权代理；第15条规定了受领代理人；第16条规定了指定代理人；第17条规定了集团诉讼代理；第18条规定了共同代理人；第19条规定了代理人的权利和义务；第20条规定了代理人的回避；第32条规定了"代理人的过错等同于被代理人的过错"。

与上述国家相比，我国行政程序中的律师代理制度还相当不完善，主要表现为立法零散，没有统一的行政程序法典作专门性规定。虽然也有几部法律规定了行政程序代理制度问题，但是立法者并没有注意到行政程序权利是一种新型和新兴的权利类型。例如，《行政许可法》应该是最能体现行政程序权利特征的一部程序法，但是恰恰这样重要的法律并没有很好地规定行政程序的代理权，在第46~48条所界定的行政许可申请听证制度中并没有规定委托代理制度，与《行政处罚法》第42条界定的处罚听证程序的委托代理制度相比，《行政许可法》是一种倒退。《治安管理处罚法》(2005年)、《行政强制法》(草案)则干脆没有规定任何委托代理制度！同样属于公法体系的《刑事诉讼法》在修订时，始终把"律师提前介入案件审查"作为一个议题，为什么行政程序法不可以呢？

从学术研究上看，关注行政程序代理制度、比较系统地概括国外行政程序法上的代理制度的论著也较少。我国律师在行政程序中代理权的立法缺陷，既表明对程序权利代理制度的不重视，也意味着律师的非诉讼业务仍然没有得到较好的发展。这些现象不利于中国社会健康发展，无法发挥律师职业特长。律师在推进依法行政、行政法治和法治政府的建设中的作用没有得到有效发挥，随着大环境的改善，行政程序中的律师代理制度将非常具有发展潜力。

(四) 我国律师行政程序代理制度的立法完善

律师行政程序代理制度的完善，就是行政相对人、利害关系人（统称为

"当事人")代理制度的完善,总体而言,其完善路径有四:

第一,从基本前提角度上看,必须确立和完善行政程序制度。律师的行政程序代理制度只是行政程序制度的一个环节,如果没有程序制度也就意味着没有代理制度。以美国为例,其程序代理制度实际上是其行政程序基本制度的一个必然结果,行政司法裁决制度复合了传统行政程序和司法程序的双重优点,这为律师发挥作用奠定了基石,但即使这样,美国行政律师(Administrative Lawyers)经常抱怨行政法无法满足社会的基本需求。[①]

第二,从长远战略角度看,应该通过统一的《行政程序法》建立起完备的行政相对人、利害关系人的委托代理制度,应该规定:行政相对人、利害关系人是无行为能力或限制行为能力的自然人的,由其法定代理人代理参加行政程序。行政相对人、利害关系人或其法定代理人可以委托律师、社会团体、近亲属以及经行政机关许可的其他公民参加行政程序;并且对委托代理人的数量、代理权限、代理责任、代理效力、复代理等问题作出规定。

第三,从近期务实角度看,应该在制定每一部行政法时加强律师代理制度的立法。《行政程序法》的起草、审议、通过是需要时日的复杂过程,而我国已经进入创制行政法律制度的时代,行政方面的立法数量进入了一个快速增长的时期。在制定法律、法规、规章时,凡是涉及行政程序时,应该有意识地规定律师代理制度。这样做有四个好处,一是能够及时发挥行政程序律师代理制度的积极作用;二是在《行政程序法》通过后也能保证已有行政程序制度的良好运作,不会发生衔接上的功能障碍;三是完善经济行政程序中的行政相对人、利害关系人及其委托律师代理制度;四是使某些行政相对人养成全球化视野,使其能在全球化行政程序中保护自己的利益。

第四,从公共职能角度看,应该注意到律师代理制度的公益性和行政民主性,律师受托代理的被代理利益不能局限于私人利益,还应该包括公共利益。律师基于行政民主和公益职能而被委托参与行政立法和决策,这也是公法上的程序权利与私法上的程序权利不一样的表现。

余 论

正当程序的首要功能是"不治已病而治未病",即将可能的行政争议消解在萌芽之中;正当程序注重对行政决定质量的"过程性整理",即"构建过程性审查"(structuring process review)而非"构建结果性审查"(structuring out-

---

① See Bernard Schwartz, *A Decade of Administrative Law: 1987—1996*, Tulsa Law Journal, 580 (1997).

come review)。在我国大陆,由于行政程序知识尚处于"原始积累"阶段,学界和实务界还在忙于"宏观地梳理行政程序的内容",对于程序的微观方面研究尤其是从司法审查实践角度研究行政程序,近年来没有实质性进展和更多的探讨。①《行政诉讼法》第54条第2项虽然确立了行政程序违法得撤销制度,但是没有确立程序违法的司法标准,更没有通过行政程序法典来解决"违法行政程序的后果"这一重要问题。从实务的角度看,行政程序的纠纷消解功能是式微的,但这只是暂时的。② 我们希望如同林明锵教授所期待的那样:

> 行政程序上之代理业务会一蹴成为大型及一般律师事务所之重要业务之一,与传统法律事务所之非讼及诉讼事件部分鼎足而立,并发挥其监督行政机关之一切作为,积极保障人权,实现社会正义,使得律师业务具有公益色彩(即监督正当法律程序之进行)的面相而更加凸现。③

---

① 参见应松年、杨小君:《法定行政程序实证研究——从司法审查角度的分析》,15页,北京,国家行政学院出版社,2005。
② 在实务中,经常可以遇到行政程序纠纷。例如,《税收征收管理法》第88条规定:纳税人、扣缴义务人、纳税担保人同税务机关在纳税上发生争议时,必须先依照税务机关的纳税决定缴纳或者解缴税款及滞纳金或者提供相应的担保,然后可以依法申请行政复议;对行政复议决定不服的,可以依法向人民法院起诉。依照《税务行政复议规则》(试行/1999)第7条,对税务机关作出的责令纳税人提供纳税担保的行为,可以申请税务行政复议。实务中的经常遇到问题是,纳税人对解缴税款或纳税担保要求复议,税务复议机关作出履行解缴或担保的复议决定书,纳税人对此复议决定书不服,即提起行政诉讼,法院受理诉讼申请。我国税务机关的异议是:纳税人在此情况下是否有权获得诉讼权?《税收征收管理法》第88条确立的是复议程序前置还是纳税实体义务前置?
③ 林明锵:《论行政程序中律师之功能》,《台大法学论丛》,第30卷第4期(2001年7月),3页。

美国社会保障中的听证制度

胡敏洁[*]

> **目 次**
> 一、引言
> 二、社会保障听证制度的历史回溯
> 　（一）戈德博格诉凯利案对听证制度的影响
> 　（二）社会保障法案以及联邦层面的相关规定
> 　（三）州层面的不同规定
> 三、社会保障中听证制度的概述
> 　（一）听证的适用情形
> 　（二）事前听证与事后听证
> 　（三）正式听证与非正式听证
> 四、社会保障听证制度的具体环节
> 五、结语：美国社会保障听证制度的未来

一、引　言

自戈德博格诉凯利案改变了美国传统的权利与特权之分，并要求为申请者提供事前听证机会之后，社会保障领域听证官员的数量不断激增，而且每天举行听证的数量也大为增加。社会保障领域似乎成为了听证制度适用的主要阵地。法官和律师们或许都未曾料想到该案所造成的深刻影响。美国最高法院似乎也将正当程序所规定

---

[*] 南京大学法学院讲师，法学博士。主要研究方向：行政法学、宪法基本权利。

的听证权利,看作是维护福利国家权利所不可或缺的模式。① 我们可以说,戈德博格诉凯利案掀起了听证适用的高峰期,但这并不意味着听证制度的全貌仅是如此。考察社会保障制度中的听证制度,我们可以发现,正是在联邦与州制定社会保障规则的不断完善过程中,加之具体案例中的法官解释推动,听证才得以普遍适用。与此同时,不断增加的听证成本与负担以及繁琐的法律程序,也使得社会保障制度中的听证制度被不断加以反思。

二、社会保障听证制度的历史回溯

自 1935 年美国《社会保障法案》颁布以来,美国《社会保障法案》几经修正,越来越多的美国人开始申请社会保障与援助。在这一过程中,听证被越来越多地适用,以此控制社会保障行政部门的裁量并保障领受者能够享有恰当的福利津贴。据相关数据统计,1969 年,社会保障署的听证官员为 11 名,申请听证人员为 3 000 名左右,听证官员平均每周举行听证 5 次;而到 1989 年,社会保障署雇佣的听证官员数量已达到 105 名,有超过 150 000 名的人员申请听证,听证官员每天都需要举行 18 次到 35 次的听证。② 这样一种数字上的变化,足以证明听证数量的不断增加以及听证官员所面临听证任务的繁重程度。这 20 年所导致的数字变化,是什么原因造成的? 通过对社会保障听证制度的历史回溯,或许我们可以找到一些答案。以三维方式展开的追溯,即案例、社会保障法的规定以及联邦与州层面的具体规制,这将为我们提供一幅听证制度的立体图景。

(一) 戈德博格诉凯利案对听证制度的影响

发生在 1970 年的戈德博格诉凯利案 (Goldberg v. Kelly)③,往往被认为是正当程序发展的重要碑石。该案中,纽约州未采取听证程序即终止了凯利的福利津贴发放。由此,由纽约州居民凯利提出了相关诉讼。美国联邦最高法院认为,只有为福利领受者提供"事前听证",他们才能获得程序性正当程序的保障。这是因为,福利涉及为公民提供必要的食物、衣物、住房以及医疗保健等,如果在未确定公民是否具有福利领受的资格之前就停止了救济,则意味着可能剥夺一个合格的领受者等待阶段仅存的生存手段,这将令人绝望。

---

① 参见 [美] 杰瑞·L·马肖著,沈岿译:《行政国的正当程序》,282 页,北京,高等教育出版社,2005。

② See Hon. Cesar A. Perales, *The Legacy Of Goldberg V. Kelly: A Twenty Year Perspective: The Fair Hearings Process: Guardian Of The Social Service System*, Brooklyn Law School Brooklyn Law Review SUMMER, 56 Brooklyn L. Rev. 889 9 (1990).

③ Goldberg v. Kelly 397 US 254 (1970).

随后，联邦最高法院审查了三个要素，即政府利益、由程序保障的个人利益以及个人未接受程序保障而被错误终止福利领受的利益，由此认为给予事前听证的机会可以促进政府重要利益的实现。当然，凯利案仅仅针对的是公共援助的终止与暂停，而并非针对福利的缩减。最高法院也认为，事前听证不必然采取审判型或准司法审判的形式。法院只是要求听证会应当确保最低限度的程序保障，在此基础上，可以根据福利领受者的特殊特点对程序加以调整。但是，应确保听证"在有意义的时间以有意义的手段进行"。并且，最低限度上，领受者应当获得及时与充分的告知，并要求行政官员说明理由。同时，得到听证的机会必须依据听证申请者的能力和情况而定。

戈德博格诉凯利案之后，美国最高法院在诸多判决中，开始表明正当法律程序的核心在于为当事人提供听证的机会。例如，1974 年，最高法院大法官怀特（Justice White）在 Wolff v. Mcdonnell 一案中，代表法院对正当程序所要求的听证作出了总结性意见。他写道："法院一贯认为，在个人被剥夺财产或利益之前的某个时间，某种形式的听证是必须的。""某种形式的听证（some kind of hearings）"被认为是程序性正当过程最基本的要求。[①]

此后，涉及福利听证的案件大量出现，甚至出现过颁布紧急立法以专门授权相关人员处理积案的情形。在此种背景下，法院开始有意地使听证程序变得轮廓不清，并依据不同的情况选择适用更为灵活的正当程序。从马修斯诉埃尔德里奇案（Matthews v. Eldridge）[②] 案开始，法院开始借助成本受益分析方法严格限制第十四修正案的保障范围。

1996 年，国会通过了《个人工作与协调法案》（Personal Responsibility and Work Opportunity Reconciliation Act），终止了"未成年儿童家庭补助"（AFDC）项目，取而代之为"贫困家庭临时补助"（Temporary Assistance to Needy Families，TANF 项目），法案中明确宣称："这不能被理解为个人或家庭的资格。"这使得凯利案的资格基础彻底瓦解。很多州也开始采纳此种描述。许多法令在 TANF 之后都未能提供如戈德博格诉凯利案中详尽的程序保障。例如，威斯康星州规定，福利权益可能被剥夺，减少或终止时无需给予事前听证。而在亚利桑那州，福利行政机关被授权可以制定听证规则。有大量证据表明，即使在那些法令规定需给予充分听证和通知程序的州，行政机关也并不一定遵从法令。

（二）社会保障法案以及联邦层面的相关规定

实际上，美国社会保障中的听证适用仅仅是随着凯利案的发生有所增加。听证的规定早在 1935 年的《社会保障法案》中即有所规定。根据该法案第 2 条

[①] 参见王锡锌：《正当法律程序与"最低限度的公正"》，载《法学评论》，2002（2）。
[②] Matthews v. Eldridge, 424 U.S. 319, 335 (1976).

的规定,州老年援助计划必须建立或任命唯一的州管理机构……这一机构对任何要求得到老年援助的人须提供平等的听证机会。第 303 条规定,给予任何要求获得失业补偿金的人在其要求被否定时获得公平听证的机会。儿童补助计划必须:由州政府及所属机构实施并管理,或由其指定的机构办理。第 402 条也规定,对任何申请获得儿童补助金的人在其要求被否定时应给予其获得公平听证的机会。其后,《社会保障法案》几经修订,并未对"公平听证"条款有更多的论述。其中,较为重要的是 1964 年《社会保障法案》,它使得领受者的听证权利是每个州计划中最为基本与首要的要求。[1] 1984 年的《社会保障法》修正案中,则规定了残疾补助中的当面(face-to-face)听证。[2]

《社会保障法案》作为全国性的法令,对其他法令以及州的规定起到了统领与指导作用。因此,以它为基础,社会保障的各个部门以及州制定了更为具体的社会保障规则。根据《社会保障法案》第 1102 条的规定,授予了卫生、教育与社会福利部门(Health, Education and Welfare,简称为 HEW)部长制定并公布规则与规制的权限。根据这一权限,卫生、教育与社会福利部发布了《公共援助行政手册》(Handbook of Public Assistance Administration)(以下简称为《手册》)。《手册》的效力在 King v. Smith 案中得到了确认,法院认为州制定的援助计划"必须遵循社会保障法案的诸多要求以及联邦卫生、教育与社会福利部门颁布的公共援助手册"[3]。依据该案的描述,《手册》具有明确的效力,州制定的相关计划需要遵循必要的联邦规定。《手册》对听证加以了明确规定。它采用了"公平听证"这一术语,并有五处对其加以具体阐述。手册要求州行政官员为福利领受者提供充分与彻底的信息告知,并要求为听证者提供律师。第五章第 6200 款(I)(6)则确立了交叉盘问制以及对抗制。同时,规定听证官员的决定应基于排他性证据作出以及其他听证中所提交的材料。而且,证据应当以正当方式提供。

此外,联邦法规汇编(Code of Federal Regulation)第 45 章关于公共福利的内容[4],对听证也有具体的规定。这些规定从各个方面对可能影响福利领受者的行为加以了规定,其可能适用于终止、暂停以及中断等各个方面。其中规定,州或地方行政应当提供及时与充分的听证。"及时"意味着告知应当至少在十天前邮件告知;"充分"意味着书面通知,通知的内容应包含拟采取行为的相关陈述、作出行为的理由以及关于相关个人权利的解释。同时,规定听证程序

---

[1] Social Security Act 42 U.S.C § 602 (a) (4) (1964).

[2] 美国社会保障法的相关变革,可参见王则柯主编:《社会保障在美国》,中山,中山大学出版社,2000。

[3] King v. Smith. 392 U.S. at 317.

[4] Code of Federal Regulation 45CFR205.10,(2005 年 10 月 15 日访问)http://frwebgate.access.gpo.gov.

应当在州公开,而且,这种公开的程序应当为福利领受者提供当面听证,或者当领受者或申请者同意时,州可以选择通过电话方式举行听证。每一申请者或领受者都应被以书面告知申请时间以及可能影响其主张的任何行为的时间。

(三) 州层面的不同规定

尽管,1935年颁布的《社会保障法案》带动了联邦政府的积极性,使得他们在社会福利政策中由消极的角色转为积极主动的角色。为了能够实现联邦规制中的目标,多数州依据《社会保障法案》建立了相应的州计划。但是,从其实施的最初几年来看,各州即存在着诸多差异。例如,1942年,加利福尼亚州在公共救助方面的福利援助便是全美最为慷慨的,它为每户支付了将近56.48美元。而密西西比州则仅仅支付了20.17美元。[①] 这些都使得各州在具体的社会保障规定中呈现出不同的特征。

例如,加利福尼亚州规定,通知必须在有效期三日内通知,且通知必须包含相关证据。[②] 纽约州的规定则包含终止前的听证以及终止后的听证两种形式。[③] 终止前的B计划,要求行政行为作出前的七日内,允许领受者提交关于不能终止理由的书面陈述。如果不成功,领受者将要求终止后的公平听证。得克萨斯州规制要求终止后的公平听证,但并未排除事前听证会议。当然,考察各州的规定,可以发现其中仍然具有某些共性。例如,几乎所有的州都规定了告知要求。尽管,充分告知领受者具有听证权,这点并未得以普遍规定。整体上来看,各州的规定仍旧以差异为主,与联邦规则也有很多不符合之处。例如,研究表明,听证程序中的通告环节,只有9个州充分尊重了公共援助手册的规定,而有7个州的规则中没有规定这一环节。这表明,在美国社会保障的州层面运行中,联邦规制并未发挥更好的控制功能,而州的行政程序也缺乏必要的统一性。[④]

三、社会保障中听证制度的概述

尽管,由于联邦制的国家制度所致,社会保障的听证制度在联邦与州层面呈现出不同的特色,但是,我们仍旧可以从中概括出社会保障听证的大体情况。

(一) 听证的适用情形

戈德博格诉凯利案中的听证适用主要针对的是福利津贴的终止,其他情形

[①] 参见《台湾中正大学社会福利所报告》,(2006年5月8日访问) http://str.sw.ccu.edu.tw.

[②] See V. Camp Cuthell, *Welfare, Due Process and the need for Change*, 1 St. Mary's L. J. 239 (1969).

[③] 18 N. Y. C. R. R § 842. 23.

[④] See Robert E. Scott, *The Regulation and Administration of the Welfare Hearing Process: The Need for Administrative Responsibility*, 11. Wm. Mary L. Rev. 291 (1969—1970).

是否也需要适用正当程序的规定,需要举行公平听证呢?从凯利案判决中,我们并未找到答案。尽管,在卫生、教育与社会保障部门的相关规定中,将听证适用于缩减以及中断、终止等各个环节,这实际上扩展了凯利案的听证适用范围。但是,这一问题在法院的实践中仍旧引起了广泛争论。

一些法院在审理中认为,听证同样适用于缩减福利津贴的决定。例如,在Daniel v. Goliday 案中,联邦地区法院就认为,"缩减"与"终止"的性质一样,如果未给予公平听证,同样侵犯了正当程序的规定。实际上,很难精确判断"终止"与"缩减"之间的差异是如何影响领受者权益的。"无论整体抑或部分的剥夺,都将使领受者缺乏足够的维持最低生存水平的手段。"在Merriweather v. Burson 案中,法院也主张,基于正当程序的要求,事前听证同样适用于福利津贴的缩减。法院认为,缩减与终止具有相同的性质,州必须规定缩减行为之前的听证。

当然,也有法院对缩减福利津贴适用听证的态度更为审慎。例如,当Daniel v. Goliday 案被上诉至联邦最高法院时,最高法院即要求低等法院提供更为详实的证据,以证明上诉人的境遇处于凯利案的范围之内。最高法院的这种态度使得实际中公平听证是否适用于缩减情形,更需要法院对这种"缩减"行为的本质加以分析,即其实质上是否构成了对领受者权益的影响。[①] 即使在Merriweather 案中,法院仍旧对个别的缩减与针对大范围公民的缩减行为加以了区别。法院认为,大范围的缩减行为,如果也举行听证的话,无疑是一种资金的浪费。因此,如果州对所有领受者的福利加以了统一缩减,这将不适用听证程序。从上述状况的描述中,我们可以看出,听证是否适用于缩减或者其他情形,实际上仍旧需要法院对实际问题的考量。法院需要审查个人收入、所处环境以及其他相关问题,以此确定是否适用听证程序。一般情况下,如果这种缩减可能使领受者的生活陷入困境,则需要适用听证。

(二) 事前听证与事后听证[②]

正如法院在戈德博格诉凯利案中的判决所言:"终止前的听证仅仅具有这样一种功能,即对福利部门终止决定的有效性作出初步判断,以保障领受者被错误的剥夺相关权益。"尽管,事前听证需要耗费一定的成本,而减少这些成本的主要承担者不在于州自身,而更多需要专家技能的运用。但是,对于福利领受

---

① See Stephen Alan Owans, *Welfare, Due Process and "Brutal Need": The Requirement of a Prior Hearing in State-Wide Benefit Reductions*, 34 Vand. L. Rev. 173 (1991).

② 事前听证与事后听证是根据听证时间所作出的划分。前者是指在相关决定作出之前举行的听证;后者是指决定作出后所作出的听证。当然,也有些情况,事先进行非正式听证,而当事人不服行政机关决定时,再进行正式听证。这被称为是结合听证。参见王名扬:《美国行政法》(下),413页,北京,中国法制出版社,1999。

者而言，一旦他们受到错误的剥夺，则可能会陷入即刻的生活危险或者无法继续生存的境遇之中。因此，相对于政府所付出的成本而言，确保个人的基本生存似乎更为重要。这也使得在涉及社会保障的诸多案件中，往往要求事先听证。

当然，到马修斯诉埃尔德里奇案（Matthews v Eldridge）中，法院开始确立了三个需要衡量的要素，即受到官方影响的私人利益；现有程序错误剥夺这类利益的风险以及附加或替代程序所能保证的可能价值；政府利益，包括其涉及的利益以及附加或替代程序的要求所将导致的财政和行政负担，这也同样适用于听证时间的确定。当然，在 Merriweather v. Burson 案中，法院也将事先听证的适用情形仅仅认定为对事实问题且属于个案的争议之中。对于其他争议，则可能适用事后听证。也正如上文所述，在一些州的规定中实际上也确立了事后的听证程序。例如，得克萨斯州规定了终止后的公平听证，但并未排除事前的听证会议。而纽约州的规定中，则包含了事前与事后听证两种方式。

（三）正式听证与非正式听证

听证形式可以是正式听证，也可以是非正式听证。有时候，行政机关可以采取结合听证的方式，决定后当事人不服时，进行正式听证。或者当事人不服行政机关的决定时，先进行非正式听证。不服非正式听证时，再进行正式听证。这种情况大都用于社会保障与福利津贴方面的听证。① 正式听证往往又被称为审判式听证。依据《联邦行政程序法》（APA）第 556 条和第 557 条的规定，正式听证的举行中，听证主持人应当具有中立的特性，他们不得在程序之外与参与人就相关问题进行单方面接触。如果已经接触，必须将这些接触资料列入正式听证纪录。以正式听证形式作出的决定需要以听证记录为依据作出决定。

凯利案中，法院宣称只有事前的审判式听证才符合程序要求。而根据正式听证的基本规则，在社会保障案件中适用听证程序，便意味着必须遵循严格的程序规定。这其中即要求福利领受者提供充分的证据。这对于缺乏足够教育与资金的他们来说，往往具有相当的难度。正如法院在 Mattern v. Weinberger② 案中的论述，"审判式听证形式并非唯一的听证形式。这种形式要求听证须迅速进行，且领受者必须有机会获得新的证据。但实际上，对于他们而言，这是困难的"。审判式的听证决定依赖于笔录作出，因此很多情况下，听证问题便转为对事实问题的认定，对事实问题的认定往往会容易忽略案件类型。

因此，多数情况下，法院仍旧倾向于支持灵活的正当程序规则，根据具体情况以及相关利益的衡量来选择听证形式。这在马修斯诉埃尔德里奇案及其后的诸多案件中得到了确认。例如，在 Cindy Gregory v. Town of Pittsfield 案中，

---

① 参见王名扬：《美国行政法》（下），413 页，北京，中国法制出版社，1999。
② Mattern v. Weinberger, 519 F. 2d 150 (CA 3 1975).

法院认为，地方法院并没有根据马修斯案的衡量标准加以检验。地方法院可以处在一个更好的位置上，根据案件的特定情况，来对必要的要求进行剪裁。这些都再度表明，在福利案件中，法院需要根据具体案件的类型判断听证类型与方式。

四、社会保障听证制度的具体环节

依据听证的步骤与顺序，我们可以将社会保障听证大体上划分为三个阶段，即听证举行之前、听证的举行以及听证举行之后。在各个阶段，福利领受者与福利行政部门面临着不同的问题与选择。听证举行之前，主要涉及领受者的申请问题以及是否受理申请以及是否需要召开事前会议的判断。一旦决定需要举行听证，可能面临着听证主持人的选择问题。听证举行过程中，则可能涉及听证方式的选择、证据的提交与交叉盘问制等。听证进行完毕之后，行政部门需要依据具体案情作出支持或者驳回决定的判决。具体程序如图1所示。

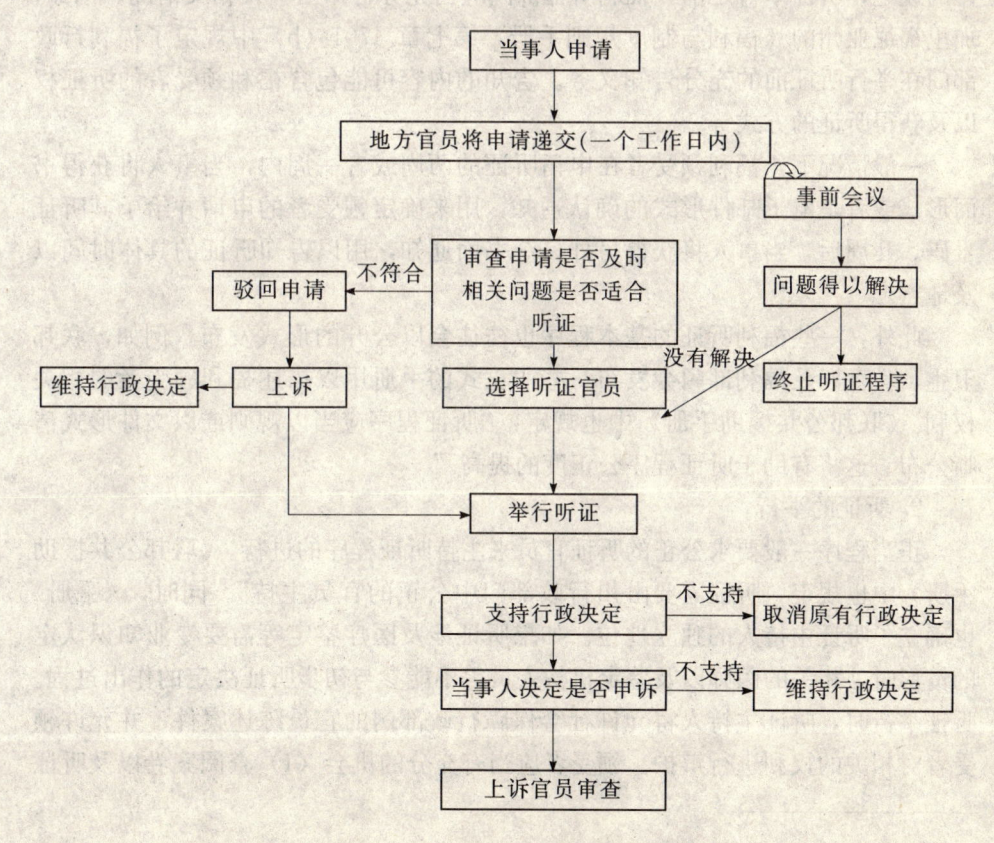

图1 社会保障听证的基本流程

以下将以上述三个阶段为基础，对其中一些主要的程序问题加以描述。

1. 听证举行之前

一般情况下，如果地方福利行政官员剥夺了领受者申请社会保障金或者其他相关津贴援助的权利，或者进行了某种福利领受者不同意的方式，例如缩减或者终止了对领受者的援助，领受者即具有要求举行公平听证的权利。例如，佛罗里达州《公共福利手册》对听证程序中的当事人申请，便可以概括几种重要的申请条件。即"当事人确认有下列问题存在时，他能够提出听证申请。(a) 当申请机会被剥夺时；(b) 当申请被拒绝时；(c) 在合理的期限内，申请未被回复时；(d) 援助不充分或者与州制定的标准不符合时；(e) 当援助被调整或者终止时；(f) 当重新考虑被拒绝或者拖延时"。

通常情况下，社会保障听证需要书面形式的申请。一般需要填写相关的表格，其中包含姓名、地址以及申请人的出生年月、申请日期、申请理由以及与法定代理人的关系、申请者参加的项目、是否要求调解等内容。而根据相关法律的规定，听证举行之前，福利听证部门应当充分告知当事人相关情况。例如，加里福尼亚州的《福利与制度规则手册》第七章 4701 (h) 中规定了福利行政部门在举行听证前的充分告知义务。告知的内容可能包含福利领受者的听证权以及获得听证的方式等。[①]

一般情况下，福利领受者在申请听证的两周或者一周内，当事人将获得书面形式或者是电子邮件形式的确认通知，用来确定领受者的申请并给予其听证号码。几周后，当事人将获得另外一个书面通知，用以告知听证的具体时间以及地点。

此外，一些福利听证的基本程序也往往会以公开的形式发布。例如，联邦卫生、教育以及福利部门会发布一些非正式的手册用以描述福利领受者的相关权利。《联邦公共援助手册》中也规定："听证程序应当以规则或以文件形式清晰公布。这将有助于听证程序公正度的提高。"

2. 听证的举行

正当程序一般要求公正的听证官员来主持听证程序的进行。《联邦公共援助手册》中也规定"听证需要由州行政部门中公正的官员主持"。同时，《手册》也确立了听证主持人的独立地位。如果听证涉及医疗鉴定等需要专业知识认定的情形时，相关的医师以及鉴定机构人员等不能参与初步听证决定的作出过程。听证举行时，听证主持人将允许社会保障行政部门的官员陈述案件，并允许领受者对相关的权利进行辩护。领受者应当有充分的机会 (1) 查阅案卷以及听证

---

① State Hearings Division (2006 年 4 月 9 日访问), http://www.dss.cahwnet.gov/cdssweb/Hearingsan_2319.htm。

记录；(2) 提交证据并要求证人提供证言；(3) 对证据进行辩论与证明，包括交叉盘问制与对抗制的适用。

这其中，由于穷人的资金问题，使得律师在社会保障案件中的地位及其相关费用的支付成为一个富有争议的问题。一些学者认为，社会保障政策的设计是为了使州福利行政部门更好地援助处于生存危机中的公民。一旦引入律师，则可能会将某种对抗性的特色带入福利政策的制定中，这可能改变了原有的制度设计。[1] 而穷人往往由于缺乏资金也无法聘请律师，各州往往也不愿为此付出更多的财政支出。到1968年，州层面的律师服务制度建立之后，实践中，穷人获得律师援助的机会才开始增加。同时，由于社会保障案件也可能以非正式听证的形式作出，此时也并不一定要求当事人有代理人。这些都要求听证主持人应公正地履行职责，以满足缺乏代理人的申请者需要。当然，从正当程序的基本要求来看，在听证过程中，福利领受者大体上仍具有获得律师援助的权利。这在《公共援助手册》中也有所规定，即"领受者的权利包含……寻求律师代表……"

此外，听证笔录的制作对于正式听证决定的作出具有关键意义。因为，听证进程的每个程序步骤，包括了解和塑造问题，确定哪些是需要的证据，获得必要的材料，进行听证，其宗旨都是在于形成一个清晰准确和公正的记录。

3. 听证决定的作出

正式听证决定的作出仅仅能够依据听证笔录作出，听证主持人只能对事实问题作出判断，而不能改变法律问题。例如，如果福利领受者并未接受足够的福利津贴援助，如果基于现行相关法令的规定，其所接受的数额并无不符合的情形，听证主持人将不能直接给予福利领受者更多的福利津贴。福利领受者必须符合各州的资格认定要求，听证过程中仅能决定法律是否得以正确适用。同时，听证笔录应当保留副本，副本应当被公开展示。

同时，社会保障听证官员决定的作出需要遵循证据排他性原则，并禁止听证官员接触任何秘密的报告。当然，在某些州的规定中，并未规定证据排他性原则。例如，密歇根州便未规定此项，它认为地方官员与听证官的联系有助于阐明事实。[2] 听证结果作出之后，福利领受者仍需被以书面形式告知向相关部门提出申诉或者提起司法审查的权利。如果听证结果中，福利领受者的利益得以确认，相关部门应及时矫正其原有行政决定。如果相关部门未执行，可以要求公平听证部门帮助执行。此外，所有的听证决定都应当被公开，其他福利领受者和其他公民可以查阅。

---

[1] See Sparer, *The Role of the Welfare Clients Lawyers*, 12 U. C. L. A. Rev. 361 (1966).

[2] See Robert E. Scott, *The Regulation and Administration of the Welfare Hearing Process: The Need for Administrative Responsibility*, 11. Wm. Mary L. Rev. 291 (1969—1970).

五、结语：美国社会保障听证制度的未来

依据联邦与各州的社会保障规则，听证程序被大量适用于社会保障案件中。例如，1980年前后，每年大约有125万份书面申请被在州提起。其中，大约有25万份申请被拒绝，因而提出重新申请。每年有15万左右的申请被提交行政法官处理，其中，又有1万人申请巡回法院的司法审查。① 正如布莱克大法官在戈德博格诉凯利案中所预测的："事实上，在采取审判型听证的进路中，其间所蕴涵的逻辑将无可避免地导致这样的结果，即完整的对抗式程序被引入于行政审查和司法审查之中。由此，会带来耗费时日的迟延。直到殚精竭虑，政府才能将符合资格的申请者列入救济名单之中。"因此，自马修斯诉埃尔德里奇案之后，越来越多的法院判决开始强调通过利益衡量方式来判断是否需要适用审判式听证模式。在法院的陈述中，公平听证更像是一个笼统的概念，不同的细部设计会使整个制度有不同态样，也因而会对整个程序的走向与型态造成很大的影响。

为了解决这些问题，一方面，美国的社会保障听证制度正在加以革新。因为，对于听证而言，及时地作出听证决定同样为保障领受者权益所必需。作为结果，大量的标准化作业程序被引入听证程序之中。例如，计算机及其网络承担了大量的搜集信息与告知工作。另一方面，一些替代性的方式也开始出现并被用来解决社会保障问题。例如，通过专家委员会的认定来判断涉及残疾人的案件等，这些专家会比法官更具有专长，可以更好地作出判断。② 这些改革措施，似乎标示着听证程序的适用，尤其是审判式听证越来越朝向更为简易或者替代性的程序发展。而对于州来说，它们往往更乐于根据本州的财政情况来制定相关的社会保障计划及其相关听证程序。这恰恰是因为，不同于其他项目，社会保障与一国以及各州的财政状况有着密切的关联，这就使得无论是政策选择还是程序设计均需以此为基础。即使是在法院的审理中，利益衡量也占有相当比重。因此，在社会保障领域中的程序设计，整体上也更具有灵活性。

---

① See Stephen G. Breyer, Richard B. Stewart, Cass R. Sunstein & Matthew L. Spitzer, *Administrative Law and Regulatory Policy: Problems, Text and Cases*, 5th ed., Aspen Publishers, Inc., 2002, p. 862.

② 参见［美］杰里·L·马萧著，何伟文、毕竞悦译：《官僚的正义——以社会保障中对残疾人权利主张的处理为例》，191页，北京，北京大学出版社，2005。

论中国行政程序的正当化
——兼及比较行政法研究的一点认识

张步峰[*]

> **目 次**
> 一、问题：何谓行政程序的正当化
> 二、行政程序内容正当性的强化：实定法和判例
> 　（一）实定法
> 　（二）判例
> 　（三）行政程序的内容正当化的缺陷
> 三、行政程序形式正当性的匮乏
> 　（一）原因分析
> 　（二）行政程序形式正当性匮乏的后果
> 四、比较法的难题：法律移植与本土化

一、问题：何谓行政程序的正当化

自从 1989 年《行政诉讼法》明确采用"法定程序"一词伊始，从外国继受而来的行政程序制度正式成为中国行政法律制度的组成部分。十几年来，中国有关行政程序的立法例、判例和学术讨论都日趋繁盛，法律同仁汲汲于推进行政程序的法律化和法典化，成绩斐然，学界甚至推出了几部试拟的"行政程序法草案"。

目前，法律同仁在努力推进行政程序的法律化和法典化的时候，似乎只是附带地关注行政程序的正当化问题，或者认为当行政程序被法律化和法典化的同时也就实现了行政程序的正当化。实际

---

[*] 中国人民大学法学院 2004 级博士研究生。

上，行政程序的法律化并不等于行政程序的正当化，或者可以说，行政程序的法律化甚至是法典化实现之后，离行政程序的正当化仍存在相当一段距离。行政程序的法律化和法典化讲究的是法律体系内部的逻辑整合，而行政程序的正当化则追求的是作为一种行政法律制度的行政程序的正当性基础。在中国这样一个后发现代化国家，其现代法律制度的建立完全依赖于模仿和移植西方法律制度，相对而言，"拿来"容易而消化吸收则是一个漫长得多的过程，因而，同样移自西方的行政程序制度在中国的正当化较其法律化和法典化将远为不易。

所谓行政程序的正当化，从内容上来说，就是行政程序作为一种行政法律制度能够达到一定的所谓"正当程序"或"程序正义"的标准；从形式上来说，就是行政程序作为一种行政法律制度或者法律技术在人们心目中得到普遍的认同和遵循。行政程序的内容正当化是从法律体系内部来考察的，而行政程序的形式正当化则是从法律体系的外部来考察的，这两个过程从其本质意义上说应该是统一的，行政程序在内容上正当化的同时，也就意味着行政程序在形式上实现了正当化。只有同时实现了行政程序的内容正当化和形式正当化，行政程序才能演化为真正意义上的正当行政程序。

在当下的中国，行政程序在被法律化的时候，行政程序的内容正当化得到了一定的重视，英国法上的"自然正义原则"、美国法上"正当法律原则"以及德国、日本、台湾地区的行政程序法典作为经典立法例都频繁地被学界援引和研究，立法甚至判例都在不断强调法定程序的重要性；而与行政程序的内容正当性得到一定程度推进相对照的是，行政程序的形式正当化的问题，却几乎被忽视，在法制实践中也几乎没有获得有意义的进展。结果，行政程序的这两种正当化过程呈现出一种经常性的背离：行政程序在内容上正当性的一定程度的强化却并不能在形式上正当化。这种经常性背离直接导致法律文本上的所谓正当行政程序在法制实践中成为具文，法律文本上的所谓正当行政程序的正当性自然也难以保证。当行政程序的内容正当性被其形式正当性所颠覆之后，这种源自西方的行政程序制度在中国遭到怀疑甚至成为淮北之枳，也就成了必然的命运。①

因此，在研究行政程序制度的时候，十分有必要关注这种制度引入中国后

---

① 我国台湾地区学者陈新民先生认为：中国若要制定行政程序法一定至少有三五年以上的缓冲期，作为执法干部的培训期间，否则以中国数目庞大且不能体认行政程序法价值的行政人员和司法人员，必然会对行政程序法产生陌生与排斥，将注定其失败的命运。（参见陈新民：《中国行政法原理》，81页，北京，中国政法大学出版社，2002。）在本文看来，中国行政程序的正当化得以实现的关键因素并不在于行政人员和司法人员的素质，而在于中国行政程序的内容正当性来源于西方古老的程序法治传统，而其形式正当性则受制于中国民众对于这种传统的普遍排斥，这二者的矛盾如果不能解决，则行政程序法在中国无法真正正当化。显而易见的是，三五年时间无法解决这一矛盾，而超过三五年再实施一部已经制定的法典，则该法典难以保证其内容不过时，尤其在社会转型并未完成的中国。

已经形成的或将要形成的实际命运。行政程序制度及其背后所蕴含的程序正义理念固然流行于当今世界，然而这种制度如何融入中国的法制传统和目前的法制体系，在中国法律体系中获得其正当性，这是一个十分值得思考的问题。

二、行政程序内容正当性的强化：实定法和判例

经过法律同仁的诸多努力，行政程序制度被引入中国之后，在被法律化的同时，其内容正当性不断被强化。这种强化，一方面体现在实定法上通过不断学习和模仿西方行政程序法制度，使中国的行政程序在法律规范和法律体系上趋于逻辑上的完备；另一方面，体现在法院援用正当行政程序的法律原理裁判案件，试图使行政程序的内容正当性获得作为最后一道防线的司法救济的保证。

（一）实定法

继 1989 年的《行政诉讼法》之后，1996 年的《行政处罚法》、2004 年的《行政许可法》都对法定程序进行了越来越详细、也越来越完备的规定。

1989 年《行政诉讼法》第 54 条规定，行政机关的具体行政行为如属违反法定程序的，法院应判决撤销或部分撤销，并可以判决被告重新作出具体行政行为。这是我国首次将现代行政程序制度引入我国的法律体系之中，因而该条款具有开创性意义。为了与《行政诉讼法》相衔接，该法颁布后我国出台了大量的专门程序性规章和地方性法规。1996 年《行政处罚法》则第一次系统规定了行政处罚这一类行政行为的程序，而且还引进了一些现代行政程序的基本制度，如听证制度、公开制度、告知制度、说明理由制度、职能分离制度，规定了相对人的得到通知权、陈述意见权和申辩权等程序性权利。2004 年的《行政许可法》则几乎可称为一部"小行政程序法"，该法第四章"行政许可的实施程序"共计 29 条，占整部法律 83 条的三分之一有余，现代行政程序的基本制度几乎都在该法中得到了体现，包括在《行政处罚法》中未曾规定的信赖保护原则、案卷排他性原则。我国行政法领域出现了数目庞大、涵盖各效力等级的程序性法律文件。[1]

从这短短的 15 年的立法简史可以发现，我国行政程序法律制度至少在法律文本上正在快速与西方的正当法律程序接近[2]，其内容正当性在我国法律同仁的戮力之下得到了一定程度的强化。不过，由于《行政诉讼法》规定法院只能

---

[1] 有学者对我国的有关行政程序的法律文件进行了整理，参见王万华主编：《中国行政程序法汇编》，中国法制出版社，2004。

[2] 据盐野宏先生的归纳，虽然各国国情不同，但还是存在有关"正当程序"的共同原则，其具体内容一般包括四个方面：告知和听证、文书阅览、理由附记、处分基准的设定和公布。参见[日]盐野宏著，杨建顺译：《行政法》，191 页，北京，法律出版社，1999。

审查违反"法定程序"的情形,因而这种内容正当性的强化尚处于法律化的层次上,具有相当的限度;而对中国行政程序的内容正当化具有更为重要意义的则是下述判例。

(二)判例

在这个社会变迁日新月异的时代,中国的法官群体中也不乏勇于打破陈规者。这里引用的两个案例的判决书的内容,就是海淀法院的法官试图在判例中援用所谓的"正当法律程序"的原则或精神来判决案件,借此来推进行政程序的内容正当性。

一个是田永诉北京科技大学案件的一审判决。在该案件中,被告北京科技大学因田永考试作弊对其作退学处理。海淀法院判决认为该退学处理决定不合法。判决理由称:退学处理的决定涉及被处理者的受教育权利,从充分保障当事人权益的原则出发,作出处理决定的北京科技大学应当将该处理决定直接向被处理者本人宣布、送达,允许被处理者本人提出申辩意见。北京科技大学没有照此原则办理,忽视当事人的申辩权利,这样的行政管理行为不具有合法性。

另一个是刘燕文诉北京大学案件的一审判决。海淀法院认为:北京大学第四届学位评定委员会对刘燕文博士学位的表决程序,违反了《中华人民共和国学位条例》第10条第2款规定的法定程序。校学位委员会作出不予授予学位的决定,涉及学位申请者能否获得相应学位证书的权利,校学位委员会在作出否定决议前应当告知学位申请者,听取学位申请者的申辩意见;在作出不批准授予博士学位的决定后,从充分保障学位申请者的合法权益原则出发,校学位委员会应将此决定向本人送达或宣布。本案被告校学位委员会在作出不批准授予刘燕文博士学位前,未听取刘燕文的申辩意见;在作出决定之后,也未将决定向刘燕文实际送达,影响了刘燕文向有关部门提出申诉或提起诉讼权利的行使,该决定应予撤销。北京大学学位评定委员会应当对是否批准授予刘燕文博士学位的决议,依法定程序审查后重新作出决定。[①]

在这两个案件中,在并无法定程序的明文规定时,法官所采取的论证策略是:被告的行政行为对相对人的某项权利具有不利影响时,法律所规定的充分保障当事人权益的原则,即以默示的方式承认了原告所享有的正当程序性权利,并相应地要求被告适用正当行政程序。因此,这两个判决书的内容虽然没有明示,但其实两个案件的主审法官都是以"正当程序"的法律原则或理念为依据进行了判决。这两个判例的意义就在于:当不存在法定程序的明文规定时,从合乎立法目的的角度考虑,正当法律程序的原则或精神同样可以成为判决的根

---

① 这两个案件的判决书的内容引自胡锦光主编:《中国十大著名案例评析》,84、135~136页,北京,法律出版社,2005。

据。这就使中国行政程序的内容正当性从法定程序的层次上升到法律精神的层次。

(三) 行政程序的内容正当化的缺陷

然则，中国行政程序的内容正当化是否完结？从表面上来看，正当程序的理念不仅体现在实定法上，而且被贯彻至判例之中，应当具备了较为完备的正当性基础。但是，这种内容正当化仍然存在着较为严重的缺陷。

首先，正当行政程序缺乏我国宪法上根据。这并不是说，正当行政程序在我国宪法上找不到根据，从法律解释技术上来说，这种根据的获得是完全可能的。[①] 不过，我国法定的宪法解释机关很少进行宪法解释，而我国的宪法也很少从文本上走下来进入鲜活的司法实践。因此，除了通过修宪增删宪法条文之外，正当法律程序原则在我国目前很难上升为宪法原则或精神。在我国这样成文宪法国家，如果正当行政程序缺乏宪法上的根据，则其正当性始终不够完备。

其次，类似于上述的判例不足以保证行政程序的内容正当性。田永案的判决书经最高法院审判委员会讨论通过后，在《最高人民法院公报》1999年第4期作为典型案例公布。一般来说，这种典型案例所宣示的正当程序原则对此后各级法院审理行政案件具有指导作用。但是，我国毕竟不是判例法国家，这种典型案例对后来的判决只具有参考价值而并无法律上的拘束力，因而该案例中默示正当法律程序的原则并不能形成制度化效力而具有普遍性。

三、行政程序形式正当性的匮乏

如果说中国行政程序的内容正当化尚能有所推进，那么，中国行政程序的形式正当化则可以说是基本付诸阙如。也就是说，在中国正当行政程序作为一项行政法律制度被普遍认同和接受的程度相当低，不仅对于普通民众如此，即使在训练有素的行政人员和司法人员中同样如此。[②]

(一) 原因分析

首先，这与中国的行政权力的运行模式密切相关。中国行政权力的运行是与政治紧密结合在一起的，其表面上的特征就是党政混一，其必然结果就是行政承担着诸多的政治功能。于是，行政运作演变为这样一个过程：政治权威制

---

① 这种通过宪法解释为正当行政程序提供依据的例子，典型的如日本、德国和我国台湾地区。参见［日］阿部照哉、池田政章、初宿正典、户松秀典编著，周宗宪译：《宪法——基本人权篇》（下册），285~291页，北京，中国政法大学出版社，2006；翁岳生主编：《行政法》（下册），985~986、1077~1082页，北京，中国法制出版社，2002。

② 这种判断的作出只是基于作者的个人经验或者说常识，并没有具体的调查统计数据的支持。

定各种各样的漫无节制的政治目标①,各种含混不清的政治目标被分解为各种相对确定的行政目标;但由于政治权威同时又是行政长官,因而这些行政目标同样带有浓重的政治性而变得非合理化②,整个行政体系被动员起来为实现这种非合理化的行政目标而运作。对于行政人员而言,最重要的就是责任化到每个行政部门的既是行政目标又是政治任务的实现,而行政人员实现这些目标和任务的手段主要是政策,其次才是行政规范性法律文件。

事实上,对于行政人员来说,制定和执行行政规范性法律文件的目的都是行政性的。也就是说,法律只是行政权力的表现形式,履行一般行政工作中的部分职能,它是协助行政机关实行行政命令、开展行政活动的工具或手段。而行政程序可能起到对行政权力的强化或削弱的作用,但如果有碍于其行政目标和政治任务的实现,则这些程序会被毫不留情地弃之不顾,因而行政程序并不会使行政机关的行政权运行确立一种制度化和程序化的框架。至于蕴含于"正当行政程序"观念中的最本质的一条,即其最终指向是保护相对人的个人权利,则基本不在行政机关作出行政行为的考量范围之内。从某种意义上讲,行政机关手中的权力仍旧是一种依靠强制力支持的特权,而不是一种非人格化的、为社会所普遍接受的制度化权力。"行政程序"不可能起到训练行政人员、保护个人权利的作用,不仅如此,"行政程序"常常是被当作强化行政权力、服务政府利益的手段来运用的。基本可以肯定的是,指望通过行政程序来把行政官员塑造成为韦伯意义上的现代官僚,无异于缘木求鱼。与行政法律一样,当行政程序被经常性否弃之后,自然不会被行政人员所认同与接受,而其形式上的正当性也就无从谈起。

其次,西方的正当法律程序的精神并不自然容于中国自身的传统法律观和正义观。显然,中国的立法和判例都以西方的"正当法律程序"这一原则或精神来作为中国行政程序的标准,而其内容同样以西方国家的"正当法律程序"的内容为圭臬。西方的"正当法律程序"背后是一种程序正义或形式正义观,这种正义观与中国的实质正义观是存在冲突的。

这两种正义观的最大区别就在于实质正义观的正义之源不在于法律本身,而在于法律之外的政治或者伦理,而正当行政程序体现的则是形式正义观,即程序正义的正义之源在于法律本身,法律就是正义的化身,人们沐浴在法治之

---

① 诸如精神文明与物质文明双丰收、经济上达到中等发达国家水平、一年一个新台阶、从一个胜利走向另一个胜利等等。政治目标就是许诺给人民看的种种描述得美好而模糊的符号。

② 诸如年 GDP 增长率达到多少、救济多少受灾群众、修筑公路多少公里、每年办案多少件、财政收入增加多少、出版多少本著作等等。为了增强政治上的砝码,这些数字通常是在上年度的基础上增加一定数量,以示每年都在增加,而不考虑这些数字是否能实现。这方面的实证研究可参见周庆智:《中国县级行政结构及其运行——对W县的社会学考察》,123~130页,贵阳,贵州人民出版社,2004。

光的普照下即等于受到了正义女神的青睐与眷顾。行政程序及其蕴含的程序正义观念之所以在西方被普遍接受而获得其形式正当性,即因为人们早已进入法律的信仰之门。然而,中国人则至今仍徘徊于法律的信仰之门的外面,正义不仅只是甚至很少只是来源于法律和程序,而更多的可能是来源于政策、习惯、乡规民约,甚至是情理。

我国传统的礼法和当前所谓的政法,都是一种实质正义观的体现。在我国传统社会中,天下是一个充满意义的世界,社会中存在由神或祖先所创设的伦理规则,这些伦理规则事实上充当着规范社会的功能,因而伦理规则的法律化是一种普遍现象,人们对这些源远流长的伦理规则充满了敬畏,将其视为正义的化身。而且,在传统社会中,正义与法律存在一种关键的联系,即只有那些具有正义德性的人才可能知道怎样去运用礼法。[①] 在当前的中国,传统礼法已经被一个世纪的一波又一波的反传统浪潮所颠覆,不过法律规则仍然没有成为这个社会的主导规则,替代伦理规则的则是政治规则。正如韦伯所指出的:"如果说资本主义依靠它从罗马法中吸取基本的法律规定而顺利发展的话、那么,社会主义从罗马法中却赶走了至今仍坚牢不拔的东西——形式上的合理性。"[②] 在社会主义中国,社会主义政治原则而不是社会主义法律构成了社会正义的源泉。与我国这种实质正义相适应的执法方针是"原则性与灵活性相结合",对执法者的要求最主要是政治忠诚与道德高尚,而非行政法律技术知识;像正当行政程序这种精巧复杂而且较为刚性的现代法律技术,则并非为政治权威所重视,也就并不构成执法者的素质要求。

(二) 行政程序形式正当性匮乏的后果

中国行政程序形式正当性匮乏的严重后果就是无法使行政程序制度在中国真正正当化;不仅如此,其内容正当性也被严重削弱了。这里根本的一点在于其内容正当性和形式正当性的标准不一致,其内容正当性是以西方正当法律程序精神为标准的,而其形式正当性却只能以中国人的实质正义观为基础。虽然国家以正式的、具有强制力后盾的制定法的形式来推行现代行政程序制度,使其越来越系统化、逻辑化,但法律文本上的现代行政程序制度在中国的实际命运却可能呈现出一种历史的吊诡:中国行政程序的内容正当性越强化,其形式正当性就越弱化。也就是说,中国行政程序在法律体系上越接近西方的正当程序标准,则其在中国被普遍认同和接受的可能性可能就越少。

不过,一扇法律之门关闭的同时,另一扇法律之门正在开启。中国行政程

---

① 按照一些学者的观点,西方的传统社会同样是伦理规范强于法律规范,但近代以来西方社会逐渐发展出一套独立于伦理规范的法律规范体系,这种体系与资本主义的衍生相辅相成。参见[美]麦金太尔著,龚群、戴扬毅等译:《德性之后》,15页,北京,中国社会科学出版社,1995。

② [德]韦伯著,洪天富译:《儒教与道教》,29页,南京,江苏人民出版社,1997。

序形式正当性匮乏还具有另一重后果：就是在另一个方向上为行政程序在中国的正当化提供了一条可能的途径。当西方式的正当行政程序观念不被行政人员和普通民众所认同和接受时，法律文本上的所谓正当行政程序便不可能在法制实践中被不折不扣地执行。例如，在行政执法过程中，行政人员为了种种法外因素，例如维护社会稳定、为人民服务、公序良俗、人情常理等等，不得不采取模糊行政程序界限的办法，才可能保证行政的可接受性。再如前面提到的田永案和刘燕文案，两案的判决书中所直接援引的都是保障当事人权益的原则，以此推导出正当法律程序，这也许是一种为了导出法无明文规定的正当法律程序原则的策略，但同时也反映了主审法官的一种一贯的思维方式：先确立保障当事人权益的实体性标准，而后将正当法律程序作为保障当事人权益这一实体性标准的辅助性手段。在这些法制实践中，不论是行政执法人员还是司法人员，都将正当行政程序作为保障某种实体权利的辅助性制度，而没有把正当行政程序本身作为一种独立法律原则确立起来。

也就是说，当行政程序的内容正当性奠基于中国传统的实质正义观之上的时候，其形式正当性也能够得到强化。然则，行政程序在中国的真正正当化也就可能了。这种中国式的正当行政程序观并不要求法定程序的绝对不能违反和不能缩减，它并不符合西方式的正当行政程序的要求，但是这种灵活变通的行政程序能够满足某种法律之外的正义需要。在这个意义上，吉尔茨的下述论断是正确的："法律就是地方性知识；地方在此处不只是指空间、时间、阶级和各种问题，而且也指特色，即把对所发生的事件的本地认识与对可能发生的事件的本地想象联系在一起。这种认识与想象的复合体，以及隐含于对原则的形象化描述中的事件叙述，便是我所谓的法律认识。"[①] 在行政过程中，行政人员要充分运用其关于法律的"地方性知识"，"情理法并重"，以人情常理"衡平"法定程序；行政人员不能拘泥于法条的字面意思，而必须将立法目的和意图纳入考量的范围，进行能动执法；不能拘泥于行为本身，还要强调道德目的。这样的行政程序是一种现实主义的工具式的行政程序，不同于西方行政程序强调形式法治，这种行政程序观念强调超越法律的实质正义；而且必须坚持实质正义的立场，否则原则的妥协、行政程序的克服将处于无章可循的状态。[②] 行政程序的功能主要并不在于保障当事人权利，而在于：在这个行政合法性日趋丧失、社会矛盾越来越突出的社会中，起到增强行政行为合法性、从而整合社会的作用。

---

① 梁治平编：《法律的文化解释》，126页，北京，三联书店，1995。
② 相对于制定法的经常修订，从理论上来说，作为实质正义之源的人情常理、公序良俗是经久不变的。当然，这种判断是基于如下的预设：中国仍然在整体上是一个乡土社会，其实质正义之源并未因为西方文明的进入和不断的反传统浪潮而趋于歇绝。

四、比较法的难题：法律移植与本土化

经过上述关于行政程序制度的讨论可以发现，西方的法律制度移植至中国，必须经过一番变化之后方能称为中国法律制度的内在组成部分，即本土化。但如何才能实现其"创造性转换"（林毓生语）而融入中国法律体系，确是行政法学者尤其是致力于比较行政法学者的"历史面前的责任"（韦伯语）。

20世纪末期，中国处于剧烈的社会转型时期，为求社会秩序的稳定而求助于法律的统治。在近代中国历史上，最近二十多年接续了清末变法的余绪，又开始了新一轮的大规模引进西方法律制度。[①] 对于一个以西方现代化水平为标准和赶超目标的后发现代化国家来说，中国借鉴西方的法律制度是不可避免的。因此，对于中国从事比较法研究的法律学人来说，应深切明了西方法律制度的内在运作机制，也同样需要、也许更为重要的是明了西方独特的理性法律制度所产生的文化土壤和历史传统。因而，在研究西方法律时，绝不能仅仅限于其制度层面的浅尝辄止，而应该深入探究这些制度背后所蕴含的内在特性。

不过，对于比较法而言，这还仅仅只是一个维度。另外一个更为重要的维度，就是要明了中国内在的法律传统和文化特性。此为比较法之本。所谓无本则如无辔之骑、无舵之舟，如果不能对中国自身的法律传统与文化特性抱有一种"温情与敬意"（钱穆语），深谙其中三昧，则比较法之开展，即为无本。"通我中国之学术文章，然后择西学之可以补吾缺者用之，西政之可以起吾疾者取之，斯有其益而无其害，如养生者，先有谷气而后可饫我遮羞，疗病者先审脏腑而后可施药石，西学必先由中学，已犹是矣。"[②] 对于行政法学而言，中国行政权之运作和政治文化（不论是传统的还是当前的）殊异于西方，如果比较行政法学者不能对这种政治和行政特性具有深切的认识，而简单地套用西方行政法制度框架来削足适履地分析中国行政制度，则其所谓的比较法研究终究隔靴搔痒而已。

[①] "从1979年起，每年有一大批法律、法规产生，1982年后每年又有大量行政规章产生。到1999年底，所制定、修改的法律有371个，行政法规有840个，地方性法规有7 000多个，行政规章则有30 000多个……五十年来的种种外来因素，苏联的，美国的，整个西方的，对中国立法发生了重要影响。"周旺生：《中国立法五十年》，载香港中文大学"中国研究服务中心"网站（http://www.usc.cuhk.edu.hk/uscgb.asp）。另外，全国人大常委会法制工作委员会有关负责人在谈起这十多年来的立法工作时曾这样表示："可以毫不夸张地说，我国几乎平均每个月都有一到两部新的法律诞生。一部部法律正在填补社会、政治、经济生活方面的法律空白。从总体上看，我国政治经济社会生活的主要方面，已经基本做到有法可依。"王光泽：《法治：立法路线图》，载《21世纪经济报道》，2003-12-30。

[②] 张之洞：《劝学篇》，内篇，25页，1898。转引自汪荣祖：《史家陈寅恪》，36页，北京，北京大学出版社，2005。

比较行政法研究的第三个维度则是对二者进行相互比较与分析,以实现中西法律的创造性的综合。此为比较行政法研究中最为重要的维度。中国行政法学者与西方同行们在进行比较行政法研究时的最大不同在于:西方行政法学者比较的目的旨在论证其理论与制度的先进并输出其先进的理论与制度;而中国行政法学在进行比较行政法研究的目的则在于学习借鉴并创造出适合中国的行政法理论与制度。因此,此种比较与分析一定要从中国的问题的出发,而断不能针对从西方传来的理论和制度出发得出的种种"伪问题"进行研究。实际上,这种基于真正的"中国问题"的比较法研究,必定奠基于前面两重维度之上,只有当为学者游刃有余地出入于中西方这两种截然不同的学术传统之中时,才可能辨明问题之真假,而后才能进行理论上的创造性综合,构筑真正意义上的中国行政法。

对中国行政法具有开创之功的王名扬先生的研究计划便是循此三种维度展开的。王名扬先生计划写作五部书:《英国行政法》、《法国行政法》、《美国行政法》、《比较行政法》和《中国行政法》,前面的"行政法三部曲"属于上述的第一个维度,而《比较行政法》则属于第二个维度,《中国行政法》则属于第三个维度。至为惋惜的是,王老实际上只完成了第一个维度的研究,第二个维度的研究只完成了一半,而最重要的《中国行政法》则由于身体原因最终未能动笔,只能留待于后学晚辈了。[①]

总之,虽然由于中国近百年的屈辱历史和不断的革命,中国固有的文化特性渐趋式微,然而进行比较行政法的研究,最重要的一点即是不能丧失文化自信,否则学习的过程就不自觉地演变成了接受文化征服和文化殖民的过程。中西通儒陈寅恪尝言:"窃疑中国自今日以后,即使能忠实输入北美或东欧之思想,其结局当亦等于玄奘唯识之学,在吾国思想史,既不能居最高之地位,且亦终归于歇绝者。其真能于思想史上自成系统,有所创获者,必须一方面吸收输入外来之学说,一方面不忘本国民族之地位。此二种相反而适相成之态度,乃道教之真精神,新儒家之旧途径,而二千年吾民族与他民族思想接触史之所昭示者也。"[②] 这对于从事中西比较的任何学问而言恐怕都是至理名言,从事中西比较之学的学人当以此自醒。

[①] 参见王名扬:《比较行政法》,"著者的话",北京,北京大学出版社,2006。王名扬先生的"行政法三部曲"已经被奉为经典,而这恰恰说明了一点:当前中国行政法学的研究还处于比较行政法研究的第一个维度的初级阶段。

[②] 陈寅恪:《冯友兰中国哲学史下册审查报告》,载《金明馆丛稿二编》,252 页,上海,上海古籍出版社,1980。

行政评价

论行政评价机制与参与型行政

杨建顺[*]

> **目　次**
> 一、问题的所在
> 二、行政评价的概念范畴
> 三、先进诸国的行政评价状况
> 　（一）法国的 Contrôle de gestion
> 　（二）英国的 best value
> 　（三）美国的 bench marks
> 　（四）日本的行政评价状况
> 四、参与型行政评价与政府的职能定位
> 　（一）积极、充分的信息公开与政府的说明责任
> 　（二）观念转换与方法创新
> 　（三）对外部评价的支援与人才培养机制

一、问题的所在

　　国家以及行政的作用，伴随着时代的发展而不断变化。在"夜警国家"，国家以及行政的作用受到非常严格的限制，其规模也自然受到了限制。可是，在产业化和城市化的潮流中，新的社会问题接连爆发，国家以及行政应对这些问题的作用受到人们高度重视，于是，其活动范围得以扩展。尤其是第二次世界大战以后，无论在先进国家还是发展中国家，都呈现出所谓"行政国家"化现象，公

---

[*] 中国人民大学法学院教授、博士生导师，比较行政法研究所所长，中国法学会行政法学研究会副会长，日本一桥大学法学博士。

共部门的作用非常重要,其活动范围和规模都大大地扩展了,其影响广泛地渗透到国民生活的方方面面。20世纪70年代末至80年代初以来,在许多国家和地区展开了以有限政府、小政府、地方分权以及服务政府等为目标的行政管理体制改革。

随着时代的变迁,人们所要求的国家及行政的作用也随之变化,因而才有必要探讨政府职能定位或者政府职能转换之类的问题。不过,处于非常状态的情况姑且不论,近现代以来的任何国家存在的终极目的,都在于实现国民(市民)的福祉乃至公共利益。或者说,实现国民(市民)的福祉乃至公共利益,是近现代国家获得其存在正当性的基本前提。正如"人民的福祉才应当成为最高的法"(salus populi suprema lex esto)这句罗马格言所揭示的一样[①],所有的国家都是为了更好地实现公共利益而被组织化的,也必须由公共利益所引导。作为国家的指导理念,明确地揭示国家应当做什么、在多大程度上做什么的,是公共利益这个概念;公共利益这个概念也是国家和通过国家对作为集合性事业的行政进行评价和批判的基准。这一点,在行政国家阶段依然如此。但是,进入行政国家阶段,在公共利益的名义下,作为集合性事业的行政越来越得以正当化,政府的规制几近成为不证自明的公理,对于究竟什么是公共利益的认识反而越来越模糊、越来越困难了。在这种背景下,作为验证相关公共利益的方法或者手段,各式各样的行政评价应运而生;为了修正行政权力行使过程中偏离公共利益这一终极目的的现象,补充间接民主主义的不足,作为直接民主主义的重要体现的参与型行政理念逐渐深入人心,在先进诸国甚至出现了民众"参入"行政之中,行政与民众"协动",国民"不仅是行政的对象或者客体,而且也是行政的共同形成者,也是与官共同承担行政权的承担者"的状态。[②]

在中国,20多年的行政管理体制改革,使包括政府职能定位和政府职能转变在内的行政管理呈现出新的风貌,有力地推动了社会主义市场经济发展的进程。中国的一系列改革正处于攻坚阶段,政府职能的转变和行政管理体制改革的地位更加重要,任务更加艰巨,需要下更大决心,花更大气力,用更高技巧,积极稳妥地向前推进。这一点已经成为理论界和实务界的共识,也成了政治家论述改革的基本着眼点。然而,要真正稳妥地推进改革,不仅需要政治家的雄才大略,而且需要行政管理者的扎实努力;不仅需要促成职能转变的观念更新,

---

① 西赛罗将国家定义为公共的财产(res publica)。Cf. Emmette S. Redford, Ideal and Practice in Public Administration, University of Alabama Press, Birmingham, Alabama, 1958, p. 106. 参见[日]中村阳一、君村昌译:《行政中的理念和实际》,126页,日本,中央大学出版社,1973。

② 参见南博方:《当代行政法的发展趋势和日本行政法的新进展》,中国人民大学法学院讲座,2006年4月28日。讲座内容记录见http://www.calaw.cn/asp/showdetail.asp?id=6413(2007年1月23日最后访问)。

而且需要支撑观念更新的一系列制度,甚至可以说,在政府职能定位和政府职能转变的反反复复的过程中,建立一系列行政评价机制,完善参与型行政,始终是确保公共利益这一行政活动的最高目的得以实现的基本保障。这里的道理非常简单,即"只要劣币与良币等值,只要现存体制不能使手持劣币者受到惩罚,人们便不会奉公守法"[①],政府职能的定位便难以达到准确的程度,政府职能的转变也难以维持长久。唯有建立科学的行政评价机制,将参与型行政的理念和相关机制贯彻、推行到政府活动的各个领域和层面,才能够从根本上解决这个问题。[②]

近年来,中国行政实务部门纷纷推出行政评价机构,争相引入行政评价机制,专家学者们自豪地受托进行这样或者那样的行政评价,累积起新的学术成果,创造了参与型行政评价的一个个先例。这是令人欣喜的,同时也是令人担忧的。令人欣喜的是中国对于政府职能、政府规制乃至各种行政活动进行评价的重要性终于有所认识,开始重视,并迈出了尝试的步伐;令人担忧的是,这种评价表面上轰轰烈烈,实际上却很少取得实效性的成果,甚至会沦落成为新的行政寻租的契机。在行政评价和参与型行政方面,发达国家已有诸多成功的经验和失败的教训,在政府职能定位方面更有诸多实践经验和理论成果。对于处于攻坚阶段的中国改革来说,这些经验、教训等都是值得予以关注的,或许我们可以从中得到某些启示,至少可以避免走一些弯路。为了使中国行政评价这种新生事物茁壮成长,为了使人们的欣喜变为收获的喜悦,为了使某种担忧变为杞人忧天类的多虑,本文通过对法、英、美、日等国的行政评价实践和理论进行考察,试图提供理解参与型行政的一种视角,阐述分类管理、科学统制、民主参与等原则和理论对于政府职能转变乃至政府目标实现的意义。

二、行政评价的概念范畴

"行政评价"这个概念是对日语中的"行政評価"(ぎょうせいひょうか)的直接援用。

在中国行政法学界很少有人使用这个概念,而在中国实务部门近年来正在形成引入"行政评价"的热潮,诸如"行政评价委员会"、"行政评价办公室"等机构相继建立,为行政评价的展开提供了相应组织基础。中国行政学界、行政管理学界则较常用"绩效评价"、"绩效评估"或者"绩效管理"等术语,这

---

① 何清涟:《现代化的陷阱——当代中国的经济社会问题》,"导论",北京,今日中国出版社,1998。

② 其实,劣币和良币的这个道理,并不限于政府职能定位和转变的领域,而且在学术领域、医疗领域,甚至连最富竞争精神的体育竞赛领域等几乎所有的领域,都是共通的。

些概念与"行政评价"具有诸多相近、相似甚至重合的部分。

在日本,对"行政評价"这个概念的理解并没有定论,相反,其定义极其多样化。有人认为,行政评价是指"通过某种统一的视点和手段,对行政机关的活动客观地进行评价,将其评价结果反映于行政运营的活动"①。有人主张,行政评价是指"通过在行政机关与居民之间加上信息的交换,以市民的视点对行政的计划、预算化、执行的框架进行监督、重新组合的交流途径"②。有人强调,行政评价"是指将基于数值进行目标管理的观点导入行政,将民间企业的改革技能也导入行政的手法"③。

尽管日本不存在关于行政评价的定论,但是,从上述观点可以看出行政评价与政府职能定位、政府职能转变和参与型行政等概念具有极其密切甚至重合的关系。

一般来说,行政评价是指根据一定的基准、指标,由行政评价机构(行政部门、行政部门和民众、民众等)对行政的政策、措施、事务事业的妥当性、实现程度及其成果等进行分析、判定的活动。在这种意义上的行政评价,大致可以分为业绩测评(performance measurement)和计划评价(program evaluation)两种类型。日本、中国的行政评价一般属于前种类型,只是称谓不同,日本依然称其为"ぎょうせいひょうか"或者"業績評定",而中国多称其为"绩效评估"。

"业绩测评"是比照事前所设定的目标,对业绩进行测定、评判的方法,在欧美国家属于"公共经营"(public management)论的范畴④,与针对特定的项目,由外部的专家使用数量性乃至社会学的手法而进行的"行政评价"(administration evaluation)或者"政策评价"(policy evaluation)区别开来。政策评价属于计划评价范畴,政策层面的业绩评价诸如设置水准基点(bench marking)等与政策评价具有很多共性。计划评价,是指对关于政策的目的、目标、过程、成果及效率性等予以明确的体系性调查、研究等活动。⑤

在相对于"公共经营"的 NPM 次第展开的过程中,既存的政府职能和相

---

① [日] 小野达也等:《行政评价手册》,载《东洋经济新报》,2001,5 页。
② [日] 行政经营栏目海外调查会:《基于行政评价进行地域经营战略》,前言,东京法令,1999。
③ [日] 上山信一:《行政评价的时代》,1 页,日本,NTT 出版,1998。
④ public management 这个概念,在中国大多被翻译为公共管理。本文从参与型行政与政府职能的服务性考虑,尤其是基于"新公共经营"(new public management,以下简称"NPM",是指将民间企业的经营手法及成功事例(best practice)导入行政经营,追求行政的效率化及活性化,主张将从前的行政管理者置换为经营者,试图导入市场竞争原理的公共经营观)对行政职能提出的手段多样化等新理念,皆以"经营"来表述"management"。
⑤ 参见 [日] 龙庆昭、佐佐木亮:《政策评价的理论与技法》,8~9 页,日本,多贺出版,2000;[日] 古川俊一、北大路信乡:《公共部门评价的理论与实际》,29~35 页,日本,加除出版,2001。

应规制遭遇来自各方面的质疑，各国相继形成了将民间企业的经营手法移植于公共部门的公共经营运动。一般而言，在 NPM 背景下，对行政服务的目标、手段和质量进行评价，从特定的观点将对象限定为补助金、团体、研究等进行评价，对规制的妥当性、效果等进行评价，对组织的经营品质进行评价，等等，都属于行政评价的范畴。

三、先进诸国的行政评价状况

(一) 法国的 Contrôle de gestion

在法国，与"行政评价"相当的领域称为"经营统制"（Contrôle de gestion），是指组织内部进行总括性、经常性的经营信息统制的制度。在这一点上，与由外部的专家进行评价的政策评价区别开来。法国的经营统制论，以经营统制概念为基础，包括责任中心、原价计算、内部转换价格、计划、预算、业绩指标等，相当于广义上的管理会计。而相当于原价计算的领域，在法国从前曾称为"分析会计"（Comptabilité analytique），现在则称为"管理会计"（Comptabilité de gestion）。[①]

法国企业从 20 世纪 50 年代开始广泛地进行活用业绩指标（Tableaux de bord）的经营。将这种业绩指标从民间企业移植到公共组织，形成了法国行政管理中的业绩指标机制。在法国企业中，还存在"经营统制者"（Contrôleur de gestion）的机制。经营统制员在承担管理会计职能的同时，也作为各阶层管理者的参谋而从事广泛的活动。将企业的经营统制员的职能及其承担的各种各样的职能、经营途径移植到行政管理领域，构成了法国公共经营改革的一大支柱。

在法国中央政府层面，1984 年以降的设施部（Ministère de l'équipemengt）开始了"项目管理"、责任中心、业绩指标、原价计算等管理，后来逐渐扩展至其他部委。[②] 进入 20 世纪 90 年代以后，在"公共服务革新运动"（Renouveau du service public）中，责任中心制度的导入受到各部委的重视，但在中央政府层面的组织改革并未全面地引进公共经营机制。

在法国地方自治层面，特别是 1982 年的地方分权化以降，采取了各种各样的公共经营措施，涌现出许多"成功事例"，同时也遇到了诸多问题，由于仅注重从形式上模仿先行自治体的做法，使得许多自治体面临着引进公共经营机制的难题。

1. 法国自治体管理会计的经营手段

法国自治体管理会计的主要经营手段是责任中心、业绩指标、原价计算以

[①] Bouquin, H., La comptabilité de gestion, Que-sais-je?, PUF, 1997.
[②] Bartoli, A., Le management dans les organisations publiques, Dunod, 1997, 196.

及各式各样的软经营 (soft management) 手法，乃至围绕经营手段活用的组织论方面的举措。

(1) "责任中心"和预算的分权化

以"从由程序进行统制到由结果进行统制"的转换为目标的 NPM，在运用业绩指标的同时，采用按照组织部门的不同分别进行预算，在其范围内大幅度地承认活用预算权力（"综合预算"）的做法。即推动预算的分权化，推进"范围分配方式"[①] 以及"激励制度"[②] 等的改革。[③]

"责任中心"这个概念，在英美各国是作为经营统制 (management control) 的基础来定位的。而在法国，所谓"责任中心"，是指在被授予了权限和裁量处理余地的基础上，并被规定了追求目标的义务的单位。民间企业中的责任中心包括成本中心[④]、利益中心[⑤]和投资中心[⑥]等。在地方自治层面导入责任中心机制，则意味着对每个部门分别总括性地赋予预算，在该预算框架下赋予相关部门以裁量处理的余地，承认其在各个项目之间活用预算的权力。[⑦] 不过，在人事和财政等方面，活用业绩测评等经营统制的成果，虽然具有必要性，却也存在相当大的困难。

(2) 业绩指标与活动报告书

在法国的民间企业，长期以来使用的是含非财务指标的业绩指标 (Tableaux de bord)。法国的自治体导入这种制度，与大多管理会计的内部报告一样，是每月业绩指标，与作为年度评价的"活动报告书" (Bilan d'activité) 区别开来。

在法国，受管理会计的影响，重视"责任会计"概念的严密架构，强调指标和权限（裁量处理的余地）的一致性。当指标超过权限时，如果对没有权限的那部分指标也要追究责任，那就会削减人们的热情。当指标低于权限时，有关部门则容易只关注以指标形式表现出来的事务，而忽视了除此以外的事务。

---

① 要求预算在一定的框架范围内举行，只要满足了一定条件，相关要求就会得到财政部门的全面准许。这里存在着将措施选择权委任给担当部门的意图。

② 对于在支出预算削减和收入预算获得等方面取得了一定成果的部门，承认按照该成果的幅度在翌年度进行追加性预算要求的权利。

③ 分权化的问题暂且不论，从行政自身的规律性的视角认识赋予相关部门相应的裁量处理余地的思维方式，值得我们在思考政府职能定位和行政评价机制时予以关注，并在实践中予以借鉴。当然，这个问题也与行政裁量论及权力配置论相关联，在这里就不展开了。有关行政裁量的问题，参见杨建顺：《行政裁量的运作及其监督》，载《法学研究》，2004 (1)；全文收入中国法制出版社编：《宪法与行政法论文选萃》，561~587 页，北京，中国法制出版社，2004；全文收入法苑精萃编辑委员会编：《中国行政法学精萃（2005 年卷）》，北京，高等教育出版社，2005。

④ 只对费用有裁量处理的余地，由此而进行评价。

⑤ 对费用和销售额持有斟酌处理的余地，以利益进行评价。

⑥ 具有对于投资的权限，以投资利益率进行评价。

⑦ 这样做有利于避免资金挪用等所谓违法违纪行为的发生，亦利于评价和节省监督成本，提高行政效率和效益，是权力制约监督方面应当深入思考加以借鉴的经验。

为了解决这些失谐（mismatch），除了重新审视指标之外，有时甚至采取将组织与指标相组合的解决方法。很多情况下，上级没有对下级赋予实现目标所必要的权限和裁量处理的余地，这种情况极其不利于责任行政的推进，需要在行政评价过程中予以纠正。[①] 责任必须在有权限的地方追究，没有裁量余地的地方便没有责任。法国的公共经营系统，一般采取按照组织部门的不同分别架构的机制，根据事务、措施、政策等事业体系的设想，以每个部门为单位分别来考虑自己的"任务"为出发点。把行政设想为一个生产函数，将输出作为"服务"来予以定义，或者将本部门内部的组织本身视为顾客来架构间接服务的体制。

在活动报告书中，一般而言，各部门有义务记述以下内容：服务（生产物）的定义（内部、外部）；政策（使社会变化是目的/与外部相关人员的合作是必要的）；目标（当然要反映议会的"方针"）：战略目标、业务目标、实现方法；手段（预算、人员、物质要素）；成果（社会的有效性、经济的有效性）。

在法国，在指标和记述评价中所使用的评价基准不是 3E（有效性、效率性、经济性），而是公共经营的三角形（如图 1 所示）。其中包括 2E（有效性 Efficacité、效率性 efficience），还包括测量手段和目标之间的适合性的"妥当性"（Pertinence）。这里所说的"妥当性"，是指构筑或者选择适合于目标的适当而确切的手段（其本身可以进而成为小目标）[②]，避免设定与手段不相称的非现实的目标（在那种情况下，则要求战略性思考）。[③]

法国型业绩指标的运用未必呈现出如均衡积分卡（balanced score card）那样的自上而下的倾向。报告系统（reporting system）的构筑，首先从到现场进行有用的信息整备开始，然后阶段性地仅将重要的信息报送上一级。在法国，民间企业也不能要求让基层、中层将所有的数据提交上级。中间阶层只是从下面提交来的数据和自己为了管理而整备的数据之中，挑选那些有益于报告目的的数据提交给上级。这称为"套匣原则"（principe de gigogne），其目的在于使管理人员能够在有限的时间内进行有效的监督。将数据进行限缩，以避免全部提交上级而导致琐碎的介入增加，使得裁量处理的余地被剥夺。与此相对，经营统制者（management controller，Contrôleur de gestion）则掌握所有的数据，以便在必要的时候能够提供。

---

① 实际上，中国近年来普遍出现的所谓"中梗阻"现象，一方面的原因在于基层或者中层行政组织及其工作人员的素质不高，观念不新，怠于履行相应的职责；另一方面的原因在于上级部门或者工作人员所下达的任务或者工作目标不科学，甚至没有赋予实现目标所必要的权限和裁量处理的余地。对这方面的行政职能进行全方面、深层次的把握和评价，探索改善的方略，当是政治学、行政学、行政管理学和行政法学所共同面对的课题。

② Gibert，P.，Contrôle de gestion des organisations publiques，Editions des Organisations，1980.

③ Charpentier，M. & Grandjean，Ph.，Secteur Public et Contrôle de Gestion-Pratiques，enjeux et limites，éditions d'Organisation，1998，27.

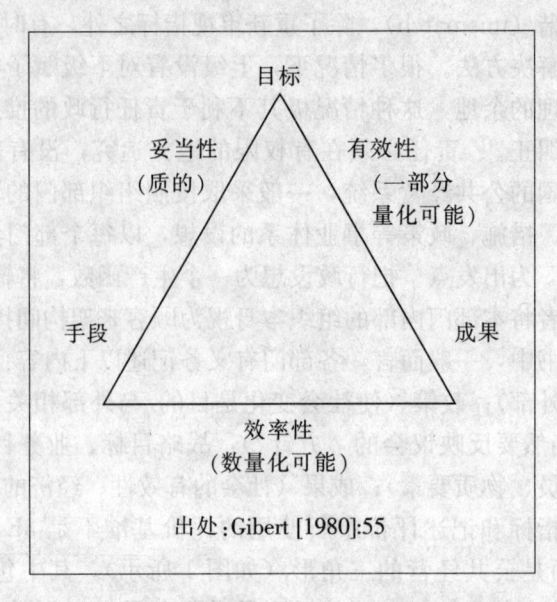

```
                     目标
                      /\
                     /  \
              妥当性 /    \ 有效性
              (质的)/      \ (一部分
                  /        \  量化可能)
                 /          \
                /            \
           手段 /_____\ 成果
                    效率性
                  (数量化可能)

              出处:Gibert [1980]:55
```

图1 Gibert [1980] 中的公共经营的三角形

（3）原价计算

公共服务中的原价计算的意义，并不如企业中的原价计算那样明确。如果是企业的话，能够明确地定义单位产品的原价，而在公共服务中，与这样的"产品"相当的东西是不明确的。公共服务原价计算的困难性，在于公共服务这种东西的测定和确认是困难的，并且是由需要花费庞大成本的"活动"群构成，而这些"活动"大多属于不规则的情形。例如，民间企业会活用与利益目标相联结的预算管理，而在公共部门则是不可能的。因为公共部门是非营利的，所以，虽然可以将成本分解为业务量和单位成本，但该单位成本的精确度是个问题。和制造业不同，在行政服务中"标准"的设定很困难，"科学地"计算出下期的目标也很困难。透过不断地重复为了业绩改善而募集积极提案的行政评价过程，就会一点一点地明确必要的活动。经营方法的导入不是追求时髦，而是必须构筑适合于组织实情的"量身定做的测定"（Mesure sur mesure）。

（4）"项目管理"等所谓"软经营"

法国的"经营统制"，并不限于计划、预算、原价计算、业绩指标，而且还包括目标管理等"软经营"以及经营文化的举措，意味着要将统制概念转化为动员经营文化，要将组织的成员"诱导"至某种方向。为了破除宗派主义（sectionalism），而导入"项目管理"（Projet d'entreprise, Projet de service）。[1]

---

[1] 关于法国中央政府引进项目管理的情况，参见 Gibert, P. & Pascaud, G., "Des projets d'entreprises pour les organisations publiques", Politiques et management public, 7 (2), 1989, 119-192。

例如,圣·德尼市从 1984 年前后开始运用分权性预算,宗派主义的弊端更为显著,于是导入了"项目管理"。但是,也有人批判指出,由于这是某种"运动",对于不在营利目标的范围的自治体来说,这种软经营是对变化的过程不加统制的做法。[①] 的确,在真正给组织注入活力这一点上,软经营优胜,而硬性的手法具有墨守成规的危险。相反,软经营也具有难以让效果持续的弊病。

2. 业绩测定的"implementation"

法国的业绩指标(Tableaux de bord)所重视的是输出层级,将重点置于结果测定上的政策评价论(受政治学的影响很强)和重视输出的经营统制论(受管理会计的影响以及法国企业的实际业务移植性质很强)并存,在谋求指标和责任的范围一致性方面,避开了受到环境影响的结果。[②] 不过,在设立"任务"和目标的阶段,也使其对结果予以充分的考虑。与单纯的"公共政策"、"政策科学"、"政策评价"、"政策分析"等注重政策的效果本身相对,只是为了实现政策的效果而进行必要的组织管理的领域是必要的。尽管政府可以从企业经营中学习很多东西,但是,绝不能因此而否定公共部门所固有的特殊性。

将"公共经营"和"公共政策"联结起来的是"执行"(implementation)的概念。这个概念不仅在美国成为重要的概念,而且在日本政治学领域也受到公共政策论的重视。

在公共经营和公共政策中被重视的"implementation",是指基于政策的大理念以及顶层的方针通过组织得以实施。由于这个过程中相关的理念、方针往往会被抽去骨架,或者出现该理念、方针等原本就是在没有掌握现场状况的情况下制定的,缺乏正当合理性,因而特别重视政策、方针的实施阶段及其承担者。这个概念在法国得以广泛使用(Implementation = Mise en oeuvre)[③],强调应当正确地诊断现在的组织状态,在试图将其组建成怎样体制的组织得以明确化之后,再着手于经营方法的设计(Agenda Setting)。传统的经营统制一直是以"差异分析"等谋求"对标准的符合"为基础,而今天,在激烈的环境变动情况下,这种"静态的"价值观成为落后于时代的东西。为了不断地将新的战略渗透到组织,使部分最适合和全体最适合相一致,克服官僚主义,自下而上的意识改革是不可缺少的。

[①] Meyssonier, F., Le contrôle de gestion communal : bilan et perspectives, Thèse (Nancy 2), 1993.

[②] Gibert, P., "Mesure sur mesure", Politiques et management public, Vol. 18, No. 4, 2000, 61-89.

[③] Gibert, P., "La difficile émergence du contrôle de gestion territorial", Politiques et management public, Vol. 13, No. 3, 1995, 203-224.

168 ◇比较行政法

3. "经营统制者"的作用

法国企业中的经营统制者（Contrôleurs de gestion）的职能一般包括专管事项和补充性的业务，前者如预算程序，报告，业绩指标，经营信息体制，收益性、投资分析等；后者有一般会计，计划，原价计算等。[①] 经营统制者在支援各阶段的管理者的同时，亦具有监视的任务。

在法国公共经营运动中，一直试图将这种经营统制者的作用也移植于公共部门，但是，其成果是有限的。经营统制者要发挥其应有的作用，需要上级部门授予其充分的权限[②]，而法国在诸多领域的高度集权性下的这种授权、放权难以充分展开，因而经营统制者在公共部门难以达致在企业那种作用，也为法国公共部门行政评价的推进带来了诸多思考，更为人们确认政府职能和公共权力的属性提供了重要的素材。

4. 法国行政评价的教训

公共经营的举措只有经过长期验证才能出效果，即只有长期地、首尾一贯地采取相应的举措，才会取得公共经营的成果，而政治家和行政首长往往只致力于在自己任期内能够获得成果的事情，为了获得宣传效应，就有必要导入和前任者不同的新的经营，所谓"新官上任三把火"之类的情形，在法国同样存在，为法国行政评价的推进带来了难题。如果每次负责人更换都要改变既定方针的话，则无法期待公共经营的效果，也无法维持政府的信赖性，当然也会有损于政府的权威。行政机关的负责人为了在任期中取得引人注目的成果而提出新的方针，搞出新的花样，往往只是将同样的事情改变标题或进行重新包装而粉墨登场，这种弊端特别是在法国非常明显。其实，这与经营统制理论频繁地论述的责任中心在理论上的脆弱性也是有关的。责任中心是以活动是同质的，与其他部门能够区别，每年度对业绩进行评价为前提的。但是，有时也存在这样的情形，即虽然在本部门取得了成果，但对其他部门却带来"外部不经济"。行政首长追求在短期内取得成果的做法，从长期的视角来看，带来不良影响的

[①] Bescos, P.-L., Dobler, Ph., Mendoza, C., Nauleau, G., Giraud, F., & Lerville Angers, V., Contr? le de gestion et management, Montchrestien, 4e édition revue et augmentée, 1997.

[②] 干部职务的实际称谓各不相同，有"经营统制者"、"经营顾问"（conseiller de gestion）、"经济顾问"（conseiller économique），"原价计算负责人"（responsable de la comptabilite analytiqué, chargé de mission responsable du calcul des coûts）等。Meyssonier, F., Le contrôle de gestion communal : bilan et perspectives, Thèse（Nancy 2），1993. 在塞纳·圣·德尼县被称为"经营分析科"（Service de l'analyse de gestion）。

情形也很多。① 通过职位轮换，可以做到在长期的不良影响出现的时候其已经不存在了。在任期中应当明确服务改善的课题，追问结果，但是，那也是以过去任职的人们曾经做过了什么为前提的（具有伴随着每次人的变更而改变方针，结局是相同的事情不断反复的风险）。全部的评价数据应当被记录，被保存，在其即将晋升为管理人员之际用作参考。经营统制者应当作为组织的储存器而发挥作用，适时而适度地进行介入，以确保职位在时间上的整合性，与组织战略的垂直整合性，与赋予本人动机的整合性。虽然法国从20世纪70年代便着手改革，但是，除了部分自治体获得成功外，法国的公共经营总体上因前述这种政治家和行政首长的"流动性"而停滞不前。许多自治体导入行政评价机制，往往缺乏深入的研究和规划，而只是在不断地追逐流行，追赶时髦。鉴于实践中的诸多教训，有人对"某种方法的形骸化可以通过其他方法的导入来加以克服"的观点进行了批判。② 一般认为，公共经营的本质在于持续性的改善，应当构筑组织的学习过程，"已经着手了的改革，只要没有以明确的失败而告终，则应当使之持续、使之发展。如果不是这样的话，就会被职员认为是在不断地追逐流行。"③ 在自治体的政策中，也存在近似于"运动"的情形，例如，和市民团体等联手来对抗贫困、暴力、环境污染等活动，或者举行文化活动等。这些运动式的活动并非毫无疑义，但是，问题的关键在于要将有关努力逐渐制度化，化为日常生活和工作的规则。

（二）英国的 best value

谈到英国的行政评价，人们也许会想到 management review，即管理（经营）评价制度。management review 是指各部委在中央行政管理机关的指导和参与的前提下，就其管理的全部事务总括性地进行评价，以该评价为基础，以主体姿态进行部委单位的管理改善的活动。作为刷新政府行政管理的新方式，management review 发挥了极其重要的作用，它要求应对管理的新任务，将视野扩展至"广义的管理"，对广义的管理制度全部进行评价，试图基于该评价来

---

① Gibert, P., Contrôle de gestion des organisations publiques, Editions des Organisations, 1980. 这种情况在中国同样存在。例如，某市长在任期间使得该市变成了绿草覆盖的花园式城市，受到了该市市民的普遍赞许，也受到了上级的赏识，很快就晋升了。他离任不久，该市因缺淡水而作出了停止星级宾馆以下的所有桑拿浴场馆的营业的决定。这种不负责任的行政决定表面上是该市的相关工作人员作出，不仅损害了市政府的权威，而且也折射出前任市长所倡导的草坪政策实际上是非科学的，是不符合可持续发展的规律和原则的，应当予以相应的惩处。然而，当初人们却看不出这一点，也许有人看出了却不便于说出，于是，把这种错误决策当成了辉煌业绩加以肯定。这也反映了中国在引进行政评价机制之前的相关评价的局限性。

② Gibert, P. & Thoenig, J.-C., "La gestion publique: entre l'amnésie et l'apprentissage", Politiques et management public, Vol. 11, No. 1, mars 1993, 3-21.

③ Gibert, P., "La difficile émergence du contrôle de gestion territorial", Politiques et management public, Vol. 13, No. 3, 1995, 220.

推进高层次的管理改善。从行政评价的分类学的角度来说，management review 属于行政部门的内部评价或称自己评价。

本文所关注的评价机制，强调其与参与型行政的关联性，因而选择了 best value。英国布莱尔政权从 2000 年开始在自治体层级真正导入"最佳评价"（best value）体制，对地方自治体的业绩进行评价、监视，以追求效率性和服务质量的同时提高。

具体而言，最佳评价以如下流程实施：（1）设定地域的课题，考虑其实现手段；（2）制作 4~5 年循环的战略性业绩计划；（3）实施服务，目标与手段，与其他的比较，通过市民意见的听取等进行评价；（4）公布、检点每年的业绩计划、具体的目标值；（5）接受来自政府及市民的测试；（6）通过检查、检点进行效果加强（follow-up）；（7）对于失败，由中央政府介入。该体制的主要特征是，外部的监察机关（Audit Commission）进行独立的检查，保证结果是正确的，一旦存在自治体的重大失败及不作为，中央政府便迅速地介入纠正，强制地担保了实效性。

不过，在作为 NPM 发祥地的英国，市民对于评价的关心并不高。正是由于市民的关心低，政府才更加注重对居民满足度调查、地域需要分析、市民研讨会、市民陪裁[①]、市民集会、市民栏目等参加手法的交织使用。往往是关心强烈的市民的声音得以强调，而沉默的多数（silent majority）的事情却被忘却。为了充分地将市民的需求及声音反映于行政活动，既要采取消极的信息公开手段，亦应采取积极地为市民提供信息的方法途径。

"政府与市民社会，应当构筑相互帮助，相互监视这种意义上的协力关系。共同体这种问题意识，不是单纯的抽象的口号，而是第三道路的政治依据。"[②] 以构筑具有高度的信赖性，相互依存关系紧密，具有高度的自我组织化能力的"强固的市民社会"为目标，在英国，各种各样的居民参与的形态得以开发、引进和不断完善，包括定型的调查法、不定型的反馈法、参与型手法、参入型手法、评议性手法、活用因特网的民主性手法等，实际上是多种多样的且在不断深化的。Best value 是追求"质量的充实"这种市民的满足与服务的效率化的政策手段，是民主主义的重要体现，注重积极地为市民提供参与的机会，支撑起强固的市民社会的市民参与机制。

（三）美国的 bench marks

美国系统的"公共经营"重视政策的结果测评，有时甚至超过对利用者的满足度的重视。

---

① 市民陪裁，是指为了公正地代表地域居民的意见，被选拔的市民组织就自治体的特定事项共同作出判断。

② 安索尼·给丹孜著，[日] 佐和龙光译：《第三道路》，139 页，日本，经济新闻社，1999。

1. 俄勒冈州的 bench marks

俄勒冈州的 bench marks，是指选择社会性指标（bench marks），设定目标值，通过评价其实现程度，为其改善提供参考的制度。这种评价方法，作为州政府内、政府间以及与居民的交流手段得以活用。

该州于 20 世纪 80 年代导入这种手法，设置由州长和市民的代表组成的独立委员会（progress board），构筑了通过与市民的协动进行目标设定、评价、改善的 bench marks 评价，经过镇会议（town meeting）进行反复讨论，以邮寄方式进行问卷调查，以当面进行的意识调查及专家的评价等，由州和市民共同设定与州的战略计划成为一体的数值目标。

这种评价手法强调以指标把握社会、经济、环境、教育等诸领域的状况，将焦点聚集于成果，使成果一目了然，能够容易地判断应当优先地、重点地推进的事务，通过测定指标的实现程度，可以发现问题，探究改善的方略。由于其追求的是全体的最适状态，因而是政策目标管理的有效手法。当然，此种宏观的方法还需要与诸多详细的程序、标准等相互配合。

2. 纽约的业绩报告

纽约是美国首次实施了业绩评价（performance measurement）的城市。[①] 1994 年当选为市长的朱立安进行了犯罪防止与福祉、产业、观光、IT 等多项改革，刷新纽约市政，每年度评价市机关的业绩，发表显示该年度的事业实绩与翌年度的计划目标的市长经营报告（Mayer's report）。该报告由各部门报告、各部门及全市的指标和概要共三部分构成，分为年度途中出的暂定版和年度终了后 3 个月左右出的确定版。

其中，各部门报告由如下内容构成：（1）政策目标与事业目标；（2）重点项目与实现内容；（3）预算重点项目、财政计划；（4）关于该部门的事业目标的长期倾向及关联指标。

此外，纽约还开发了由 NPO 进行评价方式。纽约市基金（Fund for the City of New York）作为民间非营利组织，在街道清扫业务上开发了积分卡（score card）方式的评价方式。这是由接受过训练的评价者，对随机选取的市道进行实地调查，进行拍照，予以评价，将完全没有掉落垃圾的状态设为最高分，分为 7 个阶段打分，按照每个地区所汇总的评价结果，报告给作为居民组

[①] 参见［日］自治体国际化协会：《CLAIR REPORT 第 201 号·美国的地方团体、州、联邦政府的行政评价》，4 页，2000。

织的共同体委员会，并为得分低者（测定值降低了）设置了与清扫局讨论的机会。[①]

（四）日本的行政评价状况

在日本，明治维新以来，特别是第二次世界大战以后，在赶超诸外国的阶段，通过产业政策的立案、推行等，公共部门所发挥的作用非常巨大。并且，在"政治、行政二分论"的框架下，形成了"由行政实施政治的决定"之状况，实际上使行政成为各种社会问题的实质的、核心的调整者和解决者，意味着日本迈入了行政国家阶段。

可是，20世纪后叶以来，支撑先进诸国发展的各种制度呈现出"制度疲劳"现象，并且，一直处于这些制度核心的公共部门，也面临着财政赤字和功能低下等无法避免的问题，于是，在先进诸国，进行行政改革及政府再造的呼声不断高涨，日本也开始了规制缓和等一系列改革。

由于财政赤字，使得日本财政陷入危机状态，其运营需要尽早实行改革。日本的财政从20世纪70年代开始呈现恶化倾向，从70年代后期至80年代前期，出现第一次财政危机。经过中曾根内阁的财政改革和80年代后期的泡沫经济，收支状况一度有所好转，1991年度甚至出现了对于GDP的3%的财政黑字。可是，以泡沫经济崩溃为契机，财政状况再度恶化，在零增长经济下，出现对GDP的财政赤字，国债的发行处于危机状态，因而，形成了对产生财政赤字的构造进行改革的呼声。

长期的效率追求和模仿性产业社会的追求，导致日本各种国家规制及因循惯例的形成，整个社会呈现出显著的整齐划一化和僵硬化。在追求经济富裕社会的过程中，形成了实际上的新型的国家总动员体制。一旦上升趋势的经济增长终结，伴随着社会的成熟化，在国民的价值观多样化的情形下，曾经唤起国民的勤劳意识，为社会带来活力的同样的体制，如今却形成了政企不分的构造，妨碍了国民的创造激情和挑战精神。

一方面是公共部门的功能低下，特别是官僚伦理低下和官僚机构的功能不健全，官官接待的问题以及一部分高级官僚的丑闻被曝光，使得从前的"灭私奉公"、"公仆"之类的术语成为"死语"，而相当于中文"部门利益优先"、地方保护主义之类的"省益"、"局益"优先的状况，受到来自各方面的批评。臃肿的官僚组织，"繁文缛节"等官僚主义以及"省益"、"局益"优先的宗派主义等，无法迅速应对新的社会问题及环境变化。于是，行政体制的改革和统制该

---

① 参见［日］自治体国际化协会：《CLAIR REPORT 第201号·美国的地方团体、州、联邦的行政评价》，19～24页，2000。这种模式的确立及推广，对于理解政府在某些公共服务领域的定位、职能转变等具有重要的参考价值。此外，对于我们思考行政程序中的证据问题，即非行政机关工作人员提供的照片、资料等能否作为行政决定支持材料乃至转化为证据的问题，提供了重要的借鉴。

行政体制的行政统制体制的改革提上了日程。

行政改革的基本理念，在于变革出现众多制度疲劳的行政体制，以自律的个人为基础，转换为与形成更加自由且公正的社会相适应的行政体制。人们呼吁撤销、废止或者缓和规制，可以将其委托给民间的就委托给民间，应当放权给地方公共团体的就进行地方分权，减少中央政府的干预。"公共性的空间"决不应由中央的"官"独占，这成为一系列改革的最为基本的前提。

为了追求行政的效率性、精简性这个既古老又新颖的课题，日本展开了通过官民负担的彻底化进行事业的根本性改革，以及通过独立行政法人制度的创设推进民间能力的活用等改革。此外，在政策实施之际，赋予实施主体以事业、业务实施上的裁量性和灵活性，以实现优先考虑利用者的便利和国民本位的行政。

为了确保行政作出公正的政策判断，要求将其意思决定置于透明且责任明确的状况下，以行政失灵的可能性为前提，不断地进行政策的评价与转换，进而整备能够促进官民平等地进行自由竞争的政策环境。于是，要求行政信息的公开和对于国民的说明责任的彻底化，提高从国民的视点进行公正的政策评价功能的呼声不断高涨。

20世纪70年代，东京都等革新自治体展开了各种形式的面向城镇建设的市民参加的都政，揭开了市民参加行政的序幕。90年代以来，伴随着从因循先例以及重视法令和程序的行政向重视成果和顾客满意度的行政之转换，出现了自治体竞相导入行政评价机制的热潮。行政评价是构成行政过程的一个重要环节，而民众参与逐渐成为了包括政策（决定）的形成（计划）、实施（执行）、评价和改善等行政过程中不可或缺的要素。PDCA（plan, do, check, action）的循环过程，确保了行政权力的行使逐渐接近民众满足这一目标（参见图2）。

1. 事务事业评价体制

1995年，三重县导入了"事务事业评价体制"[①]，使用事务事业目的评价表这种评价调查书，对事务事业的目的本身进行确认，以"成果指标"来表现目的。由于其简便而不需要专门的知识，很快为全日本的自治体所效法，创造了导入行政评价热潮的契机。

2. 业务货架处理表

以静冈县为代表的业务货架处理表机制，将组织单位所推进的工作予以简洁且具有体系性的文件化，明示组织的目的、手段和实现目标，对成果进行评价测定。[②] 通过将日常没有意识到目的而默然推进的业务予以体系化，对于明确

[①] http://www.pref.mie.jp/GYOUSEI/plan/jimu00k/gaiyou.htm.

[②] 参见http://www2.pref.shizuoka.jp/all/gyotana.nsf。

图 2①

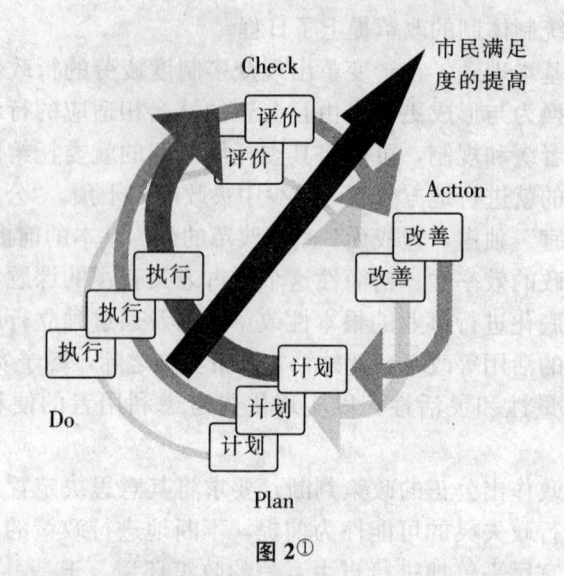

目的和手段，分析工作具有益处。这种类型的普及仅限于少数的自治体。

3. 时间的影响评价

北海道从 1997 年开始实施"时间的影响评价"（時間のアセス，time's assess），以计划的措施"被认为长期间停滞的"以及"被认为措施的价值或者效果低下的"等为对象进行再评价。② 随着时间的变迁，曾被认为必要的社会状况及居民的要求和希望等也发生了巨大变化，便产生了针对相关措施的作用及效果进行重新检点、评价的必要性。"時間のアセス"这个用语曾获得《现代用语的基础知识》的新语、流行语前十名（1997 年选定）的奖赏，可见该名称的冲击力之大。

4. 数值目标的设定及重视居民满足度的机制

2000 年，对长期综合计划设定了政策指标的东京都政策指标（checkup list），揭开了日本水准基点（bench mark）③ 评价制度的序幕。④

青森县《政策市场活动手册》（marketing book），导入了民间企业的市场调查和活动的手法来设定指标。评价由县民的代表及专家等构成的第三者机关——"政策市场活动委员会"作为主体来实施。⑤ 该市场活动手册将在近期（5 年后）应当实现的县民生活的水准作为"试图追求值"（bench mark），对国

---

① 参见日本丰桥市总务部行政科《豊橋市経営改革プラン——市民の皆さんの満足度向上のために》，载http：//www.city.toyohashi.aichi.jp/bu_soumu/gyousei/pdf/keieikaikaku_gaiyou.pdf。
② 参见http：//www.pref.hokkaido.jp/skikaku/sk-ssnji/toki/tokiindex/htm。
③ 是指设定成为基准的指标（bench mark），继续与实绩值比较，以评价实现程度的手法。
④ 参见http：//www.chijihonbu.metro.tokyo.jp/keikaku/2000/souron/5shihyo.htm。
⑤ 参见http：//www.pref.aomori，jp/koutyou/marketing/index.html。

家、县、市町村及县民等各自应该发挥的作用设置"分担值",将相关主体所追求的政策成果以"试图追求值"的实现程度来测定,并将测定结果分别反映于其后续的行动,确立了以社会的协动为目标的评价模式。

这种水准基点制度很快扩展至全国范围。滋贺县于 2000 年开始制作注重地域性而设定指标的"滋贺水准基点"①,北海道于 2001 年设定对既存计划事后设定指标的"第三次北海道长期综合计划"②,兵库县于 2002 年设定通俗易懂的、以故事的形式叙述近未来目标,揭示应对指标及社会实现状况的"美好兵库指标"等。③

5. 外部评价与内部评价相结合的机制

上述日本自治体所导入的行政评价,大多是以行政内部的自己评价为中心的,有人批判其容易成为赞美性的评价。为了实现更为客观的评价,确保评价的信赖性,强化评价的规范性,增强市民对行政的监督,许多自治体开始推进导入外部视点的评价。

外部评价主要有以委员会形式听取外部意见的模式和导入市民满足度调查的模式等。

1999 年,作为组织全体的总括性评价的三鹰市的"行政经营品质评价",从"经营视野与领导权"、"业务过程的管理"、"市民的要求、希望、期待的理解与应对"、"经营战略的制定与展开"等八个评价项目入手,对市政运营的机制及成果自己进行记述,由外部机关进行听证,对综合的行政运营的水准进行评价。④

2002 年,三重县导入了以对在经营中活用评价为目的,趋向于战略经营的"政策推进体制"⑤。

宫城县的"补助金总检点"⑥,京都市的"公共设施评价"⑦ 等,则形成了按照领域不同进行评价的模式。"补助金总检点",是针对县所支出的补助金的妥当性、运用的存在方式等进行总检点,广泛地听取县民的意见,进而对补助金制度及其程序加以改善,并探讨能够代替补助金的举措等。"公共设施评价",是以公共设施为对象,经过公共性、行政干预的妥当性、受益者负担的妥当性、目标实现程度评价、效率性评价和受益者负担之正当性评价等,反复进行综合评价的制度。由有识者组成的外部评价委员会进行二次评价,提出建议,并将

---

① http://www.pref.shiga.jp/gyokaku/mark2002/。
② 在第三次北海道长期综合计划中,在向道民进行意见募集的同时,对既存计划设定了成果指标和数值目标。
③ 参见http://web.pref.hyogo.jp/vision/uhs/。
④ 参见http://www.city.mitaka.tokyo.jp/evaluation。
⑤ http://www.pref.mie.jp/GYOUSEI/plan/jimu02k/system/。
⑥ http://www.pref.miyagi.jp/gyoukaku/hojokin.htm。
⑦ http://www.city.kyoto.jp/somu/gyokaku/page0136/.html。

其活用于设施的具体改革及改善。

此外，20世纪90年代末期，许多日本自治体开始导入在民间企业得以活用的均衡积分卡（balance score card）这种多元的业绩评价制度。①

旭川市从2001年开始导入外部评价，对于行政的自己评价，设置由市提名的外部的专家和市民构成的"行政评价委员会"，进行二次评价。②

北海道白老町在城镇建设中导入了市民参入型评价机制，设置了由居民的有识者和从一般居民中公开募集的委员构成的"行政评价制度外部评价委员会"，在评价的过程中，还运用町民问卷调查的方式征求町民意见，并经常地对町民意见作出反馈。③

志木市建立了"行政合作者制度"④。追求与市民的"终极的协动"，设置由市民委员构成的"市民创造第二市公所"，市民与市协动，由市民亲自对行政的运营进行必要的建议及调查研究。通过与这种第二市公所的协动，形成了长期的市民参与的传统。评价及委员会的设置，基于《志木市行政评价条例》进行。针对事业担当科的自己评价，委员会进行外部评价，进而加上市长的评价，将评价结果反映于新年度的预算之中。

板桥区的行政评价，分为主管科的自己评价（一次评价）和以区长为总部长的再生经营改革推进总部进行的最终性的二次评价。⑤"行政评价委员会"由公募委员和学识经验者、专家混合组成。在二次评价的前阶段，委员会对主管科进行听证。⑥

杉并区创设了由区长提名的学者和有识之士共5名专家构成的外部评价委员会的机制。⑦在政策、措施评价的指标中，也部分地导入了通过市民问卷调查得出的满足度指标，以弥补评价委员会在"市民的视点"方面的不足。

横须贺市创设了三次评价模式：部门内的自己评价为一次评价；由系统内部的横向组织即行政评价课题组进行评价为二次评价；由市民进行的三次评价。⑧三次评价采取"市民评论者"和"城镇建设评价委员会"二阶段构造，前者仅由公募市民构成，通过研讨会（workshop）等发现特定的课题，进行基

---

① 称为BSC，从财务、顾客、内部过程、学习和成长这4个视点进行评价的多元的评价体制，由哈佛大学的R. S. KAPLAN等所倡导。参见罗伯特·S·卡布兰、戴维·P·诺顿：《均衡积分卡——基于新经营指标的企业变革》，生产性出版，1997。

② 参见http://www.city.asahikawa.hokkaida.jp/files/gyoukaku/gyoukaku (hyouka).htm。

③ 参见http://www.town.shiraoi.hkkaido/jp/ka/kikaku/gyouseihyouka/top.htm。

④ http://www.city.shiki.saitama.jp/seisaku103.html。

⑤ 参见http://www.city.itabashi.tokyo.jp/。

⑥ 这里所说的听证，与中国行政法上的听证有所不同，可以称其为逆向听证，听证者是评价委员会，被听证者是行政部门。这实际上是行政评价过程中推进外部评价的一种支援机制。

⑦ 参见http://www.city.suginami.tokyo.jp。

⑧ 参见http://www.yokosuka-seiseki.jp/index2.htm。

于"市民的生活感觉"的评价。在那里集约来的意见,被用于对后者的提案。后者由指定的专家、市民委员和公募委员构成,并不一定受前者意见的拘束,但必须对行政评价课题组进行的二次评价进行三次评价。此外,进行政策、措施评价和事务事业评价的体系性评价,而在政策、措施评价中,从市民满足度这一视点出发,导入了基于"市民问卷调查"的视点。

名古屋市的行政评价,采取了根据内容而将事务事业分为软件事业、设施的建设、整备事业等六类分别进行评价的机制。①"行政评价委员会"由学识经验者、专家等构成,没有公募市民参与。不仅进行书面审查,而且评价委员会还亲自对事业部门进行听证。

京都市设置了由学识经验者等构成的"政策评价制度审议会",对措施进行外部评价,在此基础上进行反映市民意识的问卷调查。②

北海道的政策评价,包括网罗道政全体的基本评价和对特定的领域实施补充基本评价的各领域评价,以及根据必要而对特定政策进行的特定政策评价三种类型。③ 评价分为由实施机关进行的政策评价与由知事进行的政策评价(知事评价)的两个阶段,为了谋求客观且严格的评价和制度的充实,设置了由学识经验者等构成的"北海道政策评价委员会"。根据 2002 年 4 月 1 日施行的《北海道政策评价条例》,要求积极地公布政策评价结果等,强调集约道民意见。

秋田县的政策评价,根据 2002 年 4 月 1 日施行的《秋田县关于政策等评价的条例》展开,设置了"秋田县政策评价委员会"④。考虑到通俗易懂性,将评价基准分为 A、B、C、D 四个阶段,在政策评价和事业评价两方面,强调导入县民的意见及需求,确切地把握居民的需求及满足度,并将其反映于评价。

宫城县的评价制度,根据 2002 年 4 月 1 日施行的日本第一个自治体评价条例《宫城县关于行政活动评价的条例》展开,而行政评价委员会的设置,另以《宫城县行政评价委员会条例》加以规定。⑤ 作为基于条例的制度,确立了对于评价的县民参加的制度,设置了关于评价的信息的积极公开的制度,设置了县民满足度调查、行政评价委员会以及县民的意见听取等规定,并将公开县民意见反映状况明确规定为县的义务。《宫城县关于行政活动评价的条例》揭开了行政评价法制化的序幕,也揭示了确保民众参与型行政评价的发展方向,具有重要的里程碑意义。

岩手县千厩地方振兴局于 2002 年度将市町村综合补助金等 14 事业的评价

---

① 参见http://www.gyouseihyouka.city.nagoya.jp/。
② 参见http://www.city.kyoto/jp/sogo/seisaku/hyouka/hyouka.html。
③ 参见http://www.pref.hokkaido.jp/skikaku/sk-ssnji/assess/hyoukaindex.htm。
④ http://www.pref.akita.jp/tyousei/sys/system1.htm。
⑤ 参见http://www.pref.miyagi.jp/。

委托给 NPO 来实施。① 评价指标及提问项目，评价的观点等全部由 NPO 独自实施，其公正性得以担保。三重县县民局于 2000 年度将县民局的"生活创造县建设"委托给 NPO"评价三重"来实施。② 这种纯粹的外部评价机制在日本尚属于少数。

6. 外部评价的优点及其界限

"评价越是具有专门性，就越是具有脱离民主性统制的危险。在通过政治进行监督的同时，市民参加是必要的。"③ 外部评价具有市民参与的要素，体现了民主性统制的民主主义理念，亦能够不被营利所困扰，从自由的立场进行评价，确保了其客观性和信赖性。但是，外部评价也有其局限性。

从日本自治体导入行政评价的状况来看，除了较少的委托 NPO 进行评价的事例外，大多设置了外部评价委员会。从委员会的工作方式来看，由外部评价委员会对全部的行政活动进行评价是困难的，因而，外部评价委员会所承担的大多是以某种基准而选择的样本评价，从某个方面或者对某个领域提出意见或者建议。外部委员会进行评价，大多通过对担当部门进行直接听证的形式获得信息，在此基础上进行评价，这就难免在范围的全面性和程度的深入性以及性质把握的准确性方面存在局限性。至于外部评价委员会针对大规模的公共事业而进行现场调查的情形，也往往由于时间和空间等方面的制约因素，势必导致其评价的难以深入、全面，在一定程度上欠缺专业性和深入性。简而言之，外部评价虽然在一定程度上确保了民主性，却往往不得不以牺牲专业性为代价。

从外部评价委员会的构成来看，亦存在一定的局限性。无论是专家委员型、专家、市民委员混合型，还是市民委员型，委员的职业多种多样，有学者、研究者、经营者、市民活动团体的代表、学生等，各类委员会各有长短和利弊。专家委员型评价委员会虽然有利于指标的设定及评价技法方面的改善，但其立场往往限定在相关领域，难免欠缺广泛的市民感觉。专家、市民委员混合型评价委员会虽然能够在一定程度上弥补专家委员型评价委员会的难点，确保"市民的视点"，却并不能全部代表范围广泛的利害关系（人），尤其是专家委员和市民委员在知识水准上存在落差，往往难以形成同一层面的讨论，讨论时表明意见的机会容易被部分人所独占，使得另一部分委员失去表明意见的机会。市民委员型评价委员会能够确保市民的视点渗入其中，却难免在评价技法等方面存在知识不足。外部评价委员会，无论其试图采取怎样的形态，其本身都内在

---

① 参见http://www.pref.iwate.jp/~hp4001/estimation/index.html。
② 参见《对于有关 2000 年度生活创造圈视点推进的县的措施的评价》报告书，载http://www.hyouka.org/report/index.html。
③ ［日］西尾胜编：《行政评价的潮流——参加型评价体制的可能性》，43 页，谷川俊一著第二章"市民参加的评价方式"，日本，行政管理研究中心，2000。

地存在着局限性。"内部评价的情况下,活用高度的分析方法,分析结果的解释不是一义性的也没有关系,而在外部评价的情况下,即使牺牲精确度,也要将分析结果搞成简明的东西,这是非常重要的。"[1] 这种观点揭示了外部评价的特征,也击中了外部评价的致命不足。因此,如何避免或者弥补这种不足,使其优点得以充分发挥,便成为进一步推进外部评价机制完善的关键所在。

将行政评价委托给 NPO,可以在确保公正、中立性的同时兼顾相应的专业性,实现民主性、客观性和专业性的协调统一。可是,能够受托进行公正评价的 NPO 毕竟是少数,这个矛盾是难以解决的。并且,在委托 NPO 进行外部评价的过程中,行政寻租往往也是难以避免的。这种情况在目前处于导入行政评价热潮的中国行政事务领域更是普遍存在,如何解决这一矛盾,可以说是各国所面临的共通课题。

为了弥补外部评价委员会及外部委托等的不足,导入行政评价的自治体大多将评价结果的全部或者一部分在主页上公开,并通过评价调查书的阅览等方式予以公开。此外,实施市民意识调查或者满足度调查等市民问卷调查,对问卷调查等调查结果,除了制作评价的资料或者基准外,还予以公布,以公众评议等方法听取意见,对再度评价进行反馈。这种举措,将行政评价与参与型行政紧密地结合在一起,并呈现出条例化、法律化的趋势。从市民的视点对评价的公正、中立性和结果的妥当性进行补充,构成了参与型行政评价的重要特征。

四、参与型行政评价与政府的职能定位

(一) 积极、充分的信息公开与政府的说明责任

反映意见型的行政评价,能够反映多样的民众的价值观,能够进行多元的、多角度的评价。但是,"由于由政府机关进行的信息提供、公布、公开成为不可或缺的前提条件,所以,要求信息公开制度、行政程序制度、公众评议制度、听证制度等的法制化"[2],一系列的制度性担保是必要的。因此,相关制度的整备、配套和协调运用,应当是政府义不容辞的职责。这种职责通过法制化加以确认,才能确保其实效性和持久性。在建构各种制度同时,特别重要的是解消行政与民众之间的信息非对称性问题。换言之,要使行政评价真正发挥其应有的作用,就必须解消信息的非对称性。信息的非对称性,在任何国家,在相当长的时期内都将是持续存在的,因而,确立积极、充分的信息公开机制是一个

---

[1] [日] 西尾胜编:《行政评价的潮流——参加型评价体制的可能性》,23 页,日本,行政管理研究中心,2000。

[2] [日] 西尾胜编:《行政评价的潮流——参加型评价体制的可能性》,32 页,日本,行政管理研究中心,2000。

长期性的课题。

确立解消信息非对称性的信息公开、信息发送机制，是实现参与型行政评价的前提条件。彻底地推进信息公开，完善积极公开、主动公开的机制，而不是仅停留在依请求公开的阶段，亦不是仅满足于结果宣布式的公开，不是粉饰性的公开，而是注重以非专家及行政职员的民众皆能够理解的语言、方式和途径进行积极主动和充分实效的公开。确立这样的机制，既是一个长期性的课题，亦是需要从现在做起、从身边的事情做起、从观念更新和制度建构两方面努力的现实性课题。

参与型行政评价，要求政府在进行信息公开的基础上，必须充分、及时地履行政府的说明责任。政府履行说明责任，是完成上述课题的重要的实际性举措。政府应当将通俗易懂的信息，以通俗易懂的形式，通过便捷实惠的途径，及时、充分地提供给民众，以确保民众能够有效地活用评价指标，掌握与其他事项进行比较的指标及成本等判断基准，及时、准确地掌握业绩评价报告。只有这样，参与型行政评价才会成为可能，才会发挥其应有的作用；只有使行政评价成为政府履行说明责任的手段，成为政民交流的重要途径，才能确保前述课题逐步得以实现。

根据参与型行政的理念，政府应当将与行政评价相关的信息予以公开，以解消政府与民众之间的信息非对称性，同时还应当将行政评价的委托原由及其过程、程序和标准等予以适度的公开，以解消民众相互之间的信息非对称性，这实际上也是使行政评价保障民众参与的重要途径之一。

参与型行政的最终目的在于全面、客观、准确地集约民众意见，并通过民主性与科学性的结合，尽可能地促进政民合意的形成。因此，集约民众意见和促进合意形成，应当在行政的意思决定与外部的关系上居于重要地位。这就要求在提高内部评价的精确度的基础上，创设具有客观性、信赖性的外部评价委员会，确立二次评价的组织、程序、规则和相关标准，或者采取委托 NPO 等进行彻底的外部评价，乃至大规模地实施民意问卷调查，为民众参与行政评价准备多种多样的、可供选择的手段，构筑确实地将参与型行政评价结果反映于政策和决定的机制。

如前所述，行政组织的存在目的在于满足社会及民众的需求，解决社会问题，实现公共利益。为了完成该使命，有必要从各种各样的视点来验证、改善行政的活动，对人、财、物等诸资源进行最优配置。行政评价，对社会课题及其解决方法，具体的政策、措施、事业的内容，进而对公共利益的确认、目标及其实现程度等，发挥着提供有助于意思决定及政策判断的重要信息的作用。在行政活动的所有场合确保透明性，保障市民参与或者参入，形成行政和民众一起思考，一起行动的机制，是解决社会课题，构建和谐社会的内在要求，而适时、确切的信息提供，是实现真正意义上的参与或者参入的当然前提。因此，在导入行政评价的过程中，政府的职责在于以通俗易懂的形式发送行政的信息，使行政和民众共有信息，推进对话和交流，支援市民的技能提高，在政策形成与实施的各种场合和阶段，作为制度保证适当、确切的市民参与或参入。

在有着悠久的居民自治传统的英国，市民参与的评价也存在很多困难。重视汲取市民意见的 Best value，对于民众来说，是通俗易懂的评价机制，是实现强制的外部监查与多样的居民参与手法相配合，创建强固的市民社会这种第三道路的社会目标的评价方法。而美国纽约的评价机制，则以年度报告的形式向市民说明评价状况，每年履行两次说明责任，形成了政府的说明责任与政民协动的良好传统，为美国《政府业绩成果法》（Government Performance and Results Act：GPRA）提供了重要的实践基础。Best value 是对于"Best Value Performance Plan"这种计划，以业绩指标（performance indicators）来设定目标，每年测定其实现程度的评价方法。根据 GPRA，制作以5年以上为期间的战略计划（strategic plan）和每年的年度业绩计划（annual performance plan），同样把测定业绩作为基本内容。正是存在战略才有其评价，才有其测定。所谓战略，是指"明确地揭示了如何实现组织的使命、将来状况以及目标（mission, vision and objectives）的综合性计划"[1]。两者共通的一点是履行了通俗易懂地、彻底地对市民说明的责任，并且，不是采取等待姿态，而是以积极的姿态来集约市民声音，创立了行政与市民的交流的基本制度。这些都是中国在导入行政评价制度之际应当努力借鉴的经验。

参与型行政评价是协治论的重要组成部分。所谓协治（governance），或者称"共治"[2]，原意是"掌舵"（steering）。从前，这种"掌舵"功能一直由政府承担，即所谓统治（government）。在现代社会，公共服务的重要承担者依然是政府。但是，公共服务并不是政府的独占物。由于政府的"掌舵"技能不健全，必须构筑由多样的主体间的相互作用构成的新的社会体制，包括地域及市场在内的社会全体，也开始承担公共服务的一定职能。人民是参与政治的主体，也是参与行政的主体。行政评价即是验证、评价行政活动，并将其活用于改善及后续政策和决定的途径。政府应当在履行公开信息和说明责任的同时，采取切实有效的措施，提高相关主体的"掌舵"技能，支援相关主体对公共事务的参与或者参入。

（二）观念转换与方法创新

伴随着 NPM 的推进，在先进国家，呈现出从重视程序和过程的"规则控

---

[1] ［日］龙庆昭、佐佐木亮：《战略制定的理论与技法》，53页，日本，多贺出版，2002。

[2] 将 governance 表述为"共治"或者"基于协动的共治"的，如［日］吉田民雄：《都市政府的 Governance》，61页，日本，中央经济社，2003。

制型"（rule drive）的行政，转换为注重成果的"目标控制型"（mission drive）的行政之趋势。这就要求行使行政权力的行政机关及其工作人员具有新的思考方法和范式转换（paradigm shift）。要推进参与型行政评价，那么，由目的和手段构筑起来的政策性思考是不可或缺的。如果没有对于评价者的技能、知识等技术方面的支援，那么，要取得理想的效果是困难的。"评价要求切换头脑，所以有必要花费时间。"① 因此，急功近利的面子工程、形象工程等做法是必须彻底戒除的。

从以前的"民可使由之，不可使知之"的行政运营理念，向提高行政的透明性，让民众知晓，行政和民众一起思考，共同行动的经营理念转换，需要行政权力行使者从观念上认识互动和协动的重要性。只有与民众立于对等的关系上，才能够说是伙伴关系，才能够说是真正的互动、协动。"行政评价，是全体成员参加的政策、事业改革，是行政革新、政治革新、社会革新。"② 因此，首先应规定明确的目标，进而须对实现了目标者进行客观评价。通过评价机制，促进行政观念更新，使得优秀的改善设想能够迅速地付诸于实行，并逐步积累成功经验，达致行政目标的实现。这不仅要求权责明确，赏罚分明，而且要求对其业绩作出客观、公正的评价。只有这样，才能实现从"令其做"的体制转变为"委任其做"的统制体制，提高公务员积极主动地展开工作的热情，强化其问题意识。要实现观念转换和方法创新，必须明确评价的目的，构筑符合目的的评价体制，在谋求与具有多样性需求的市民形成合意的同时，推进行政服务，完善行政管理，实现公共利益，使行政评价发挥其应有的作用。

（三）对外部评价的支援与人才培养机制

参与型行政评价，是指包括最终受益者在内的广泛的关系人，对评价计划的制作、信息的提供、收集、分析、项目最初计划的修正以及整个行政过程，尽可能地参与并进行评定的机制。这里强调的是行政与民众协动进行评价，共同选择社会性指标，设定目标值，对其实现程度进行评价，因而要求从需求把握、指标设定到评价的全过程，确保充分的参与机会和参与条件。

引入参与型评价，意味着对市民开放了多样的参与、协动的途径。通过评价活动，行政与市民共同学习、讨论、思考，也能够成为所谓协动的学习途径。对于参与型评价，为了扩大市民的自己决定权，如前所述，政府应当推动信息公开，做到政府与民众共有信息，对市民参与行政评价进行技术支援，使其参与行政评价的技能不断提高。

值得注意的是，一般的现状分析、课题的抽出、解决对策的制定和实施、

---

① ［日］谷川俊一监修：《行政评价实践研讨会》，111页，日本，行政，2003。
② ［日］日田边正：《行政评价理论入门》，292～293页，日本，文化书房博文社，2000。

进行评价乃至对后续计划的改善,这种行政活动过程的各个场面和阶段,都存在着评价的要素。因此,有必要适当而确切地对参与的范围、参与的方法和参与的程度进行组合,构筑切实可行的制度。

"行政是遥远的存在","虽然说参加,却不知道方法和机会","即使陈述了意见,对自治体的决定也几乎没有影响"等问题,即使在对于市民参与行政评价采取积极姿态的英国也是同样存在的。[①] 只有消除这种不信任感和担忧,才能够进一步促进参与型行政评价的健康发展。要构筑参与型评价机制,首先有必要准备相应的平台,积极地支援民众提高参与技能,然后是采取长期的、持续的措施,通过立法等途径建立相应的机制,确保参与型评价的实效性。

当然,虽然说行政过程的每个场面和阶段都存在评价的问题,但是,这并不意味着每个人(公民法人或者其他组织)对所有行政活动都要直接参与并进行评价。因为这种做法实际上是困难的,甚至应该说是绝不可能的。因此,参与型行政评价除了小部分采取委托 NPO 等彻底的外部评价机制外,将以内部评价和外部评价相结合的外部评价委员会的形式为中心展开。在由外部评价委员会进行评价的情况下,如前所述,无论采取怎样的形态,外部评价委员会对全部行政活动进行评价是困难的,这就需要政府对外部委员会予以支援。为了使委员能够保持一定的水准,能够对等地进行讨论,需要建立切实可行的事前培训制度,对其提高评价技能予以支援。同时,委员参与也存在时间上的制约,因而需要以适当方法予以调整和支持。确保委员对相关部门的听证机会,加深委员会与相关行政人员的讨论,可以保证更高精确度的评价,也可以将行政评价作为交流途径,促进政民交流,促进政民协动,更好地实现公共利益。

需要注意的是,参与型行政评价是不可或缺的,但这并不意味着具有专门性的行政失去了进行政策的立案和实施的必要性。政府是承担行政活动的主体,这依然是现代行政的基本状况。切不可因为域外出现政民协动甚至民众"参入"行政的情况而断言民营化是行政管理改革的发展方向。民营化或者完全的外部委托始终只能是国家行政管理中的某个领域的部分事务。在现代国家,失去了行政的专门性,即等于失去实现人民福祉或者公共利益的可能性,也就等于失去了国家及行政存在的意义。尤其是在行政国家阶段,仅依存于民众的参与和协动,并不能完全解决纷繁复杂的社会经济文化等问题。没有统制的行政的专门性是危险的,而接受了民主统制的行政的专门性,在被称为协治的现代行政的存在方式中,依然是有效的手段,而且是主要的行政承担者。参与型行政评价有其自身的局限性,政府政策的意思决定者是首长和议会,而参与型行政评

[①] 参见[日]竹下让、横田光雄、稻泽克裕、松井真理子:《英国的政治行政体制》,292~293页,日本,行政,2002。

价本身只是为意思决定提供信息,无论该评价技术如何提高,该评价本身也不会具有选择价值的效力。否则,那就不再是行政评价了。问题的关键在于充分认识参与型行政评价的重要意义,使其能够充分发挥弥补政府失灵部分的功能。

因此,要赋予行政评价更进一步巩固的地位,使其成为具有实效的制度,行政评价的法制化是首选的途径。日本自治体将行政评价条例化的做法,为我们提供了重要的参考。日本制定了《政府政策评价法》,美国、荷兰等国家也制定了相关法律,英国和澳大利亚等国家主要以管理规范的形式,使组织绩效评估成为重大改革方案的组成部分,凭借最高行政首长的政治支持和主管部门的预算配置权来推进组织绩效评估。[1] 通过多样的途径,构筑确保民众参与的客观、公正的行政评价,并将评价结果确实有效地反馈于政策选择和决定的体制,当是行政法学者今后努力的重要课题。

---

[1] 参见www.cpasonline.org.cn/gb/readarticle/readarticle.asp? articleid=145。

美国监管影响分析制度述评

马英娟[*]

目　次

引言
一、法律根据
二、适用范围
三、分析方法
四、实际操作
　（一）替代性方案的评估
　（二）收益的估算
　（三）成本的估算
五、审查机关
六、积极意义
　（一）从整体上提高监管质量和效率
　（二）有助于多元监管目标的整合
　（三）促进透明和协商
　（四）改进政府的可问责性
七、遭遇的批评
　（一）成本收益分析的高度不确定性
　（二）重要的非经济价值容易被低估或忽略
　（三）审查机制的缺陷

---

[*] 上海师范大学法政学院副教授，法学博士。

引 言

简单地讲，监管影响分析（Regulatory Impact Analysis，简称 RIA）是由特定机关对现存或拟议监管政策已经产生或可能产生的积极影响和消极影响进行系统分析、评估的一种程序机制。通过提供有关监管政策收益（或潜在收益）和成本（或潜在成本）的详细信息，监管影响分析制度有助于监管机构对是否监管以及怎样监管作出理性决策，从整体上提高监管绩效。

监管影响分析制度最初产生于美国。20世纪60年代，美国出现了严重的监管过度问题，社会各界强烈要求放松监管。这就需要一种配套的方法来衡量哪些监管是不必要的、缺乏效率的，于是以"成本收益分析"为核心的监管影响分析便成为衡量监管政策必要性的准则。但是，监管影响分析制度之所以在美国得到长期运用，更深层次的原因则在于透过成本收益分析，最终可以达到"理性监管"的效果。通过成本收益分析，除非监管的社会收益（或潜在的社会收益）能证明其社会成本（或潜在社会成本）是适当的，否则不应该实施监管；通过对不同监管领域及相应监管政策的成本和收益的比较，选择能为社会带来最高净收益的监管目标；通过对不同监管工具的成本收益比较，选择对社会净成本最小、净收益最大的方法。因此，监管影响分析不仅为监管机构的绩效评估提供了一种科学工具，有助于改进监管机构的可问责性；而且为监管机构提供了一种促进理性决策、提高监管质量的决策程序。这也是为什么在放松监管运动进行了将近20年、监管过度情形已经和缓的情况下，美国第104届国会还要倡议在法律中明定成本收益分析原则的主要原因。

换句话说，尽管监管影响分析导入美国行政法有其监管过度的背景，但对其他国家而言，是否存在监管过度已经不太重要。重要的是，现代国家不可自外于监管，那么，提升监管的品质就是现代监管型国家最重要的一项任务。近些年，尤其是20世纪90年代后期以来，监管影响分析制度得到越来越广泛的运用。到2000年底，14个OECD国家广泛地采用监管影响分析计划，另有6个国家至少在一些规章中使用监管影响分析机制。[①] 一些发展中国家近些年来

[①] 尽管名称各异，有监管影响分析、监管影响评估（Regulatory Impact Assessment）、监管影响声明（Regulatory Impact Statement，简称 RIS）、监管影响分析声明（Regulatory Impact Analysis Statement，简称 RIAS）之分，但性质和基本制度要素相似。See OECD, *Regulatory Policies in OECD Countries: From Interventionism to Regulatory Governance*, OECD Publishing, 2002; Delia Rodrigo, "Regulatory Impact Analysis in OECD Countries: Challenges for developing countries", June 2005, http://www.oecd.org/dataoecd/5/21/36785432.pdf.

也开始运用某种形式的监管影响分析。①

近两年，中国在政府决策和立法领域也开始倡导和酝酿监管影响分析程序。除了《行政许可法》中对行政许可的设定提出事先及事后的评估要求外②，国务院 2004 年 3 月发布的《全面推进依法行政实施纲要》更加明确地鼓励运用成本收益分析方法，即"积极探索对政府立法项目尤其是经济立法项目的成本效益分析制度。政府立法不仅要考虑立法过程成本，还要研究其实施后的执法成本和社会成本"③。不过，监管影响分析机制的建立和实施非常复杂。④ 对中国而言，无论学术界还是官方都面临一个非常现实的问题：如何在实践中设计并实施监管影响分析机制？这种背景之下，了解并借鉴美国的成功经验就显得格外重要。

一、法律根据

不同国家确立监管影响分析制度的法律形式不同。总起来讲，主要有：法律（Law）、总统令（Presidential Decree）、行政命令（Executive Order）、内阁指令（Cabinet Directive）、总理（或首相）指导方针（Guidelines of the Prime Minister）等。⑤ 无疑，法律层级越高，其执行权力越大。当然，其实施还有赖于一个国家的历史背景、行政文化和高级官员的承诺。

在美国，监管影响分析制度最初的法律根据主要是历届总统的行政命令（参见附表）。里根总统 1981 年签发的 12291 号行政命令，被公认为是正式确立以"成本收益分析"为核心的监管影响分析程序的行政命令，具有划时代的意义。相对于先前的行政命令，12291 号行政命令有三大特点：其一，对监管影响分析的产出与审查流程，赋予管理和预算办公室（OMB）非常详尽的责任；其二，规定了监管机构首长对监管规则进行成本收益分析的义务，这就等于在既有的规则制定程序上另外增加了一道人为控制的程序；其三，特别仔细地要求各监管机构首长在法律允许的范围内，在行使自由裁量权时必须密切注意政

---

① 但从总体上讲，发展中国家的方法还不够完善，而且没有系统地适用于政策领域。See C. Kirkpatrick and D. Parker, Regulatory Impact Assessment and Regulatory Government in Developing Countries, *Public Administration and Development*, No. 24, 2004, pp. 333 - 334.

② 参见《中华人民共和国行政许可法》第 19~21 条之规定。

③ 国务院《全面推进依法行政实施纲要》第 17 条。

④ 不仅涉及复杂的制度设计、技术操作，还涉及政治、经济、文化等层面的问题。参见马英娟：《政府监管机构研究》，中国社会科学院研究生院宪法学与行政法学专业 2006 年博士论文，142~143 页。

⑤ 在 OECD 成员国中，捷克、韩国、墨西哥采用法律的形式确立监管影响分析程序；澳大利亚、奥地利、法国、意大利和荷兰采用总理（或称首相）令（或指导方针）的形式；加拿大、丹麦、芬兰、爱尔兰、日本、新西兰、挪威、波兰、德国、葡萄牙、瑞典和英国监管影响分析的根据是内阁指令、内阁决定、政府决议或政策指南等。See OECD, Explanatory Note for a Survey of RIA Systems in OECD Countries, 2004, http://www.oecd.org/dataoecd/22/9/35258430.pdf.

策目标以及相关的程序要件。1993年克林顿总统签发12866号行政命令，废止了12291号及里根总统1985年签发的12498号行政命令。12866号行政命令承袭了12291号行政命令关于成本收益分析基本内涵、原则和程序的基本规定，并针对实践中存在的问题进行了修正和补充：第一，将独立规制机构（the independent regulatory agencies）纳入监管影响分析的范围；第二，将审查的重点集中在一些影响更为重大的规章上，允许监管机构就一些较不重要的监管，可以不经OMB审查直接实施；第三，明文规定OMB进行监管审查须受最长时间90天的限制；第四，监管审查期间，所有在信息与监管办公室（OIRA）以及监管机构间的文件往来，在规则制定程序终结的同时，均需向公众公开。[①]12866号行政命令经布什总统13258号行政命令修正后至今有效，是美国联邦监管机构进行监管影响分析的主要法律根据。

附表　美国历届总统关于监管影响分析的行政命令

名称	日期	主要内容	备注
11821号行政命令：通货膨胀影响声明	1974年11月福特总统签发	第一，考虑和衡量监管的成本和收益；第二，减少积压和拖延行政机构的规章草案；第三，建议在适当的时候放松规制；第四，在监管过程中，保证消费者优先。	由于经济停滞和通货膨胀的压力，福特总统的这四项计划并没有得到实施，但其成本收益分析的方法为以后各届总统改革提供了一条思路。该命令1978年被12044号行政命令废止
12044号行政命令：改善政府规章	1978年3月卡特总统签署	第一，用成本收益分析衡量监管的效率，唯一的选择是最少的监管；第二，行政机构制定新规章，要对规章影响到的行业、企业、就业和消费者进行分析，新规章的目标要有利于就业和经济增长；第三，放松政府监管，实施反干预政策。	一部分学者以卡特总统发布12044号行政命令为监管影响分析的起算点，因为该命令要求所有的联邦行政机关在进行监管前必须提出"监管影响分析报告"，但其成本收益分析程序的改革没有取得实质性进展。该命令1981年被12291号行政命令废止
12291号行政命令：联邦监管	1981年2月里根总统签署	该命令要求所有联邦行政机关（独立行政机关除外）实施监管时，在法律允许的范围内，应该进行成本收益分析。除非监管对社会的潜在收益超过社会的潜在成本（potential benefits outweigh potential costs），将不批准新的监管规章，也不实施监管。	该命令1993年被12866号行政命令废止

[①] See OMB: OIRA, "Report to Congress on the Costs and Benefits of Federal Regulations", 1997, http://www.whitehouse.gov/omb/inforeg/chap1.html#gp.

续前表

名称	日期	主要内容	备注
12498号行政命令：监管计划程序	1985年1月里根总统签署	第一，在竞争的市场经济中，行政机构要减少对价格与生产的规制，只有在保护健康、安全或者有效管理公共资源的状态下才能进行监管；第二，联邦监管不应为私人安全或服务规定统一的质量标准，除非这些产品必须有安全标准的要求，而自愿性的私人安全标准又不能保证安全；第三，联邦监管不应取代各州颁布的法律或规章，除非为了保证公民的权利或避免对州际贸易施加沉重的负担。	该命令1993年被12866号行政命令废止
12866号行政命令：监管计划与审查	1993年9月克林顿总统签发	在12291号行政命令的基础上，进一步明确了监管的理念和原则，完善了监管计划和审查的程序，并将独立管制委员会纳入监管影响分析的适用范围内，进一步加强了总统对监管政策的整体监督和控制。	2002年13258号行政命令对此进行了修改
13258号行政命令：对12866号行政命令修正	2002年2月布什总统签发	取消了副总统原有的对行政管制分析程序的组织权力。	

资料来源：Executive Order 11821：Inflation Impact Statements；
Executive Order 12044：Improving Government Regulations；
Executive Order 12291：Federal Regulation；
Executive Order 12498：Regulatory Planning Process；
Executive Order 12866：Regulatory Planning and Review；
Executive Order 13258：Amending Executive Order 12866 on Regulatory Planning and Review.

美国学界对行政命令作为监管影响分析程序的依据存在合法性争议。一部分学者认为，各监管机构所行使的是法定的职权，为何能因一纸行政命令就受到限制？学界多数见解以及联邦最高法院从权力分立的观点，主张对于拥有庞大监管权力与裁量权限的联邦监管机构，必须要有一个机关负责监督，而总统是全民直选的最高行政首长，本身在政治上必须直接向选民负责，因此应该有权主导国家的政策走向，从而认为由总统来扮演集中审查、并协调各联邦机关监管工作的角色，最为合适，所以肯定其合宪性。[①] 也有学者提出，监管机构基于本身的专业性，再加上与具有直接民主正当性的总统站在同一边，使得监

---

① See Peter L. Strauss and Cass R. Sunstein, *The Role of the President and OMB in Informal Rulemaking*, 38 ADMIN. L. REV., 197-202 (1985).

管机构在某些情况下能够以比法院更具民主可靠性为由，避免法院的掣肘。①

实际上，12291号和12866号行政命令对监管影响分析程序和国会立法的关系已经有所交代。12291号行政命令第2条和第3条都强调，对于"重要规章"，行政机构"在法律允许的范围内"（to the extent permitted by law），应该提交监管影响分析。② 12866号行政命令规定，对于"重要规制行为"，"除非法律禁止"（unless prohibited by law），行政机构应该向信息和监管办公室（OIRA）提交拟议或现存规章的成本收益分析。③ 也就是说，监管影响分析应符合国会立法。如果法律对某些监管措施要求监管机构直接依据国会立法执行，则任何人（包括OMB和监管机构）不能以成本收益分析的结果作为对抗的基础。典型案例之一是Public Citizen v. Young（831F. 2d1108, 1987）一案。在该案中，食品药品管理局（FDA）经过成本收益分析之后，认为橘色11号和红色19号两种人工色素致癌的风险极小（trivial），决定开放外用化妆品可以添加这两种人工色素。但法院认为，国会的《德莱尼法案》（Delaney Clause）已明确规定禁用此类有致癌风险的人工色素，且其中并未附加或隐含任何容许"最小限度"危险存在的例外，因而判决食品药品管理局的这一决定违法。④

1995年之前，特别是20世纪70年代，美国国会通过了大量有关环境、安全、健康的法案，这些法案规定了相当严格的执行标准，比如1972年《联邦水污染控制法案》和1977年《清洁空气法》修正案确定的"零污染排放"标准，《食品、药品与化妆品法》德莱尼修正案设定的"零危险目标"，均禁止考虑成本因素。1995之后，国会的态度开始转变，通过了一系列确立成本收益分析程序的法律，主要包括：(1) 1980年的《弹性规制法》（Regulatory Flexibility Act）及1996年的《小企业规制实施公平法案》（Small Business Regulatory Enforcement Fairness Act of 1996)⑤；(2) 1995年的《无资金保障施令改革法

---

① See Bradford C. Mank, *Is a Textualist Approach to Statutory Interpretation Pro-Environmentalist? Why Pragmatic Agency Decisionmaking is Better than Judicial Literalism*, WASH. & LEE. L. REV., Vol. 53, 1996, p. 1281.
② Executive Order No. 12291, §2, §3, 46 Fed. Reg. 13193 (1981).
③ Executive Order No. 12866, §6 (a) (3) (C), §3, 58 Fed. Reg. 51735 (1993).
④ 又见American Textile Mfrs. Institute, Inc v. Donovan, 452 U. S. 490 (1981)。
⑤ 1980年《弹性管制法》要求，联邦监管机构应特别考虑监管给小企业带来的影响，如果初步分析显示拟议规章将给众多的小企业带来重大影响，监管机构必须准备一份管制弹性分析。1996年《小企业管制实施公平法案》对《弹性管制法》进行了修改，进一步强调在对小企业实施监管时，监管机构要提出监管影响分析报告，采取弹性和激励的监管方法，限制给小企业造成过多的成本和负担。

案》(Unfunded Mandates Reform Act of 1995)①；(3) 1997年的《财政、邮政服务和政府总拨款法》(Treasury, Postal Service and General Government Appropriations of 1997)②；(4) 2000年的《规制改进法》③；另外，还通过具体法案的修改，认可成本收益分析程序，比如，1996年的《食品质量保护法》(Food Quality Protection Act of 1996)废除了《德莱尼修正案》条款，规定食品添加剂或其他物质的"安全"容量等级，将标准定义为"无伤害的合理确定"(reasonable certainty of no harm)；1996年通过的《安全饮用水法修正案》(Safe Drinking Water Act Amendments of 1996)，对公共供水的污染建立了最高限度等级，废除了"零污染排放"。孙斯坦认为，美国第104届国会将成本收益分析贯穿到其通过的一系列公法中，是自1946年《联邦行政程序法》颁布以来对监管程序最深刻的一次改革。④

随着国会1995年之后对成本收益分析的肯定，法院也一改以往的否定态度，转而支持成本收益分析。这样，美国就形成了以国会立法提供法律框架、行政命令提供具体操作指南的、以成本收益分析为核心的监管影响分析制度，成为世界上第一个用市场激励方法分析监管的国家，为鼓励市场竞争、促进市场效率、提高政府监管质量奠定了法律基础。

二、适用范围

监管影响分析是一项复杂、费时的工作。如果每一项监管活动都需要经过监管影响分析，必然会带来不经济的后果，而且也不利于将有限的资源用于重要的监管行为评估上。所以监管影响分析制度的一个重要内容就是根据本国具体情况确定其适用范围。

美国12291号行政命令将监管影响分析程序的适用范围界定在"主要规章"

---

① 该法规定，除非法律禁止，监管机构应当评估联邦监管行为对州、地方和种族地区政府以及私人部门的影响；应当对年度支出在一亿美元或者以上的联邦命令的预期成本和收益提供一份定量和定性评估，其中包括对州、地方和种族地区政府或私人部门的成本和收益；要求联邦监管机构应尽可能提出并比较各种监管方案，选择成本最低（the least costly）、最有成本效益（most cost-effective）或最少负担（least burdensome）的方案来实现拟议规章的目标；如果监管机构没有选择成本最低、最有成本效益或最少负担的方案，监管机构首长应在公布最后规章时予以解释。See Unfunded Mandates Reform Act of 1995, § 201, 202, 205.

② 该法规定，美国公众有权知道联邦政府监管的成本、收益和经济绩效；OMB和OIRA从1997财政年度起，在每年的9月30日之前，向国会提交联邦监管的成本收益分析报告。

③ 该法进一步规定：第一，成本收益分析必须作为监管机构制定规章的一种原则和程序；第二，对监管影响的分析是规章草案的有机组成部分；第三，必须加强政府的责任和提高监管的质量。

④ 参见［美］凯斯·R·孙斯坦：《国会、宪法时刻与成本——效益国家》，载［美］凯斯·R·孙斯坦著，金朝武等译：《自由市场与社会正义》，470～519页，北京，中国政法大学出版社，2002。

(major rule) 的范围内。所谓"主要规章",是指年度经济影响在1亿美元或者以上,或将造成消费者、私有企业、联邦、州、地方政府机关或地区价格或成本费用的重大增加,或对竞争、就业、投资、生产力、革新或美国在世界市场的竞争力有显著不利影响的规章。[①] 监管机构为进行监管而必须颁布的规章一旦被列入"主要规章"的范围内,除该行政命令第8条的情况外,必须制作"监管影响分析报告"提交OMB审查。

12866号行政命令使用"重要监管行为"(significant regulatory action)的表述方法。"重要监管行为"指在规章中可能导致下列后果的任何一种监管行为:(1) 年度经济影响在1亿美元或者以上的监管行为,或在实质上对经济、经济部门、生产力、竞争、就业、环境、公共健康、安全,或州、地方和种族地区政府、共同体产生不利影响的监管行为;(2) 造成了严重矛盾,或者干预了其他机关已经执行或者计划的监管行为;(3) 实质改变了资格授予、拨款、使用权费或贷款项目的预算效果及其中接受者的权利和义务的监管行为;(4) 在法令、总统优先权或本行政命令所确定的原则之外所滋生的新的法律或政策问题。[②] 对于上述情况,监管机构必须在"法律允许的范围内",制作以"成本收益分析"为核心的"监管影响分析报告",提交信息与监管事务办公室(OIRA)审查。对一些不太重要的监管规则,允许监管机构不经OMB审查直接实施,以便OMB能集中资源针对重大的监管规则进行充分的分析。

12291号和12866号行政命令关于监管影响分析适用范围的规定大同小异。国会1995年以后的各项法律大都使用"重要规章"的表述。

三、分析方法

采用何种分析方法是监管影响分析程序设计和执行的核心问题。从理论上讲,监管影响分析有多种分析方法,包括:成本——收益分析(也有译为收益——成本分析,benefit-cost analysis)、成本——效率分析(cost-effectiveness analysis)、成本——产出分析(cost-output analysis)、财政或预算分析(fiscal or budget analysis)、社会——经济影响分析(socio-economic impact analysis)、结果分析(consequence analysis)、服从成本分析(compliance cost analysis)

[①] Executive Order No. 12291, §1 (b) (1) ~ (3), 46 Fed. Reg. 13193 (1981).

[②] Executive Order No. 12866, §6 (a) (3) (C), 58 Fed. Reg. 51735 (1993). 参见于立深中文译本,载《行政法学研究》,2004 (4)。

和商业影响测试（business impact tests）。① 实际上，所有的分析方法本质上都带有成本收益分析的性质。

成本收益分析是监管影响分析中最重要、也最困难的部分。② 根据美国12866号行政命令，管理和预算办公室（OMB）对监管机构的"监管影响分析"报告的审查重点在于监管机构有无确实就监管行动进行成本收益分析。一份完整的监管影响分析报告，在形式上必须包含下列内容③：（1）一份含有针对监管行为预期收益的基本分析的评估书（比如，可有效提升经济和私人市场的效率、增进健康和安全、保护自然资源及消除、减少歧视或偏见等，但不限于此），而且应尽可能地量化这些收益；（2）一份含有针对监管行为预期成本的基本分析的评估书（比如，直接成本，既包括政府执行规章的直接成本，也包括企业和其他人遵守规章的直接成本，以及对经济、私人市场（包括生产力、就业和竞争）有效运行、健康、安全和自然资源产生的不利效果等，但不限于此），而且应尽可能地量化这些成本；（3）一份含有针对经行政机关或公众鉴别的、潜在有效并合理可行的替代性方案的基本分析的评估书（包括改进现有规章的替代性方案和恰当可行的不规制方案的成本与收益的基本分析），并对此监管行为优于替代性方案的原因进行解释说明。

成本、收益的具体计算、评估，涉及基准线（baseline）、折现（discounting）、风险评估和不确定性、评估的前提假设、国际贸易的影响、不能货币化的收益和成本、分配的效果与公平性等多方面的问题，是一项具有高度专业性的复杂工作。为解决成本收益分析过程中经常面临的困难，美国OMB在2002年发布了成本收益分析指南④：（1）如果不可能将（监管的）影响货币化，监管机构要解释原因，并把所有可得的量化信息连同影响的时间（timing）、可能性（likelihood）一起提供（给OMB）；（2）如果甚至连量化（监管的）影响都

---

① OECD国家的趋势是采用成本收益分析，这也和OECD1997年报告中关于"规章产生的收益应能证明成本是合理的"的建议一致。See Delia Rodrigo, *Regulatory Impact Analysis in OECD Countries: Challenges for developing countries*, June 2005, http://www.oecd.org/dataoecd/5/21/36785432.pdf.

② 实践中许多国家没有采用严格的成本收益分析，是因为量化成本和收益的困难，因此采用了更加灵活的分析制度。

③ See Exec. Order No. 12866, §.6 (a) (3) (C), 58 Fed. Reg. 51735 (1993). 12291号行政命令的要求与此类似，而且用语更加简洁，更易于理解：（1）对于该规章潜在收益的叙述，包括任何不能以货币方式量化的有利影响，并指出可能受益的人；（2）对于该规章潜在成本的叙述，包括任何不能以货币方式量化的不利影响，并指出可能承担这些成本的人；（3）对该规章潜在净收益的决定，包括对不能以货币方式量化的影响的评估；（4）对其他实质上可以较低成本实现相同监管目标的替代性方案的叙述，同时分析这些替代性方案的潜在利益和成本，并说明不采用这些替代性方案的法律原因。See Exec. Order No. 12291, §3 (d) (1) ～ (4), 46 Fed. Reg. 13193 (1981).

④ See OMB, *Guidelines to Standardize Measures of Costs and Benefits and the Format of Accounting Statements*, 2002, http://www.whitehouse.gov/omb/memoranda/m00-08.pdf.

是困难的,监管机构要把任何相关量化信息连同关于不能量化的影响、时间选择和可能性的叙述,一并提供(给 OMB);(3)如果将收益货币化是困难的,监管机构可以不采用"成本——收益"分析,而使用"成本——有效性"(cost-effectiveness)分析[①];(4)如果收益和成本不能在市场上直接交易,监管机构可以采用"乐意付费"(willingness-to-pay)评估法来量化其影响[②];(5)如果收益和成本的评估很大程度上依赖于特定的假设,监管机构应对这些假设进行清晰的说明,并使用受欢迎的替代性假设进行高度灵敏的分析。[③] 一言以蔽之,监管影响分析原则上按货币化(monetization)分析→其他量化(quantification)分析→定性(qualitative)分析这样的优先次序进行。之所以如此,是因为量化分析有助于各种监管方案间的比较,增加行政机关采用替代方案的可能性,从而实现监管影响分析的最终目的——从整体上提高监管绩效。

四、实际操作

具体来讲,监管影响分析包括三部分内容:拟议监管行动必要性的声明;替代性方案的考察;拟议监管行动和替代性方案的成本及收益的分析。

(一)替代性方案的评估

替代性方案的提出与评估可以说是整个监管影响分析制度的核心。经过广泛地比较各种替代性方案之间的优劣,政府才能理直气壮地宣称最后采用的监

---

① "成本——有效性"分析是"成本——收益"分析的辅助法则:只要政策目标已经确定,"成本——有效性"分析只问哪一种监管手段是达到目标的最少成本方法,也就是说,只求以最低成本实现既定效果。当监管机构因为监管收益评估困难,以致难以决定哪种监管手段的净收益最大时,便辅以"成本——有效性"分析来决定采取何种监管手段。See W. Vip Viscusi, *Regulating the Regulators*, U. CHI. L. REV., Vol. 63, 1996, pp. 1423, 1439 - 1441.

② 所谓"乐意付费",理论上也可称为"愿意承受"(willingness-to-accept),当我们说我愿意花 100 元以下的代价避免某种危险时,就代表着如果消除该危险的代价超过 100 元,那我们宁愿承受该危险,因此消除该危险所能带来的价值即为 100 元。See W. Kip Viscusi, 1992, *Fatal Tradeoffs*, Oxford University Press, pp. 19 - 20. 但是,孙斯坦的研究发现,"乐意付费"与"愿意承受"的数值常常是不同的,特别在环境法的领域尤其明显(例如,经调查发现,人们"乐意付费"7.81 美元去避免一棵树遭到砍伐,但若改为"愿意承受"作调查,则必须要到花费 18.43 美元去保护一棵树才超过人们愿意承受的程度),此时如何决定数值变成问题。参见 [美] 凯斯·R·孙斯坦:《社会规范与社会角色》,载 [美] 凯斯·R·孙斯坦著,金朝武等译:《自由市场与社会正义》,61~64 页,北京,中国政法大学出版社,2002。

③ 由于监管计划的有效程度必须依赖于执行机关的执行策略,而执行机关的执行策略又往往会因为时间的变迁、机关施政顺序的先后以及预算上的限制而有所改变。这样的结果无疑会影响最终评估的结果,但这些是无法克服的技术问题。行政机关的假设终究只能以该规章发布的那一刻作为机关人力、预算配置的推估点。至于该规章发布后才发生的机关执行策略的变动,只能期待下一次规章修订再次进行监管审查时再作反应。See OMB, *Economic Analysis of Federal Regulations under Executive Order 12866*, 1996, http://www.whitehouse.gov/omb/inforeg/riaguide.html.

管计划可以为社会带来最大的净收益。因此,监管影响分析报告中应包含对其他实质上可以较低成本实现相同监管目标的替代性方案的叙述,同时分析这些替代性方案的潜在收益和成本,并说明不采用这些替代性方案的法律原因。

面对市场失灵,首先要解决的是"要不要监管"的问题。原则上,"维持现状"不监管是必备的方案之一,作为与其他监管手段进行成本收益分析时比较评价的基准;如果实际中已存在监管,在替代方案的选择上,监管机构负有提出"不监管"方案的义务。在存在监管必要的前提下,接下来要解决的是"如何监管"的问题。监管机构必须提出各种可供选择的监管手段,进行分析、比较,从中选出最具成本效益性的监管形式。比如,在社会性监管领域,如果监管机构采取"事先批准"的监管形式,必须提供"信息监管"和"标准控制"作为评估参考;如果监管机构采取"详细标准"作为监管工具,必须提供同样能够实现监管目标的"目标标准"作为评估的参考。除此之外,还有同属价格监管工具的"投资回报率方法"和"价格上限方法"的比较、选择,命令控制性监管工具和经济激励性监管工具的比较评估等。这一阶段工作的缺失常常是监管影响分析功能弱化的主要原因。因为一旦各种替代性方案及其潜在的成本、收益的分析不到位,往往会事先排除可能的、比后来选择的监管策略更具效益的监管手段。

为了让决策者在作替代方案的评估时能对各种方案的效果有全面的了解,信息收集工作十分重要。这些信息必须包括影响的"规模"(magnitude)、"时间"(timing)、"可能性"(likelihood)以及依个案斟酌不同手段间是否具有其他特点,比如"不可逆转性"(irreversibility)与"唯一性"(uniqueness)等等。[1]

关于替代性方案的评估,另一个需要考虑的重要因素是监管机构的级别,特别是在监管机构间存在垂直分工的情况下,尤其需要注意同样内容的监管行动由联邦监管机构执行和由地方监管机构执行在成本、收益上的不同。[2]

当一个监管计划是由多个子计划组成时,OMB建议的做法是:以整体计划净收益的追求为导向——在所有子计划(含子计划的替代方案)中,选出最具重要性以及争议性的子计划,评估这些子计划的组合所带来整体净收益的高低,作为最终的依据。[3]

(二) 收益的估算

监管机构要推行一项新的监管计划(或改变现行的监管措施),必须说服

---

[1] See OMB: OIRA, *Report to Congress on the Costs and Benefits of Federal Regulations*, 1997, http://www.whitehouse.gov/omb/inforeg/chap1.html#gp.

[2] See OMB, *Economic Analysis of Federal Regulations under Executive Order 12866*, 1996.

[3] Ibid.

OMB，该计划预期的正面收益足以支持该预定计划的执行。为了达到这一目的，监管机构应量化所有的预期利益，并尽可能以货币单位计算；对于无法以金钱量化的预期利益则必须以"定性分析"的方式进行解释。总体来讲，利益评估应符合以下两大要求：第一，将监管行动与预期利益之间的因果关系清楚地列举出来；第二，运用适当的、具有高灵敏度的分析，支持上述评估的主要假设。

具体来讲，收益估算包括两部分：具有直接市场交易性的利益评估和不具有直接市场交易性的利益评估。通常而言，对于具体的财物和劳务，其经济价值可以市场价格换算。但是，如果该财物或劳务的市场价格无法完全反映其对社会的真正价值（比如其市场价格是政府支持或平抑的结果），监管机构必须找出市场背后的、真正代表该财物或劳务的"影子价格"（该财物或劳务对社会的边际效益）作为收益的计算基础。实际中，最复杂、也最困难的是不具有直接市场交易性的利益评估，比如健康和安全危害的减少与避免。对于这些无法在市场中直接交易的利益，OMB要求监管机构必须详细地从范围大小、时间长短或其他相关的特殊角度（例如不可逆转性、独特型等）来描述监管可能带来的影响。[①] 对于其价值的评估，通常是采用"乐意付费"的评估方法。监管收益的评估往往带有高度的不确定性，尤其是对于不具有市场交易性的利益评估。

（三）成本的估算

"成本收益分析"中的成本，指的是经济学上的"机会成本"，即在计算采取某一监管行动所花费的成本时，必须合并考虑放弃使用其他替代方案所能带来的利益，比如，当食品和药品管理局（FDA）欲禁止某种药物或食品添加剂的使用时，此监管措施的成本必须包括失去"如果允许使用该药物或食品添加剂可带给使用者的利益"[②]。

在计算监管成本时，除了要考虑市场参与者的服从成本和监管机构的行政费用外，还要注意区分真正成本（real costs）和转移支付（transfer payments）。另外，减少的消费者剩余（consumers surpluses）或生产者剩余（producers surpluses）、给监管对象带来的不满与不便以及时间成本、执法不足或过度时产生的社会成本等，也应计算在内。[③] 但是，必须避免重复计算。

[①] See OMB, *Economic Analysis of Federal Regulations under Executive Order 12866*, 1996.
[②] W. Kip Viscusi, *Regulating the Regulators*, U. CHI. L. REV., Vol. 63, 1996, p. 1423, 1438.
[③] See OMB: OIRA, *Report to Congress on the Costs and Benefits of Federal Regulations*, 1997, http://www.whitehouse.gov/omb/inforeg/chap1.html#gp.

五、审查机关

审查机关,也称质量控制(quality control)机关,是避免监管影响分析流于形式的重要保障机制。由于监管机构对于监管事物具有巨大的裁量权力,如果仅仅是要求监管机构在实施监管前进行"成本收益分析",而没有相应机制保障这一分析能够确实进行的话,那么一切将流于空谈。审查机关承担着为监管影响分析提供指导方针、技术支持、审查监管影响分析的质量并就其执行情况向立法机关报告的职责,是保证监管影响分析质量的关键环节。审查机关和监管机构之间的关系是理解一国监管影响分析机制的重要因素。① 监管影响分析能够在美国行政法上确实发挥控制政府监管的实效,凭借的便是一套较为完善的审查机制。

在美国,管理和预算办公室(OMB)是负责审查各监管机构提交的规章草案和监管影响分析报告的机关,具体工作由其内部的信息和监管办公室(OIRA)负责执行和落实。根据12866号行政命令的规定,每一行政机关应按照OIRA行政官要求的时间和方式,向OIRA提供一份计划监管行为的清单,包括该行政命令中所涉及的所有重要监管行为;对每一项由OIRA行政官确认为重要监管行为的事务,发布机关均应提交规章草拟文本和监管影响分析报告,供OIRA审查。②

那么,OIRA如何对重要监管行为进行审查呢?根据12291号和12866号行政命令,监管机构制定新的规章、审查现有规章或者提出与监管有关的立法提案,在法律允许的范围内,必须遵守下列条件:第一,行政决定应建立在关于拟议监管行动必要性及后果的信息充分的基础上;第二,除非监管的潜在社会收益能证明其潜在成本是适当的,否则不应实施监管行动③;第三,监管机构应选择能为社会带来最高净收益(net benefit)的监管目标;第四,在实现监管目标的数种方法中,应选择对社会净成本最少、最有成本效益的方法。

如果监管机构提交的规章草案和监管影响分析报告满足了这些要求,OIRA

---

① 许多国家设有独立的审查机关,如澳大利亚、加拿大、欧盟、匈牙利、韩国、墨西哥、瑞典、意大利、瑞士、波兰、捷克、荷兰、英国、美国等;有些国家,如奥地利、丹麦、芬兰、德国、新西兰、挪威等,没有独立的审查机关,而由监管机构自身或财政部、司法部等审查。See OECD, *Explanatory Note for a Survey of RIA Systems in OECD Countries*, 2004. http://www.oecd.org/dataoecd/22/9/35258430.pdf.

② Executive Order No. 12866, §6 (a) (3), 58 Fed. Reg. 51735 (1993).

③ 12866号行政命令将12291号行政命令中"除非监管对社会的潜在收益超过社会的潜在成本(potential benefits outweigh potential costs),将不批准新的监管规章也不实施监管"修改为"监管所获得的收益应证明为它所花费的成本是适当的(benefits intended regulation justify its costs)"。

审查通过，在《联邦登记》上公布规章草案供公众评议，进入"通告——评论"阶段；否则，OIRA 提出建议反馈给行政机构，令其修改或撤销。在"通告——评论"阶段，监管机构收集各方评议意见并对规章进行相应的修正后，报 OIRA 审核；OIRA 通过后，报国会审核；国会通过后，在《联邦登记》上发布最终规章，30 天后生效。1 年后，监管机构评估执行规章的成本和收益，OMB 和 OIRA 评估联邦年度所有规章的成本和收益，向国会提交联邦规制的报告。

原则上，OIRA 的监管审查程序是按照总统的行政命令进行，目前的主要根据是 12866 号行政命令第 6 条"规章的集中审查"的规定。但是，必须特别注意的是，OIRA 审查时必须考虑到与《联邦行政程序法》的配合，尤其是关于"通告与评论"程序。由于 OIRA 的审查必须在法律范围内进行，因此，一旦延误行政程序法的期间规定，整个规制审查程序必须停止，拟议中的规章也将因此直接进入《行政程序法》的"规章制定"程序。

六、积极意义

从实际运行效果来看，美国的监管影响分析制度对于提高监管质量、实现良好监管有着积极的促进意义：

（一）从整体上提高监管质量和效率

通过对不同监管领域及相应监管政策的成本和收益的比较，有助于政府合理确定监管的优先顺序，将效率低的监管资源分配给效率高的监管领域；通过对不同监管工具的成本收益分析，有助于监管机构科学选择监管工具，实现监管工具与监管目标的匹配，从总体上提高政府监管的效率。

（二）有助于多元监管目标的整合

监管机构承担着提高市场效率（包括增加企业剩余和消费者剩余等）和维护社会正义（包括增进人类健康、安全、改善环境质量等）的多元监管目标，其间涉及不同利益主体的利益，如何解决这些目标之间的冲突、协调不同的利益关系，是监管机构的一大难题。监管影响分析可以作为一个整合的框架，在全面进行成本收益衡量的基础上，由监管机构作出理性选择。在这种意义上，监管影响分析不仅是一种分析工具，也是一种可以融合不同利益的协调工具。

（三）促进透明和协商

采取各种方法让利害关系人尽早介入监管决策过程，是增强监管机构公开性、透明性和可问责性的基本保障。监管影响分析揭示了监管决定的价值和监管行为的影响，将监管影响分析程序和公众参与程序结合起来，从一定程度上缓解了公众的信息不充分问题，有助于真正实现公开、参与的价值。

(四) 改进政府的可问责性

通过公开监管决定的成本和收益，促使监管机构选择从整体上服务于社会利益、而不是仅服务于特殊组织的监管政策，并通过事后评估对不具备收益的监管措施进行修正。这样就在一定程度上解决了委托人和代理人之间的"信息不对称"问题，有助于落实监管机构的可问责性。

七、遭遇的批评

尽管监管影响分析制度在实践中起到了提高监管绩效、促进政府可问责性的作用，因此也得到其他一些国家的积极推行和高度评价，但是批评和挑战依然存在。

美国学界对于监管影响分析程序的批评，主要集中在成本收益分析方法和审查机制方面：

（一）成本收益分析的高度不确定性

因量化困难产生的成本收益分析的高度不确定性几乎是所有学者都会提到的、成本收益分析最难克服的一个问题。成本收益分析实际上就是要求在监管行为的"成本"和"收益"之间作比较，将成本和收益按照同一基准线量化可以说是所有比较方法中最客观的。但是监管行为所涉及的成本和利益，即使有市场价格可以作为估计的依据，其量化也是非常困难的。由于垄断力量和经济行为外部性的存在，加之政府通过征税或补贴各种方式的干预，市场价格往往会受到扭曲，必须作一些调整，才能真正反应其边际社会成本和边际社会收益。这部分调整在某种程度上可以说已经降低了量化分析的可能性。再者，针对不具有市场交易性的利益，同样存在估算困难。尽管 OMB 提出，如果收益和成本不能在市场上直接交易，可以采用"乐意付费"评估法来量化其影响。但是关于"乐意付费"评估法中数值如何决定是存有高度争议和不确定性的。[1] 同时，尽管在必要的时候可以用定性分析取代定量分析，但是定性分析在某种程度上依赖于主观的价值判断，因而容易因个人条件（每个人对事实的认识以及知识的差异）而受影响。[2]

造成成本收益分析不确定性的原因，还有折现率问题。在财政学者看来，折现率的选择，原则上应该根据被公共计划取代的私人活动性质及其可能产生的经济效益来决定。然而贯彻这一原则需要行政机关逐项追查公共支出计划的

---

[1] 参见 [美] 凯斯·R·孙斯坦：《社会规范与社会角色》，载 [美] 凯斯·R·孙斯坦著，金朝武等译：《自由市场与社会正义》，61~64 页，北京，中国政法大学出版社，2002。

[2] See Stephen G. Breyer, Richard B. Stewart, Cass R. Sunstein and Mathew L. Spitzer, *Administrative Law and Regulatory Policy*, CITIC Publishing House. 2003, pp. 305–309.

经费来源，这样会耗费大量的行政成本，反而有违成本收益分析追求社会净收益的本意。更何况在社会性监管领域，产生的收益往往是"生命"、"健康"等这些难以从经济角度衡量的收益，在折现率的选择上更容易出现问题。

最后，成本收益分析的不确定性也可能源于监管机构当时无法掌握进行成本收益分析的足够充分的信息，而监管机构又不能以信息缺乏作为停止一项公共政策的理由。"事实上，正是因为政府政策本质上充满许多复杂的歧义，使得良好的政策选择不容易出现，我们才更应该重视政策分析。"[1]

（二）重要的非经济价值容易被低估或忽略

有学者曾经指出，成本收益分析是一种"将现实数学化"的做法，在如今功利的社会中，这种做法容易使得快乐、满足、人性的温暖这些"软的价值变量"（soft variable）被低估甚至忽略。[2] 而且即使在进行成本收益分析时将这些变量考虑进去，在收益的评估上也是非常困难的。如前所述，即使通过定性分析，问题仍然难以完全克服。因为定性分析涉及价值判断，为实现"质""量"俱佳的判断，监管机构必须综合考虑公众和专家的意见，而多数公众和少数专家间的判断常常存在很大的分歧。布雷耶曾经就美国环境保护局提供的关于健康风险排位的专家意见和公众意见进行对比，发现了其中的巨大差异。[3] 由此可见，即使在"风险"这种表面上还稍微具有一些量化指标的领域，专家评估和公众意见都存在如此剧烈的冲突，更何况一些情感上的、非经济性、但对文明社会又极为重要的价值呢？这也从一个侧面说明了为什么对成本收益分析方法持较怀疑和反对态度的学者多半是精于社会性监管的行政法学者。

（三）审查机制的缺陷

对监管影响分析的另一方面的批评是针对审查机制的。美国学者针对管理和预算办公室（OMB）的监管审查过程有过严厉批评，有三点较为普遍：第一，管理和预算办公室（OMB）侵犯了各联邦监管机构专业职权的行使；第二，因专业人员有限，导致监管审查程序过度迟延以及评估专业性不足；第三，监管审查程序本身耗费的成本巨大。

总体来看，以成本收益分析为核心的监管影响分析制度在美国法上的应用，对于监管机构形成"理性监管"、"高质量监管"的监管文化起到了巨大的推动作用，在一定程度上产生了提升监管质量的效果。虽然还存在一些较难克服的困难，尤其是在关于不具有直接市场交易性的收益评估方面，但这些统计、估算

---

[1] W. Kip Viscusi, *Regulating the Regulators*, 63 U. CHI. L. REV., 1439 (1996).

[2] See Thomas O. McGarity, *The Expanded Debate over the Future of the Regulatory State*, 63 U. CHI. L. REV., 1480 (1996).

[3] See Stephen G. Breyer, *Breaking the Vicious Circle: toward Effective Risk Regulation*, Harvard University Press, 1993, p. 21.

上的问题，本来就是法学先天的不足，法学者在这方面只能期待其他社会科学发展出更加精确的、更合乎法律目的的评估方法，来支援法学者进行价值判断，绝不能因噎废食、否定整个成本收益分析的理念以及监管审查制度。更何况，到目前为止，还没有其他方法能够替代监管影响分析机制在确保良好监管方面所发挥的基本作用。而审查机制方面的问题可以通过改革和完善相关程序和制度得到逐步解决。

纠纷解决

日本 ADR 的新动向
—— 以"ADR 基本法"为中心

王天华[*]

> **目　次**
>
> 一、立法背景
> 二、立法目的
> 三、基本理念
> 四、民间纠纷解决业务认证制度
> 五、几种新型 ADR
> 　（一）消费纠纷处理制度
> 　（二）日本知识产权仲裁中心
> 　（三）网上购物纠纷与 ADR
> 六、展望

2004 年，日本制定了《促进裁判外纠纷解决程序利用法》[①]，该法于 2007 年 4 月 1 日开始施行。同时，该法的施行令和施行规则[②]以及"实施指导"[③] 也已经先后在 2006 年上半年出台。

《促进裁判外纠纷解决程序利用法》对日本 ADR 的基本理念、国家职责、民间 ADR 机关的认证制度、认证纠纷解决程序的法律效力问题等进行了全面规定，被称为"ADR 基本法"。本文结合有关学说对该法的立法背景、立法目的、基本理念、该法所确立的民

---

[*] 中国政法大学法学院副教授，东京大学法学博士。

[①] 「裁判外紛争解決手続の利用の促進に関する法律」（平成 16 年（2004 年）12 月 1 日法律第 151 号）。

[②] 「裁判外紛争解決手続の利用の促進に関する法律施行令」、「裁判外紛争解決手続の利用の促進に関する法律施行規則」（平成 18 年（2006 年）4 月 28 日公布）。

[③] 「裁判外紛争解決手続の利用の促進に関する法律の実施に関するガイドライン」（平成 18 年（2006 年）6 月 20 日制定）。

间 ADR 机关认证制度等进行简要介绍，以供参考。

一、立法背景

日本的"ADR 基本法"是在"规制改革"这一大背景下制定的。

上个世纪 90 年代在日本被认为是"失去的十年"。这是因为，日本政府在泡沫经济崩溃后，以经济"软着陆"的名义推迟经济结构改革，优先实行了稳定经济秩序、促使景气回升的短期政策。结果是经济发展的结构性问题没有得到根本解决，经济发展停滞、财政赤字增加，白白浪费了十年光阴。[①]

为追回"失去的十年"，日本于 1998 年成立了以内阁总理大臣为本部长的"行政改革推进本部"，并在其下设置"规制缓和委员会"，来推进规制改革。规制改革的目的，一言以蔽之，是"建设一个市场原理得到积极运用、才能和能力的发挥以及努力得到回报的竞争型社会"[②]；基本理念是"实现从事前规制向事后监视或监督的转变"[③]。裁判外纠纷解决机制的整备正是其中的重要一环。

二、立法目的

"ADR 基本法"第 1 条规定：随着国内外社会经济形势的变化，裁判外纠纷解决程序（公正的第三者，介入期望不通过诉讼程序对民事上的纠纷加以解决的纠纷当事人之间，对其纠纷进行解决的程序，以下同）成为一种能够反映第三者的专业性知见、切合纠纷的实际情况来对纠纷进行迅速解决的重要程序。有鉴于此，本法对裁判外纠纷解决程序的基本理念及国家等对此承担的职责进行规定，同时对民间纠纷解决业务设置认证制度，并规定时效中断等特例，以促进其利用。本法意图通过这些规定，使纠纷当事人能够更为容易地对符合其纠纷解决需要的程序进行选择，以期对国民权利利益的正确实现有所助益。

从立法过程和上述目的规定来看，该法的立法目的在于：对 ADR 基本制度进行全面整备，使日本的 ADR 成为与裁判并列的、有魅力的选择。日本司法制度改革审议会在 2001 年 6 月 12 日"意见书"中建议，"下大力气充实司法的核心——裁判功能，同时对 ADR 进行扩充和激活，使之成为对国民而言能与裁判

---

① 参见行政改革推进本部规制改革委员会「規制改革についての見解」平成 12 年（2000 年）12 月 12 日，载http://www.kantei.go.jp/jp/gyokaku-suishin/12nen/1215kenkai/index.html，2006 年 7 月 3 日访问。

② 同上。

③ 総合規制改革会議「規制改革の推進に関する第 2 次答申——経済活性化のために重点的に推進すべき規制改革」平成 14 年（2002 年）12 月 12 日，载http://www.kantei.go.jp/jp/singi/kisei/tousin/021212/index.html，2006 年 7 月 3 日访问。

相并列的有魅力的选择"。(Ⅱ第1—8.(1))。①

参见下图②:

裁判外纠纷解决程序的扩充与激活

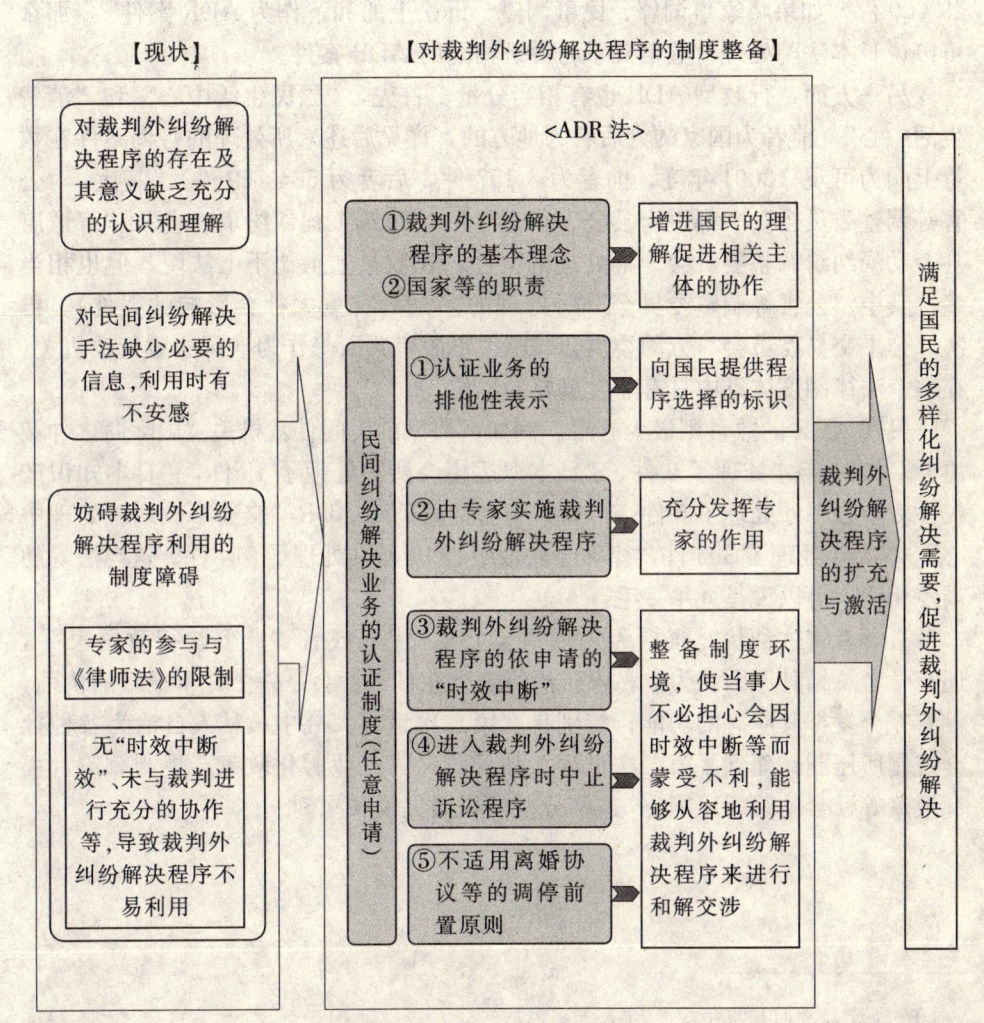

【现状】

- 对裁判外纠纷解决程序的存在及其意义缺乏充分的认识和理解
- 对民间纠纷解决手法缺少必要的信息,利用时有不安感
- 妨碍裁判外纠纷解决程序利用的制度障碍
- 专家的参与与《律师法》的限制
- 无"时效中断效"、未与裁判进行充分的协作等,导致裁判外纠纷解决程序不易利用

【对裁判外纠纷解决程序的制度整备】

<ADR法>

民间纠纷解决业务的认证制度(任意申请)

- ① 裁判外纠纷解决程序的基本理念
- ② 国家等的职责
  → 增进国民的理解促进相关主体的协作
- ① 认证业务的排他性表示
  → 向国民提供程序选择的标识
- ② 由专家实施裁判外纠纷解决程序
  → 充分发挥专家的作用
- ③ 裁判外纠纷解决程序的依申请的"时效中断"
- ④ 进入裁判外纠纷解决程序时中止诉讼程序
- ⑤ 不适用离婚协议等的调停前置原则
  → 整备制度环境,使当事人不必担心会因时效中断等而蒙受不利,能够从容地利用裁判外纠纷解决程序来进行和解交涉

→ 裁判外纠纷解决程序的扩充与激活 → 满足国民的多样化纠纷解决需要,促进裁判外纠纷解决

之所以要对 ADR 进行扩充和激活,不用说,是因为长期以来日本的 ADR 还主要是司法型和行政型 ADR,民间 ADR 数量极为有限。

从案件数量上看,司法型 ADR 占压倒多数。根据《司法统计年报(平成

---

① 参见[日]小岛武司「司法制度改革とADR——ADRの理念と改革の方向」ジュリスト1207号(2001年9月1日),10页。

② 译自[日]法务省大臣官房司法法制部「裁判外紛争解決手続の利用の促進に関する法律(ADR法)について」,载http://www.moj.go.jp/KANBOU/ADR/adr01.html,2006年7月6日访问。

11年)①》的统计，当年日本各级法院所处理的案件数大致如下：民事诉讼523 000件，家事审判395 000件，家事调停109 000件，民事调停264 000件；同时，地方法院的判决件数（缺席判决除外）为47 000件，而诉讼上的和解为49 000件。如果将家事调停、民事调停、诉讼上的和解作为ADR案件②，那么可以说日本法院处理着数量几乎与诉讼相同的ADR案件。③

另一方面，行政型ADR也有相当分量。首先，"国民生活中心"和"消费生活中心"（前者为国家的，后者为地方的，详见后述）所处理的咨询案件在数量上颇为可观（2001年度，前者为8 157件，后者为534 769件）。其次，"公害等调整委员会"、"都道府县公害审查会"、"建筑工程纠纷审查会"、"都道府县劳动局纠纷调整委员会"等处理的案件，在数量上虽比不上法院，但也相当多（其中"公害等调整委员会"所处理的多是具有重大社会影响的案件）。再次，公平交易委员会、劳动委员会、国税不服审判所等作为准司法型行政机关，在整个法律制度体系中具有非常重要的地位。④

民间ADR的数量则极为有限。例如，典型的民间仲裁机关"国际商事仲裁协会"2001年才处理了9件，"日本海运集会所"处理了15件，"日本知识产权仲裁中心"才处理了5件。再如，中立型的民间ADR"交通事故纠纷处理中心"2001年处理了393件，律师会仲裁中心14所共处理了874件。这与法院的调停相比，可以说是九牛一毛。⑤

有学者将这种状况概括为"裁判至上主义"⑥或者"典型的行政国家"⑦，还有学者总结其原因认为，私人自治传统上在日本社会是一个并不显眼的价值，没有充分发挥其应有的功能；特别是在第二次世界大战中，私人自治为各种社会统制所压制；而到了第二次世界大战后，又为产业孵化政策、规制政策、福利政策等社会政策所压制。⑧ 这些分析都相当尖锐和深刻。

---

① 平成11年即1999年。——笔者注
② 之所以将诉讼中的和解也作为一种ADR，是因为所谓的"裁判外"也可以理解为"判决程序外"。
③ 参见：[日] 広田尚久「紛争解決手段としてのADR——訴訟との比較を通じて」ジュリスト1207号（2001年9月1日），22页。
④ 参见 [日] 栗原裕治「研究レポート・裁判外紛争解決手続の利用の促進に関する法律」，载http://www.jca.apc.org/born/siryou/npo/2006-03_2.htm，2006年7月3日访问。
⑤ 参见前注 [日] 栗原裕治「研究レポート・裁判外紛争解決手続の利用の促進に関する法律」。
⑥ 前注 [日] 小島武司「司法制度改革とADR——ADRの理念と改革の方向」，11页。
⑦ 前注 [日] 栗原裕治「研究レポート 裁判外紛争解決手続の利用の促進に関する法律」。
⑧ 参见前注 [日] 広田尚久「紛争解決手段としてのADR——訴訟との比較を通じて」，21页。

三、基本理念

"ADR 基本法"第 3 条规定：裁判外纠纷解决程序作为依法对纠纷加以解决的程序，必须尊重纠纷当事人自主性地对纠纷进行解决的努力，必须公正而正确地实施，并努力反映专业性知见、切合纠纷的实际情况，实现对纠纷的迅速解决。

从这一规定的文本即可看出，"ADR 基本法"所确立的日本 ADR 的基本理念由两个方面的命题构成：（1）ADR 应尊重纠纷当事人对纠纷加以自主性解决的努力；（2）ADR 应致力于反映专业性，切合纠纷实际，迅速解决纠纷。

第一个命题强调了 ADR 作为纠纷解决机制与诉讼的本质区别和同等地位。关于此点，有学者这样概括：所谓"现代"，其特征之一是实现了从"武力的支配"向"法的支配"的转换；诉讼与 ADR 都是从"现代"出发的，以国家对物理性强制力的垄断为源泉的诉讼，和以私人自治为源泉的 ADR，属于不同的支流；作为国家司法作用的诉讼与以当事人的合意为基本的 ADR，本来就是作为两种具有同等价值的制度来加以设计的。[1] 应当认为，这种理解与前述"ADR 基本法"的立法目的是契合的。

还有学者从 ADR 与诉讼之间的关联性的角度进行了分析，认为：对纠纷当事者而言，裁判与 ADR 是各自同等的选择权；而且，ADR 还包含着复数的子选择权；选择的尺度在于何者更适合于各个纠纷的解决，这些选择权中间，并不存在先验和普遍的价值序列或者优先顺位。在司法制度改革审议会"意见书"中，司法是作为"大司法"或者"泛司法"来加以理解的[2]，也是在强调 ADR 与诉讼的同等性。

第二个命题是在强调应当充分发挥 ADR 和诉讼相比的长处。对此前述"意见书"有明确表述："ADR 与严格的裁判程序不同，它力图通过激活利用者的自主性、以对隐私和营业秘密加以保护的非公开方式、简易而迅速和低成本地、对各种领域专家的知识和意见加以灵活运用从而精准地、不拘泥于法律上的权利义务的存否从而符合现实地对纠纷加以解决。ADR 可以灵活地解决纠纷。"
[Ⅱ第 1-8.（1）]

---

[1] 参见前注［日］広田尚久「紛争解決手段としてのADR——訴訟との比較を通じて」，20～21 页。

[2] 参见前注［日］小島武司「司法制度改革とADR——ADRの理念と改革の方向」，10 页。

四、民间纠纷解决业务认证制度

"ADR 基本法"第 4 条规定：为促进裁判外纠纷解决程序的利用，国家必须努力对关于裁判外纠纷解决程序的国内外动向、利用状况及其他事项进行调查和分析，并进行信息提供和采取其他必要措施，增强国民对裁判外纠纷解决程序的理解。鉴于裁判外纠纷解决程序的普及有利于居民福祉的提高，地方公共团体必须在与国家进行合理的职能分工的基础上，努力提供关于裁判外纠纷解决程序的信息并采取其他必要措施。——从日本 ADR 的制度状况来看，可以认为，这一规定是实现前述立法目的的必要手段。

"ADR 基本法"第 4 条所规定的"国家职责"其实在该法中就已经得到了一个履行，因为它创设了一个"民间纠纷解决业务的认证制度"。"ADR 基本法"创设的认证制度，是由法务大臣，依民间 ADR 机关的申请，对其符合ADR 法所规定的条件进行认证的制度。"ADR 基本法"以大篇幅对认证制度的主要方面，如认证的定义、基准、资格、程序、监管措施、法律效力等，进行了详细规定。可以说，这些规定对日本 ADR 的跃进将起到关键作用。下面比较详细地对其条文进行介绍。

"ADR 基本法"第 6 条规定了认证的基准。该基准对民间 ADR 机关的专业知识和能力以及经营管理方面的实力提出了具体要求，同时规定民间 ADR 机关的若干义务，比如，在"程序实施者"的选定中贯彻回避原则、标准化的程序设计义务、保密义务等。比较有特色的是其第 5 项："程序实施者不是律师［关于《司法书士法》（昭和 25 年法律第 197 号）第 3 条第 1 项第 7 号规定的纠纷启动民间纠纷解决程序的，程序实施者是同条第 2 项规定的司法书士的情形除外］的，规定了必要措施，以便在实施民间纠纷解决程序中需要关于法令的解释适用的专门性知识时，能够接受律师的指导。"

第 7 条规定了认定的欠格事由，除了对不具备相应行为能力的人（包括法人）进行了排除之外，还专门对暴力团成员进行了排除（第 8 至 12 项）。应当说，这种排除是必要和周到的。

作为认证的程序，第 11 条规定了认证的公示制度。需要留意的是，对认证加以公示的义务，不但是法务省（行政机关）的义务（第 1 款），还是相对人（接受认证的民间 ADR 机关）的义务（第 2 款）；同时，对认证加以公示对民间 ADR 机关而言，既是义务又是权利，因为这种公示具有排他性——"非认证纠纷解决事业者"（未得到认证的民间 ADR 机关）是不能在其名称中使用可能使人误认为其为认证纠纷解决事业者的文字的（第 3 款）。

第 20 条至第 24 条规定了负责认证的行政机关对被认证民间 ADR 机关

("认证纠纷解决事业者")的监管权限和措施。其中包括被认证者的提出报告义务（第20条），法务省的检查权限（第21条），法务省的劝告与命令（第22条），直至取消认证的权限（第23条）。值得一提的是，还规定了法务大臣在进行监管时"对民间纠纷解决程序业务的特性加以留意"的义务——该法第24条规定："法务大臣根据第21条第1项的规定要求报告，或者令其职员进行检查或者讯问，或者根据第22条的规定作出劝告或者命令时，必须对民间纠纷解决程序是以纠纷当事人与从事民间纠纷解决程序业务者之间的信赖关系为基础成立的，且纠纷当事人进行的自主解决纠纷的努力应当得到尊重等民间纠纷解决程序业务的特性加以留意。"

作为认证的法律效力，第25条规定了"时效的中断"："程序实施者以纠纷当事人不可能通过认证纠纷解决程序达成和解为由终结该认证纠纷解决程序时，委托实施该认证纠纷解决程序的该纠纷当事人收到通知之日起一个月内就作为该认证纠纷解决程序的目的的请求提起诉讼的，关于时效的中断，视为在该认证纠纷解决程序中提起请求之时提起了诉讼。"（第1款，其他情形在第2款和第3款中规定）可以认为，这种"时效中断效"的赋予，意味着经过认证的民间ADR程序被正式纳入了"大司法"或者"泛司法"体系，对日本ADR特别是民间ADR的发展将发挥极大的推动作用。

需要注意的是，是否接受认证是民间ADR业者的自由，不接受认证的民间业者今后也可以继续以同样的形式进行裁判外纠纷解决业务。这是为了避免认证制度的创设反而侵害民间ADR的自主性和多样性。[1]

五、几种新型ADR

日本ADR法制的发展是其规制改革的必然归结；"ADR基本法"的制定无疑是日本ADR发展过程中一件大事，但该法本身实际上不过是日本ADR法制发展过程中的一个环节。也就是说，尽管"ADR基本法"的制定有助于ADR法制的发展，但ADR法制的发展本身并非"ADR基本法"制定的结果。这一点从日本近年在"ADR基本法"尚未制定或施行的情况下就出现了一批新型ADR的现象来看至为明显。以下选取其中有代表性的几种，进行一个管窥。

（一）消费纠纷处理制度

关于消费纠纷（消费者与商品或者服务提供者之间因消费行为引发的纠纷），日本法最近几年实现了一个很大的转变，值得关注。特别是2004年，日

---

[1] 参见［日］小林徹「裁判外紛争解決手続の利用の促進に関する法律」ジュリスト1285号（2005年3月1日），28页。

本对 1968 年制定的《消费者保护法》进行了全面修改，这一修改给日本的消费纠纷处理制度带来了很大变化（不过，需要说明的是，本文以下进行的考察，是从 ADR 的角度展开的概略性考察。角度特殊，深度也有限）。

1. 从《消费者保护法》到《消费者基本法》[①]

这次日本消费者法的全面修改[②]，有着特定的立法背景。那就是"规制缓和"——从规制到自治的制度转型。与之相应地，这次修改的要点即在于：从"保护消费者"到"对消费者的自立进行支援"。具体而言，过去的消费者政策是以"消费者的保护"为重点的，主要手段是在事前（消费行为及消费纠纷发生前）对企业进行规制。经过本次修改，消费者政策的重心转移到"消费者的自立的支援"，国家与地方公共团体等公权力主体的角色从"保护者"变为"支援者"，主要政策手段也转为制定规则、向消费者提供信息、进行普及教育、帮助解决纠纷等。[③]

2. "消费者 ADR"

日本消费者法的全面修改导致新型"消费者 ADR"的出现。解决消费纠纷的传统机制是国家层次的"国民生活中心"（1970 年依据《国民生活中心法》[④]设立）和各都道府县、政令指定都市以及市区町的"消费生活中心"、"消费者中心"（消費生活センターまたは消費者センター，依据各个地方公共团体的条例[⑤]或者行政规则[⑥]设立），而本次消费者法修改后，"日本消费生活顾问咨询协会"〔（社）日本消費生活アドバイザー・コンサルタント協会（通称 NACS）〕

[①]「消費者基本法」（昭和 43 年 5 月 30 日法律第 78 号、最終改正：平成 16 年 6 月 2 日法律第 70 号）。

[②] 其修改要点如下：(1) 明确规定消费者的八种权利：1) 消费生活的基本需要得到满足；2) 健全的生活环境得到保障；3) 消费者的安全得到保障；4) 对商品和服务进行自主而合理的选择的机会得到保障；5) 获得必要信息的机会得到提供；6) 获得必要教育的机会得到提供；7) 能够将意见反映进消费者政策；8) 受到侵害时能够得到及时而充分的救济。(2) 扩充企业的责任义务：1) 提供信息、制订自主行动基准；2) 保证与消费者进行公平交易；3) 以明确而平易的方式向消费者提供必要信息；4) 进行交易时，对消费者的知识、经验、财产状况等加以考虑；5) 整备消费者苦情咨询机制、并公正处理；6) 提供商品、服务时对环境保护加以考虑，并制订企业活动基准。(3) 强化国家、地方公共团体的责任义务。1) 负有尊重消费者权利、支援消费者自立、依照基本理念推进其他消费者政策的职责；2) 国家负有采取必要措施对消费生活教育加以充实的职责；3) 国家负有采取必要措施使企业提供信息、公正地进行劝诱，并保障合同条款的公正性，等等。

[③] 参见 http://www.pref.gunma.jp/d/05/news/282/page1.htm，2006 年 7 月 5 日访问。

[④]「国民生活センター法」（昭和 45 年 5 月 23 日法律第 94 号）。需要注意的是，「国民生活センター法」在 2002 年随着「独立行政法人国民生活センター法」（平成 14 年 12 月 4 日法律第 123 号、最終改正：平成 16 年 6 月 23 日法律第 130 号）的制定而废止。

[⑤] 如：「新宿区立消費生活センター条例」平成 5 年 4 月 1 日条例第 4 号。

[⑥] 如：「高崎市消費生活センター設置規則」平成 12 年 3 月 31 日規則第 40 号。

开始实施"Consumer ADR（消费者 ADR）"（自 2004 年 7 月 1 日）。① 这种 ADR 的特征在于，不附属于任何企业团体，而是立足于消费者。它以消费者为对象，免费地接受咨询并进行调停、裁定，以便对机械、电器等引发的消费纠纷的裁判外解决进行实践检验。②

由于笔者尚未收集到详细资料，无从介绍其运作的具体情况。但这种 ADR 的产生与日本"ADR 基本法"的制定在时间上极为接近，笔者认为，为了准确把握日本 ADR 的发展动向，有必要对其进行进一步的调查和密切关注。

（二）日本知识产权仲裁中心

日本知识产权仲裁中心（日本知的财产仲裁センター）是日本辩理士会与日本律师联合会于 1998 年 3 月以处理工业所有权领域的纠纷为目的以"工业所有权仲裁中心"（工業所有権仲裁センター）为名称成立的 ADR 机关。该中心于 2000 年 8 月与社团法人日本网络信息中心［社団法人日本ネットワークインフォメーションセンター（JPNIC）］签订了协定，成为"JP 域名认定纠纷处理机关"（JP ドメイン名に関する認定紛争処理機関），负责对在 JPNIC 进行了注册的互联网中使用 JP 域名纠纷进行处理。其后，该机关于 2001 年 4 月更名为"日本知识产权仲裁中心"（以下简称"中心"），将业务范围从工业所有权扩大到了知识产权。③

"中心"本部设于东京。东京本部由干部会、运营委员会及各部会组成，设有事务局。除东京本部外，"中心"还设有关西支部和名古屋支部、九州支所。

该中心的主要业务包括：（1）咨询。为了对纠纷加以解决或者预防，接受关于知识产权纠纷的咨询。（2）调停。调停人由律师、辩理士各一名组成，当事人如果按照调停人的意见与判断形成合意，则缔结和解合同，以解决纠纷。（3）仲裁。仲裁人由包括律师、辩理士在内的至少三人组成，仲裁人的判断具有强制力。（4）中心判定。由律师与辩理士各一名对专利权、实用新案权、商标权等纠纷进行判定，主要是判定对象物是否属于这些权利的范围，以及这些权利的注册中是否有无效事由。中心判定既有申请人单独成为当事人的单独判定，也有被申请人也成为当事人的双方判定。（5）JP 域名纠纷处理。特定主体的注册商标等被他人以不正当目的注册为 JP 域名时，发生 JP 域名纠纷。

其中应当特别留意的是其 JP 域名纠纷处理业务。

---

① 「日本消費経済新聞」（週刊）2004 年 6 月 23 日号，参见 http://www.nc-news.com/ind030623.htm，2006 年 6 月 30 日访问。

② 2004 年 4 月 1 日（社）日本消費生活アドバイザー・コンサルタント協会，"16 年度 NACS Consumer ADR（裁判外紛争解決機関）開設のお知らせ"，参见 http://www.nacs.or.jp/nacsadr.html，2006 年 6 月 30 日访问。

③ 参见 http://www.ip-adr.gr.jp/（日本知识产权仲裁中心主页），2006 年 6 月 29 日访问。本文以下有关介绍和数据，均参照或源自该主页。

日本网络信息中心 2000 年 7 月 19 日通过的《JP 域名纠纷处理方针》(JP ドメイン名紛争処理方針)，是对 JP 域名注册者与第三者（申请人）之间的纠纷进行处理的规约。"中心"（日本知识产权仲裁中心）是 JPNIC 所认定的纠纷处理机关。其纠纷处理程序依照《JP 域名纠纷处理方针》、《JP 域名纠纷处理方针程序规则》(JP ドメイン名紛争処理方針のための手続規則) 以及该中心自行规定的《补则》和《JP 域名纠纷处理手续费规则》(JP ドメイン名紛争処理手数料規則) 实施。

申请人就 JP 域名提出申请，请求判定将注册转移给该申请人或者将注册予以撤销。中心以一名裁定员或者三名裁定员构成的裁定组对此进行裁定。裁定组在接受指名之日起 14 个工作日内作出裁定。

如果裁定组作出对被请求注册进行转移或者撤销的裁定，日本注册服务公司〔（株）日本レジストリサービス（Registry Service）(JPRS)〕会据此将该注册转移给申请人或者将该注册撤销，除非该域名注册者表示对此不服并在裁定通知后 10 个工作日内向法院起诉。如果裁定组认为申请人的请求没有理由，则作出维持该注册的裁定。

域名纠纷处理的费用较高。(1) 申请手续费。一名裁定员的，申请人需缴纳 189 000 日元。裁定员为三名的，申请人需缴纳 378 000 日元。另外，以同一申请书请求对 4 件以上域名进行转移或者撤销的，还要缴纳叠加费用。(2) 审问手续费（含消费税）。开始审问程序后，申请人和注册人（被申请人）需在审问日期前分别缴纳 15 750 日元。(3) 其他费用（含消费税）。口译、鉴定、证人的劳务费、裁定员出差费用等，由申请人和注册人各付一半，需事先缴纳。

（三）网上购物纠纷与 ADR

在互联网上购物消费甚至开设自己的店铺，对于今天的中国人来说不是什么新鲜事。但一旦发生纠纷，通过什么途径进行解决是一个很大的问题。因为网络将天南地北的人联系在一起，这使得执法机关在对恶性案件进行定性和处理时，不得不考虑执法成本；而其他大量的非恶性案件，普通的纠纷解决方法如消费者投诉、民事诉讼并不充分奏效。

日本的"新一代电子商务交易推进协议会"（ECOM、次世代電子商取引推進協議会）[1] 在这方面进行了有益的尝试。它为了推进电子商务（EC）的发展，专门实施了"ADR 实证实验工程〔ADR（裁判外纷争処理）実証実験プロジェ

---

[1] 原名"电子商务交易实证推进协议会（電子商取引実証推進協議会）"，2000 年 4 月更名为"电子商务交易推进协议会（電子商取引推進協議会）"，2005 年更名为现名。该会发起人包括"花王"、"日立"、"东京电力"、"丰田汽车"、"野村综合研究所"、"富士通"等著名公司、机构的 CEO，事务局为"日本情报处理开发协会电子商务交易推进中心"〔（财）日本情報処理開発協会／電子商取引推進センター（JIPDEC/ECPC）〕。

クト]"。具体而言,设置"网上购物纠纷咨询室(ネットショッピング紛争相談室)",就消费者和企业提出的一般性问题进行回答,就有关纠纷的解决提供咨询。

"网上购物纠纷咨询室"(ネットショッピング紛争相談室)作为"互联网 ADR 实证实验"开始于 2001 年 11 月,实验的目的在于通过实践对 ADR 作为纠纷解决手段对互联网购物或者互联网拍卖等引发的纠纷是否有效进行验证。实验开始二年后,电子商务(EC)市场对 ADR 的需要基本上得到了确认,下一个目标是将这种 ADR 从实验状态转移至永久性的运营体制。[1]

ADR 的实施全部在网上进行。咨询人在咨询室的网页(http: //www.ecom.jp/adr/index.html)上注册、登录并提交咨询问题,咨询员通过电子邮件进行回答;如果咨询人希望能够通过 ADR(斡旋、调停)解决纠纷,则咨询员根据需要在各专业领域的顾问的帮助下,对纠纷进行个性化解决。

2001 年 11 月至 2006 年 2 月,咨询室共受理了 5 153 件咨询。其中个人之间的电子商务(CtoC)和国际交易纠纷占很大比例。特别是前者,很多情况下由于卖方并非企业,传统上的以信息不对称为前提的"消费者保护"机制不能发挥作用,买方很需要找人咨询。实际上,咨询室收到的案件约三分之一是关于 CtoC 的。也就是说,这一领域明显存在对 ADR 的社会需求。另外,国际交易的案件约占咨询案件总数的四分之一。卖方的国籍美国最多,欧洲和亚洲各国至多一到两件。

ECOM 的 ADR 并不依据行政权力或者特殊的权威,也不具有会员制等事实上的强制力。但是,第三者这一立场在有效地发挥作用,特别是对那些"相互之间并没有恶意"的案件,ECOM 的 ADR 完全可以对纠纷进行有效解决。这一点已经为实践所确认。即使是在不进行法律判断、不提示特定的解决方案的斡旋案件中,也能够在一定程度上使已经情绪化的当事人冷静下来,促使其相互让步。——当然,对那些相对一方完全不作出应答,特别是那些可能从最初就有恶意的案件,民间 ADR 是完全无力的。如果是国内案件,一般是建议当事人向警察咨询。同执法机关进行一定的信息交换和协作是必要的。

从解决方法来看,以向一方当事人提出建议的方式终结的案件占了大半(约 85%),实施了本来意义上的 ADR(斡旋、调停)的案件只有 15%。很多情况下,咨询人希望通过 ADR 来解决纠纷,但咨询室给相对一方发送电子邮件却得不到回信,只好到此为止。通过改善电子邮件的文本,同时使用电话等方式提高"应答率"是一个课题。

---

[1] 参见[日]沢田登志子(電子商取引推進協議 ADR プロジェクト主席研究員)「ADR(ネットショッピング紛争相談室」ECOM Journal NO.7, http: //www.ecom.or.jp/ecit/ecomjournal/no7/wg13_j07.htm, 2006 年 7 月 12 日访问。

关于国际案件，ECOM 与 BBB（美国、加拿大的纠纷解决机关 Better Business Bureau）签订了协作协定，还与韩国"电子商务振兴院"（KIEC）签订了协定。今后还将与新加坡等合作，在 Asia Trustmark Alliance 框架内，实现多重 ADR 协作。[1]

六、展　望

从规制改革这一大背景来反观日本 ADR 和"ADR 基本法"，我们有理由相信：日本的 ADR 在近期会有一个大的发展。具体而言，以下几个动向值得注意：

1. ADR 基本制度的整备与发展。[2] 其一，"ADR 士"资格制度的创设——"ADR 基本法"立法过程中曾经有人提出过有关立法建议；其二，"ADR 与国际接轨"——据说"国际化标准化机构"（ISO）正在研究 ADR 规格等问题；其三，"赋予 ADR 以执行力"——"ADR 基本法"只赋予经认证民间 ADR 以"时效中断效"，没有赋予其执行力。有意见认为，该法施行五年后对其进行修订时，应当对执行力的赋予问题进行认真研究。

2. 新型 ADR 的出现。其一，"在线 ADR"——2003 年美国政府向日本政府提出的"要望书"就此提出了明确要求[3]，且日本有关方面也已经认识到这个问题[4]，本文介绍的"网上购物纠纷咨询室"就有有关实践；其二，"医疗 ADR"——通过诉讼解决医疗纠纷有一定局限性，日本有人专门为此撰文，呼吁创设"医疗 ADR"[5]。

最后需要提及的是，除了 ADR 实践外，日本 ADR 的基本理论（如"泛司法"理念、ADR 与诉讼并列的理念等）对我国也有一定的参考价值。期待有机会进行更深入的探讨。

---

[1]　以上关于咨询室运营情况的介绍，参见前注［日］沢田登志子「ADR（ネットショッピング紛争相談室」。

[2]　参见［日］青山善充（平成 16 年 11 月 30 日「ADR 検討会」座長）「日本における ADR の将来に向けて——「ADR 検討会」座長レポート」，http://www.kantei.go.jp/jp/singi/sihou/kouhyou/041206adr.html，2006 年 7 月 16 日访问。

[3]　「日米規制改革および競争政策イニシアティブに基づく日本国政府への米国政府要望書」2003 年 10 月 24 日，参见http://www.geocities.jp/akisue318/page020.html，2006 年 7 月 16 日 9 时访问。

[4]　第 8 回日司連市民公開シンポジウム「紛争解決への対話—ADR の可能性—」月報司法書士 2002 年 5 月号（No.363），参见http://www.shiho-shoshi.or.jp/web/publish/geppou/200205/2002_05_032.html，2006 年 7 月 15 日访问。

[5]　「望まれる医療 ADR（裁判外紛争解決）の発展」（作成日時：2006 年 7 月 8 日），参见http://d-f004.at.webry.info/200607/article_67.html，2006 年 7 月 15 日访问。

美日行政纠纷解决机制比较研究

王丹红[*]

> **目 次**
> 一、美国的行政纠纷解决机制
>   (一) 立法地位法院 (Legislative Courts)
>   (二) 联邦行政机关——从"公权利理论"到"司法权的本质属性"说
>   (三) 对私人的授权——行政 ADR
> 二、日本的行政纠纷解决机制
>   (一) 行政不服审查制度
>   (二) 行政委员会进行的纠纷解决制度——以公害等调整委员会为例
>   (三) 苦情处理制度
> 三、日本和美国纠纷解决体系的比较法探讨
>   (一) 正当法律程序
>   (二) ADR 在行政纠纷领域的适用

所谓行政纠纷,一般是指关于行政上法律关系的纠纷,既包括因公权力的行使而产生的纠纷,典型的如对行政许可、行政处罚不服而产生的纠纷,也包括行政组织之间产生的纠纷。另外,一些民事纠纷,由于其性质上的特殊性,也被委任给行政机关处理。这虽然不属于典型意义上的行政纠纷,但由于这类纠纷常常与处理机关自身的行政管理活动紧密联系,处理时不能单纯依照私法原理进行,而带有浓重的公法色彩。所以,本文也将其作为一种特殊的行

---

[*] 西北政法大学教师,中国人民大学法学院宪法学与行政法学专业 2004 级博士生。

政纠纷纳入进来一并考察。①

近代以来，随着宪政体制在各国的建立，"依法律行政"或"法的支配"成为各国普遍遵守的原则，行政机关的活动被要求置于法律的监督控制之下，符合法的精神。由于法律传统的不同，各国对三权分立的阐释和具体的制度架构各不相同。然而，为了保障公民权利，行政权应接受司法权的监督审查却是一个共同的基础性认识。因此，不仅普通法系国家，传统的大陆法系国家也开始将行政纠纷的最终处理权由行政机关内部转交给作为独立的第三方裁判机关的法院。但是，20世纪前后，随着社会经济的迅猛发展，行政权的内容、范围、行使方式均发生重大变化，行政纠纷不仅数量猛增，在性质上也发生重大改变，单纯依靠法院的力量已无力解决大量的现代型行政纠纷，必须建立新型的纠纷解决机制。在这一过程中，美国作为普通法系国家之一，既强调司法权的优位性，又重视制度的灵活性、实用性，不断摸索、创新，独树一格。日本初学德国、后随美国，随着对行政权认识的变化，其纠纷解决机制的建构理念也逐步发展变化，逐步建立起了各种制度相互呼应的行政救济体系。这两个国家一个是最先进法律制度的代表性国家之一，一个在法制发展的轨迹上和中国具有相近之处，对这两个国家制度的比较研究对于建立我国的行政纠纷救济体系具有方法论上的借鉴意义。因此，本文拟以美日两国为对象，对其行政纠纷解决机制的建立和背后所揭示的行政法理念进行初步的分析探讨。

一、美国的行政纠纷解决机制

美国是典型的行政纠纷解决机制多元化国家。除传统的司法法院外，由国会设立的立法地位法院（legislation courts）②、行政机关乃至个人，都依法具有一定的纠纷处理权。

（一）立法地位法院（Legislative Courts）

这类法院是国会依据宪法授予自己的权限，在司法法院之外设立的、承担部分国会职权、专门处理某类纠纷的法院。这类法院虽然在审理程序上适用准司法程序，但是，其权限依据不是规定司法权的宪法第3章，而是规定国会权

---

① 这种定义方法也来自对美日两国行政纠纷解决机制进行考察时得来的启发。在美国，行政纠纷往往是指行政机关参与的纠纷，既包括以行政机关为一方当事人的纠纷，也包括行政机关作为处理机关、裁决民事纠纷的情形。而在日本，行政纠纷包括因公权力发动而引起的狭义的行政争讼、当事人争讼、机关争讼、民众争讼和行政过程中的争讼。参见[日]比山节男：《ADRとしての米国1990行政纷争处理法（上）》，载《大阪经济法科大学法学研究所纪要》，第23号，11页，1996。参见[日]盐野宏著，杨建顺译：《行政法》，254～255页，北京，法律出版社，1999。

② 对于以下所述的各类专门法院的译法有不同的版本，本文采用的是王名扬的版本。参见王名扬：《美国行政法》（上），130页，北京，中国法制出版社，1995。

限的宪法第 1 章和第 4 章,其法官不享有宪法第 3 章赋予司法法官的各项身份保障权,因而不属于司法法院,被称为立法地位法院。这类法院根据设置原因,可以分为地域管辖型和特殊事项管辖型两种。

1. 地域管辖型立法地位法院

(1) 领地法院

最初是国会为解决领地内的纠纷而设立。由于领地与国会之间不具有联邦的关系,领地内发生的纠纷不属联邦法院管辖。为在解决这一特殊地域内的纠纷的同时,可以不受联邦宪法第 3 章(法官身份保障条款的)的限制、随时根据领地的情况变化存废所设法院,国会以宪法第 3 章第 3 条赋予它的对领地的概括性统治权限为依据,设立了领地法院。对于该法院的性质,联邦最高法院在 1828 年的 Canter 判决[1]中,首次将其命名为立法地位法院,承认了它作为特殊的法院在宪法上的地位。

(2) 哥伦比亚特别区的法院

与领地法院设立目的不同,哥伦比亚特区既非一个州也非领地,而是联邦政府所在地,是国会为了便于审查联邦政府行政机关的活动而设立的。其权限不仅包括对行政纠纷的处理,还包括对公共服务企业的监督权。对于该法院,联邦最高法院依据宪法第 1 章第 8 条第 17 项[2],以及国会在哥伦比亚特区所同时享有的州的权力,承认了它所拥有的、超出司法法院管辖范围的广泛权限。这一状况一直持续到 1970 年《哥伦比亚特别区法院改革和刑事程序法》颁布。根据该法令,在哥伦比亚特区设立了高等法院(Superior Court)和上诉法院,成为与管辖该地区的联邦法院相并列的另一法院体系。

2. 特殊事项管辖型立法地位法院——公权利理论(public rights doctrine)[3]

所谓"公权利理论"是联邦最高法院提出的司法权委任理论之一,用以论证立法地位法院与行政机关享有的行政纠纷解决权的合宪性。该理论的主要内容是,对于有关公权利的事项,根据国会的判断,既可由司法法院管辖,也可由国会通过立法、授权其他机关管辖。领地法院原是基于管辖地域的特殊性而设立的,与司法法院不产生管辖权上的冲突。但进入 20 世纪之后,以"公权利理论"(public rights doctrine)为根据,联邦最高法院逐步承认了对司法法院管辖事项同时具有审理权限的立法地位法院的合宪性。这类法院主要包括:

---

[1] 26 U.S. (1 Pet.) 511 (1828).
[2] 指国会对该特区的各类问题均具有排他性立法权。
[3] 这里的"公权利"并非指作为公民所享有的权利,而是传统上由立法机关和行政机关处理的、涉及公共利益的事项,例如税收、移民、邮电等事项。参见王名扬:《美国行政法》,311 页,北京,中国法制出版社,1995。

(1) 关税上诉法院

1890年,国会设立关税审查委员会(Board of General Appraisers),负责纳税人对关税额不服案件的审查处理。对委员会决定不服的,可向上诉法院起诉。1909年,为减轻大量的关税上诉案件给司法法院带来的压力,国会设立关税上诉法院,专门受理关税上诉案件,由此产生与司法法院之间管辖权的竞合。1929年,联邦最高法院在Ex Parts Bakelite Corp.判决[①]中沿用"公权利理论",认为对于有关公权利纠纷的案件,可以设立立法地位法院进行审理。本案中关税上诉法院所管辖的事项,本不属于必须由司法法院审理的案件,相反,其业务一向专属于行政机关。因此,关税上诉法院的性质为立法地位法院。在这一案件中,判断是否属于立法地位法院的标准不再是宪法第3章,而是由设立该法院时的权限根据和所赋予它的管辖权决定。

之后,联邦最高法院的判决虽时有反复,但均认为,出于政策的灵活性考虑,对于国会所设立的审判机关,如果要求其严格适用宪法第3章规定的话,反而会阻碍政策的推行。从而承认了在有关"公权利"的有限领域,立法地位法院的合宪性。

(2) 索赔法院

索赔法院是议会地位法院中典型的、处理特定领域纠纷的专门法院,也是目前仅存的少数立法地位法院之一。

美国建国之初,基于"主权免责原则",向联邦政府提出的赔偿案件,不受普通法或衡平法的约束,而是由国会制定以特定的个人或团体为对象的法律,个别处理。由此带来的大量立法需求令国会不堪重负。为减轻负担,1855年,国会设立索赔法院,在法定事项范围内、代为受理针对政府的赔偿案件。

该法院在设立之初为国会的一种尝试,权限仅限于审理请求内容、向联邦议会提交劝告性报告,不具有终局性裁决权。国会仍需对报告进行再次审查。1863年,国会废止再审制度,赋予索赔法院审理决定以终局性效力。同时,联邦最高法院保留一定的上诉管辖权。1933年,最高法院确认其为立法地位法院。1982年《联邦法院改善法》颁布,设立联邦巡回控诉法院,管辖原索赔法院上诉部门管辖事项,事实审部门改称为"合众国权利申诉法院",维持立法地位法院的地位,法官身份受到保障,有权作出终局性裁判。

议会地位法院作为司法外的行政纠纷解决机关之一,始于领地法院,后扩展至关税、国家侵权损害赔偿等行政领域,是为处理特殊地域或特殊的行政纠纷,作为国会的辅助机构而设立的。起初的审理程序简单、快捷,但审理决定不具终局性。随着其逐渐发展和独立性地位的增强,程序的司法化程度增加,决定也开始具有一定的终局性。

---

① 279 U.S. 438 (1929).

(二) 联邦行政机关——从"公权利理论"到"司法权的本质属性"说

如果对三权分立原则进行机械解释，司法权无疑是不能委任给行政机关的。但是，早在第一届联邦会议，财政部便被委任处理与军人抚恤金、关税有关的纠纷。之后，依据"公权利理论"，联邦最高法院也承认，对于涉及公权利的事项，经立法授权，行政机关同样有权受理。

20世纪初期，公权利理论开始受到挑战。19世纪中叶，以横穿大陆的铁路建设为开始，大型铁路企业的独占性经营给经济秩序造成严重破坏，州政府无力控制，必须由联邦政府进行统一规制。1887年，州际商业委员会成立。除授予其规则制定权外，原属于司法法院的处理差别性惯例和费率纠纷的案件也交由其管辖。成立之初，委员会的决定并不具有终局性，执行也依赖于司法，导致委员会审理过程中，当事人并不提出重要证据，直到法院才提交，以推翻委员会决定。委员会专业、高效地解决纠纷的职能难以正常发挥。为此，一方面，国会通过立法，不断强化其职权，使其决定逐步具有了一定的终局性。另一方面，联邦最高法院通过判例，承认州际商业委员会作出的事实认定部分具有"实质性证据"效力，对除私人与雇主之间的损害赔偿之外的铁路纠纷，也拥有实质性审查权，从而使其管辖范围扩展到私权纠纷领域，形成对"公权利理论"的挑战。而解决这一问题的，是联邦最高法院1932年在Crowell判决[①]中提出的新的司法权委任标准——"司法权本质属性说"。

该案的争点之一在于，对于工伤引起的赔偿请求这样典型的私权纠纷，劳动灾害补偿委员会是否具有管辖权。对此，最高法院提出了"司法权本质属性说"。认为只要"司法权的本质属性"仍保留于司法法院，即行政机关的裁决仍要接受法院司法审查的监督，那么即使是纯粹的私人权利纠纷，根据国会的裁量，也可以授权联邦行政机关就大部分事实问题作出最终性决定。[②]

对于Crowell判决提出的这一新的判断标准，联邦最高法院在1982年的Northern判决[③]作出了严格限制，基本上恢复到"公权利理论"说，并采用严格的形式标准，认为凡不适用宪法第3章的其他机关，都无权对私权纠纷作出裁决。[④] 对此，怀特法官在他的反对意见中提出，对宪法第3章所确立的价值，应在与之相竞合的宪法其他价值以及与国会的意图平衡中作出判断。对于国会为推行政策改革而作出的司法权委任，联邦最高法院应该予以肯定。之后联邦最高法院的判决虽仍有反复，但基本上沿用了Crowell判决的观点，采用平衡性的判断思路，注重行政机关所具有的专业优势和程序上的迅速快捷性对解决

---

① 285 U. S. 22 (1932).
② 参见王名扬：《美国行政法》，312页，北京，中国法制出版社，1995。
③ 458 U. S. 50 (1982).
④ 参见王名扬：《美国行政法》，312页，北京，中国法制出版社，1995。

社会矛盾、推进政策实现的现实作用，在保障司法最终审查权的基础上，肯定行政机关取得的广泛的纠纷裁决权。

与立法地位法院不同，行政机关作为纠纷裁决机关的特点在于管辖事项的广泛性。对与自己行政管理有关的纠纷，不论是公权利纠纷，还是私权纠纷，均具有广泛的管辖权。这既源于行政机关在政策、专业方面的天生优势，也出于快速、低廉、及早解决纠纷、加快政策推行的实际考虑。另外，通过行政机关的审查，可以筛减大量团体性、反复性的纠纷，行政机关对事实问题的先行认定，也能进一步减轻法院的压力。

（三）对私人的授权——行政 ADR

1. 既存的纠纷解决机制的局限性

除司法法院外，立法地位法院和行政机关在具有审查职能之初，均以程序的简洁性见长。但是，在争取地位合宪化的过程中，为通过追求程序上的公正，取得决定的终局性效力，其审理程序日趋司法化，诉讼成本不断提高。除专业性外，程序上的优势已不明显。加上案件数量不断增加，应对新纠纷的能力也逐步退化。在这一背景下，作为其替代手段的行政 ADR 应运而生。

2. 行政 ADR 产生的背景

（1）正式裁决程序的高成本带来的程序空洞化

针对行政机关三权合一的现象，为了保障裁决人员的独立性和中立性，保障行政裁决程序法的公正性，《联邦行政程序法》（以下简称 APA）专门制定了正式裁决程序，适用于以行政法法官（Administrative Law Judge，以下简称为 ALJ）为核心的准司法程序审理案件。但是，在法律实施过程中，由于 ALJ 利用成本过高，行政机关开始规避利用 ALJ，转而依据特别法，利用行政法官（Administrative Judge，以下简称 AJ）主持听证。其身份不限于行政机关工作人员，审理既有正式程序的，也有非正式程序。从而造成了正式裁决程序的空洞化。对此，1950 年的联邦最高法院判决并未将依 ALJ 的正式程序与正当程序原则相等同，从而缩小了其潜在的适用场所。而国会在 APA 实施后，不但未相应地制定个别法、赋予行政机关适用正式裁决程序的义务，反而制定了一些承认利用 AJ 的法律。这些都带来了对一味追求程序公正倾向的反思和缓和，成为行政 ADR 得以推广的重要原因之一。[①]

（2）政府采购合同纠纷解决体制的制度性尝试[②]

基于主权免责原理，19 世纪中期以前，对政府合同无法进行司法审查。只

---

① 详细内容请参见 [日] 大桥真由美：《行政紛争処理の現代的構造》，138～146 页，日本，弘文堂，2005。

② 参见 [日] 竹中勲：《アメリカにおける政府契約の法的コントロール》，载《民商法雑誌》，第 77 卷第 4 号，526 页，1978。

能请求国会与索赔法院的救济。1868年，最高法院在 Adams 判决[①]中承认，行政机关首长有权在机关内设立处理政府合同纠纷的委员会，对合同纠纷作出快速而成本低廉的处理，并在1963年 Carlo Bianchi 判决[②]中，确认合同不服审查委员会所做事实认定具有实质性证据效力。但是，正因为此，人们对其设立之初的简易、快捷的程序开始提出严格的司法化要求，导致了审理的迟延和成本增加，与当初设立目的发生矛盾。为解决对这一现象的不满，实现纠纷裁决高度的连贯性、公正性和效率性，1978年，《合同纠纷法》(Contract Disputes Act of 1978) 颁布，建立了统一的纠纷解决体制，适用于大部分政府合同纠纷。其程序为：对合同不服、向合同缔结官员提出异议——对其决定不服，向合同不服审查委员会或索赔法院上诉，至此开始适用对审式程序，审查委员会的事实审查部分具终局效力——不服、向联邦巡回控诉法院起诉。该法的立法原意在于尽量在诉讼前解决争议。但由于各方面原因未能实现。为解决对合同不服审查委员会专业、快速而低廉地解决纷争的要求，和审理程序本身司法化、合同内容复杂化之间产生激烈的冲突，行政 ADR 开始被引入到合同纠纷裁决之中，方式包括仲裁、调停、事实认定等。而1982年以来被大量运用的是小型审理 (minitrials) 程序。其特点在于：高级官员或管理人员的参与、非正式程序、审理期间短、非对审制、非公开审理；审理后主要代表人的会谈；中立的顾问的参加等。

3. 行政 ADR 的立法化

ADR 本是为弥补法院在纠纷解决存在的不足而产生。除审理快捷、成本低廉外，还有利于避免当事人之间的对立、维护双方良好的关系；通过对解决方案的直接参与，保障决定的实施等。但是，另一方面，ADR 寻求的不是各类案件所共同的程序标准，而是对当事人来说最适合的解决方法。其追求的是个案的正义、个人利益的最大化，而非社会正义的实现。这对于私权纠纷当然并无不妥，但如果涉及公共利益，就涉及是否会损害公共利益的问题，导致对行政 ADR 正当性产生怀疑。特别是，实践中，作为私人的第三人也可以作为中立的顾问，参与纠纷处理，更引发了私人能否承担公共职能的讨论。对此，联邦最高法院的态度并不一致。但认为当私人决定者的利益与一般公众的利益一致时，可以承认对私人的委任。也有学者认为，如果在对私人委任进行了有效的监督，保持私人决定和公益之间的平衡，也不必对之完全否认。[③]

由于行政 ADR 的灵活性、便捷性有利于削减行政成本，减轻因行政程序司法化和诉讼的增加给政府造成的压力，1990年，国会通过了《行政纠纷解决

[①] 74 U.S. (7 Wall.) 463 (1868).

[②] 373 U.S. 709 (1963).

[③] 参见 [日] 大桥真由美:《行政纷争处理の现代的构造》，181页，日本，弘文堂，2005。

法》(Administrative Dispute Resolution Act)(编入《美国法典》第 5 编),赋予行政机关利用各种 ADR 程序解决纠争的概括性权力,从立法层面解决了上述关于 ADR 的争论和疑虑。

(1) 概念

《美国法典》第 571 条规定,ADR 是指"为解决纠争中的争点,所使用的斡旋、交涉援助、调停、事实认定、简易审判、仲裁、利用监察专员以及这些程序的结合、也包括这以外的程序"。它表明,ADR 只是既有的纠纷解决手段的补充,是鼓励推行的纠纷解决方式,并非政府机关的义务。从而明确了 ADR 在整个纠纷解决体系中的地位。

(2) 适用范围

《美国法典》第 572 条规定,ADR 的适用范围依当事人的合意。但六类情况除外:即具先例价值的;与政策有关的、关系政策形成的重大问题;需保持既存政策一贯性的;对第三人(组织)产生重大影响的;需完全公开纪录而适用本程序无法做到的;需保持能应对情况变化的管辖权的。

(3) 中立的顾问

《美国法典》第 573 条规定,作为中立的顾问的,可以是政府的固定官员、职员、或者临时官员、职员以及其他个人,并且与纠纷中的争点不存在一切公共的、金钱的或个人的利益关系,以保证其地位的中立性。

(4) 对于 ADR 程序中当事人提供、交换的信息,实行不公开原则。

为推行法律的实施,1998 年克林顿总统发布备忘录,要求完备横跨各行政机关的推进行政 ADR 实施的组织。之后,行政机关间 ADR 工作组(IADRWG)成立,在司法部的大力协助下,以政府合同和有关法律执行相关的纠纷等为主,大力推行行政 ADR 的利用,取得了很好的成效。[1]

行政 ADR 是双方当事人经合意、自己选出最合适的纠纷解决方式,这种选择本身就体现了当事人对自己所需的正当程序的理解,有利于矛盾的彻底解决。只要行政机关能够根据纠纷的不同内容和性质,加以适当的监督,是能够实现私人追求利益最大化时公共利益的保障的。

二、日本的行政纠纷解决机制

与美国司法优位的传统不同,日本传统上一直是行政权优位,在行政纠纷处理机制上,行政机关始终占据主导地位。新宪法颁布后,日本虽然在制度上

---

[1] 参见[日]上野透、池田千惠:《米国のADR(特に公害?環境分野)について》,载《ちょうせい》,第 43 号,19 页,2005 年 11 月。

转为司法国家,大陆法系的法律理论却依然对立法、行政、司法发挥着重要影响。上世纪末期以来,随着经济、政治、司法领域一系列改革的展开,加强司法权对行政权的控制、强调国民作为统治主体地位的思想开始真正对司法与行政体制产生影响,推动着行政纠纷解决机制的一系列变革。

目前,日本的行政纠纷解决机制可分为行政系统内的纠纷解决机制和行政系统外的纠纷解决机制两部分。前者表现为行政诉讼制度,后者包括行政不服审查制度、各行政委员会进行的纠纷解决制度和苦情处理制度。以下重点对行政系统内的纠纷解决机制做一介绍。

(一) 行政不服审查制度

行政不服审查制度是行政系统内最重要的纠纷解决制度,是行政机关救济公民权利、实现自律的主要手段。现行法上,规范该制度的,有作为一般法的《行政不服审查法》和其他个别法。

《行政不服审查法》主要包括以下几方面内容:

1. 审理对象

《行政不服审查法》第1条规定,对"行政厅的违法或不当的处分及其他属于行政公权力的行为"不服的,可以提起不服申诉。从实际情况看,截至1962年《行政不服审查法》颁布,行政权的作用主要限于规制行政领域,对公民权益产生影响的主要为行政处分,包括对人身和财产施加实力的事实行为。从立法技术看,本法需要考虑与《行政案件诉讼法》在程序上的衔接,而《行政案件诉讼法》的受案范围仅限于行政处分。

2. 审理权

作为行政自我纠错机制,行政不服审查的深度不受司法权界限说的限制,具有更全面、更主动的特点。首先,除合法性问题外,能够将行政处分的妥当性问题一并纳入、进行彻底审查。其次,裁决形式多样,除撤销外,可以直接对处分进行变更,或命令行政机关变更事实行为,能为当事人提供更直接的救济。最后,在调查取证过程中,采取职权主义,可以依职权主动进行调查取证,有利于查明案件事实、补充申诉人处于弱势的举证能力。

3. 审理程序

申诉方式:主要包括审查请求和异议申诉两种。前者是向处分厅的上级机关申请,后者是在法定的特殊情况下直接向处分厅申请。从追求程序的公正性考虑,采取了审查请求中心主义的原则。

审查程序:为了救济的简捷、便民,审理采取书面主义,并以不公开审理为原则,以保护个人秘密和商业机密。教示制度则为帮助公民申诉提供了程序保障。

《行政不服申诉法》制定之后,日本社会经历了许多变化(如经济高速增长、石油危机、泡沫经济的崩溃等），社会日渐成熟，公民权利意识不断增强。与此同时，在行政领域，福利行政的展开、地方分权与行政机构改革的进行都使行政面貌发生重大变化。而行政不服审查制度对此应对乏力，需要进行修改和完善。目前行政不服审查制度亟待解决的问题包括以下几方面：

第一，与相关法律制度的衔接。

主要是与《行政程序法》和《行政案件诉讼法》的衔接，形成一个前后呼应的救济体系。从具体内容看，《行政程序法》赋予行政处分相对人和第三人一系列程序权利，如要求说明理由、阅览作为审查标准的文件等，这些权利在不服审查过程中如何保障？《行政程序法》规定的经听证作出的处分不得提起异议申诉的规定与行政不服申诉本身规定的程序如何协调？2004年修改的《行政案件诉讼法》修改法增加了三类新的诉讼类型，原告资格、执行停止的要件缓和，与之相应，行政不服申诉是否应作出相应的修改？这些都需要进一步作出探讨。

第二，审查机关的改革。

对审查机构的改革要求主要来源于两个方面。一是现行审查机关独立性的欠缺。即使是审查请求，由于审查厅和原处分厅过于紧密的上下级关系，也难以在形式上给人以公正、独立的感觉。二是地方分权的影响。地方分权改革废止了机关委任事务，国家、都道府县、市町村之间已不存在上下级关系。这使得审查请求所依赖的上级对下级的监督难以进行。基于这两方面的考虑，已有学者提议建立与行政机关相分离的综合的行政不服审查所。[①]

第三，审理程序公正性与效率性的选择。

出于效率性考虑，行政不服审查采取了书面审的原则，与司法程序相比，其审理的公正性是欠缺的。因此，有学者建议应强化审查程序的司法化程度，确保其公正性。但是，必须看到，公正和效率是一对矛盾的价值，司法救济追求公正在于它是保障公民权利的最后一道关口，而行政不服审查制度的优势却在于它的高效、低廉性，能够为当事人提供一个便利而快捷的解决纠纷的途径，如果要求它与法院的审查程序相同，无疑是资源的重复和浪费。

行政不服申诉法自制定以来，虽然取得了一定的成效，但并不令人满意。近年来，随着规制缓和的开展，日本由事前调整型向事后救济型的转变，行政不服审查制度的地位必将更加重要。因此，必须明确该制度在整个救济体系中的作用和地位，充分发挥其简易、迅速、专业的优势，使其成为解决纠纷、推行政策、实现公民利益保障的有力屏障。

[①] 参见［日］椎井光明：《総合的行政不服審査所の構想》，载［日］塩野宏先生古稀《行政法の発展と変革》，下卷，1页，日本，有斐阁，2001；［日］南博方：《行政上の紛争解決制度—行政審判庁構想の実現を目指して》，载山田二郎先生古稀《税法の課題と超克》，673页，日本，信山社，2000。

(二) 行政委员会进行的纠纷解决制度——以公害等调整委员会为例

行政委员会制度是第二次世界大战后初期，从美国引进的舶来品。由于与日本法律传统的冲突，当初并没有引起太多的关注。可是，凭借其机构的独立性、程序的灵活性、业务的专业性优势，它在纠纷解决机制中发挥的作用日渐重要，目前已经成为行政纠纷解决机制中重要的组成部分。由于日本的行政委员会机构繁多，规范它们的法律制度各不相同，本文选择公害等调整委员会为例，做一说明。

日本进入经济高速成长期后，环境破坏等公害问题引起的纠纷急剧增多。这类案件本属民事纠纷，应由法院管辖。可是，从当事人角度考虑，这类纠纷技术性、专业性较强，原告对加害行为与损害后果之间的因果联系举证困难，加上审判耗时耗财，诉讼负担较重。从政策角度考虑，司法审判属于个案救济，对地域、整体性的环境政策影响不大。而行政机关的处理又多依据个别法的授权进行，缺乏政策上的统一性和一贯性。为此，1970年，国会制定了《公害纠纷处理法》[①]，由专门的中央公害审查委员会统一处理公害纠纷。1972年《公害纠纷处理法》的修改法颁布，对公害处理机关的组织设置进行了调整，继承了原土地调整委员会的职权，将两个机构统一为公害等调整委员会（以下简称"公调委"），对与环境保障有关的问题行使广泛的行政权、规则制定权和纠纷裁决权。

公调委处理环境纠纷的特点在于：

1. 管辖的特定、专门性

根据《公害纠纷处理法》，其管辖事项可分为两类，一是对重大的、广域的、县际间的因公害引起的侵权损害纠纷的管辖权（其他的由都道府县的公害审查会管辖）。这类纠纷虽然属于私权领域，但却常常与和城市开发、环境保护政策联系在一起，很难说属于单纯的民事纠纷。加之20世纪90年代以后，受害人提出申请的目的发生了"由救济到调整"的转变，纠纷形式逐步转为谋求开发和保护良好环境的事前预防型纠纷，以国家或地方公共团体为当事人的纠纷类型日渐增多。[②] 所以，公调委管辖的这类纠纷应该说具有较强的公私法纠纷相混合的特征。

二是对矿区禁止地域的指定、针对有关矿物、岩石、砂石采取许可的不服的裁定的管辖权，这种裁定针对的是典型的行政纠纷，通常被列入行政审判的范围。由此看来，公调委的管辖事项为全国范围内的、与环境保护有关的特定纠纷，这也有利于储备专业人才、保障处理决定的专业性。

[①] 昭和45年法律第108号。
[②] 参见［日］小河俊夫：《公害紛争処理の現状について》，《ちょうせい》第41号（平成17年5月），5～7页。

2. 组织的独立性

公调委是由委员长和委员六人组成的合议制机关,作为总务省(2001年之前为总理府)的外局,独立于环境行政机关和其他行政机关,委员长和委员经议会同意后由总理任命,任期受到保证。行使职权时具有高度独立性,不受任何机关和个人的监督和干涉,能够较好满足作为纠纷处理机关的公正性、独立性要求。

3. 程序的灵活性

与司法审判不同,公调委的职责不是要分出谁是谁非,而是要化解实际矛盾。因此,需要为当事人提供多种多样的手段和简繁不一的程序,以供其从中挑选出最适合自己的纠纷解决方法。根据《公害纠纷处理法》,处理的方式包括处理公害纠纷的斡旋、调停、仲裁、裁定四类行政 ADR 形式,以及处理行政不服申诉的行政裁决。这些制度基于不同的考虑、针对不同特点的纠纷,程序简繁不一,其最终决定的法律效果亦不相同。

斡旋、调停对程序的严格性要求较低,主要依靠双方当事人自己的意志、行政机关从中发挥引导作用,促使双方在相互让步的基础上达成合意。

仲裁和裁决对程序的正当性要求较高,适用的是准司法程序,以据此取得决定的部分性终局效力或类似效力。例如对土地利用有关的行政处分不服的裁定,适用实质性证据规则,其事实认定部分对法院具有拘束力。而对公害纠纷的原因裁定,虽然不具有法律效力,但是,基于裁定程序的严格性、裁定员的专业性,可以期待其认定结果在司法程序中受到尊重。[①]

各类处理程序中,适用最多的是调停制度。其特点在于解决方式多样、费用低廉、不以当事人具有法律上的请求权为要件。公调委可以充分发挥其作为国家机关的可依赖性和专业性特点,引导当事人明确争点、相互作出让步、最终达成一致。但是,近年来,公害纠纷中的裁定数量逐步增加。1974年之前,尚无一起裁定案件,1885年仅有1起,而调停则有31起。但是,2003年有调停案件6起,裁定案件13起(责任裁定7起、原因裁定6起),2004年调停案件4起,裁定案件12起(责任裁定5起、原因裁定7起)。[②]这说明公调委的专业性优势已越来越受到人们的重视。

在公害纠纷案件中,作为行政机关的公调委的主导作用十分突出。这既来源于国民对行政机关的信任,更来源于纠纷处理过程中,公调委处理程序的灵活性和主动性,能够依托其作为国家机关的地位优势和专业优势、运用国家财

---

① 原因裁定中本包括依法院委托的裁定,由此可以看出其裁定所具有的实际效力。参见《公害纠纷处理法》第42条之32。

② 参见[日]公害等调整委员会编:《公害等調整委員会年次報告書》,载http://www.soumu.go.jp/kouchoi/knowledge/nenji/index.html。

力、聘请专家、取得相关行政机关的合作，使公害纠纷中最为复杂的因果关系认定问题和责任认定问题得以有效解决。在公害涉及面广、社会影响大的情况下，结合政策性考虑，通过对当事人的引导、或自己的判断，制定出柔软的应对策略，并可以在审理程序结束后，通过对处理决定履行情况的跟踪监督或向相关主管部门提出改善建议，保证问题真正得到最终解决。这些功能是司法机关和民间纠纷解决机构所难以实现的。

（三）苦情处理制度

苦情处理是指听取私人对有关行政机关有关业务的不满、并采取一定对策的事实行为。作为一种日常的纠纷处理方式，它几乎贯穿于所有行政机关的日常活动之中，是其当然性职责之一。[1] 根据苦情处理机关的不同，可以将其分为两类。一类是由有关业务机关自己进行的苦情处理；另一类是由作为第三者的其他行政机关进行的苦情处理。目前全国范围内的苦情处理主要是由总务省下的行政评价厅负责，具体业务由行政咨询员承担。苦情申诉人可以通过来访、电话、信件、传真、网络的方式向管区行政评价事务局、行政评价事务所提出自己的意见或不满，由其对问题作出分析、讨论后，提出自己的意见，通知相关行政机关。在其作出回答后，将处理结果通知申诉人。在认为需要对相关制度进行改正或预测到同种或类似的苦情有可能发生时，可同时启动向行政苦情救济推进会议的附议或行政评价与监督。行政咨询委员还可以向总务大臣提出有关行政运作改善的相关意见。

随着全球经济一体化的迅猛发展，近年来，日本出现了一种新的苦情处理制度，即政府采购苦情处理制度。与传统的苦情处理制度相比，极具特点，正逐步在日本行政纠纷救济体系中扮演重要角色。

1. 组织、性质

日本的政府采购苦情处理制度是为贯彻《有关 WTO 政府采购协议》[2]，于1995年根据阁议决定建立的。根据该决定，政府采购苦情处理机构由政府采购苦情处理推进总部和研讨委员会（以下简称"委员会"）两部分组成。其事务局设于内阁府政府采购苦情处理对策室。推进总部由内阁官房长官（部长）和相关16个省厅的事务次长组成。委员会的成员为政府采购方面的专家，由部长指定。在它之下，依各个不同领域设置了研讨专门事项的分科会。现在常设的有大型计算机、计算机、非研究开发卫星、公共事业、电气通信、医疗技术六个。与公调委等行政委员会相比，委员会非依法律设立，不具有行政委员会那样的广泛的规制权，其决定也不具有法律约束力，委员的身份不受特别保障。但是，

---

[1] 参见［日］盐野宏著，杨建顺译：《行政法》，292页，北京，法律出版社，1999。
[2] 1994年签署于摩洛哥，1996年生效，目的在于推进世界贸易的扩大化和自由化，在政府采购领域适用国民待遇和不差别对待原则。

由于其成员并非行政官员,而是国家机关外的相关领域的专家,对其独立、公正性也有专门的要求,苦情处理程序的规定也非常详细、具体。所以,该制度和一般的苦情处理不同,更接近于行政审判的性质。

2. 处理程序

苦情处理的对象是国家政府机关和独立行政法人进行的、达到一定数额要求的政府采购行为。申请人是认为政府采购行为违反政府采购协定等的供给人。申请人须在知道事实后10日内提出申请,委员会在7日内决定是否受理。决定受理后,不但要书面通知申请人、总部和相关采购机关,还要以官报、网络等形式进行公示,给予所有的利害关系人参加程序的机会。审查过程中,委员会的一个重要的权利就是可以发出请求采购机关停止合同执行的请求。这一请求虽然不具有法律约束力,但在现实中,行政机关一般是迅速执行的。另外,委员会可以要求行政机关予以说明、主张、提交文件。除法定例外情况外,行政机关不得拒绝。申请提出后90天内,委员会须提交报告书和提案书,这两种文书本身并不具有拘束当事人的法律效力,但是,原则上,相关行政机关都尊重委员会的提案,依之作出处理。

由此可以看出,日本的政府采购苦情处理程序较之一般的苦情处理更为正式、严格,信息公开的程度更高。可能正由于此,造成了采购供给人的心理负担,到2004年为止,提出的苦情申请近5件,远少于普通的苦情申请。反而是正式的苦情处理前,由供给人和采购机关之间进行的直接的协议解决程序,利用率更高,从而反映出当事人对正式处理程序的抵触心理。

总之,除去政府采购苦情处理外,由于一般苦情处理范围的广泛性、处理机关设置的普遍性、处理方式的多样、简便、低廉性,对申请人的资格没有特别要求,加之与行政评价相结合,能有效推进行政运作的改善,所以,在实践中得到了普遍适用。根据总务省的统计,2005年共处理苦情申诉约1.5万件,而每年向总理提出的建议也高达200余条。[①] 这些都对化解纠纷于萌芽状态发挥了积极作用。

三、日本和美国纠纷解决体系的比较法探讨

从上文的介绍中可以看出,美国行政纠纷解决机制的建立,是一个应对现实需要,不断寻求最佳纠纷解决途径的过程。许多制度是建立在先、论证在后,不断完善、发展,务实精神在其中得到充分展现。日本缺乏这样一个充分的自我发展过程,许多制度体系是引入(抑或强加)在先、吸收、消化在后。虽然

---

① 参见总务省官方网站,http://www.soumu.go.jp。

如此，由于事物的本质属性大致相同，两个国家面临的社会问题也大致相同，所以在如何建立更完善的行政纠纷解决机制上存在许多共同的课题，值得引起反思。

（一）正当法律程序

作为纠纷处理机关，要想取信于当事人，审理组织和审理程序的公正性是最重要的条件。支撑司法机关取得裁判终局性的，除了国家的赋权外，审判组织的独立、中立，审判程序的公正、严格性是公民相信其裁判公正、并予以服从的关键原因。这一点在美国和日本行政纠纷处理机制的发展历程中都得到了不同程度的体现。

美国是一个追求程序正义的国家。起初，这主要体现在追求司法程序的公正性上。但是，由于正当程序需花费较高的成本和较长的时间，所以，不论是立法地位法院，还是行政机关，在作为辅助性纠纷解决机关成立之初，无不以程序的简单、迅速、成本的低廉为特点和存在目的，以弥补司法审判在效率性上的不足。但是，随着其地位由临时性、辅助性转变为常设性、独立性机构，特别是随着其裁判决定取得一定的终局性效力时，人们开始对其审理机构的中立性和程序的公正性提出更高的司法化要求。结果公正性提高了，成本和效率却降低了。从而引起新的不满，寻求新的解决方式，ADR 随之出现。

在日本，由于法律传统的不同，实质正义被认为高于程序正义。人们的眼光更多地放在行政机关是否严格按照实体法的要求行使权力上，对程序重视不够。行政机关作为纠纷解决机关所取得的权威性，毋宁说更多的来自于国家机关的身份，来自于公民对高素质的公家公务员的信赖。但是，随着近几十年来日本行政领域发生的一系列变革，行政领域急剧拓宽，行政手段日趋多样化，实体法应对乏力，人们开始正视英美法思想中程序正义的价值，开始追求正当行政程序和对自己程序性权利的保护。波及纠纷解决领域，审理机关的独立、中立性，审理程序的公正性成为制度改革的焦点问题。但与此同时，另一个现实问题是，随着社会由事前规制、调整型向事后监督、救济型的转变，大量涌现的现代型行政纠纷亟须快速、实效地解决。因此，在一方面强化审判程序公正性的同时，各种灵活、高效的、提倡专家和公民参与的 ADR 越来越受到关注。目前，包括行政 ADR 在内的各种 ADR 正逐步通过立法走向统一规范化。[①]

由此看出，程序的正当性追求犹如一把双刃剑，一味地追求未必符合现实的需要，反而将破坏其他价值、特别是效率的实现，从而成为空洞的正义。结

---

① 2004 年 11 月，日本颁布了《促进诉讼外纠纷解决程序利用法》，在民事纠纷领域推广 ADR 的利用。

合美日两国的经验、教训，对正当性可以分以下几个层面探讨：

第一，对于以定纷止争为目的的纠纷解决机制而言，公正是其追求的最高价值目标。而在架构一个整体性的纠纷解决体系时，各个不同制度之间应该合理分工，各有侧重。司法机关作为具有宪法赋予的最终裁判权的权威机构，应以追求公正为最高原则，兼顾效率。所以，审判程序中，两造对抗、公开审理、辩论原则是原则，书面审理是例外。而行政机关的最大的优势，在于它是相关政策和专业技术问题的专家，加上本身享有的行政权能，能够发挥其主动性，更为迅速地查清案件事实，分清责任，使纠纷的解决更快速、低廉。而且，作为行政管理机关和政策执行机关，通过解决纠纷得到的信息能够迅速地反馈到政策之中，促进政策的完善，减少类似纠纷的再次发生。所以，行政机构作为纠纷解决机关，应该充分发挥自己的优势，追求效率，兼顾公平。另外，对于行政机关通过正式程序作出的对事实问题的认定，在司法程序中应该具有一定的终局性效力。这既是对行政活动范围的尊重，也避免了资源的重复浪费。相对于国家机关，私人处理纠纷的优势在于其非对抗性，双方当事人的目的不在于分清是非，而在于通过交换信息，互相让步，达成双赢。由于行政纠纷所具有的特殊性，由私人进行纠纷解决应具有良好的社会法治基础，同时加强国家机关的监督，在这种情况下，完全可以发挥社会组织所具有的专业性优势，以培养成熟的市民社会，减轻政府负担。

由于行政机关和私人主持的纠纷解决均以效率见长，所以，必须坚持司法机关作为"最后一道防线"的地位和作用，通过司法机关最终的严格、公正的审判，保障公正价值的实现。

第二，程序公正可以分为审理组织的中立性和审判程序的公正性两个方面，而这两个方面是有层级的。审理组织的中立性是基础，是当事人之所以选择其介入纠纷的根本原因，是任何纠纷处理机关都应达到的基本要求。例如，不论是法官，或由私人担任的调停人、顾问，都被要求与案件不存在任何实质性联系，以确保他在审判中能保持中立、不偏不倚、公正裁断，否则，正当性无从谈起。而审理程序的公正可以分为两个层面。一个是社会认为是正当的程序标准，如公开审理原则、辩论原则、当事人地位平等原则等。这是社会普遍认可的正当程序，适用于大多数纠纷的处理。另一种是双方当事人认可的公正程序，经当事人共同认可的程序，表明了他对自己所享有的正当程序的选择。这时，当事人共同认可的程序，就是正当的程序。这两个层面的公正的程序，前者是原则，后者是例外。

（二）ADR 在行政纠纷领域的适用

传统的审判程序（司法、行政的）与 ADR 存在本质性差异。这是由于一般的审判程序是通过建立一套普遍适用于各种案件的正当程序、标准来保证发现和展示案件事实，作出具有社会公信力的裁决。而 ADR 是通过双方当事人自己选出的中立的顾问，通过对具体个案的考虑，在当事人充分参与、对各自利益作出调整的基础上对纠纷予以解决。审判程序追求的是对社会来说认为公正的结果，凭借的是程序的正义。ADR 追求的是个人的正义，凭借的是当事人充分参与、商讨基础上的利益互让。

基于以上区别，由于实践中存在的问题不同，在 ADR 的具体适用，美日存在明显差异。

1. 美国以立法的形式，概括性地赋予行政机关通过 ADR 解决行政纠纷的权限。包括行政机关与相对人之间发生的行政纠纷。而在日本，虽然也鼓励行政 ADR 的适用，却仅限于行政管理过程中发生的私人之间的民事纠纷，例如公调委对公害纠纷的调停，狭义的行政纠纷不包括在内。对于这类行政机关和私人之间的纠纷，只能通过行政复议、行政审判的方式进行。所以，美国 ADR 的适用范围要宽于日本，是将它作为替代行政程序的一种手段。而日本仅将它作为对民事纠纷的行政裁决的一种替代手段。

美国这种做法是基于对过去传统的程序正义至上原则的反思，希望通过 ADR 的适用对程序的严格化加以平衡，以提高行政效率、降低行政成本。因此，美国的 ADR 针对的是行政程序。而日本的 ADR 在司法审判领域刚刚开始，主要是对传统的司法审判程序迟延、呆板进行的一种弥补。在行政领域内，由于传统上注重实体正义，对行政程序正当性的追求刚刚迈上正轨，更需要的是对程序正义的强调，不存在迫在眉睫的对程序效率化的需求。仅在民事纠纷解决领域，由于公益性色彩较低，才更强调高效、便捷性，因此，日本的行政 ADR 是行政机关在解决民事纠纷中采用的替代性手段，是 ADR 在有限的行政领域内的初步适用，并不针对整个行政程序。

另外，适用范围的不同也反映了日本对解决行政纠纷的慎重态度，认为行政纠纷涉及的是公共利益和私益之间的平衡，应该以更为慎重的态度，通过更为严格的程序，来发现公益，实现公益。但是，公益和私益之间并非完全对立，对公益的追求本身并不意味着对私益的放弃，而必须在追求公益的同时，尊重和维护私人利益。因此，通过与当事人的协商和信息的充分交流，行政机关可以对纠纷中涉及的各方利益作出更为全面和准确的把握，权衡何为真正的公益、应以何种利益优先。这并不是对行政权的任意处分，而是包含在行政裁量权之内的应有之义，有利于公益的真正实现。因此，在行政领域逐步引入 ADR 是具有合理性和必要性的。

2. 美国行政 ADR 的一个显著特点就是可以由私人担任"中立的顾问"，主持斡旋、调节、小型审判等程序，并作出决定。而日本的行政 ADR 仅限于由行政机关主持的情况。

日本这种做法的理由很多，如对行政机关的信任，行政机关对于自己优越地位的坚持等。但是，更主要的应该源于公益的国家独占思想。这种观点认为，国家所承担的利益和私人所承担的利益在本质上是不同的，前者为公共利益，后者为私益。当两者发生冲突时，公共利益优先。对于有关公共利益的行政纠纷，行政机关居主导性地位，私人无权作出判断。[①]

但是，这种公益的国家独占说在过去就存在例外。早在土地收用制度中，私人企业就以私人的身份被看作公共利益的代表。公益法人更是作为国家和地方团体之外的公益实现组织而设立。近年来，随着信息公开制度的逐步推广，私人对行政决策的参与力度逐渐加强，其目的并不完全在于对个人私益的保护，而是为了通过对行政的监督，实现公共利益。另外，在行政诉讼领域，与作为主观诉讼抗告诉讼相并列，存在着客观诉讼性质的居民诉讼。这一诉讼的目的也不是为了救济原告个人的利益，而是维护依法行政。所有这些表明了在公共利益的发现阶段，私人是具有参与权的。然而，就能否承认私人对公益的独立的实现主体地位，学界和实务界并没有给出明确的答案。[②]

行政机关能作为公共利益的代表在于法律的赋权，在于其存在本身就是为了实现公益。为保证公益的实现，特别赋予它强有力的行政职权。而这种行政权是受到法律的严格控制的，不论是行政权的取得、行使，均要以法律为依据。与之相比，个人具有专属于个人的利益。当这种利益与公益发生冲突时，基于人的本能，私人会选择争取私益的首先实现。所以，一般情况下，私人是不适合承担实现公益的职责的。但是，随着行政权范围的不断扩大，行政独立实现公益的能力已经相形见绌，大量的、内容复杂而专业性强的社会矛盾、纠纷令行政机关难以独自应对。这在美国行政纠纷解决机制的发展过程中得到了充分的体现。

当然，由于私人主持行政纠纷内在的不利因素，对其进行监督是必不可少的。在美国，主要采取了三种做法。一是保证作为私人决定者的独立公正性。这主要体现在《行政纠纷解决法》第573条（a）项的规定。二是对于政策性强、社会影响广泛的纠纷，排除行政ADR的适用，即《行政纠纷解决法》第572条的六项例外规定。三是依据行政机关所具有的保障政策、法律实施的概括性权限，加强行政机关的监督控制，保障ADR的公正行使。只要建立了完善的监督机制，私人主持的ADR完全可以在行政纠纷解决机制中发挥良好的作用。

---

① 参见［日］芝池义一：《行政法における公益？ 第三者利益》，载《行政法の争点》，3版，12页，日本，有斐阁，2004。
② 参见［日］芝池义一：《行政法における公益？ 第三者利益》，载《行政法の争点》，3版，13页，日本，有斐阁，2004。

每一种救济方式均有其自身的价值和不足，需要其他机制加以补充、完善，以从整体上形成合力，达到制度的最佳效果。因此，从最古老的自力救济，到国家垄断，从司法机关一家独大到行政机关的广泛参与，再到权力向社会的回归。权力结构就是这样随着历史车轮的旋转，在现实强大而紧迫的压力之下不断地进行着调整和组合，并在这种调整之中，实现国家与私人间利益的平衡。

行政执法和解制度探讨

赵银翠[*]

> **目　次**
> 一、行政执法和解的内涵界定
> 二、行政执法和解的功能及其现实意义
> 三、行政执法和解与依法行政原则——依法行政原则之下还是依法行政原则之外
> 四、缔结行政执法和解契约的条件及其限制
> 　（一）缔结行政执法和解契约的条件
> 　（二）缔结行政执法和解契约的限制
> 五、行政和解制度在我国面临的困境

一、行政执法和解的内涵界定

行政和解是行政主体在法律允许的范围内，为解决与相对人之间的争执，化解矛盾，通过与相对人协商，互相妥协，从而达成合意，明确双方权利义务关系的一种行为方式或制度。行政和解大致可分为行政执法过程中的和解、行政争讼过程中的和解以及行政执行过程中的和解。目前学界对行政争讼过程中的和解及行政执行过程中的和解多有论述，而有关行政执法过程中的和解，仅在介绍域外契约制度时略有涉及，并无专门研究，在制度层面亦无明确规

---

[*] 山西大学法学院教师，中国人民大学法学院 2005 级博士研究生，研究方向为行政法学。本文也为山西大学人文社科基金项目（项目编号 0509014）。

定。① 本文旨在通过对域外相关理论、制度与实践经验引介的基础上，探讨其对中国行政执法方式改革的借鉴意义，并对其涉及的理论困境及制度架构展开分析。

本文所要论述的行政执法和解是指行政主体在行政管理过程中，在事实状态或法律状态不明确的情况下，为了有效实现行政目的而与行政相对人缔结行政和解协议以代替行政处理决定的一种行为方式。行政执法和解事项既包括事实状态的和解，也包括法律状态的和解。

一般而言，行政主体在执法过程中，必须经过行政调查，查明事实，对于具备法律规定的事实要件的，作出行政处理决定；对于不具备事实要件的，不作出行政处理决定。但是，在有的情况之下，行政主体在依职权调查后无法明确事实状态的存在与否，无法为作出或不作出行政处理决定提供充分确实的事实基础，或为查明事实所需行政成本巨大的情况下，与相对人就事实问题相互让步，达成和解，以和解契约所确定的事实为基础作出相应的行政处理决定，应无疑义。

问题在于，行政主体和行政相对人之间的和解事项是否只限于对事实问题的和解，而对法律问题不能达成和解呢？如迈尔威茨认为，当事人可以就事实问题进行和解，但是不得进行法规的解释及客观的法状态的说明，不能允许进行有关法律效果的和解。② 德国联邦财务法院也认为，对于难以调查之事实情况，可以例外准许税捐机关与纳税义务人缔结和解契约，但是，对于未能获得解决之法律问题则不许缔结和解契约。③

按照严格的依法行政的原则，在事实确定的情况下，行政主体应"执法必严"，根据法律作出行政处理决定。④ 事实上，由于成文法固有的局限性，"在许多情况下，证据法上的不明确（non liquet）和法律解释的争议是相伴而生的"⑤。法律状态的不确定，可能是由于双方当事人对法律的理解存在重大歧义，行政主体亦无从把握立法者的本义，或者法律规范不明确甚至没有法律依据，该种状态会导致行政主体进退两难，进则可能因行政主体行为失据而导致

---

① 多数观点认为，行政主体在行政裁量权限范围内有行政和解的权力，不过，由于行政裁量权的行使亦需在法律设定的界限之内行使，不同于本文所探讨的行政和解制度。

② 参见［日］南博方著，杨建顺译：《行政诉讼中和解的法理（上）》，载《环球法律评论》，2001年春季号。

③ 参见翁岳生主编：《行政法》，272页，北京，中国法制出版社，2002。

④ 例如，我国《行政处罚法》第3条规定："公民、法人或者其他组织违反行政管理秩序的行为，应当给予行政处罚的，依照本法由法律、法规或者规章规定，并由行政机关依照本法规定的程序实施。""没有法定依据或者不遵守法定程序的，行政处罚无效。"

⑤ ［日］南博方著，杨建顺译：《行政诉讼中和解的法理（上）》，载《环球法律评论》，2001年春季号。

纷争不断，退则可能因相对人行为失范而损害他人或公共利益。在这种情况之下，行政主体系于其职责所在，通过与相对人合意的方式明确双方的权利义务关系，不失为明智之举，也并不违背法治的基本精神。"只要根据法治国原则来分析，就不得不说，难以承认将事实和解与法律和解进行区别对待的正当性。"[①]

二、行政执法和解的功能及其现实意义

行政执法和解作为行政作用的方式之一，其功能表现在以下几个方面：

其一，有利于消除不明确的事实或法律状态，维护法秩序的稳定。在事实或法律状态不明确的情况下，行政主体与当事人通过相互让步，在不抵触法律规定的前提下，缔结行政和解契约，明确行政主体与行政相对人的权利义务关系，可以消除因事实或者法律状态不明确而导致的法秩序不稳定。

其二，有利于促使行政程序经济化，降低行政执法成本。当对某事实状态的调查所需时间、人力、物力巨大，从行政效率的角度出发，不符合成本效益原则时，行政主体可以通过与行政相对人之间达成和解协议，就事实状态与法律适用达成妥协，以有效实现行政管理之目的。

其三，行政和解有利于化解矛盾，避免冲突，将纠纷解决机制前置。根据依法行政的基本原则，行政主体在作出行政处理决定前，应依职权展开调查，以确定相关事实或法律关系，然后依法作出行政处理决定。但是，在有的情况之下，依职权调查不能确定相关事实或法律关系，如果不及时作出行政处理决定，就不能实现行政目的，损及公共利益；或者贸然作出处理决定，会导致行政相对人不服，从而引发行政争讼。通过行政主体与行政相对人之间相互协商，相互让步，以合意的方式达成行政和解协议，从而代替由行政主体单方作出行政行为，可以使相对人信服，自觉履行行政和解协议的内容，避免日后产生纠纷，降低因冲突产生的社会成本。

其四，行政和解"有利于适用且充分地规范那些脱离规范的不定型的事实要件"[②]。由于成文法本身具有的局限性，以及现代社会高科技、高风险的特点，立法机关不可能对所有的社会现象进行规范，对社会上出现的新的现象也不能及时应对，而行政主体作为管理机关，必须对其职责范围内所出现的各种问题及时作出回应，以维持基本的社会秩序。如果在法律没有明确规定的情况下，根据法律原则与精神，某行为从性质及对社会危害性的角度讲，确实达到

[①] [日]南博方著，杨建顺译：《行政诉讼中和解的法理（上）》，载《环球法律评论》，2001年春季号。

[②] [日]南博方著，杨建顺译：《行政诉讼中和解的法理（下）》，载《环球法律评论》，2001年冬季号，注125。

违法程度，需要对其进行规范，如果严格遵守"无法律即无行政"的原则，行政主体在缺少法律依据的情况下，只能坐视不管，但是，基于其职责所在，行政主体又不能无所作为，在此情况下，通过与相对人协商，沟通，互相让步，达成行政和解协议，既能规范行政相对人的违法行为，又不至于引起争讼，可以有效实现行政管理之目的。

三、行政执法和解与依法行政原则——依法行政原则之下还是依法行政原则之外

行政和解作为行政行为的替代措施，与行政行为一样，都是针对个别情况采取的具有对外法律效力的行为，都是旨在结束行政程序的行为，都是作为实现特定行政目的的行为方式，但是，两者不同的是，行政行为是一种单方行为，必须是行政主体通过行政调查，在查明事实的基础上，依法作出；而行政和解是一种双方行为，是在事实尚未查明的基础上或者法律依据不充分的情况下，通过双方相互让步而明确行政法律关系，以实现行政目的的一种行为方式。

行政执法和解所带来的最大挑战是对传统的以规则为导向的依法行政原则的挑战。行政机关在查明事实的基础上依法作出行政处理决定，是依法行政原则的基本要求，但是，行政执法和解制度恰恰是建立在事实不清法律不明的基础之上的，是"通过相互让步来消除合理判断中的事实或者法律问题的不确定状态"[1]，是以行政主体与行政相对人之间的合意代替法律规则。这种合意是否意味着对法律规则的破坏，甚或是对依法行政原则的破坏？

以德国为代表的传统大陆行政法律制度是以行政行为为核心概念、以对行政行为的合法性进行司法审查为视角架构起来的，其目的是将行政权限制在法律所设定的范围之内，置于司法机关的监督之下，从而制约行政权的滥用。但是，随着消极行政向积极行政的转变，行政权领域的不断扩张，形式法治主义让位于实质法治主义，行政法律制度也随之发生了一系列变化，其中一个显著的变化就是行政契约作为行政主体实现行政目标的方式，从否定发展到全面肯定，从由"授权说"发展至"除外说"[2]，并在法律制度中得以承认。《联邦德国行政程序法》（1976年）即采用了"除外说"，对行政和解适用的条件作了明

---

[1] ［德］哈特穆特·毛雷尔著，高家伟译：《行政法学总论》，355~356页，北京，法律出版社，2000。

[2] 吴庚：《行政法之理论与实用》，268页，北京，中国人民大学出版社，2005。所谓授权说，是指行政机关缔结行政契约的权力以法律明文规定为限，法律无明文规定时行政机关不得与人民缔结从属关系契约；所谓除外说，是指除法律有排除缔结行政契约之规定外，行政机关可以选择行政契约作为行政作用的方式。

文规定，该法第 54 条规定："公法范畴的法律关系可以通过合同设立、变更或撤销（公法合同），但以法规无相反规定为限。行政机关尤其可以与拟作出行政行为的相对人，以签订公法合同代替行政行为的作出。"第 55 条规定："第 54 条第 2 句意义上的公法合同，经明智考虑事实内容或法律状况，可借之通过相互让步消除存在的不确定性（和解）时，可以签订，但以行政机关按义务裁量认为达到和解符合目的者为限。"① 我国台湾地区，受德国法影响，在"行政程序法"（1999 年）中也作了类似规定。其第 136 条规定："行政机关对于行政处分所依据之事实或法律关系，经依职权调查仍不能确定者，为有效达成行政目的，并解决争执，得与人民和解，缔结行政契约，以代替行政处分。"② 美国《联邦程序法》也明确规定：在时间、听证程序的法律性质和公共利益允许时，行政机关应当给予当事人提出和解建议和调整方案的机会。和解协议一经签署，即具有和行政命令相同的法律效力。实践中，和解成为行政手法的一个极其重要的部分，特别是在涉及众多利益相关人的能源规制和环保案件中，和解被认为是一种非常有效的争议解决方式，为此各机关发展了相应的规则和程序，以有效解决行政争议。③

行政和解作为有效解决行政争议的一种手段，一经实定法的明文规定，其与依法行政原则之间的紧张关系即告化解，但是行政和解作为一种灵活的以目的为导向的行政手段，其理论依据及制度设计必然与传统的行政行为之间存在较大的差异。

以行政行为为核心架构起来的行政法治理论，是以规则为导向的，即由立法机关制定规则，行政主体依规则行使行政权，无法律即无行政；在行政主体与行政相对人发生争议的情况下，由法院依据规则对行政行为的合法性作出判断。而行政和解突破了这一制度框架，以一种更加务实的以有效达成行政目的为导向的行政手段，这一手段的运用可能有法律的概括性授权（如前述德、美及我国台湾地区），也可能没有法律的授权，但不论法律上授权与否，行政主体作为对社会生活进行日常治理的机关，其必须对社会生活中出现的各种现象及时回应，妥善处理，而不能机械地拘泥于"无法律就无行政"。由此带来的问题是，这是否会破坏依法行政的基本原则？是否必然会导致行政权的滥用？

尼尔豪斯认为，正因为契约是作为一种依其本性来讲就含有事实或法律上的不确定性的解决方法，因此，行政合法性原则也就可以不必被严格遵守，在

---

① 应松年主编：《外国行政程序法汇编》，北京，中国法制出版社，1999。
② 为规范行政和解，我国台湾地区"行政院"制定了"行政院公平交易委员会对于行政和解案件之处理原则"、"行政院金融监督管理委员会缔结行政和解契约处理原则"。
③ 参见［美］欧内斯特·盖尔霍恩、罗纳德·M·利文著，黄列译：《行政法和行政程序概要》，99～102 页，北京，中国社会科学出版社，1996。

这种情形下，对法的严格坚持不得不让位给实用性的理由。① 笔者认为，依法行政原则作为现代行政法治的一项基本原则，必须予以坚持，但是可以通过对依法行政原则的扩大解释来承认行政执法和解契约的容许性。即使是在形式法治主义之下，对行政行为合法性的判断往往也得求助于对规则的目的性解释，探求规则所欲实现的目的及其内在价值。行政和解则是走得更远，对个案的解决不是基于规则而是基于双方合意。但是这并不意味着行政和解不需要遵守规则，只是其所遵守的规则更加抽象、概括，如行政和解的概括授权、行政机关的组织法上的授权，有时甚至需要探求立宪者授予行政机关行政权的本意。因此，从某种意义上说，行政和解依然是依规则的治理，不过在该规则之下，行政机关享有更多的裁量权，须负起更大的责任，因此，也对行政机关提出了更高的责任伦理要求，要求其以对人民高度负责的精神审慎地行使其裁量权，最大限度地实现公共福祉。而司法审查的重点可能集中于行政主体是否越权，在缔约过程中是否适当地考虑了利害关系人的利益，是否存在重大且明显的违法行为，而非审查其证据是否充分、法律适用是否正确。

四、缔结行政执法和解契约的条件及其限制

在依法行政原则之下，存在着行政执法和解制度正当性的空间，但我们由于对行政权力被滥用的恐惧，必须通过相应的制度设计以规范行政执法和解契约行为，使其符合依法行政的一般原则，符合行政目的性要求，防止其利用契约的形式出卖公权力或损害其他利害关系人的利益。

（一）缔结行政执法和解契约的条件

1. 行政主体对和解事项具有管辖权。这是依法行政原则最基本的要求。尽管理论上认为缔结行政执法和解协议并不一定有行为法上的明确授权，但是，行政主体必须具有组织法上的授权，对和解事项有地域管辖权和事务管辖权，这也是不同国家机关之间权力分工、不同行政主体之间权力分工的必然要求。

2. 经行政主体合理判断，确实存在着有关事实状况或者法律观点不确定的状态。这是缔结行政执法和解协议的前提条件。事实状态的不确定，必须是经行政主体调查，无法查明相关的事实状态，或者经行政主体合理判断，非经重大支出不能查明该事实真相。法律状态的不确定，必须是由于双方当事人对法律的理解存在重大歧义，行政主体亦无法把握立法者的本意，或者法律规范不明确甚至没有法律依据，在此情况之下，行政主体为履行其职责，有效进行行

---

① Cf. Michael Nierhaus, Administrative Law, Collected in Werner F. EBKE & Matthew W. Finkin (ed.), Introduction to German Law, Kluwer Law International, 1996, p. 96. 转引自余凌云：《行政契约论》，2版，67页，中国人民大学出版社，2006。

政管理，可以就事实问题或法律问题与相对人缔结和解协议，从而明确双方的权利义务关系。

3. 双方当事人必须在自愿的基础上就事实或法律状态达成合意。行政执法和解不同于行政行为之处在于，行政行为是一种单方行为，行政主体依其单方的意思表示作出行政行为，而行政和解是一种双方行为，是在事实状态或法律适用依据不明确的情况下通过行政主体与行政相对人之间协商、让步，从而明确行政法律关系的一种行为方式。行政和解必须建立在双方自愿的基础之上，双方的意思表示具有同等价值，合意的形成是双方意思表示的结果，而非行政主体单方的意思表示的结果。如果相对人不愿意缔结行政和解契约或者不能就和解内容达成合意的，行政主体不得利用职权强迫或变相强迫相对人缔结和解协议。

4. 在缔约过程中必须保证利害关系人的参与。行政和解契约一旦生效，即取得了与行政处理决定同样的法律效果。为了避免行政主体与行政相对人之间以签订行政契约的形式损害公共利益及其他利害关系人的相关利益，应当在缔约过程中公开所拟订的和解协议，允许利害关系人就建议中的和解办法提出评论意见。[①]

（二）缔结行政执法和解契约的限制

行政执法和解作为一种灵活实现行政管理目标的手段，是以解决问题为中心的非对抗式的当事人之间协商合作的治理方式，但是，这种合作依然是在依法行政原则之下的符合行政目的性的合作，其理应受下列限制：

1. 如果法律明文禁止缔结和解协议的，或者从法律体系进行解释，不得以行政和解契约代替行政行为时，行政主体不得缔结和解契约；行政法律关系的权利义务明确时，行政主体也不应缔结和解协议。

2. 行政和解的内容不得违反法律的强行性规定，不得以约定的形式限制或剥夺相对人重要的基本人权。

3. 行政主体只能在其组织权限范围内缔结和解契约，不得利用契约的形式扩大其权限范围。

4. 作为和解履行内容的行政行为不存在无效的情形，即不存在重大且明显的违法性。

五、行政和解制度在我国面临的困境

我国《行政诉讼法》第 50 条规定："人民法院审理行政案件，不适用调

---

① 参见［美］欧内斯特·盖尔霍恩、罗纳德·M·利文著，黄列译：《行政法和行政程序概要》，100 页，北京，中国社会科学出版社，1996。

解",该规定从制度上排除了行政诉讼中和解的可能性,但在司法实践中,行政诉讼案件中存在着较高的撤诉率与人民法院执行具体行政行为案件中较高的执行和解比例,此为多数学者认为其背后是和解在起作用。① 目前学界对行政争讼过程中(行政复议、行政诉讼)的和解及行政执行过程中(行政强制执行、人民法院非诉行政执行)的和解也基本形成一致观点,承认行政机关在其裁量权范围内可以与相对人进行和解。② 在制度层面,有的地方政府规章明确规定了在行政复议过程中可以和解③;《行政强制法(草案)》第8条第2款也规定:"实施行政强制执行,行政机关可以在不损害公共利益和他人利益的情况下,与当事人达成执行和解。"如果该条规定如果能通过的话,则会在制度层面正式承认了行政强制执行和解制度。从制度上的"行政案件不适用调解"到理论上的论争,司法实践中的践行,再到制度上对行政复议和解的确认,以及正式确立行政强制执行和解制度的立法意向,反映了理论界、实务界及立法者对行政和解的重新认识及制度重构。

事实上,在我国现有的法律制度中,也并非不存在行政和解的制度空间。例如,我国《税收征收管理法》第35条规定了在没有计税依据或计税依据不充分的情况下,税务机关有权核定其应纳税额;《税收征收管理法实施细则》第47条则规定了税务机关核定税额的方法,其中第1款第4项作为兜底条款规定"按照其他合理方法核定"。该制度表明,在事实不清的情况下,税务机关在确定应纳税额时,存在着与行政相对人协商的空间,也就意味着存在缔结行政和

---

① 根据《中国法律年鉴》和《人民法院年鉴》统计,从1992年至2000年,全国人民法院一审行政案件撤诉结案率分别为:37.5%、41.7%、44.3%、50.6%、53.9%、57.3%、49.8%、45.0%、37.8%。据最高人民法院研究室统计,1989年至1999年,申请执行具体行政行为的案件数目大量增长,但人民法院强制执行所占比例相当低,占申请总数的12.25%;相反,自动履行与执行和解的比例相当高,占申请总数的73.98%。

② 如杨建顺:《行政强制中的和解——三环家具城案的启示》,载《南通师范学院学报(哲学社会科学版)》,2002(1);高秦伟:《中国行政诉讼调解制度的现状与课题》,载《河南省政法管理干部学院学报》,2004(1);张淑芳:《行政诉讼和解问题探讨》,载《行政法学研究》,2004(3);裴娜:《试论执行和解制度在行政强制执行中的确立》,载《行政法学研究》,2004(4);等等。

③ 《云南省行政复议规定》(2006年)第38条规定:"在行政复议案件审理过程事中,申请人与被申请人之间,对于被申请人在行使法定自由裁量权的范围内作出的具体行政行为达成和解的,应当认可和解,但不得损害国家利益、公共利益或者他人合法利益。"第45条规定:"被申请人不履行或者无正当理由拖延履行行政复议决定的,本级人民政府或上级部门的行政复议机构应当送达《责令履行行政复议决定通知书》。被申请人必须在《责令履行行政复议决定通知书》规定的期限内,无条件履行。""前款申请人、第三人与被申请人之间,对被申请人履行义务中的给付内容达成和解的,应当认可和解,但不得损害国家利益、公共利益和他人的合法利益。"

解协议的可能性。① 鉴于行政和解制度对于解决行政主体与行政相对人之间争执的现实意义,有必要借鉴国外相关理论、制度与经验,在《行政程序法》的起草过程中对行政和解的相关问题进行充分论证,明确规定行政和解制度,设定其适用条件,以及相应的程序、变更、解除以及救济等制度,对行政主体的行政和解行为进行规范。

行政和解一经法律明文规定,其与法律保留原则之间的冲突即告化解,但由此也必然对相关制度形成挑战,其中最主要的是对现行行政复议制度与行政诉讼制度的挑战。众所周知,我国行政复议制度和行政诉讼制度是以对具体行政行为的合法性审查(行政复议还包括对合理性的审查)为核心建构起来的。《行政诉讼法》确定的具体行政行为合法性的认定标准是"证据确凿,适用法律、法规正确,符合法定程序"②,《行政复议法》确定的合法性、适当性的认定标准是认定事实清楚,证据确凿,适用依据正确,程序合法,内容适当③,而行政和解制度恰恰是建立在事实或法律状态不明确基础之上的,是行政主体为实现行政管理目的而采取的替代具体行政行为的行为方式,是根据当事人之间的合意而非法律而确立双方之间的权利义务关系,并不一定符合实证法的规定,因此对行政和解契约的审查不同于对具体行政行为的审查。

对行政和解契约的司法审查应分为两个层次,其一是对和解契约的审查;其二是对作为履约行为的行政行为审查。和解行为不同于履约行为,和解行为只是明确了行政主体和行政相对人之间的权利义务关系,其本身并不具有形成力;而只有基于行政和解契约之上的行政主体的履行行为才能形成相对人的权利义务。对和解行为进行司法审查的基本前提是要承认并尊重行政主体对事实与法律的首次判断权,其主要审查对象包括是否属于行政主体的职责范围,是否属于不得订立行政和解契约的事项,是否违反了行政目的,行政主体是否滥用行政和解缔约权,程序是否正当,是否适当考虑了其他利害关系人的利益。对作为履约行为的行政行为的审查的重点应该是该行政行为是否存在重大且明显的违法现象,即是否是无效行为;是否侵害了第三人利益。

鉴于行政执法和解在行政实践的现实意义,有必要对此问题展开进一步的研究与讨论,在我国的行政程序立法中对这一制度加以建构,同时,在《行政复议法》和《行政诉讼法》的修改过程中,也有必要对此作出相应的规定。由

---

① 在德国税务行政上,尽管德国《租税通则》第155条第1项明确规定:租税之确定须以行政处分为之,不过在行政实践中,为了克服难以调查之事实情况,以行政契约来间接确定税额乃是合目的性且经常被使用的手段,如德国税务机关曾与纳税人订立娱乐税衡量之合意、免除营业税之合意、一定额度盈余之合意等行政契约。

② 《中华人民共和国行政诉讼法》第54条。

③ 参见《中华人民共和国行政复议法》第28条。

于制度与现实之间总是存在某种紧张关系,在原则之外必然存在若干例外,在有的情况之下,对形式合法性的追求要让位于对实质合理性的追求。在法律制度的空间之上,是法治精神,如果过分拘泥于形式法治主义,可能反而会损害法治精神,损害公共利益,行政和解制度的确立可以有效缓和形式法治主义与积极行政之间的张力,有效实现行政目的。不过,需要明确的是,行政机关固然可以不拘泥于形式法治主义进行治理,但是,行政执法和解作为一种极度灵活性的治理手段,在实践中存在着极易被滥用可能,在法治主义之下,只能是作为规则治理的例外而存在,在有明确法律指引的情况下,必须坚守依法律治理;在没有法律的情况下,则本着高度责任伦理,审慎行使其裁量权,实现公共福祉之最大化。

试论政治解决途径在我国土地历史遗留问题中的选择性适用

张艳丽[*]

> **目次**
> 一、问题的提出
> 二、在我国土地行政管理中适用政治途径解决土地历史遗留问题的必要性和可行性
> 　（一）适用政治途径解决土地历史遗留问题的必要性
> 　（二）适用政治途径解决土地历史遗留问题的可行性
> 三、政治解决途径在我国土地行政管理中的选择性适用
> 　（一）政治解决途径的适用范围
> 　（二）政治解决途径适用的前提条件——救济途径的穷尽
> 　（三）政治解决途径的适用原则
> 四、以经租房问题的解决为例
> 　（一）经租房作为历史遗留问题的形成
> 　（二）经租房问题的定性分析
> 　（三）经租房问题解决途径的穷尽
> 　（四）政治解决途径是破解经租房难题的理性选择

一、问题的提出

近年来，为了适应改革开放对土地利用的新需求，我国不断调整土地和住房政策，逐渐完成了土地、住房由国家无偿划拨向有偿使用转化，使土地和房屋作为稀缺性资源的经济价值得以更好地实

---

[*] 天津师范大学政治与行政学院讲师，中国人民大学宪法学与行政法学博士。

现。但同时，在政策调整过程中也产生了很多难以化解的矛盾和纠纷，引起了社会各界的极大关注。由于这些问题覆盖全国众多省市，兼具普遍性和特殊性；时间跨度比较长，具体情况错综复杂；牵涉百姓的切身利益，如果处理不好容易影响社会稳定，法院对此类问题往往采取回避态度，各地政府部门也都感到解决这种问题很棘手。因此，它们往往被冠以"历史遗留问题"，成为现代行政和司法救济制度之间的空白地带。近年来在社会上造成较大影响的经租房问题，以及在土地拆迁补偿中产生的很多纠纷均属此类。[①] 在公民合法权益保护越来越受到世界各国政府普遍关注的今天，它难免成为国际人权保护运动中的不和谐因子。对于这类历史遗留问题的解决，虽然在现代行政和司法救济制度中无法可循，却是现代政府无可回避的责任。因此，必须探寻其他有效的救济途径，政治解决途径就是这样进入我们研究视野的。政治途径作为纠纷解决机制，通常用于国际社会解决国家之间的各种重大危机和矛盾，或者用来处理一个国家内部影响性比较大的突出社会问题。[②] 正因为这样，政治解决途径的适用范围已经被人们固化为国际性或全国性事务的应对和处理，而不适用于公民权利救济个案的纠纷解决。这是一种基于对政治和行政关系的传统认识而对政府职能的狭义理解，事实上随着现代形式意义行政向实质意义行政的发展[③]，政治解决途径作为政府为公民权利提供的有效救济方式，应该纳入行政法学的研究视阈，以便对其进行适当规制，从而促使其发挥出更加重要的作用。从西方国家法治发展经验来看，也存在政治解决途径，比如受许多国家青睐的议会监察专员制度就发挥了这方面的作用。议会监察专员制度起源于瑞典，后为英国、新西兰、澳大利亚等许多国家学习借鉴。该制度第一次在普通法中出现，没有人能够对它的功能进行准确定位，只是笼统地认为它是"公民的保护者"、"诉苦人"[④]。如新西兰立法只是简短地规定，委员最基本的功能是对任何作为或不作

---

① 拆迁补偿和经租房问题牵涉北京、上海、广州、武汉等几乎所有国内大城市里众多百姓的切身利益，而有关此类问题的处理，到目前为止只是在南方沿海一些地区"开"了一些"口子"，至今还没有统一的解决方案，而且由于各地经济发展不平衡，解决起来困难重重。参见张朋：《百万户城市祖屋 产权旧账重翻》，载《经济》，2004-1；王小霞：《一女岂能嫁二夫？经租房"回家"遭法律难题》，载《中国经济时报》（2007年1月10日访问：http://xianqiang88.anyp.cn/blog/history/2004/9.aspx）；参见傅旭明：《解决经租房问题的四大难题》，载《中国经济时报》，2005-02-02，1版。

② 例如对于国际社会共同关注的科索沃危机，各国都纷纷呼吁进行政治解决。而对于关系国计民生的国内资源、环境等重大问题，也有学者提出通过政治予以解决。例见郭庭天：《生态危机的政治解决探究》，载《甘肃社会科学》，2005（6）；张晓琴：《生态政治解决生态危机的根本途径》，载《南京林业大学学报》（哲学社会科学版），第4卷第4期。

③ 参见王名扬：《法国行政法》，9页，北京，中国政法大学出版社，1997。

④ The Influential Whyatt Report, "The Citizen and the Administratrtion," JUSTICE, 1961. (visited Jan. 11, 2007, http://www1.umn.edu/humanrts/demo/subcomm46detainees.html).

为的行政行为展开调查。[1] 后来逐渐发展为对行政和司法活动（重点是行政活动）进行监督，受理公民对行政当局和司法机关投诉的议会监督机构。与其他权利救济方式相比它的突出特点是，凡是在法律范围内能够解决的事项，可以由法律解决，如果某一事项无法获得法律救济，则可以据此通过议会等政治途径获得解决。议会监察专员制度提供了一种利益表达途径，成为沟通公民与行政机关等国家机关之间的桥梁。

政治解决途径作为一种新的纠纷解决机制的引入，是在处理土地行政管理历史遗留问题中，作为对行政和司法救济的补充救济途径而提出的，它设置的初衷主要是致力于上述这些历史遗留矛盾的化解和加强对一部分特殊公民土地合法权益的保护，否则他们将无法通过现有救济手段维护自身的土地权利，这一点是由现代国家行政权运用的基准确立的。[2] 虽然政治解决途径的称谓和具体界定，尚需仔细斟酌，但其异于行政和司法救济这一点是确定的。政治解决途径没有法定的程序、时限和固定的模式限制，极具灵活性和变通性，是在政府主导下的一种基于政治立场考虑的、经过政府和当事人之间的沟通和协商而进行的利益权衡过程。我国法治化过程不同于西方，西方是自发、内生的法治路径，我们是后发外生型法治过程。政府土地行政管理权的设置和行使初期规范性不强，如果用今天的法律眼光去审视和评判，显然无法周延。比如，在建国初期我国延续了土地私人所有制，后来出于统一管理以及城市发展建设的需要，国家通过行政命令对城市土地进行国有化改造。几十年后的今天，我们的国家进入建设社会主义法治国家的新发展阶段，很多人认为过去的国有化政策"侵犯"了自己的合法权益，希望不断地通过到行政机关"上访"或者到法院"告状"等方式，来主张自己过去对土地和经租房屋享有的"所有权"。但是"土地国有化"是一个国家通过暴力革命或其他强制形式重新分配社会资源的过程，它涉及政治领域的问题，并非在行政或者司法系统内就能够得到圆满解决，所以法院通常不会受理类似的案件，只能上升到政治领域进行具体的利益权衡。

二、在我国土地行政管理中适用政治途径解决土地历史遗留问题的必要性和可行性

（一）适用政治途径解决土地历史遗留问题的必要性

即使在建设社会主义法治国家的今天，我们仍然要正视法律的有限性，不

---

[1] See, Carol Harlow, Ombudsmen in Search of A Role, in The Modern Law Review, Vol. 41, No. 4 (Jul., 1978), p. 446.

[2] 罗马有句格言，揭示了现代国家行政权运用的基准——"人民的福利才是最高的法"。转引自张正钊、韩大元主编：《比较行政法》，302页，北京，中国人民大学出版社，1999。

能期待所有的问题都能通过法律途径解决。我们国家的土地行政管理历史很长，经历了从无到有、从幼稚走向成熟的漫长过程。期间虽屡经朝代更迭，但土地行政管理的历史却未曾间断。除却在原始社会土地氏族公有制，不存在国家与国家行政机关，因而不存在所谓的土地行政管理之外，从奴隶社会开始，历经封建社会的地政管理到近代民国时期，土地行政管理活动相继得到了较大的发展。新中国建立之后，分阶段地对土地行政管理活动进行了重大的调整。① 自1979年以来，我国土地行政管理工作有了突飞猛进的发展，建立了城乡统管的管理体制，推行了按经济原则和国家规划配置土地的地用行政，形成了科学的、与社会主义市场经济相适应的地价、地税行政体系，完善了社会主义地权制度，加强了地籍行政管理的功能。所有这些都是我国社会主义地政管理的有益实践，但是在这一系列翻天覆地的变化中，国家的政策和法律也几经调整，在个别时期甚至还发生了非理性的断裂。国家政策和法律在土地资源管理活动以及对各种土地权利的调整过程中难免会产生一些历史遗留问题，这些历史遗留问题产生于国家改革和政治经济调整过程之中，也只能通过政治途径获得解决。

（二）适用政治途径解决土地历史遗留问题的可行性

一个国家的宪法或成文法完全可能将一种绝对权力授予某一政府机构。如果那种情形发生，法律便认可了不具有法律标准与限制的无限处理权范围。土地行政管理权的行使在我国就曾经历过"文化大革命"和社会改革等很多特殊的时期，当时遗留的许多问题目前在行政管理系统以及司法机关内部根本无法解决。诚如美国最高法院曾经明智地承认，法律通常不会渗透并调整人类活动的一切方面，在权力与处理中永远有一些是法律所不能或只能部分渗入的空旷领域。一个政治国家的典型事态，既非以无限权力的同质、亦非以严格的规范监督为特点的。那些无法适用规范标准来裁判的行为，所呈现的是法律管辖领

---

① （1）1949～1978年是我国土地行政管理体系确立和逐步发展阶段。表现为：对原有的土地制度进行了重大变革，改变了旧中国半封建半殖民地社会的土地关系。在农村，将没收地主的土地、公地以及其他土地，按人口分给农民，实行个人土地所有制，而"大森林、大水利工程、大荒地、大荒山、大盐田和矿山及湖、沼、沙、港等，均归国家所有，由人民政府管理经营之"。初步建立起了与新的地权制度相适应的地籍、地税、地用行政管理体系。建立了城乡地政由多部门分管的土地行政管理机构。（2）1979年之后，是我国地政管理的改革和大范围调整阶段，表现为：改革地权体系，实行城市土地的国有化。1982年12月4日，我国颁布了修改后的《中华人民共和国宪法》第10条明确规定："城市的土地属于国家所有"，"任何组织和个人不得侵占、买卖、出租"。这是国家以立法的行使正式宣布城市土地国有，解决了我国城市土地的所有制性质。建立了全国统一的土地行政管理机构。1986年，国家成立土地管理局，在全国县以上政府建立土地管理局系统，负责统一管理全国土地和城乡地政工作。20世纪90年代中期，在乡级建立土地管理所，结束我国长期以来的土地多头管理、城乡分管的地政组织体系。1998年国家土地管理局与地质矿产部、国家海洋局、国家测绘局共同合并组建国土资源部，在更高层次上实现了对城乡土地实行统一管理的目标与职能。制定和完善了各种土地法规，使地政管理走上法制化的道路。

域以外的不受法院裁判的政治问题。① 此时只能上升到政治领域进行利益权衡。

在土地行政管理中引入政治解决途径,亦是由公共行政管理与政治之间具有的亲缘性决定的。在威尔逊之前,作为公共行政管理学研究对象的公共行政管理概念一直是包含在政治概念之中的。虽然人们通常认为,西方公共行政管理学的鼻祖威尔逊的最大贡献在于提出了政治——行政二分法,并据此将公共行政管理学作为一门独立的学科从政治学中分离出来。但是,即使是威尔逊本人也并未否认政治和行政管理之间密切相关。② 以政治——行政二分法而闻名的古德诺在承认政府体制中存在着"政治"与"行政"两种基本政府功能的同时,也认为无法严格地规定这些功能委托给哪些政府机关去行使。因此,他强调政治与行政必须以某种方式取得协调。③ 公共行政学家保罗·阿普尔拜早在20世纪40年代就认为,公共行政就是一种"政治过程"④。

三、政治解决途径在我国土地行政管理中的选择性适用

(一) 政治解决途径的适用范围

1. 政治途径在解决我国土地历史遗留问题中的适用

政治解决途径在我国土地行政管理中的适用,主要是为了解决国家发展过程中由于政策变更等历史原因而产生的,在土地及房屋使用和管理过程当中出现的各种土地及房屋权属登记、拆迁补偿等纠纷,以及与此相关的一些其他矛盾。这些历史遗留纠纷的处理是一项综合性、系统性较强的工作,不仅时间跨度大,政策关联性强,而且涉及单位多、情况比较复杂。它需要政府各职能部门在工作中,本着以民为本、便民高效的工作态度,严格按照职能分工,认真履行好自己的职责,同时相互之间密切合作,互相支持,才有可能完成。土地及房地产权属登记历史遗留问题,主要包括近年来因历史原因,一些通过合法途径购买的房屋,无法及时办理房地产权证的问题,或者由于土地拆迁补偿而引发的户籍变更、补偿款项兑现等问题。我国很多城市都存在这种情况,有的单位和个人在建房时没有规划、土地、财政、人防、消防和建设等手续或手续不全,致使一些房屋建成及投入使用后无法进行权属登记,当事人房产权利不能合法化,也不能依法进行交易;也有的地区居民由于种种历史原因,导致土

---

① 参见 [美] 博登海默著,邓正来译:《法理学——法律哲学与法律方法》,359 页,北京,中国政法大学出版社,1999。
② 参见丁煌:《西方公共行政管理理论精要》,15~16 页,北京,中国人民大学出版社,2005。
③ 参见 [美] 古德诺著,王元译:《政治与行政》,9~14 页,北京,华夏出版社,1987。
④ [美] 保罗·阿普尔拜:《政策与行政》,美国,亚拉巴马大学出版社,1949。转引自丁煌:《西方公共行政管理理论精要》,445 页,北京,中国人民大学出版社,2005。

地征用或者房屋拆迁补偿款项未能及时到位，影响其户籍由农转非的变更，因而与政府及开发商之间产生了很多矛盾和纠纷等等。这些问题不但严重损害了土地及房产权利人的利益，而且给土地和房产市场的管理带来许多不便，然而此类问题涉及众多政府职能部门之间的沟通和协调，很难在土地行政管理机构内部得到解决。目前我国有的地市已经开始探索通过政治途径解决上述问题，主要表现为由政府出面，根据地方的经济情况和有关法律、法规和政策对上述问题加以协商和处理。

2005年为了妥善处理房屋权属登记发证中的历史遗留问题，规范房地产市场的管理，河南省焦作市人民政府法制办公室组织各行政职能部门结合实际多次论证，共同研究制定了《房屋权属登记中历史遗留问题处理意见（征求意见稿）》[1]，从受理范围、基本原则、受理条件、办理程序、处理意见、办理时限等方面对解决房屋权属登记中历史遗留问题提出了具体处理办法。[2] 而为解决房屋权属登记中存在的错综复杂的历史遗留问题，郑州市政府则走得更远。该市在就房屋权属登记中存在的历史遗留问题出台有关处理意见之前，为使处理意见能够切合郑州市实际，通过向社会各界发出邀请，公开向社会收集房屋权属登记中历史遗留问题的表现形式和处理建议，同时决定在处理意见提交市人民政府审议之前，由郑州市法制局公开向社会征集建议。[3]

上述问题的产生固然有其历史原因，但这些土地及房产由于违反现行土地行政管理法律法规，其权利人本无法顺理成章地获得土地及房产证书，但是政府本着保护公民权益的宗旨，积极出台相应的政策和意见，尝试为这些权利人解决其实际困难，就是政治解决途径的有益尝试。

2. 政治解决途径的排除适用——国有化过程中产生的历史遗留问题

政治解决途径也有一定的界限，并非适用于所有的历史遗留问题。国有化过程中产生的历史遗留问题，根据世界各国的经验来看，都无法适用政治途径得到解决。新中国是在经历了多次暴力革命战争的洗礼之后建立起来的。新中国建立意味着对既定秩序的推翻，新的和持久的法律制度的建立。在这巨大的历史变革时期绝难存在一种完全的均衡；势必会推翻旧体制，建立新政权，创造新的社会和经济关系结构，新的社会法律结构，新的社会共同体的视野，新

---

[1] 参见河南省焦作市人民政府：《房屋权属登记中历史遗留问题处理意见（征求意见稿）》，（http://www.jiaozuo.gov.cn/zfjg/article.asp?id=271&classid=3，2007年1月10日访问）。

[2] 该市由于房屋权属登记中的历史遗留问题，导致很多房屋至今尚未办理房产证，不仅对该市规范房屋权属登记造成障碍，同时也给人民群众的生活带来诸多不便。参见《河南省焦作市政府召开〈关于房屋权属登记中历史遗留问题的处理意见〉听证会》，载河南省《政府法制工作》，2005（14）。

[3] 参见何可：《解决房屋权属登记遗留问题，郑州征市民意见》，载《河南日报》，2006-05-24。

的历史前景,以及新的一套普遍价值和信仰。① 巨变的一个"副产品"是,容易导致同一片土地上的社会政治、经济和文化发生断裂,相互之间不再具有相继性。新政权会对社会资源进行重新的调整和分配,确立新的政治经济秩序,在这一过程中被调整的个体利益应该服从于国家的整体利益。"土地的国有化"以及"经租房"问题都属于这种情况。西方国家发展的历史经验也表明,国家在革命之后,由于实施全国范围的国有化而导致对个体利益的损害,一般是不能获得救济的。我国曾经出现很多这样的案例:应当纳入国有化的原归私人所有的土地和房屋,一夜之间被"宣布"由国家所有,重新进行再分配。很多人认为自己的权利受到了侵犯,以我们正在建立社会主义法制国家为由,要求政府保护其"合法权利",归还其"房屋和土地的所有权"。他们所提出的此种要求通常是无法获得国家支持的。当然,为了尽快地消除矛盾和社会影响,国家也可以设置相应的救济机制,比如授权特定机构负责受理、并判断某一案件是否可以适用政治途径解决,如果排除适用政治途径,则应该耐心细致地向权利人说明不能归还其房产的具体理由,以得到权利人的谅解和支持,同样达到化解社会矛盾的目的。

(二) 政治解决途径适用的前提条件——救济途径的穷尽

政治解决途径的运用,一般需要以穷尽国家现行法律救济途径为前提。也就是说通常能够在行政系统内部通过行政复议等途径和行政诉讼等外部途径获得救济和化解的种种纠纷,都不必纳入政治范畴进行权衡。相反,只有那些穷尽了所有行政和司法救济手段仍然得不到妥善解决、严重侵犯相对人合法权益的、社会影响比较大、案情比较复杂的纠纷,才需要涉足政治判断。但是政治判断不同于行政判断和司法判断。现代法治国家的行政救济制度,据以存在及运作的根本理念是"人性尊严和人民主权原理"及"有权利即有救济之法理"②,所以行政判断和司法判断的制度设计往往以权利救济为核心。但是政治判断不同,政治过程本身就很复杂,要考虑的因素也较前二者为多,诉诸于政治解决途径往往并不意味着只要有权利就一定会获得救济,它是一个更为复杂的利益衡量过程。同时由于国家和社会情境的历时性转换,即使国家政治具有延续性,但不同时期的政治方向和政治目标难免要进行适度调适,因而相应的价值判断、利益权衡的结果会有不同。尤其在我们这样一个历史悠久并经历了革命战争洗礼的国家,情况会更加复杂一些。

(三) 政治解决途径的适用原则

政治解决途径作为一种新的权利救济方式,各地政府在适用的过程中完全

---

① 参见 [美] 哈罗德·伯尔曼著,贺卫方等译:《法律与革命》,22~24页,北京,中国大百科全书出版社,1996。

② 蔡志方:《行政救济法新论》,5页,台北,元照出版公司,1999。

可以根据具体情况进行大胆的尝试，并总结有益经验加以推广，就像目前我国很多城市正在做的一样。当然，政治解决途径的适用也可以遵循这样几个基本原则。首先，以保障公民权益为根本原则。该原则是启动政治解决途径的初衷。只要有诉求，各地政府就应该尽量受理并且加以判断和救济，除非超出了当地的政治经济发展现状或者属于特定的国有化问题。其次，救济的普遍性和特殊性相结合原则。经租房等房产权属和征地补偿纠纷是普遍性问题，但是由于各地政治经济发展不平衡，不可能寻求一刀切的解决途径，各地应该量体裁衣、量力而行，这也是政治解决途径与其他救济渠道不同之处。再次，救济途径的原则性和灵活性相结合。政治解决途径是公民权利救济系统上的一环，并不是单一和独立的，它可以和行政救济、司法救济相互转化。国家可以通过出台政策，来启动行政救济和司法救济协助解决某些历史遗留问题。

四、以经租房问题的解决为例

行政法中始终是原则和例外并存的。对于上述与国有化相关的问题，虽然原则上不能要求进行救济，但也并不完全排除少数例外情况。我们结合经租房问题进行简要探讨。国家执行了近半个世纪的经租房政策近两年来受到越来越多的质疑，法学界、经租房政策的利害关系人（这里仅指经租房所有权人及其继承人）要求彻底解决经租房问题的呼声不断。2004年《宪法修正案》的颁行，使原本就暗潮汹涌的"经租房"问题重新浮出了水面，成了摆在国家面前亟待解决的、关乎社会稳定大局的难点问题。

（一）经租房作为历史遗留问题的形成

新中国成立以后，一方面在观念上将一切依赖生产资料和资本获利的行为视为剥削，其中城市私人房产用于出租也视为与乡村的地主阶级向佃农收地租一样，顺理成章地被认为是剥削行为；另一方面积极安置政府及企事业单位干部职工需要住房。1956年5月18日中共中央书记处第二办公室制订《关于目前城市私有房产基本情况及进行社会主义改造的意见》（下称《意见》）指出："城市房屋私人占有制与社会主义建设之间的矛盾日益尖锐。"为此决定："对私人房产改造的形式：由国家统一租赁、统一分配使用和修缮维护，根据不同对象，给房主以合理利润。"经租房制度由此产生。"文化大革命"期间一度取消支付房租，"文化大革命"结束以后，经租房房主陆续提出返还自己被经租的房产的要求。[①] 针对这种要求，1985年城乡建设环境保护部发出《城市私有房屋

---

① 参见郭宇宽：《经租房政策历史渊源及执行现状调查》，载http://www.cc.org.cn/newcc/browwenzhang.php?articleid=5255，2006年2月10日访问。

社会主义改造遗留问题的处理意见》，明确提到："已纳入社会主义改造的私有出租房屋，一律属于国家所有。""凡是1961年9月以后纳入改造的私有出租房，未发放定租或发放时间不足五年的，一般按五年计算，予以补发或补足。""对于广大群众，尤其是原房主要做好深入细致的思想工作，教育他们顾全大局，体谅国家困难，积极配合政府做好这一工作。"1987年10月22日，最高法院、城乡建设环境保护部联署《关于复查历史案件中处理私人房产有关事项的通知》强调"要继续执行中央原定文件"，由此排除了对于经租房问题进行行政和司法救济的可能性。那么，经租房作为历史遗留，应该如何处理？是满足经租房房主的要求还是"继续执行中央原定文件"？笔者认为，应该区分国家发展的不同历史时期，重新予以思考。

（二）经租房问题的定性分析

通常从法学的角度来看，解决经租房问题，首先要尝试性地确定其性质，只有性质明确之后，方可能选择适合的救济渠道。有民法学者将经租房定性为民事纠纷，认为可以通过民法予以调整。他们认为，从现行的民事法律精神来看，经租房问题属于国家通过强制力使私有房产主与国家之间订立委托经营租赁私有房屋的关系，但当时并未涉及经租房所有权的变化问题。[1] 笔者认为，这种说法其实是有待商榷的。因为即使从现代法学视角审视，经租房问题显然也不能单纯属于委托经营的范畴。因为这一契约关系的确立可以说是国家为了实现"社会主义改造，进而加快社会主义现代化建设步伐"而采取的强制性手段，它带有明显的公共利益性，类似于政府的强制收买，有行政契约的意味。尽管国家与经租房主没有签订实体契约，但这并不一定违背现代行政契约理念。[2] 诚如尼尔豪斯（Michael Nierhaus）认为"公法契约是适合解决非常态案件的灵活工具"。丹梯斯（T. Daintith）也认为行政契约行使分配利益的权力，"有助于对政策选择的短期尝试和避免所必需的立法授权"[3]。然而从形式上来看，如果将经租房认定为作为管理主体的国家与房产所有者之间形成的行政契约，其形式要件又不具备。总之，经租房既不能适用民法调整，也与现代行政契约不十分契合。从历史的视角审视，可以肯定的一点是，经租房问题带有

---

[1] 参见高智晟：《对于国家执行经租房政策的法律地位及其解决出路的思考》，载http://www.zijin.net/get/proses/1/2005-09-05-9936.shtml，2006年1月5日访问。

[2] 即使是现代行政契约理念也承认在肯定实体立法化的同时，可以在实现行政规制的方法和内容上为行政机关和相对人留有较大的合意空间，使行政机关可以考虑个案具体情况，通过与相对人之间协商，劝导相对人接受没有法律依据的限制其权益的条款，行政契约的这种机动性是无法通过实体立法加以具体规范的。参见余凌云：《行政契约论》，98页，北京，中国人民大学出版社，2000。

[3] Cf. Michael Nierhaus, "*Administrative Law*", Collected in Werner F. EBKE&Matthew W. Finkin (ed.), Introduction to German Law, Kluwer Law International, 1996, p. 95. Cited from P. P. Craig, *Administrative Law*, Sweet& Maxwell, 1994, p. 698.

浓厚的政治色彩，是在国家改革发展过程当中，国家政策下的历史产物。笔者认为，从行政法功能学的角度来看，我们应该接受经租房所带有的政治性色彩，从政治领域关注如何解决经租房问题，不一定要强求如何对其进行准确定性。

(三) 经租房问题解决途径的穷尽

首先，司法机关不予受理。我国行政法学者倾向通过行政复议和行政诉讼途径解决行政契约纠纷[①]，这一点与西方国家的法律救济模式相类。西方国家也倾向于通过行政法上的救济方式，具体制度表现为协商、仲裁或行政机关内部裁决等司法外方式，或者诉诸司法途径来解决这类问题。如在英国，政府合同纠纷统由普通法院审理，但法院根据行政机关签订合同时所执行的任务是否涉及管理或公共规制的方式，来确定是否适用司法审查。[②] 在法国公法上的行政契约通过行政诉讼解决。德国法上也是通过向行政法院提起诉讼来解决契约履行问题的。[③] 但是，我国经租房问题由于带有浓厚的政治色彩，还不完全属于行政契约，因此各级法院以此类案件最高人民法院曾做过"历史产权案件不予受理"的规定为由，对此类案件均不受理。[④]

其次，行政救济障碍重重。既然司法机关对于经租房问题无能为力，那么广大经租房主是否能够通过行政救济来实现自己的权益呢？实践证明，目前行政机关对于这类问题的解决也存在几个无法克服的难点。

第一，行政机关与经租房主对"历史"含义的理解存在争议。对于经租房问题的解决，原来的城乡建设环境保护部和后来的建设部都认为应该"尊重历史"。房管部门强调"历史"所指是社会主义改造后经租房归国有的事实，而经租房主则认为应尊重历史的原貌，按照最初国家经租时的协议归还产权。

第二，经租房国有化过程有充分的政策性依据。1964年1月13日，国务院批转国家房产管理局《关于私有房屋社会主义改造问题的报告》认为："有些房主认为房屋由国家经租还没有过渡到全民所有制，仍然属个人所有，往往以

---

① 参见应松年主编：《行政行为法——中国行政法制建设的理论与实践》，624页，北京，人民出版社，1992。
② Cf. P. P. Craig (1994), *Administrative Law*, Sweet & Maxwell, pp. 567-568. 转引自余凌云：《行政契约论》，159页，北京，中国人民大学出版社，2000。
③ Cf. Mahendra P. Singh (1985), *German Administrative Law: in Common Law Perspective*, Springer-Verlag Berlin Heidelberg, p. 54. 转引自余凌云：《行政契约论》，160页，北京，中国人民大学出版社，2000。
④ 1992年《最高人民法院关于房地产案件受理问题的通知》（最高法院法发（1992）38号）发布："凡属于历史遗留的落实政策性质的房地产纠纷……不属于人民法院主管工作范围，当事人为此而提起的诉讼，人民法院依法不予受理或驳回起诉，可告其找有关部门申请解决。"

人口增加、自住房不够为由,要求退还已由国家经租的房屋。""这些情况反映了私房改造工作中存在着尖锐的两条道路的斗争。"故应将"对城市房屋占有者(实为'所有者')用类似赎买的办法……来逐步地改变他们的所有制。"这是第一份涉及经租房所有权问题的文件,亦是目前有关部门拒不返还房屋的依据。此后,1964年9月18日最高人民法院《关于国家经租房屋的业主实际上已丧失所有权》的批复说:"国家经租房屋的业主实际上已丧失了所有权。"1985年城乡建设环境保护部发出《城市私有房屋社会主义改造遗留问题的处理意见》中更明确认定:"已纳入社会主义改造的私有出租房屋,一律属于国家所有。"

第三,房产管理部门与经租房之间具有复杂的利益关系。在上述政策指导下,目前全国各地的经租房普遍划归各地房管局统一管理和经营。这些经租房屋的租金以及拆迁所得除了一部分上交地方财政,仍有相当一部分留做房管局的管理成本。于是在经租房政策落实的过程中,房管局既是中央和地方政策的执行者,又是经租房利益中的一方,自然深陷利益格局之中无法超脱。它们以国家政策规定为由,回避对问题的处理也在情理之中,很难保证它们处理问题的公正性。

(四) 政治解决途径是破解经租房难题的理性选择

排除适用正式解决途径的经租房问题就永远成为无法获得救济的历史遗留问题吗? 英、美等国在解决政府合同纠纷方面的经验表明,通过司法外途径消除由于契约缔结或者履行产生的纠纷往往是比较成功的。在实际运作中,其因政府合同引起的纠纷几乎很少诉诸法院,通常是由政府和当事人通过非正式谈判(informal negotiation)或者仲裁(arbitration)解决。[①] 把由政府出面协商和调处,作为非正式、非制度化的解决方法,是有成功先例的,它也是政治解决途径的常态。我国经租房问题由于是"文化大革命"时期政策的产物,很难用今天的法律理论予以评判和定性,所以才被划入法律救济的"灰色地带",成为历史遗留问题。笔者认为,通过政治途径探讨协商和解决带有政治色彩的经租房问题,才是必要和可行的。在比较宽泛的意义上,政治主要是与权力、统治和权威有关的人类关系样式,它可以有多种形态。虽然在现代法治国家权力分立的理念之下,公民权利救济手段已经制度化为各种行政和司法程序,但是对于一些带有政治色彩的特殊矛盾和纠纷,政治途径则具有行政和司法制度所没有的开放性和灵活性等特点,可以作为公民权利保护的特殊屏障。从更具体

[①] Turpin, *Government Procurement and Contracts*, 221–226. Cited from Peter Cane (1992), *An Introduction to Administrative Law*, Oxford, Clarendon Press, pp. 263–264. Also see Brian Thompson (1993), *Constitutional & Administrative Law*, Blackstone Press Ltd., p. 401. 转引自余凌云:《行政契约论》,161页,北京,中国人民大学出版社,2000。

的角度分析，政治作为一种一般性概念，它所强调或意指的是组成为各种集团的人们据以作出集体决策的过程。这种决策的内容所涉及的，主要是社会资源的分配问题。用更加规范的语言来说，"政治就是人们围绕公共权力而展开的活动以及政府运用公共权力而进行的资源的权威性分配的过程"[1]。事实上，经租房正是在公权力对房产资源权威性分配过程中形成的。既然经租房是政府运用公权力对资源权威分配的产物，那么公权力仍然可以对经租房难题作出权威性破解。政治的表现形式多样，政治解决途径也没有严格固定化的模式，不过适用政治解决途径时，应该注意以下两个方面：

首先，政治解决途径是开放的，适用政治途径解决经租房问题应当因地、因时制宜。法律具有普适性，在一个国家的主权范围内获得一体遵行。由于法律对人类各种可能行为的合法性进行了预测，也预设了各种行为的客观后果，因而所有公民在法律面前一律平等。但是政治解决途径不同，政治因国情、地情会有所差别，它的适用必然是开放的而不应该是封闭的。无论是针对不同的事件还是同种类事件在不同地区，它们能否获得政治解决以及解决的程度都是有差别的。目前各地在执行国家关于如何落实经租房问题的做法并不完全一致，而是因地、因时制宜，反映了通过客观的利益衡量灵活地选择解决模式的新特点。如出于发展经济的现实需求，考虑到落实侨胞的经租房有利于当地的招商引资，1983年，广州市人民政府批转市房管局《关于处理私房改造遗留问题的意见》的通知中指出："处理私房改造遗留问题，是一件情况复杂、牵涉面广的工作。各单位必须加强领导，掌握政策原则，经常督促检查。对于只需发还房屋产权而不需要发还使用权的房子，可尽快将产权发还给业主。对需要发还使用权的，应按照现在'谁使用，由谁腾退，以系统单位归口包干'的办法，由使用住户单位负责腾退。凡有条件腾退或已解决了'四种人'住房的单位，在退还房屋产权的同时，也应退还房屋使用权。凡暂时退还房屋使用权有困难的单位，应作出具体计划，分期逐步退还。对少数无单位住户的腾退问题，由各区、县房管局认真加以调查，准确掌握情况，逐户登记列册报市房管局，以便研究处理。对华侨、港澳同胞的房屋退还问题，应予优先解决。"[2] 根据这一政策，广东勇敢地迈出了解决经租房问题可喜的第一步，也为全国各地因地制宜地解决经租房问题开了个好头。但是，各地是否都要效仿广东模式，笔者认为，这需要根据地区具体的利益权衡来决定，尤其是一些经济不发达地区，更需要慎重和理性的选择。

其次，政治解决途径不排除灵活性。对于在政权交替过程中，国家通过强

---

[1] 杨光斌主编：《政治学导论》，8页，北京，中国人民大学出版社，2000。
[2] 傅旭明：《解决经租房问题的四大难题》，载《中国经济时报》，2005-02-02。

制手段对资源进行的再分配活动,原则上排除适用政治解决途径。例如建国初期实施社会主义改造过程中,国家制定政策将城市土地收归国有,而且已经分配给具体的无地、无房户使用,通常在原则上是排除适用政治解决途径的。但是,坚持原则性并不意味着取消灵活性。在经租房政策贯彻实施过程中,存在不规范操作导致当事人的房屋被错误地国有化的问题。例如:经租房主认为不符合国家经租范围的房产,在经租政策实施时被当地房管部门以"一刀切"的形式经租,房主提出质疑并要求予以返还的[1];房管部门利用公共利益之名而私自将所经营管理的经租房产挪为他用。[2] 这些案件便应该用政治解决途径灵活处理,并可以通过查阅历史档案、召开听证会,由双方进行举证,只要能够证明该房产是否符合经租条件,就可以得到解决。由于经租房问题历经了半个多世纪,中间有"文化大革命"的混乱,后来又有上世纪80年代中期到90年代末大规模的城市拆迁,使得本来就复杂的经租房真相难于还原,公开这些房屋的档案有助于解决经租房问题。当然,很多历史文件都已经残缺不全,而且

---

[1] 例如原青岛市居民焦亚俊要求青岛市房管局发还其祖母留下的"文化大革命"时期被强占的经租房一案。早在1988年,青岛市的房管部门曾给焦亚俊家下发了一份该房屋的房产登记通知,然而至今仍没有得到落实,焦亚俊向中央侨办、建设部信访办以及青岛市政府写信反映情况,青岛市政府有关领导对此批示要求青岛市房管局按照国家的有关政策予以落实,但青岛市房管局三次答复都是不能发还,理由是该房屋在被强占前,焦亚俊的祖母曾经出租过,按照有关文件规定,出租的房屋超过100平方米就应该被纳入国家经租范围而不能返还。而焦亚俊则找出许多邻居做旁证,证明其祖母根本就没有出租过,按照有关政策应该发还。参见傅旭明:《解决经租房问题的四大难题》,载《中国经济时报》,2005-02-02。

[2] 长期从事维权工作的武汉市经租房代表胡晓久表示,"其实房管局内部一部分私人利益使得他们不愿发还经租房,而落实私房中的住户问题是房管部门抵制和拖延发还私房的主要借口。其理由是发还私房就会有上万住户腾退,错误认为这些住户都是发了正式的住房使用权证,是其福利住房,有理由要求政府安置"。有关部门的借口还有:妥善解决住户问题则需要政府拿出上10亿的巨额财政资金,武汉没有财力解决,故此,房管部门就用不予退还私房产权和低价收购的方式强制处理了上万落私案件。如果现在发还私房,就会引发成千上万的房主要求重新处理而"翻烧饼",武汉这20多年的落私工作就白干了。而且,住户腾退会造成社会强烈的动荡,谁能承担社会不稳定的后果责任等等。胡晓久说,这些都是房管部门不愿放弃既得利益的借口。其称为"大多数的人民群众"的住户实质就是非法挤占户,他们与房管部门有着千丝万缕的联系,其中大量是其本部门的干部和职工,过去他们利用政治运动强行挤占了大量私房,而普通百姓住房再困难也根本无法挤占私房。在近半个世纪的漫长岁月里,这些非法挤占户和房地产管理部门的干部职工基本上是依赖私房权益生存。而且,目前没有发还的私房大多处在中心城区的黄金地段,这些黄金价值的营业铺面和住房正是这些人的黄金饭碗。参见傅旭明:《解决经租房问题的四大难题》,载《中国经济时报》,2005-02-02。

这些资料往往都保存在行政机关，普通人很难有机会查阅。① 但是政府主动公开封存的有关房产信息，暴露在公众面前，即便无助某些经租房问题解决，也有利于化解或缓和矛盾。相反，如果房管部门以"档案法没有明确的条款规定，可以无条件地向任何公民提供房地产权属档案"为由拒绝向经租房人公开其房产的历史档案，不但会堵塞解决经租房问题之路，而且将会由此引起新的政府与公民之间的矛盾。

---

① 据调查有90%以上的经租房主反映过当地房管局不肯公开档案的问题，同时浙江、湖北、江苏、山西等地区一些房管部门也向记者证实了都有不对外公开档案的"内部规定"。例如青岛市居民焦亚俊要求青岛市房管局发还其祖母留下的"文化大革命"时期被强占的经租房一案。双方争执的焦点就在于该房是否曾经被出租过，其实答案很好找，只要调出当年有关档案就清楚了。青岛市政府政务督察组也曾督促房管部门召开多方听证会，焦亚俊也希望能在听证会上见到这份档案，并表示如果这份档案中真的显示他的祖母曾经出租过，他一定会尊重祖国现行的经租房政策立即放弃对该房所有权的争取。但房管部门只向政府督察室作了"没有遗留问题"的答复而不开听证会。青岛市房管局落实政策办公室负责人、房政处孙处长表示，房管局的档案里的确有焦祖母出租过这间经租房的资料和证据，也曾给焦亚俊出示过。焦亚俊则说房管局出示的只是一份复印件，而且这份复印件也不让他复印带走，他不能相信其真实性。孙处长对记者解释说，这些原始档案已经因年代久远而变得非常脆弱易损，经不起折腾，所以房管局内部有规定，历史房产档案不能对外公开。参见傅旭明：《解决经租房问题的四大难题》，载《中国经济时报》，2005-02-02。郭宇宽：《经租房政策历史渊源及执行现状调查》，载http://www.cc.org.cn/newcc/browwenzhang.php? articleid=5255, 2006年2月10日访问。

浅论民事纠纷处理的行政介入机制

吕艳滨[*]

> **目 次**
> 一、"行政不介入"原则及其反思
> 二、民事纠纷处理行政介入机制的合理性分析
> 三、民事纠纷处理行政介入机制的制度形式
> 　（一）民事纠纷处理行政介入机制的模式
> 　（二）民事纠纷处理行政介入机制的主要方式
> 　（三）民事纠纷处理行政介入机制的组织结构
> 四、我国民事纠纷处理行政介入机制的问题与完善

　　长期以来，人们对于行政法以及行政机关在介入处理民事纠纷过程中究竟是否可以发挥一定的作用，缺乏太多的关注，并存在一定的争议，处理民事纠纷一直被认为是专属于司法机关的权限，而且，基于对行政权具有扩张和被滥用之倾向的恐惧，人们更是极力反对行政过多地介入私人生活。但是，随着社会生活的不断复杂化，民事纠纷在质上和量上都有了空前的发展，通过诉讼外的手段处理民事纠纷在世界范围内受到普遍重视，民事纠纷处理行政介入机制也逐步受到人们的关注。有鉴于此，本文试图从行政法的视角探讨民事纠纷处理行政介入机制的有关问题，并分析行政组织究竟能否以及能在怎样的程度上介入处理民事纠纷。

---

* 中国社会科学院法学研究所宪法与行政法研究室副教授，法学博士。

一、"行政不介入"原则及其反思

在近代国家之中,司法机关专门对发生于平等主体之间的纠纷加以处理,其他任何机关特别是行政机关不得染指。特别是对于行政权介入私人事务,人们一直极为排斥。这一观念主要是来源于传统行政法上的不介入原则。该原则又被称作"不干涉民事上法律关系之原则",主要涉及警察权的行使,是约束警察权的诸原则中警察公共原则的下位概念[①],是指个人财产权之行使、亲属权之行使、民事上合同之履行等仅与私人关系有关,而对于此类权利所遭受之侵害、对合同之不履行等的救济,则应专属于司法权的掌控范围,而不属于警察权可干预之事项。作为其例外,只有上述民事关系影响到公共安全与秩序,才可以成为警察权可以介入的领域。

行政不介入原则的产生和权力分立理论上行政权与司法权的分立有关,也和传统行政法上"行政——公民"的二元模式以及行政法的产生与发展过程中始终贯穿着的如何控制行政权、防止行政权滥用的理念有关。特别是,传统行政法上往往基于对行政权力的极度不信任而将关注的重点置于行政机关与公民之间的二元关系,主张限制行政权,使其能够中立于普通的民事关系,以防止其非法干涉和限制公民的合法权益。

随着社会的不断发展,自由放任的思想越来越不能适应现实的需要,人们越发认识到,行政不应限于消极地维护公共安全与公共秩序,还需要积极地保护公民的权益。现代社会,由于科学技术不断发展、社会关系不断趋于复杂,各种各样的社会矛盾与社会问题层出不穷。坚持自由放任、由市场这一"看不见的手"发挥作用已经不能应对市场失灵等所带来的难题。面对社会现实的需求,政府开始广泛地介入过去并不被认为属于行政事务范畴的诸如贸易、金融、交通、环境保护、劳资关系等的领域,开始担负起保障公民特别是社会生活上的弱者权益的职责。因此,现代行政法一方面仍旧具备着传统行政法控制行政权的特点,另一方面,还要加强对公民合法权益的保障。现在,人们需要政府做的已经不再是谨小慎微地维持公共秩序和抽象的公共利益,而是希望其运用手中的权力主动对社会生活进行干预。管得最少的政府已经不再被认为是称职的政府,国家权力开始越来越多地介入私人生活领域,并越来越多地将许多过去被认为无需或者不应由政府管理的社会事务纳入其行使职能的范围之内。

在此背景下,在德国、日本等国家出现了所谓的"国家的基本权利保障义

---

① 关于警察权诸原则,可参见[日]美濃部達吉:《警察権ノ限界ヲ論ス》,载《法学協会雑誌》,第31卷第3号。

务理论(或保护义务论)"。该理论采取了"国家—基本权利受害人 A—基本权利侵害人 B"的三方构造,认为国家为了保护受害人 A 的基本权利,可以对侵害人 B 的行为进行限制。所以,国家开始介入诸如反家庭暴力、反歧视、保障个人隐私权等传统上属于纯私人事务的领域,利用国家权力对平等主体之间的法律关系进行调整。① 基本人权不再被认为仅仅具有防御权的色彩、只能用以对抗国家权力,而是属于应当由国家权力进行保护的权利。虽然该理论强调立法者对于履行国家的基本权利保障义务负有首要的责任,但不可否认,行政机关在此过程中也担负着重要的责任,甚至许多领域都设有专门的行政执法机关确保相关制度的实施。②

于是,行政机关开始以中间人、调停人的身份介入调整某些民事关系。这促使行政法律关系由传统上的二元关系向现代的多元关系转变,显示出现代行政法的一大特征。③ 于是,行政法在强调控制行政权的同时,还具备了调整利益关系的功能。

基于行政法律关系的多元化,人们认为,对于行政机关而言,公民除了有权请求其排除对自己的违法规制和请求其给予一定给付之外,还应当有权请求行政机关发动一定的公权力。④ 也就是说,应当承认公民在行政机关怠于行使行政权、履行预防纠纷的责任时,可以依法请求行政机关发动行政权,这被称之为"行政介入请求权"⑤。

从行政活动与民事纠纷间的关联看,行政机关首先要发挥预防民事纠纷发生的作用,其次,对于已经发生的某些具体的民事纠纷而言,行政机关还可以在一定程度上参与解决该纠纷,之后,针对民事纠纷产生以及解决过程中所发现的行政管理中存在的问题,行政机关还要及时加以完善,以便更好地预防纠纷,提高行政管理的绩效。

---

① 关于这一问题,可参见[日]户波江二:《"不受国家干涉之自由"抑或"在国家保障下之自由"——人权理论在当代之发展及保护义务论》,载王家福主编:《人身权与法治》,39~47页,北京,社会科学文献出版社,2007;[日]西原博史著,吕艳滨译:《日本基本人权概念的发展》,载田禾主编:《亚洲法论坛第一卷——法律与亚洲社会的变革》,114~120页,北京,中国人民公安大学出版社,2006。

② 以近些年来广受关注的隐私权保障为例,为了适应信息化背景下个人信息批量处理给个人合法权益带来的种种威胁,许多国家和地区都制定了个人信息保护法,动用行政权力对个人信息的处理行为进行管制,在欧盟及其成员国中,往往还设立专门的执法机构对个人信息处理行为进行监管,这实际上是国家权力(尤其是行政权力)介入纯民事关系的典型事例。

③ 关于行政法律关系的变迁问题,请参见[日]大橋洋一:《行政法 現代行政過程論》,15页,株式会社有斐閣,2001。

④ 参见[日]塩野宏:《行政法Ⅰ》,2版,278~281页,株式会社有斐閣,1999。

⑤ [日]原田尚彦:《行政と紛争解決》,载《基本法学 8—紛争》,345~350页,株式会社岩波書店,1983。

二、民事纠纷处理行政介入机制的合理性分析

由于现代社会民事纠纷的发展及现代行政在功能上的变化,在保障由司法机关对纠纷进行最终裁判的前提下,由行政介入处理某些民事纠纷不但已经是一种实然的状态,而且,也具有一定的必要性。

首先,民事纠纷处理的行政介入机制是公共行政的目的得以实现的重要方面。公共行政目标的实现与对私人合法权益的保护和对私人间关系的调整之间存在辩证统一的关系。对公民的合法权益实施积极主动的保障已经逐步成为公共行政所不可回避的任务。特别是,现代社会中,诸如环境污染、消费者保护、产品责任、医疗事故等许多涉及高度技术性的纠纷层出不穷,如何对此类复杂的利益关系进行调整以预防或者及时妥善地处理纠纷并保护公民合法权益已经成为现代公共行政的重要职责。而且,民事纠纷的出现本身就是对社会秩序的一种冲击,如果不能及时加以处理,必然会妨害公共行政目的的实现。

其次,充分发挥民事纠纷处理行政介入机制的作用有利于构建和谐社会目标的实现。民事纠纷处理的行政介入机制一方面可以及时有效地预防民事纠纷,防止相关矛盾的激化,另一方面也可以较为专业、较为高效地对已存在的民事纠纷进行调处,使紧张的民事关系得到恢复,这可以极大地促进社会稳定,确保和谐社会的构建。行政机关除了可以通过相关措施有效预防纠纷的产生之外,在处理与行政管理有关的民事纠纷时,由于纠纷的一方当事人往往还是行政机关的监管对象,因此,行政机关往往可以基于公正的考虑对处于被监管地位的当事人施加一定的影响,以增强弱势一方当事人的地位。另外,行政介入处理民事纠纷往往以调解为主,强调的是双方当事人在法律允许的范围内进行利益上的协调和互让,这可以在一定程度上避免纠纷当事人之间对抗的升级,确保当事人之间恢复并长期维系融洽的关系。而且,在大量的监管领域,行政机关及其工作人员无疑是该领域相关事务的专家,可以较为专业地对有关纠纷所涉及的事实和法律问题作出判断,使该纠纷得到妥善解决。

再次,民事纠纷处理行政介入机制有利于合理配置司法资源。有效发挥该机制的作用可以有效地预防民事纠纷的产生,而且,还可以使相当一部分民事纠纷无需进入诉讼程序即可得到圆满解决。这可以极大地减少司法机关的负担,使其能够集中力量解决各种具有复杂法律问题的纠纷。还有一点不容忽视,许多民事纠纷与行政管理的关系极其密切,纠纷一方当事人的行为在引发民事纠纷的同时,往往还会构成行政违法。行政机关为了追究其行政违法的责任,往往会在对其违法事实进行了充分调查取证的基础上进行相应的处理。而行政违法的事实和引发民事纠纷的事实之间具有一定的同一性,因此,如果能够在一

定程度上允许行政机关同时对该民事纠纷进行调解、处理，则既可以避免案件进入司法程序后法院再次就案件事实进行重复性调查，也可以使当事人间的矛盾得到及时化解。

最后，发挥民事纠纷处理行政介入机制的作用有利于优化行政管理。许多领域中民事纠纷的出现往往同此领域中有关行政机关的监管缺位或者不科学有着直接或者间接的关系，有可能是相应的行政管理不完善或者不健全造成的，因此，通过对有关民事纠纷处理过程的介入，行政机关可以及时发现并改进自身管理中存在的问题。

三、民事纠纷处理行政介入机制的制度形式

（一）民事纠纷处理行政介入机制的模式

在探讨民事纠纷处理的行政介入机制这一问题时，为了更好地概观行政机关相关活动同民事纠纷处理之间的密切关系，可以持更为开放和灵活的态度，将行政机关的所有活动均纳入此问题的研究视野之中。本文认为，行政机关面对有关的民事纠纷，除了调解、仲裁、裁决之外，还可以通过其他一些活动介入民事纠纷的处理过程。

根据行政机关相关行政活动与民事纠纷处理之间的关系，我们可以将民事纠纷处理的行政介入机制分为附带性地介入处理民事纠纷和专门性地介入处理民事纠纷两种模式。

所谓附带性地介入处理民事纠纷，是指行政机关依法行使其行政职权对某一当事人作出某行政处理的过程中，间接地使该当事人与其他民事主体之间的民事纠纷得到解决。也就是说，行政机关作出某行政处理的本意仅仅是依法进行相应的管理活动，但是，由于许多行政处理活动的直接效果是制止各种危害性行为或者补偿受害人，那么，通过这些行为，必然可以使得纠纷当事人间的对立得到一定程度的化解。

而至于专门性地介入处理民事纠纷，则是指有关行政机关依照法律授权，以解决民事纠纷为目的，以中立的第三方的身份，利用调解、仲裁、裁决等形式对有关的民事纠纷进行处理。在此方面，特定行政机关进行相关活动的主要目的乃是处理相应的民事纠纷，这些活动对于有关民事纠纷的解决具有直接的效果。这样的制度在很多的国家和地区中都被广为采用，而且，随着纠纷数量的不断攀升以及解决相关纠纷对各种专业性知识、政策性考量的需求不断提高，其作用也越来越受到人们的关注，并且，该制度也已经成为现在广为关注的替代型纠纷解决机制（ADR）中的重要方面。

（二）民事纠纷处理行政介入机制的主要方式

从世界主要国家和地区的实践看，行政调解、行政介入的仲裁、行政裁决

乃至受害人救济机制以及其他在事实上具有解决民事纠纷的行政作用等都属于民事纠纷处理行政介入机制的重要方面。

1. 行政调解

行政调解和一般调解的主要区别就在于主持调解的第三方乃是行政机关或者某些行使行政权的组织。行政调解在现实中应用比较广泛，比如，英国的咨询调解仲裁局（Advisory Conciliation and Arbitration Service）就负责解决劳动纠纷、对雇用方和劳动者之间的劳动纠纷进行调解。而日本、韩国以及我国台湾地区也都在环保、建筑、消费者保护、知识产权等领域设有行政调解机制。

行政调解无非有两种结果，即调解成立与调解失败。在调解失败的情况下，纠纷当事人仍旧可以通过行政裁决、仲裁或者诉讼等途径寻求救济。而在调解成立的情况下，调解机关应当基于调解过程制作调解书，并由双方当事人签收。从有关国家和地区的实践来看，行政调解所作出的调解书在法律效力上是有区别的，至少可以划分为无执行力的调解书和有执行力的调解书。前者如日本的行政调解制度以及韩国软件事业纠纷调解委员会、电子商务纠纷调解委员会、产业财产权纠纷调解委员会等主导的行政调解制度。在此类机制下，调解协议仅属于一般的民事合同，不具有申请法院强制执行的效力。后者则如韩国计算机程序审议调解委员会、著作权审议调解委员会、消费者纠纷调解委员会等进行调解以及我国台湾地区的调解机制[1]，其在效力上相当于在法院主持下形成的调解书，具有强制执行力。

2. 行政介入的仲裁

而行政介入的仲裁[2]则是由纠纷当事人事前以协议的形式同意将纠纷提交有仲裁权的行政机关，并同意服从该行政机关处理结果的制度。一般认为，仲裁机构应属于民间组织，而不应当与任何国家机关有隶属关系。但是，事实上，在有些国家和地区，行政介入的仲裁还是大量存在。比如，日本的公害纠纷处理机制和建筑工程承包合同纠纷处理机制中就包含行政介入的仲裁。此类仲裁机制的共性是：仲裁程序的启动必须基于纠纷当事人将纠纷提交仲裁的合意，为此，当事人一般要共同提出仲裁申请，或者要提交双方当事人签订的仲裁协议；仲裁员原则上由当事人选定，当事人未选定的，由上述机构予以指定；仲裁的审理均由在身份上较为独立且具有相关专业知识的人士担任；仲裁裁决一

---

[1] 在韩国，有些机构进行调解所形成的调解协议本身就具有强制执行效力，而在我国台湾地区，"乡镇市调解条例"、"消费者保护法"、"公害纠纷处理"等均在行政调解方面规定了送交法院审核的程序，即都必须在调解成立之日起一定期限之内将调解书送交管辖法院审核。经法院核定之后，相关的调解结果便具有同法院的民事确定判决相同的效力。

[2] 之所以使用该概念，乃是为了区别于我国的"行政仲裁"。我国的行政仲裁（主要是劳动争议仲裁、农业承包合同纠纷的仲裁）不具备仲裁所应具有的基本特征，从本质上讲，具有类似于行政裁决的地方。

裁终局，且具有等同于法院确定性判决的效力，当事人不得再就此寻求其他的救济途径。这些特点表明行政介入的仲裁在本质上仍旧是一般意义上的仲裁，而并非因为由有关行政机关担任仲裁机构而使其成为非仲裁的纠纷解决方式。

3. 行政裁决

行政裁决是由具有较强独立性的专门性行政机关以类似于诉讼的正式程序对民事纠纷进行审理、作出裁决的制度，是由行政机关主导的最为正式的纠纷处理机制。这一制度在日本被称为"行政审判"。其行政审判制度包括事前程序和事后程序：事前程序类似于美国独立行政委员会作出的正式程序，是为保障行政决定的公正性，而在作出该决定之前进行的审查程序；事后程序则是以解决纠纷为目的，包括解决行政纠纷的行政复议程序和解决民事纠纷的程序。[①] 前述日本的公害纠纷处理制度中就包含这一机制。根据日本《公害纠纷处理法》的规定，公害等调整委员会负责承担"责任裁定"和"原因裁定"两项工作。

行政裁决在我国也是存在的，比如：《土地管理法》规定的土地权属争议裁决制度、《森林法》规定的林地权属争议裁决制度、《草原法》规定的草原权属争议裁决制度、《渔业法》规定的养殖用水域滩涂权属争议裁决制度、《商标法》规定的注册商标争议的裁定制度等。

4. 受害人救济制度

除了上述机制之外，民事纠纷受害人的救济制度也是民事纠纷处理行政介入机制方面不可忽视的制度。这一制度是指为了防止因侵权纠纷中加害人不能确定、侵害行为的责任不能明确、加害人无赔偿能力等原因导致受害人不能及时得到救济，而由有关机关依照法律规定公正、适当地给予受害人一定的补偿，对其实施相应救济的制度。这一制度主要适用于特定的侵权纠纷，是将加害人的赔偿责任转嫁给国家和社会，进而保障受害人权益能够得到一定程度的维护、所遭受之损害得到一定程度填补。受害人救济制度在许多国家和地区已经得到了广泛的应用。比如，在日本，行政上的受害人救济制度就在许多领域广为应用，现在至少包括：汽车损害赔偿保险、公害健康受害补偿、原子力损害赔偿补偿、医药品副作用受害救济、犯罪受害补偿等。[②] 我国台湾地区的"药害救济法"也规定了"药害救济"制度。

5. 其他机制

除此之外，行政机关还可以以其他多种方式介入民事纠纷的处理。比较典型的当数行政机关对某些危害的制止或者排除。无论是行政处罚、行政强制，

---

① 参见［日］植松勲、青木康、南博方、岸田贞夫：《行政審判法》，株式会社ぎょうせい，1997。
② 参见［日］原田尚彦：《行政と紛争解決》，载《基本法学—紛争》，株式会社岩波書店，1983；［日］新井隆一：《民事紛争の行政的処理》，载雄川一郎、塩野宏、園部逸夫编：《现代行政法大系》，第5卷，14～16页，株式会社有斐閣，1986。

还是对行政许可的撤销等,诸多行政行为都同时可能起到排除危害、使已经现实存在的民事纠纷失去存在基础进而使其得到解决的作用。

(三)民事纠纷处理行政介入机制的组织结构

从组织形式方面看,在现有有关国家和地区专门性的民事纠纷处理行政介入机制中,相关的行政机关既包括各种专门性的行政机关,又包括各种普通的行政机关。专门性的行政机关往往是为了解决某一类特定民事纠纷而设立的,解决相应的纠纷是其主要的职责,而且,在其地位、机构设置、人员配置等方面往往具有较高的独立性和专业性。如日本的公害等调整委员会和都道府县公害审查会、中央建设工程纠纷审查会和都道府县建设工程纠纷审查会、电气通信事业纠纷处理委员会、原子力损害赔偿纠纷审查会等,韩国的计算机程序审议调解委员会、电子商务纠纷调解委员会、个人信息纠纷调解委员会等。而普通的行政机关则属于一般而言的承担相应行政管理职能的行政机关。此类行政机关既肩负着在相关领域实施行政管理的职责,又可以对相关的民事纠纷进行处理,其在独立性和专业性方面一般不如专门性的行政机关。比如,我国台湾地区"电信事业网路互连管理办法"中规定的电信总局、日本的《矿业法》规定的经济产业局等。

为了确保民事纠纷处理行政介入机制的公正性、专业性等,上述专门性行政机关的地位以及有关人员的任职条件往往均有相应的专门规定。首先,有关国家和地区往往均注意从人员任免等方面确保机构的独立性。其次,几乎所有的此类机构都对其成员的任职条件作了专门性的规定。

毫无疑问,民事纠纷处理行政介入机制的组织情况是研究该问题的重要方面。这是因为,人们一般倾向于认为,一个独立的、专门性的机构更能独立地、公正地就有关纠纷作出裁断。尤其是对于行政机关而言,由于人们往往倾向于认为行政机关在行使行政权过程中难免有滥用权力的趋势,因此,在行政机关介入处理纠纷这一问题上,无论是行政复议,还是民事纠纷处理行政介入机制,如何提高相关行政机关的独立性和专业性都是十分重要的问题。

四、我国民事纠纷处理行政介入机制的问题与完善

在我国,民事纠纷处理的行政介入机制广泛存在于众多领域,根据笔者对我国现行法律、行政法规及行政规章所进行的不完全整理和分析,我国有关行政机关以行政调解、行政裁决方式介入处理民事纠纷的制度约有48项,涉及一般民事纠纷、资源权属纠纷、消费纠纷、环保纠纷、知识产权纠纷等。可以说,我国民事纠纷处理行政介入的机制在许多领域发挥着作用。通过这些机制,有相当一部分民事纠纷得到较为及时的处理,对于防止矛盾激化,降低财产损失,

减轻诉讼压力起到了一定的作用。

但是，由于种种原因，该机制还存在着各种各样的问题，在很大程度上存在制约着相关机制在处理民事纠纷方面发挥应有的作用。

首先，人们对于民事纠纷处理行政介入机制的观念还有待于扭转。当前，人们对于民事纠纷处理的行政介入机制往往还是持反对、消极的态度，往往认为行政权力不能过多的介入处理民事纠纷，否则，便有违法治的原则，也会为行政权的滥用创造条件。这样一种认识在实务界和学术界均有一定的影响，无形中制约了我国民事纠纷处理行政介入机制的健康发展。近些年来在"维权"口号的号召下，纠纷的司法解决被过分地加以强调，我国公民传统上求"和"的心理往往多为好诉情结所取代，民事纠纷处理行政介入机制受到很大的批判和否定，以至于大量的案件往往径直涌至法院。这十分不利于合理配置司法资源，而且，由于诉讼成本偏高等因素致使纠纷解决机制不畅，则必然影响社会安定。有关国家和地区及我国关于民事纠纷处理行政介入机制的实践已经证明，在保障司法最终解决纠纷的前提下，在特定领域由行政机关介入处理有关的民事纠纷不但可行，而且，该机制同民间的纠纷解决机制共同作用，对于推进社会稳定和谐，减轻法院负担是有帮助的。

其次，由于对民事纠纷处理行政介入机制的理解尚不统一，我国现行法律法规中关于该机制的规定也各不相同，甚至有的规定很不明确，给实际适用带来困难。

现阶段，我国民事纠纷处理的行政介入机制主要集中表现为行政调解、行政裁决等。但是，我国现行法律法规中对此所作的规定比较随意和不统一。以行政裁决为例，现行法律法规中有的采用"处理"，有的采用"裁定"，有的则采用"行政决定"，有的则是规定"责令赔偿"，也有的明确采用"裁决"一词。甚至连行政调解的规定也是比较多样化的，比如有的用"协调"，有的甚至用"处理"。法律法规规定上的混乱来源于多种原因，既涉及各个行政管理领域中的特殊性问题，也涉及人们对民事纠纷处理行政介入机制观念认识上的不统一。但是，这确实在一定程度上影响我国民事纠纷处理行政介入机制发挥应有的作用。由于法律法规规定上的混乱，执法者和当事人往往很难判断现行法中规定的措施和机制的属性，这必然影响处理民事纠纷的效果，而且，还会因人们理解上的差异，而对行政介入处理之后的救济手段与方式的选择带来各种问题。

再次，我国民事纠纷处理行政介入机制中有关行政机关的独立性和专业性还有待提高。从机构设置本身来看，我国现有的以行政调解或者行政裁决方式介入处理民事纠纷的各类行政机关中，绝大多数仍属于普通的行政机关。在行政裁决方面，虽然设有许多专门性机构，但是，其在地位上也往往只不过是有关行政机关下属的部门。另外，从人员编制上看，就连专门设立的相关机构的人员也绝大多数是来自所属的行政机关。而且，对于这些参与处理纠纷的人员，有关的法律法规并没有专门为其设定身份保障方面的相关规定。同时，在专业性方面，从我国民事纠纷处理行政介入机制的现状看，就连各种专门性的机构也还不能很好地确保这一点。现行法律法规中仅仅要求聘请相关的专业人员，但是，聘请与否完全是由有关机构裁量决定，而且，对于外部人员的比例以及各类专业人士的比例也没有硬性的规定。

另外，我国民事纠纷处理行政介入机制的程序还存在着许多问题。重实体、轻程序是我国相关制度设计中存在的主要问题，该问题也存在于民事纠纷处理行政介入机制中。在此方面，既缺乏有关行政机关运用民事纠纷处理行政介入机制的方法、时限等方面的详细规定，又缺乏如何在该机制中确保各方当事人的参与以保障其合法权益、确保纠纷处理公正性的相关规定。这对于实务中应如何进行运用行政调解或者行政裁决介入处理民事纠纷不能起到应有的规范和指导作用。而且，就现有的相关制度来看，民事纠纷处理行政介入机制仍旧保留着较强的行政化色彩。

再有，我国在行政调解结果的效力方面并没有特殊规定，调解结果的履行主要依靠当事人的自觉和自律。这从尊重当事人自治、维护当事人诉权的角度看，这确实是有其合理性，但是，这也会带来许多负面影响。首先，这显然是国家资源严重的浪费。相关的行政机关必须要为案件调解投入一定的行政管理资源，如果当事人不能自觉履行，必然会造成相应行政资源的浪费。其次，这会进一步加重司法机关解决纠纷的压力。调解效力的有限性首先会严重地打消当事人通过调解处理其纠纷的积极性，进而使其倾向于直接将纠纷提交法院。而这也会打消行政机关进行行政调解的积极性，使其不愿在行政调解方面投入过多精力。这最终必然会导致调解制度逐步走向萎缩。再次，调解结果不具有执行力也不利于构筑社会诚信，使人们对社会诚信越发丧失信心，并会进一步增加交易的成本。

最后，行政调解和行政裁决之外的民事纠纷处理行政介入机制在我国还未受到充分关注。特别是受害人救济机制在介入处理民事纠纷方面的功能并没有受到人们的重视。我们只重视如何直接地使纠纷得到化解，却很少关注如何通过发挥间接的处理纠纷机制的作用构筑全方位的纠纷处理机制。

因此，鉴于上述我国民事纠纷处理行政介入机制的现状与存在的问题，本文认为，有必要从多个方面对我国民事纠纷处理行政介入的机制进行完善。

第一，应当正确看待民事纠纷处理行政介入机制，并将其纳入研究的视野。行政对民事关系的不介入这一理念从历史上反对行政过分干预私人生活的角度来看是有其积极意义的，但是，随着社会的发展，行政权所作用的不仅仅是行政相对人的权益，还涉及其他当事人的利益，而行政法所要处理的也不再仅仅是行政机关与行政相对人之间的关系,而是更多地要介入处理三方或者多方关系。在确保行政权不侵害行政相对人合法权益的同时,行政机关还需要及时保障公民合法权益不遭受侵害。行政机关在某些领域介入处理民事纠纷对有关当事人之间的关系进行调整并保障有关当事人的合法权益同样也是现代行政的重要内容。因此,应当重视民事纠纷处理行政介入机制的问题,特别是,有必要在行政法学研究以及行政法学同相邻学科的交流与合作中加强对此问题的研究。应当通过不断完善民事纠纷处理行政介入的机制,发挥其专业性,提高民事纠纷处理行政介入的公正性,逐步取得人们对该机制的信赖。借此,形成民事纠纷处理行政介入机制与诉讼解决民事纠纷之间以及行政执法和民事纠纷预防处理之间的良性互动。

第二,要逐步完善民事纠纷处理行政介入机制方面的立法,逐步在立法中明确民事纠纷处理行政介入机制的地位,适时提高其立法的层级,避免实定法规定中的不明确与混乱状况。应当及时对既有的民事纠纷处理行政介入的机制进行梳理和评估。凡属于计划经济下行政过渡干预私人生活、专业性要求不高、可通过民间自律等途径获得解决的或者因现实的发展导致已经很少被适用的机制,应当及时予以清理,该废止的及时废止。同时,对于现阶段乃至今后相当时期有必要由行政介入处理的民事纠纷,应当结合所其处领域的实际情况、该类纠纷的本身特点等判断究竟是适宜采取行政调解的方式,还是适宜采用行政裁决的方式,抑或者采取其他方式,并及时予以调整。另外,在此后的法律法规修订过程中,逐步对有关机制的定性加以明确和统一。

第三,应当注意加强民事纠纷处理行政介入机制中相关机构的独立性和专业性。首先,应当使介入处理民事纠纷的相关机构同相关的行政机关乃至纠纷当事人等均保持一定的独立性。为达到这样的目的,就要在使其设置与地位上不同于其他普通的行政机关或者内部机构,至少,它应当是一个专门为介入处理民事纠纷而设立的机构。而且,介入处理民事纠纷机构应当适当吸收外部专家,并且,对于所有参与处理纠纷的人员,应引入一定的身份保障机制。特别是,为了确保此类机构的独立性和专业性,在人员的来源上,除了从行政机关内部遴选之外,还需要吸收该机关外部的具有相关学识和经验的专家参与。同时,为了确保有关人员能够在介入处理民事纠纷过程中独立地行使职权,有必要对相关工作人员的身份保障事项作出相应规定,包括任职、免职条件等,并需要明确规定,相关工作人员在处理案件过程中,除有渎职枉法等情形之外,不因其他事由被免职、降职等。

第四,应当进一步完善民事纠纷处理行政介入的程序。要细化民事纠纷处理行政介入程序方面的具体规定。对每一个环节的具体过程、时限乃至纠纷当事人的权利义务及介入处理纠纷的行政机关的职权等均需要尽可能细致地加以规定。另一方面，在程序的具体设计方面，即要发挥相关行政机关依职权进行调查的优势，又要在必要的限度内贯彻当事人主义，发挥当事人的主动性和积极性，尊重当事人主张和证明的权利。特别是，对于以行政裁决的方式处理民事纠纷的，应当逐步扩大非书面审理的适用范围，可以视情况确立以书面审理为原则、以当事人申请时必须有裁判机构开庭审理为例外的做法。甚至对于某些特定的纠纷，也可以确立开庭审理为原则、不开庭审理为例外的做法，并妥善地将行政机关依职权调查和当事人参与有机地结合起来。

第五，应当尝试改进关于行政调解效力方面的规定。为了提高行政调解的适用效果，可以考虑参考韩国等的做法，对于特定领域的行政调解，在确保相关行政调解机构独立性、专业性和调解程序公正性的基础上，直接赋予该调解协议等同于法院调解的效力，即允许其具有强制执行力。当然，也可以考虑采取我国台湾地区的做法，增加法院对调解结果进行审核的制度。当然，设置上述制度的前提是进行行政调解的行政机关具有相应的独立性和专业性，其调解程序充分确保了纠纷的当事人各项程序权利，以至于一般而言能够保障纠纷处理结果的公正性。否则，设置上述制度便必然会适得其反。这并不是要剥夺纠纷当事人的诉权，而是要求当事人慎言慎行，对自己的承诺负责。而且，这样做也可以切实发挥调解的功能，并有效地减轻法院的负担。

第六，应当逐步完善受害人救济制度等间接介入处理民事纠纷的制度。受害人救济制度主要适用于特定的侵权纠纷，其中，许多纠纷产生的原因或者来源于特定行为的高风险性，或者来源于国家管理上存在的不完善或者漏洞。对此，国家可以通过国家出资和向从事特定的高度危险作业的当事人收取一定费用的方式形成特定的救济资金，用其对符合条件的受害人发放救济金。这样，既可以避免从事特定的高度危险作业的当事人因面临巨大的索赔、债台高筑而不愿从事此类作业，又可以避免受害人索赔无门。

规制诉讼

通过诉讼防范规制机关的不作为

——透视美国环境规制政策中的公民诉讼制度

张兴祥[*]

目　次

一、有关通过公民诉讼防范环境规制不作为的美国早期案例
　（一）The Storm King（1966 年）案
　（二）Mineral King（1972 年）案
　（三）SCRAP（1973 年）案
二、国会立法直接赋予公民起诉环境违法行为的原告资格
三、最高法院对私人起诉政府规制不作为的态度前倨后恭
　（一）Gwaltney of Smithfild（1987 年）案
　（二）Lujan I（1990 年）案[①]
　（三）Lujan II（1992 年）案
　（四）The Steel Company（1998 年）案
　（五）Laidlaw（2000 年）案
四、问题：行政机关垄断规制执法权还是允许通过私人起诉实施政府规制
五、借鉴与思考

近年来，我国环境、安全、卫生等方面事故不断发生，政府规制失职、缺位的现象非常严重。如果说 20 世纪中国行政法关注的是经济领域的过度规制以保护受规制企业的经济利益，当代行政法学者需要就如何防止政府在社会领域的规制不作为以保护普通大众的

---

[*] 中国政法大学行政法学博士（2006 年），美国耶鲁大学法学硕士（2005 年）。从事公共政策研究工作，中国人民大学比较行政法研究所兼职研究员。联系方式：xingxiang.zhang@gmail.com。

[①] Lujan v. National Wildlife Fed'n, 497U. S. 871（1990）。

非经济方面的利益作出思考。在美国，自 20 世纪 60 年代以来，随着环境保护政策的强化与环境保护组织力量的壮大，诉讼制度也作了适度回应，司法审查原告资格范围进一步拓宽，在平衡个人起诉行政机关不作为的公民诉讼与避免全民诉讼的基础上形成了防范政府规制不作为行为的有效机制。本文拟通过对美国环境法上有关重要案例的述评，介绍美国 20 世纪 60 年代以来司法审查政府规制不作为的实践，在此基础上，对我国通过行政诉讼制度防范行政机关在环境、安全、卫生领域的规制不作为提出相应的建议。

一、有关通过公民诉讼防范环境规制不作为的美国早期案例

政府在环境规制方面的不作为指的是政府机关未实施有关环境保护法律中规定的保护环境、预防和制止环境违法行为所要求的行政行为。在考虑是否受理公民就环境规制不作为提起的诉讼时，美国法院考虑以下问题：(1)《联邦宪法》第 3 条规定的"案件或者争议"条款。根据这一条款，联邦最高法院发展出"起诉政府的原告必须提出其受到具体损害的事实"这一原告资格要件。(2) 最高法院长期以来奉行"审慎限制 (prudential limitations)"规则约束法院系统对行政、立法的干预强度，结果可能会在一定程度上限制公民对政府的起诉。根据这一规则，当事人不能仅因行政机关违反法律、未执行某一法律确定的行政机关的执法职责就提起诉讼；除非不作为行为对该当事人构成现实或者迫在眉睫的损害。但是，法律明确赋予公民诉权的除外。(3) 单行法律关于司法审查的特别要求，如《联邦洁净水法》要求公民在提起诉讼前提前 60 日通知行政机关其起诉意图，这样就给行政机关有自我纠正有关违法行为的相应时间。(4)《行政程序法》第 702 条关于原告资格的"受到不利影响或者根据相关法规的规定受到损害"的一般要求。[1]

自 20 世纪 60 年代开始，随着人们对环境利益的重视，有关追究行政机关规制失职的案件也越来越多。

(一) The Storm King (1966 年) 案[2]

这是公民就规制机关不履行规制职责提起的一起重要案件。基本案情是，联合爱迪生公司准备在哈得逊河上修建一个调峰水电站，为此需要将 Storm King 山的山顶削平并修建一个水库，在用电低峰时抽水上去蓄水、用电高峰时放水发电。环保组织哈得逊河风景保护委员会就联邦电力委员会作出的准许建

---

[1] 关于原告资格理论的全面论述，参见张兴祥：《美国司法审查原告资格理论的演变》，载《行政法的中国之路——应松年教授七秩华诞贺寿文集》，587～594 页，北京，中国政法大学出版社，2005。

[2] Scenic Hudson Preservation Conference v. Federal Power Commission, 354 F. 2d 608 (2nd Cir.), cert. denied, 384 U. S. 941 (1966).

设水电站的行政决定提起诉讼，认为这一决定违反了环境保护法的有关规定。

诉讼中，被告质疑原告的起诉资格，其理由是联邦电力委员会的决定没有对哈得逊可风景保护委员会造成任何经济损失，即使有损害也只是针对环境美观，而这并不能为原告提起诉讼提供诉讼上的利益。但是，Hays 法官指出，为了确保联邦电力委员会在作出的准予行政许可的决定充分考虑环境美感、生态保护、休闲场所，受该行政决定影响地区有特别利益的人属于《联邦电力法》第 313 条（b）规定的受害者。本案中，法院发展了私人检察长理论（private attorney-general），允许个人、组织针对不是仅涉及个体利益而是涉及公共利益的行政决定以私人检察长的身份提起诉讼。本案解决了一个重要问题，即环境权属于法律保护的利益。

（二）Mineral King（1972 年）案[①]

这是联邦最高法院鼓励环境诉讼的一个重要案例。本案案情是，迪斯尼公司准备在某国家森林公园建设一个大型休闲娱乐场所，环保组织反对，提起诉讼要求行政机关执行有关生态保护的法规。

斯图沃特（Potter Stewart）法官代表法院作出的判决确认了原告提出的该项目会"摧毁或者不利于公园的环境美观，自然、历史和野生动物，并且损害下一代人对享受公园的权利"，认为这种损害构成原告资格所要求的"事实上的损害"。他更明确地指出，受到损害的利益既可能有经济价值，也可能只是具有审美价值、自然价值和历史价值。审美感及环境利益，与物的经济价值一样，同样是社会美好生活的重要成分，特定的环境利益为多数人共享而不是由少数人专有并不成为法院降低对其保护力度的理由。但是，在本案中，法院并不愿意采用 Storm King 案中过于宽泛的私人检察长理论，而是要求原告 Sierra Club 必须提供其成员因该建设项目而受到损害的事实（根据法院的要求，Sierra Club 很快提供了有关事实）。值得注意的是，损害后果无论多么微小，都可以满足原告资格要件之一的事实上损害的要求。

这一案件大大地扩张了损害范围，为通过诉讼监督行政机关的环境规制不作为行为打开了大门。自此以后，公民不需要提供提供有关经济利益受到损害的证明就可以起诉损害环境保护的行为。

（三）SCRAP（1973 年）案[②]

一群居住在首都华盛顿特区的法学院学生不服联邦贸易委员会作出的对原木材料适用较低标准的交通费率的决定，认为该决定抑制人们使用可重复利用的材料进而鼓励损害环境的行为，因此诉至法院。

[①] Sierra Club v. Morton, 405 U. S. 727 (1972).

[②] United States v. Students Challenging Regulatory Agency Procedures (SCRAP), 412 U. S. 669 (1973).

本案中斯图沃特法官代表法院作出的判决再次肯定了环保组织的原告资格。本案中，原告指出，根据联邦贸易委员会的决定，在交通运输费率提高的背景下，由于原生木材包装材料的产品运费率上升幅度不大，诱使人们不愿意使用本可以重复利用的物品，这样会导致更多的自然资源用于生产不能重复利用的物品，这又会更多的不能重复利用的物品抛弃在位于华盛顿地区的国有公园，这影响了在华盛顿地区生活的原告的环境利益。令人惊讶的是法院肯定了这一观点，承认了原告资格。

此案中，行政行为与损害后果之间的联系过于间接、遥远，按照法院确认的原告的推理，任何一个人都可以以环境美感受到损害为由对行政机关在环境保护领域的所有不作为行为提起诉讼。

为什么法院如此支持环境诉讼？一种观点认为，这主要是由于多元民主以及当时对规制机关的普遍不信任使人们认为，如果没有这方面的诉讼，许多规制机关不能或者不会切实履行联邦法律。[①]

二、国会立法直接赋予公民起诉环境违法行为的原告资格

借鉴19世纪民权法中有关公民执行法律条款而导致民权运动不断高涨的成功经验，环保组织加强了在国会上的工作以通过议会的立法保护环境。20世纪70年代初期开始，美国有十几部环保法规规定了公民的诉讼资格。环境保护组织可以通过法律规定的诉讼条款直接起诉排污者，以执行重要的环保法律。

自1970年《清洁空气法》开始，国会在主要环保法中都规定了公民诉讼条款：如《清洁空气法》第304条、《清洁水法》第505条、《安全饮用水法》第1449条（d）、《噪声控制法》第12条（d）、《濒危物种保护法》第11条（g）、《深海硬矿资源法》第117条（c）、《有毒物质控制法》第19条（d）、第20条（c）（2）和《环境反应、赔偿和责任联合法》（超级基金）第310条以及其他法律（如《海洋生物保护研究与禁猎法》、《露天采矿及复垦法》、《深水港口法》、《资源保护与恢复法》、《能源发展法》、《能源政策和保护法》、《固体废弃物处置法》、《电厂和工业燃料法》、《海洋热能保护法》、《大陆架法》等）。值得注意的是，这些法律还规定如果原告胜诉，被告应承担原告合理的律师和专家证人费用。这些法律都对公民在行政机关疏于规制职责时督促其承担起执行联邦法律职责的行为予以认可。

《清洁水法》第505条的规定较为典型，在此作一介绍：

---

① See Zygmunt J. B. Plater et al, *Environmental Law and Policy: Nature, Law, and Society* (3rd, ed.), Aspen, 2004, p. 407.

"第505条 a 任何人均可以自己名义按照下列规定提起民事诉讼：

（A）……（1）针对有可能违反本章规定的排污标准或者限额，以及违反行政机关或者政府就有关标准或者限额发布的命令的行为的人（包括美国联邦政府和其他政府及其行政机关）；

（2）针对疏于管理职责或者未履行本章规定的不是裁量权范围内事项的义务的行政管理机关或者州。

第505条 b 在未履行下列行为前不得起诉：

（1）……（A）距原告将违法事实的情况通知行政管理机关、违反行为发生地的州和违反标准、限额和行政决定的违法行为人之日起未满60日；

（B）如果行政机关或者州已经开始并积极向法院提起民事诉讼或者刑事诉讼，要求违法行为人遵守有关标准、限额或者行政决定。但是行政机关有这些行为的，任何公民都可以要求作为权利相关人参加有关程序。"

在其他工业化国家，这样的法律制度是罕见的。[①]

国会立法进一步降低了个人通过诉讼维护环境权益、制止环境违法行为的成本，大大地促进了针对环境不作为的诉讼。

三、最高法院对私人起诉政府规制不作为的态度前倨后恭

联邦最高法院一般支持公民诉讼。但是，从20世纪70年代晚期开始[②]，趋于限制公民诉讼。自SCRAP案件以后，最高法院重归保守主义。其中，斯卡利亚（Antonin Scalia）法官在限制公民诉讼方面比较积极。1983年他发表了一篇文章批评公民执行环保法的模式，认为这只是"在剑桥和纽黑文（耶鲁大学）的教室里得到赞同，但是并不受底特律工厂或者西弗吉尼亚矿山的欢迎"[③]。（值得注意的是，国会也制定法律防止过多的诉讼，1990年《内政部及相关机构拨款法》规定，禁止环保主义者以影响猫头鹰的生存为由在1990年对在美国西北地区的森林采伐活动提起禁止令。[④]）针对 Skelly Wright 法官在 Calvert Cliffs[⑤] 案中有关公民诉讼的目的在于确保国会有关降低污染的立法意图不会在联邦官僚机构中失落或者被误解的判词，斯卡利亚指出："是的，但是这（一失

---

① See Zygmunt J. B. Plater et al, *Environmental Law and Policy: Nature, Law, and Society* (3rd, ed.), Aspen, 2004, p. 407.

② Duke Power v. Carolina Envtl. Study Group, 438 U. S. 59 (1978).

③ 转引自 Zygmunt J. B. Plater et al, *Environmental Law and Policy: Nature, Law, and Society* (3rd, ed.), Aspen, 2004, p. 408.

④ Pub. L. 101-121 (1990) §318 (g).

⑤ Calvert Cliffs Coordinating Committee Inc. v. United State Atomic Energy Commission, 449 F. 2d 1109 (D. C. Cir. 1971).

落或者误解）是好事。"① 斯卡利亚声称，美国宪法将行政权授予总统与行政部门，立法机关便不能通过法律将宪法规定的行政执法权通过设定公民诉讼制度授予公民个人，这样实际上剥夺或者侵蚀了宪法规定的行政机关的执法权。

由于斯卡利亚的投票与主笔，联邦最高法院新的多数派观点在有关针对政府不作为的诉讼资格问题上采取下列态度：

一是，在国会未通过立法明确授予原告资格的案件中，将"审慎限制"规则进一步扩张。比如，原告不能对第三方受到的损害而起诉，这实际上推翻了 Warth v. Seldin② 案确立的原则。

二是，要求原告主张的利益必须是在法律保护的利益区域范围（zone of interests）内。③

三是，对国会授予原告起诉资格的作狭义解释。如 Gwaltney of Smithfield v. Chesapeake Bay Found④ 和 The Steel Co. v. Citizens for a Better Env't⑤ 案中的处理。

四是，附加其他限制。联邦最高法院指出，根据宪法的要求，"诉称的损害必须是明显的、可触知的而不能是抽象的、或有的或者假想的。损害从原因上必须是可以正当地追溯至诉争的行政行为，并且法院作出的有利判决有可能救济该损害"⑥。法院将这一标准用来测试政府行为是否合宪而不再将其当作法院的审慎要求要件之一，从而限制了宪法上的原告资格范围。

（一）Gwaltney of Smithfild（1987 年）案

在本案中，被告长期违法排污，环保机关又不查处，当原告依法在拟起诉之日 60 日前将起诉意图通知被告和行政机关后，被告停止排污且和行政机关达成和解协议。法院认为《清洁水法》规定的公民诉讼前提是"正在发生的违法行为"或者"有证据证明将来继续违法"，不能对过去的违法行为（past violation）提起诉讼，而否认原告的起诉资格，进而缩小原告的资格。这一判决产生的影响是：环保组织花费大量人力、物力收集了证据，聘请了律师，却极有可能无法从被告处报销专家证人和律师费用：因为被告在收到原告起诉意图的通知后不再从事违法行为的，原告就不能起诉了，有关法律规定的原告胜诉后

---

① Antonin Scalia, *The Doctrine of Standing as an Essential Element of the Separation of Powers*, 17 Suffolk U. L. Rev. 881, 897 (1983).

② 422 U. S. 490 (1975).

③ Air Courier Conference v. American Postal Workers Union, 498 U. S. 517 (1991) (Rehnquist, J., denying standing).

④ 484U.S. 49 (1987).

⑤ 523U.S. 83 (1998).

⑥ Allen v. Wright, 468 U. S. 737 (1984).

被告应支付原告的合理律师与专家证人费用的好处将无法享受。这样就大大降低了个人、组织的起诉动力。

有意思的是，1990年国会制定的《清洁空气法》第304条实际上推翻了联邦最高法院的这一判决，因为该条规定，公民只要有证据证明过去的违法行为不断发生（past violation have been repeated），就可以提起诉讼。

为什么最高法院的态度有了改变？有学者分析认为，法院想用原告资格以避免联邦法院干预多数人认为法院不宜介入的事项。[1] 另一个重要原因是，受斯卡利亚法官的影响，保守派法官认为应当维护分权学说，立法机关不能剥夺行政机关的执法权，而保守派又在9名联邦大法官中占据了5个席位而在最高法院取得了发言权。[2]

（二）Lujan I（1990年）案[3]

本案中，原告依据《行政程序法》起诉内政部长有关在西部保留地上砍树开矿等开发决定。原告称，在保留地的开发活动将影响其休闲活动。

斯卡利亚法官对原告诉称的损害进行严格审查，认为原告称的损害不可能覆盖行政决定所指向的4 500亩土地；被告违反法律规定的程序，在开发活动中未提供环境影响开发报告等，但是，这一问题应当由国会解决而不宜通过法院解决。法院通过引用宪法上有关原告资格构成要件的判例，要求挑战建设项目的环保组织必须提供特定的损害事实。由于受行政决定影响的环境受害区域非常广大，而原告只居住在某一地点，他不可能提出因针对所有区域的行政决定而受到损害的特定事实。这一判决，使环境保护领域的公诉诉讼门槛进一步提高并更加困难。

（三）Lujan II（1992年）案[4]

本案中，原告要求将《濒危物种保护法》的规定适用于美国政府支持的海外开发项目，因为这些项目忽视生态保护尤其是对濒危动物的保护。该法第7条禁止行政机关从事有害物种或者摧毁其生活习惯的活动，第11条授权任何公民都可以起诉。1986年里根政府发布了一个法规免除该法第7条对美国在其他国家从事的开发项目的适用。原告不服，提起起诉。

尽管原告一方证人在项目开发地旅游并且亲眼见到濒危动物未受到保护，但是法院以原告近期没有继续去项目开发地的计划，因而其不能证明开发项目

---

[1] See K. C. Davis & R. Pierce, *Administrative Law Treatise* §16.5 at 38–39 (1994).
[2] 关于美国联邦最高法院法官构成、政治信仰与法院判决的关系，见张兴祥：《美国宪法与行政法治进展报告》，载中国人民大学宪政与行政法治研究中心编：《宪政与行政法治发展报告（2004年—2005年卷）》，622页，北京，中国人民大学出版社，2006。
[3] Lujan v. National Wildlife Fed'n, 497U. S. 871 (1990).
[4] Lujan v. Defenders of Wildlife, 504U. S. 568, 568–578 (1992).

所在地的开发活动对濒危动物的损害对其构成"急迫的伤害（imminent injury）"，同时开发项目另一方不受法院判决的拘束，即使法院作出有利于申请人的判决也不能救济其所主张的损害，因而判决不承认原告资格。

在本案中，斯卡利亚法官将《宪法》第3条原告资格限制条款进一步应用到国会已经赋予公民诉讼的法律。布莱克姆（Harry Blackmum）大法官与奥康纳（Sandra Day O'Connor 大法官对斯卡利亚的推理与观点提出异议。Lujan II 案因抛弃了法院此前接受的国会可以将普遍性的伤害作为授予公民起诉资格的前提而受批评。①

本案的争点在于，原告需要证明何种程度的损害？有人主张，"损害是否充分，其程度取决于原告和诉称事物之间的联系，而非利益的大小"②。但是，斯卡利亚法官在判决中指出，只要国会制定的法律对案件处理结果规定给予胜诉的原告金钱补偿，为个人创造了具体、明确的私人利益，本案中原告就有起诉资格。据此看来，如果国会规定，原告胜诉后将获得5美元的奖励，那么法院就可以受理案例。但是在 Lujan II 案中，法律规定如果原告胜诉被需要补偿原告的专家证人费用和律师费用，这远比5美元大的经济利益为什么不能为原告资格提供任何帮助？孙斯坦（Cass Sunstain）教授认为，重要的是看法律是否创造了诉因（cause of action）而不是损害，如果法律赋予起诉权，自然就已经给予当事人起诉资格。③

值得注意的是，斯卡利亚法官在此后的案件中并未一再坚持限制原告起诉资格。在两个农场主起诉内政部长有关濒危物种保护的案件中，他支持原告的起诉资格。④

（四）The Steel Company（1998年）案⑤

此案中，被告工厂未按照《有毒物质控制法》的规定向规制机关提交报告，但是在原告60天日后准备起诉该工厂的通知送达后向规制机关递交了报告。

本案的问题是，由于该被告违反报告的程序义务是否导致原告具有符合《宪法》第3条规定的足够的具体的、明确的伤害。法院提出了问题但未作回答。法院指出，由于被告已经守法因而法院无需干预，原告资格不成立。

---

① See Cass Sunstein, *What's Standing after Lujan?* 91 Mich. L. Rev. 163 (1992); Gene Nichol, *Justice Scalia, Standing, and Public Law Litigation*, 42 Duke L. J. 1141 (1993); Richard Pierce, *Lujan v. Defenders: Standing as a Judicially Imposed Limit on Legislative Powe*, 42 Duke L. J. 1170 (1993).

② Zygmunt J. B. Plater et al, *Environmental Law and Policy: Nature, Law, and Society* (3rd, ed.), Aspen, 2004, p. 414.

③ See Cass Sunstein, *What's Standing after Lujan?* 91 Mich. L. Rev. 163 (1992).

④ Bennett v. Spear, 520 U. S. 15 (1997).

⑤ The Steel Co. v. Citizens for a Better Env't, 523 U. S. 83 (1998).

这个案件对环保分子是一次重要打击，因为它使公民诉讼的一个重要目的——抑制其他环保违法分子的目的难以实现。

(五) Laidlaw（2000 年）案①

案情是，一个工厂违反《有毒物质控制法》的规定，在八年里 489 次向河流倾倒有毒废弃物。被告指出：(1) 没有证据证明其倾倒固体废弃物导致河流生态发生重大变化，因而环境并未受到损害，不存在《宪法》第 3 条规定的损害；(2) 既然没有环境损害，也就不可能对原告个人造成损害；(3) 在收到原告提出的 60 天后将起诉的通知后，公司迅速与州规制机关达成小额和解协议，由于州规制机关已经行使其查处违法行为的权力，这就阻却了原告的起诉；(4) 被告的设施已经关闭，原告又不是申请中止令，法院只能要求被告依法向联邦环保局支付罚款，而这并不能救济其所主张的损害。

根据此前作出的法院判决，被告的任何一个主张都可能导致原告失去诉讼资格。但是，由于一大批学者对最高法院收缩原告资格做法的批评，最高法院作出了适当回应并开始放松对原告资格的严格要求。

尽管斯卡利亚法官和托马斯（Clarence Thomas）法官强力反对，最高法院还是认可原告的起诉资格。多数派法官对《宪法》第 3 条规定的"损害"作了较宽泛、一般意义上的理解，在考虑了本案中州规制机关与受规制企业合谋的事实后，允许原告提起诉讼。金斯伯格（Ruth Ginsberg）法官代表法院作出的多数派判决对被告的四个主张均予以驳回：(1) 关于损害：《宪法》第 3 条规定的案件中的损害不是对环境的损害，而只是对原告的损害。(2) 关于没有足够的证据证明对原告有损害：被告的排污行为直接影响居住在河流附近的原告的休闲、审美、经济利益。(3) 关于和解能否阻止公民诉讼：和解是公司为阻止公民起诉而为，公司律师起草了和解协议，并在 60 日期届满的最后一日达成协议，过于仓促，未给原告参与机会，不能视为法律规定的"勤勉起诉"要求；协议规定被告交纳 10 万元罚款，但是行政机关未发现被告因违法而获得了 100 多万元收益；同时，在和解后和法院审理期间，被告又 13 次超限排污。(4) 关于法院无法给原告有效的救济：罚款不仅旨在让其守法，更重要的是阻止其未来的违法行为。因此受被告持续违法行为损害的原告将从判决中受益，判决能够给原告有效的救济。

这一案件的判决对促进环境保护具有重要意义。私人追诉环境违法行为或者起诉行政机关的不作为行为，经常面临数额较大的管理成本与财力负担，而其对手要么是经验丰富的行政机关要么是财大气粗的大公司，因此，通过协会、组织提起诉讼以及取得经费支持都非常重要。美国环境保护取得的成就，在一

---

① Friends of the Earth v. Laidlaw Envtl. Servs., Inc., 528 U. S. 167 (2000).

定程度上与法律中规定胜诉可以返还专家证人经费和律师费用,降低了起诉成本,因而刺激了对违法行为的追诉有关。

四、问题:行政机关垄断规制执法权还是允许通过私人起诉实施政府规制

综观美国有关公民针对环境规制机关不作为的案件,可以得出两点结论:一是起诉范围逐步从宽,二是起诉范围的界限仍在发展之中。对原告资格范围"度"的把握取决于如何处理公民诉讼的起诉权与行政机关追诉违法行为裁量权的冲突。

一方面,人们必须尊重规制机关追诉违法行为的裁量权。在 Heckler v. Chaney[1]一案中,法院已经指出,对于行政机关作出的是否查处某一违法行为的决定,法院一般不予审查而是予以高度尊重。这是考虑到,行政机关在决定是否查处某一违法行为时,不仅要评估该项违法行为是否存在的事实,还要考虑行政执法资源放在查处该违法行为而不是其他违法行为是否更能实现资源配置的社会效果最大化原则?如果行政机关查处该违法行为,胜算有多大?对该违法行为予以查处是否符合行政政策中的执法重点?最关键的是,行政机关没有相应的资源同时完成对所有违法行为的查处。每个行政机关都面临执法资源与执法任务之间的矛盾问题,必然导致行政机关知道许多违法行为存在也鞭长莫及。根据美国国会总审计长办公室(U. S. General Accounting Office)1996 年的报告,就水污染执法而言,联邦环保局就未尽职。主要表现在:(1)联邦环保局的数据表明,全国 7 053 个重要规制对象中有 1/6 仍然存在重大的违法排污行为;(2)联邦环保局将重大违法排污行为界定为超过许可的排污指标 20%以上或者连续 2~6 个月违法排污。[2] 另一方面,"20 世纪最大的教训就是,人们难以相信行政机关在市场的诱引下还能一直按公共利益行事。公民向法院起诉的原告资格是个人用来保障公共利益在政府管理中得到实现的一个重要制度工具"[3]。

公民执法在美国并不是一个新概念,根据证券法由公司股东提起的派生诉讼、根据民权法由民权组织提起的公民诉讼、根据环保法提起的公民侵权之诉早就有了。在制定授予公民起诉环保违法行为人的原告资格的法律时,国会将

---

[1] 470 U. S. 821 (1985).

[2] *Water Pollution: Many Violations Have Not Received Appropriate Enforcement Attention* (Letter Report, Mar. 20 1996, GAO/RCED - 96 - 23).

[3] Zygmunt J. B. Plater et al, *Environmental Law and Policy: Nature, Law, and Society* (3rd, ed.), Aspen, 2004, p. 416.

公民既当作环保政策的工具又当作环保工作的参与者进行对待。公民执法被设计为服务于联邦、州和地方政府执法的附属物。在资源有限的时代，当政府执法不能发现排污者的违法行为时，公民诉讼不仅有利于救济个人因污染而受到的相关经济损失，更重要的是作为"私人检察长"代表整个社区确保法律实施。[1] 当然，也有人认为，国会支持私人环保执法是利益集团政治影响的结果，是在国会拨款以外对环保组织的补贴。[2]

除了授予公民起诉污染者的法定权力外，国会还怀疑有时行政机关不会很好地履行环保法规定的义务，因此，公民诉讼条款也被用于督促行政机关履行执法义务。为此，国会授权公民对行政机关未履行环保法上无裁量权的作为义务提起诉讼。公民执法历史上被视作对政府的制衡，推动政府执法或者在政府未履行职责时替代政府执法。由于环保法规覆盖面太宽，执法资源过于匮乏，规制对象总是想逃脱法律制裁。这些导致私人执法在实施环保规制方面仍将起重要作用。但是，私人执法的出现，导致游戏规则的改变、规制产业和规制机关已经建立起的合作关系和相互理解的改变。在美国，也存在对私人执法的动机以及替代政府执法的合法性的怀疑的声音[3]，斯卡利亚法官就指出，在行政机关未查处有关违法行为人的情况之前，国会制定法律允许公民对违反规制法规的行为人直接起诉可能违反三权分立原则，侵蚀了宪法已经赋予总统和行政部门的执法权[4]；此外，由于公民诉讼的存在，这将影响行政机关公正、独立地发展执法政策、选定执法重点。为了免于被公民起诉，行政机关在执法目标的选择上可能会迎合一些强势环保组织的要求。[5]

公民诉讼的目的是补充而不是替代政府执法。平衡公民在规制执法中的参与权与宪法规定的行政部门的行政执法权，美国法律和法院对公民起诉违反环境规制法规的行为设定了一系列条件加以约束：(1) 在提起诉讼前，公民应通知环境保护局，违法行为发生地所在州和违法行为人的起诉意图。一般要在提起诉讼之前60日予以通知，尽管各个法律会有些许不同的规定。这样做，是为了给联邦政府一个启动调查处理程序的机会，这样就免除了公民诉讼；或者让

---

[1] See Zygmunt J. B. Plater et al, *Environmental Law and Policy: Nature, Law, and Society* (3rd, ed.), Aspen, 2004, p1028.

[2] See Greeve, *The Private Enforcement of Environmental Law*, 65 Tul. L. Rev. 339 (1990).

[3] See Barry Boyer & Errol Meidinger, *Privatizing Regulatory Enforcement: A Preliminary Assessment of Citizen Suits Under Federal Environmental Laws*, 33 Buffalo L. Rev. 833, 957-961 (1985).

[4] See Antonin Scalia, *The Doctrine of Standing as an Essential Element of the Separation of Powers*, 17 Suffolk U. L. Rev. 881, 897 (1983).

[5] See Zygmunt J. B. Plater et al, *Environmental Law and Policy: Nature, Law, and Society* (3rd, ed.), Aspen, 2004, p. 1033.

排污人自觉守法、纠正违法行为。例如，根据《洁净水法》，公民对污染者提起执法之诉前 60 日，必须将拟起诉的意图通知执法机关和排污人。如果在收到公民诉讼起诉意图的通知之日起 60 日内，联邦政府在法院提起诉讼要求中止排污者违法行为[1]，则公民诉讼自动终止。即使联邦政府的起诉晚于公民诉讼，受理联邦法院诉讼请求的法院判决因其既判力也排除了较早前的公民诉讼。[2] (2) 起诉应在法定时限内进行，一般是违法行为发生之日起 5 年内。联邦政府的行政程序是否也排除了公民诉讼？对此有不同理解。很多法院在解释有关公民诉讼的法律时认为行政行为也在内。在 Baughman v. Bradford Coal Co.[3] 一案中法院首次提出在一定条件下行政听证具有法院诉讼同样的效果（能够排除公民诉讼），而在 Friends of Earth v. Consolidated Rail Corp.[4]、Sierra Club v. Chevron U. S. A., Inc.[5] 等案件中，法院则拒绝了这一主张。（3）公民诉讼条款一般规定，如果联邦和州政府正在考虑采取行动以要求违法行为人守法，这就排除了公民诉讼。这是为了保护政府行使其执法裁量权。联邦政府除了向法院起诉排污行为人，还可以采取行政措施制止违法行为。当联邦政府开始并在调查以决定是否起诉违法行为人时，公民诉讼也不得进行。[6] 联邦环境保护局、地方环保机关与排污人的执法和解协议也排除了公民就排污人同一违法行为提起公民诉讼的可能性。在一个案件中，沃尔玛公司同意对其非法排污行为支付 12 203 美元罚款而与地方环保机关达成和解协议，行政机关不去法院起诉其违法行为。[7] 当然，公民对联邦和州政府的执法行为，如果认为其不合法，仍可以提起诉讼要求司法审查。

五、借鉴与思考

美国环境保护规制政策的严格实施，一定意义上与公民通过诉讼追究违法排污行为的责任、通过诉讼追究行政机关不作为行为责任有关。我国目前安全、卫生、环保等规制领域政府失职、不作为的现象比较突出，引入美国法上的公民诉讼机制，通过改革行政诉讼制度、扩大行政诉讼原告资格以保护规制政策

---

[1] 如中国主要通过行政机关执法（处罚、强制措施、收费等）不同的是，美国行政机关对违法行为人通过向法院起诉来令其停止违法行为、进行惩罚的。

[2] United State EPA v. City of Green Forest, 921 F. 2d 1394, 1402-05 (8th. Cir. 1990), Cert. denied, 502 US956 (1991).

[3] 592 F. 2d 215 (3rd Cir. 1979).

[4] 768 F. 2d 573 (2nd, 1985).

[5] 834 F. 2d1517, 1525 (9th Cir. 1987).

[6] 33U. S. C. § 1319 (g) (6).

[7] Comfort Lake Association, Inc v. Dresel Contracting, Inc., 138 F. 3d 351 (8th, Cir. 1998).

保护对象的合法权益应是我们认真考虑的课题之一。

引入公民诉讼机制，通过诉讼制止规制机关的不作为，需要我国现行行政诉讼制度作较大调整。

一是，针对规制不作为行为的诉讼与针对过度规制行为的诉讼追求的利益不一样。政府经济领域的过度规制，侵权后果是显性的、明确的、外在的，因果关系上是直接的，可以应用政府权力——公民权利这一模式进行分析，在行政诉讼中原告资格比较容易确定。政府在社会领域的规制不作为，其侵权后果是隐性的、潜在的、内藏的，因果关系上不是直接的，行政诉讼的原告资格不易确认。从一这点看，美国法院在原告资格认定上的反复、摇摆也是正常的；为了排除原告资格认定上的困难，美国法律有时干脆直接明确公民针对规制不作为的诉讼资格。

在我国，《行政诉讼法》规定的诉之利益是"合法利益"。针对过度规制提起的行政诉讼，实际上是一种主观之诉，即原告认为政府侵犯其人身权、财产权，很容易满足"合法利益"受侵害的要求。而在针对规制不作为提起的行政诉讼，实际上是一种客观之诉，原告的诉讼利益是存在不断增加的客观性的风险而不是权益受到损害。问题是，在侵害公民的人身权、财产权的危害后果产生之前，侵权行为是以逐渐加大的安全、卫生、环境方面的风险为存在形式的；而在危害后果产生之后，与经济利益的可赔偿性不同的是，安全、卫生、环境利益的损失一般无法恢复的。从这个角度看，针对规制不作为行为，我们不能将诉讼资格局限于侵犯合法的人身权、财产权益。

在针对过度规制行为提起的行政诉讼中，规制机关的决定与受规制企业的损害之间因果关系非常清楚。但是，在针对规制不作为行为提起的行政诉讼中，因果关系往往比较复杂。"与传统的侵权不同的是，有关环境安全的风险是累积性的、多种因素长期相互影响下形成的。"[1] 正如美国学者对斯卡利亚法官的批判那样，"要求环境诉讼的原告必须证明诉称的行为与造成的损害之间的具体的因果关系"[2] 是一件困难的事，因为污染造成的损害很少能够追溯到一个危险源上。但是，对每一个危险源都施加"具体的因果关系"的要求，就会使这些未受到有效监督的危险源都可以继续存在、积累而最终酿成事故，侵害规制法规所保护的工人、消费者、公众的安全、卫生与环境方面的利益。

二是，针对规制不作为行为的诉讼与针对过度规制行为的诉讼主体不一样，

---

[1] Herman Schwartz (ed), The Rehnquist Court: Judicial Activism on the Right, Hill &Wang, 2002, p. 186.

[2] Herman Schwartz (ed), The Rehnquist Court: Judicial Activism on the Right, Hill &Wang, 2002, p. 187.

这也影响了原告起诉的积极性。

政府规制过度,其侵权对象是确定的个体或者少数人组成的小集团,这些小集团成员有足够的利益动力去起诉。规制不作为行为侵害的对象是不特定的多数人组成的松散集团,它们较少或者没有利益动力去起诉。

对此,奥尔森曾经有过非常精辟的分析:"在一个集团范围内,集团收益是公共性的,即集团中的每一个成员都能共同且均等地分享它,而不管他是否为之付出了成本。集团越是大,分享收益的人越是多,为实施集体利益而进行活动的个人分享份额就越小。所有,在严格坚持经济学关于人及其行为的假定条件下,经济人或理性人都不会为集团的共同利益采取行为。"① 由于规制不作为行为导致安全、卫生、环境风险加大,侵害的是范围较广的多数人的利益。就针对规制机关的不作为提起诉讼而言,每一个受规制法规保护对象的个体都知道,首先,只凭个人的努力是无济于事的;其次,个人在任何情况下都能从别人的斗争中获益。因此,"社会政治事务中的大型集团中的理性个人也不愿意作任何牺牲去实现其与他人分享的目标,因而不存在大型集团会组织起来为了共同利益而采取行动的前提。只有当集团很小或者恰巧具有选择性激励的独立源头时,他们才会组织起来或采取行动来实现其目标"②。完全指望个体牺牲个人的时间、金钱与资源对抗行政机关的规制不作为,在理性的经济人看来是不可行的。实践中损害大多数公众安全、卫生、环境利益的规制不作为行为,人们将不会去制止。为了解决集体与个人之间的利益关系问题,防止搭便车,奥尔森提出了一种动力机制——有选择性的激励(selective incentives)③,也就是:对那些为集团利益的增加作出贡献的个人,除了使他获得正常的集体利益的一个份额之外,再给他一种额外的收益,如额外的奖金、红利或荣誉等;而惩罚就是制订出一套使个人行为与集体利益相一致的规章制度,一旦某个成员违背,就对之罚款、通报批评或开除等。即使如此,集体行动也难以实现,因为不仅仅是收益分享问题阻碍了大集团实现其共同利益,而且组织成本随着集团规模的扩大而剧增也使之难以为继。但有一种例外:小集体。奥尔森认为,小集团比大集团更容易组织起集体行动;具有选择性激励机制的集团比没有这种机制的集团更容易组织起来。

在我国,一方面,对社团的管理比较严格,另一方面,对为了维护较大多

---

① [美]曼瑟尔·奥尔森著,陈郁、郭宇峰、李崇新译:《集体行动的逻辑》,"译者的话",5页,上海,上海三联书店、上海人民出版社,1995。

② [美]曼瑟尔·奥尔森著,陈郁、郭宇峰、李崇新译:《集体行动的逻辑》,192页,上海,上海三联书店、上海人民出版社,1995。

③ 参见[美]曼瑟尔·奥尔森著,陈郁、郭宇峰、李崇新译:《集体行动的逻辑》,41~42页,上海,上海三联书店、上海人民出版社,1995。

数人利益而起诉的个体无额外收益予以激励。考察美国环境法上的公民诉讼制度，有两个重要的特点值得注意：一是许多诉讼是由环保组织提起，而不是由单个的个人提起；二是原告如果胜诉，败诉方要承担胜诉方的律师费用与证人费用。这样有效地解决了集体行为中的激励不够问题。这也是我国行政诉讼制度应当认真借鉴美国相关制度的地方。

归责赔偿

法国行政责任归责原则之无过错责任

沈 军[*]

> **目 次**
> 一、危险性无过错责任
>   （一）公共工程
>   （二）危险事物与危险活动
>   （三）偶然协作者的出现
>   （四）由于聚众、集会行为引起的国家责任
> 二、直接对公共职责平等原则的违背之无过错责任
> 三、法国无过错责任判例之进路

毋庸置疑在行政责任归责原则中仍然多以过错原则为主，并在很长的一段时期内发挥着重要作用。但随着社会不断发展，人们对权益认识不断深化，简单地以过错作为归责要件已经无法满足情况多变的现代化需求，因此建立无过错责任原则成为弥补行政责任制度缺陷的必要条件。

法国行政责任的一般理论基本上都来自于最高行政法院的判例，判例种类不仅繁多而且颇为复杂。不仅涉及确定何类性质的损害属于行政责任意义上的损害，而且还涉及如何协调各类不同利益，以及行政主体与行政机关人员之间关系的问题。因此在行政责任归责理论中，法国传统上适用双重界定内容：首先就是区分法人责任还是自然人责任，即当损害是由行政机关人员造成时，就必须确定是否与公务相关，其次就是关于如何启动行政责任，即对过错

---

[*] 法国埃克斯·马赛三大公法博士生。

赔偿还是在无过错的情况亦须承担责任的问题。实践中法国最为常见且频繁使用的仍然是过错归责原则，但随着最高行政法院的不懈努力，相继出现了一些革命性判例，特别是在近几年无过错责任已经变得越来越重要，在行政司法审判中被经常性得以运用。在此背景下，法国行政法经过不断的累积经验，已经形成了一套完整的无过错责任制度。

具体而言，无过错责任的产生主要与"危险"相联系。行政机关从事的某些活动存在重大的危险性，因此这些活动造成的损害完全独立于任何过错而自主存在。在此类情形下，就会存在损害是否能够得到弥补以及受害人权利是否亦被剥夺的问题。直到进入19世纪末叶，答案才逐渐明确起来。在一个关于国家工人遭遇事故的案件中，政府专员Romieu肯定地表示"国家必须保障其雇佣工人免受其所实施工程之危险性的侵扰"。后来，这种危险责任理论虽然得到了进一步的延伸，但依旧只有在危险超过了可以接受的限度之后，才会要求行政机关对其造成之损害承担赔偿责任，也就是说行政相对人所受之损害与该相对人在公共利益范围内通常应该承担的责任相比已经明显过分时才会满足责任承担之要件。因而在行为中存在一个非正常的损害，亦言之损害对公共责任平等原则造成了破坏。基于同一理念，即使完全不涉及危险和事故的情况下无过错责任也能够存在。例如，基于公共利益需要，行政机关的合法行为有意识地给行政相对人带来了非正常损害时，可以直接依据公共责任平等原则要求行政主体承担无过错责任——无须再以过错，或危险性存在作为归责基础。

无论何种情况，只有在损害具有特别性与严重性特征时（对行政相对人而言）才能被认定为非正常，基于公平考虑对具体情况进行分析之后再确认责任如何进行分配。这些无过错责任皆来自公共秩序的需要；因此受害人可以援引公共利益分配作为要求承担行政责任的理由。

下面笔者将对几类适用无过错行政责任情形进行具体分析：

一、危险性无过错责任

（一）公共工程

对于公共工程领域内的案件，行政法官已经在最大限度内认可了无过错责任原则的适用，责任对象不仅包括公共工程参加人，还包括了参加人之外因为工程而遭受损害的其他人。因此有必要区分公共物品使用者与第三人在无过错行政责任制度中的不同特点。

第三人即与工程或公共物品无直接关系的人（亦非使用者），一旦他们遭受了非正常的损害，只要能够证实在受到的损害与公共物品的存在有着因果关系时，他们就有权要求行政机关予以赔偿。相反，这些使用者在使用公共物品的同时，就有义务承担一定的风险，或者说是有一定运气成分的存在。因此对于这些主体而言，判例则保持相对谨慎的态度。通常在公共服务领域，一旦被诉行政主体履行了必要的维修注意义务，就能够避免承担相应责任：即行政主体能够证明其已经履行了全部职责。举例来说，行政机关进行了常规维修或整治，并对道路存在之危险进行了警示之后，行政主体通常会因此而免予承担相应的行政责任。但根据时间地点等具体情况的不同，结果也会有所差异。当一个公共物品被视为"特别的危险"时，即便行政主体已经尽到了相应义务，也不足以成为免责的借口，原则上行政主体被要求承担责任。法国最高行政法院在1973年判决以及1992年的另一个判决中确认这一原则。但法官对此认定规则的适用进行了严格的限制，而且排除了那些可能受到落石或雪崩威胁的道路属于具备特别危险性公共设施之列。

（二）危险事物与危险活动

最高行政法院的判例中同样认可基于危险事物或活动产生的特别性风险能够构成无过错责任。主要有三类情形：

——危险事物（如弹药库爆炸威胁）相邻。

——包含危险性的活动。从20世纪50年代起判例就已经确认了这一重要突破，最高行政法院认可那些会对第三人造成风险的危险方式能够构成无过错行政责任，比如轻罪犯的改造（自由的改造制度容易为犯人提供越狱的机会），对精神病人采取开放式治疗（病人可以走出医院的方式会给第三人带来危险），或将一个儿童安置在一个家庭中（会因此给接待儿童的家庭带来风险），此外曾经有过判例，对一名教员在有被传染危险的环境下工作，致使其怀孕时感染风疹，国家同样负有无过错责任。

经过最高行政法院的不懈努力，无过错行政责任制度适用范围已经显著得到扩展，特别是公共服务使用者也同样得享其益。在2002年3月4日法律规定通过全国性互助方式建立的赔偿制度出台之前，于1993年关于医疗事故的 Bianchi 案判例就已经确认了这种变化发展。同样在1995年，无过错责任适用于因公共输血中心提供存有缺陷的血液制品而造成的损害；

——火器的使用。因警察公务中使用武器造成的损害属于因风险产生的责任而非基于过错。一方面，公务中使用之武器必须具有危险性。另一方面，相应受害人具有受偿资格：必须区分警察活动涉及对象以外的第三人与受害人之间的区别。对于受害人适用危险责任（无过错责任），对于第三人则适用简单过错责任。

（三）偶然协作者的出现

与风险相联系的无过错责任，最终由法官决定是否适用于行政机关偶然协作者所遭受的损害。很久以前就出现了一个关于国有企业工人的判例，如今将无过错责任适用于行政机关偶然协作者，实际上是将这个古老判例效力延伸到了现在。在 1895 年 Cames 案中，最高行政法院已经提出行政机关必须对其公务员在实施公务过程中遭遇危险而承受的损害予以补偿，并将此作为原则确立下来。虽然这个案例本身意义早已不复存在，但它依旧被引用来适用于那些偶尔性协助行政机关的非行政机关人员，通常这些人员是出于自愿进行帮助活动。因此只要这些协作者遭受了损害，行政机关就有义务对该损害予以赔偿。当然必须满足两个方面，一方面相关的活动必须属于公共服务范畴。但至于界定公务服务参与的问题，判例则采取较为灵活的方式，即便间接参与此服务亦属无过错责任适用对象。另一方面，受害人原则上必须已经收到行政机关的请求。[①]

(四) 由于聚众、集会行为引起的国家责任

以 1914 年 4 月 16 日法律[②]规定为基础认定对于因聚众与集会造成的损害，市镇应当承担责任。法律肯定普通法院拥有相应的管辖权限而且有权决定市镇与国家之间的责任分配。但 1983 年 1 月 7 日法律与 1986 年 1 月 9 日法律[③]已经改革这一体系。《地方行政区域总法典》第 L2216—3 条规定"国家对因以下原因造成的损害负有赔偿责任……因武装人员或非武装人员聚众、集会对人身或财产造成之损害。受害人可以提起诉讼要求市镇承担相应责任"。当然受害人只能对国家提起诉讼。关于第二部法律，它最终解决了 1983 年遗留下来的司法管辖权限分配的问题，从此以后，此类诉讼都将移交行政法院管辖。该制度恢复了 1914 年确定的社会风险概念：排除以过错作为归责缘由的做法；除了损害应具有非正常与特别程度要件外，受害人还必须证明行政行为与损害之间存在联系。

二、直接对公共职责平等原则的违背之无过错责任

虽然行政机关行使其决定权时很少会与危险理论相联系，但也可能会对个人或群体间接造成损害。因而，即便行为合乎法律规章而且为大众利益所必需，只要受害人证明非正常损害（特别及严重）存在，法官原则上将要求行政主体对此承担赔偿责任。

——适用最频繁的情形就是涉及那些公权力不介入的行政决定。[④] 事实上，

[①] 而判例中已经认可在紧急情况下，或如果行政主体没有采取适当的方式以迅速地实现行政权力的介入情况下，可以视为自动介入。
[②] 修改了共和历 4 年制定的法律以及 1884 年《市镇法》中包含的相关内容。
[③] 1983 年 1 月 7 日法律涉及国家、大区、省、市镇之间权限分配；1986 年 1 月 9 日法律包含一些涉及地方行政区域的规定。
[④] 1923 年 11 月 30 日，最高行政法院作出的判决，Couitéas 案：行政机关因为会给社会秩序和安全带来损害可以拒绝给予公权力的协助，但由此一来，可能会对利害关系人造成损害，行政主体则必须予以赔偿。

Couitéa 案判例已经提出一条原则,如果存在对公共秩序造成严重威胁的情况时,行政机关可以拒绝通过公权力执行裁决。最常见的就是执行关于一些驱逐无居住权的房屋占有人之裁决。[①] 另外一些情况是关于驱逐占领工厂的罢工者决定。显而易见,公权力拒绝给予帮助对所有权人将造成损害,其中行政机关并不存有任何过错,因为它之所以拒绝给予帮助主要为了避免对公共秩序造成危害。然而所有权人的权利并不会因而被弃之不顾,法官将会对所有权人遭受的损害予以确认,并要求行政机关进行赔偿。此责任原则亦被应用于警察拒绝中止公共地域违规占用行为之情形:当违规占用行为使得此公共地域的使用者无法正常进入时,将被认为遭受了非正常损害。然而拒绝公共权力介入的行为只有在非常特殊的情况下才能适用无过错归责原则。1997 年判决对 Couitéa 案判例提出了诸多疑问,虽然该判决未带来任何变革性进步,但至少它表明了拒绝公权力介入的行为将从更广范围上认可无过错责任的存在。

——基于公共利益原因,适用规章而产生损害时,行政机关同样需要对当事人因此遭受的非正常损失承担无过错责任。这些损失包括因适用正式颁行的规章以及符合法律的非规章性行政决定。

——根据法律规定,国家立法者在很长一段时期内都无须承担任何责任:通常都认为其适用范围为任何人,而不会对具体个人直接产生损害。然而公共责任平等原则的适用促使最高行政法院确认了法律规定产生之责任:即无过错责任。20 世纪中叶的多个行政决定,以及 1938 年著名的 Fleurette 案都认可了当事人对法律造成之损害有权要求给予赔偿;此后 1944 年裁决从根本上确认了该责任的存在,1963 年开始扩展到具有法律效力的命令和行政行为。直到最近几年,规定一旦因法律造成之损害具备以下特征时即承担相应之责任,即便立法者未有任何过错:相关损害不仅必须是确定的而且是直接的(也就是说并非可能会发生之事件);同时对起诉人来讲该损害是特别的且严重程度超过正常。

从早几年开始,在无过错行政责任方面开始出现了一个新的问题。如何对因违反欧盟法而产生的损害进行赔偿?根据欧盟法院规定,应该在国内法框架内对此责任予以赔偿。或者更确切地说是在法国国内法框架内这是不言而喻的。判例 La Fleurette 案中以严格的限制性条件来确定责任归属的做法,显然是不恰当的,最高行政法院犹豫是否仍然保留以立法过错作为归责理由,具体可以从一个关于烟草制造者和供货商诉讼案件中略窥一斑:制造者和供货商对部长依据法律执行条例确定烟草价格的命令不服,他们认为其所依据之法律违反了欧盟指令并要求对其造成的营业损失予以赔偿。最高行政法院最后认定违反欧

[①] 最高行政法院在 1983 年内务部长诉 SIRAP 公司案中明确强调:如果在特别需要保护公共秩序的情况下,行政机关可以……拒绝对司法判决的执行提供帮助,立法者也在法律中认可公权力协助请求应当服从于公共秩序维护的需要。

盟法的法律，且该法律的后续条例规章也相应地缺乏了必要的合法性基础。此法律规章被视为致害因素而要求国家对利害关系人给予赔偿。

三、法国无过错责任判例之进路

法国行政法的发展之路就是法国判例演化的过程。通过 Cames 案[①]判决，法官指出国家必须保证其工人在执行工作过程中免受危险的损害。此后1898年立法者就工伤制定了法律。无过错责任理论逐渐得到发展，从而使得第三人也能受益于此原则。当行政机关出于公共利益的原因对一些行政相对人制造了危险性，致使他们承受一定的负担时，行政法官会认为行政相对人的义务与其所遭受到损害之间存在明显的不公正性。而此时，无过错责任就成为平衡公共利益与个人利益冲突的砝码。近几年判例的发展显示行政法官对利益平衡的考量在其裁决中表现得越来越明显。具体从下面这些方面分析：

1. 危险责任

危险责任一直以来保持着传统的适用范围。然而医疗领域的危险责任更新了这一传统性领域。从 Bianchi 案判决开始[②]，行政法官认可某些医疗行为即使在无过错的情况下仍须承担相应责任：当一个必要的医疗诊断行为或疾病治疗行为存在危险性是为人所知悉的，但该危险性的实现则非常特殊，并且没有任何借口能够认定病人应该承受这种风险，因此一旦医疗行为的实施成为病人损害的直接原因时医疗公共服务责任就应运而生。经 Hôpital Joseph-Imbert d'Arles 案[③]之后医疗公共服务之无过错责任的范围延伸至常规性的麻醉方面，由此我们不难发现，与最高法院相比最高行政法院在对医疗公务之责任表现得更为重视和关切。同样，行政法官通过 Cts N'Guyen 案判决认可在血液制品引起被注射人感染艾滋病等病毒时，承担无过错责任。[④] 此后，无过错行政责任适用对象进一步扩展到公共服务的受益人。此进步正是以适应社会需要、给予弱势相对人人道主义援助为目标。从 Hôpital Joseph-Imbert d'Arles 案开始即便受害人完全有权自由选择是否承担相应的风险，也就说受害人对此风险有一定的认识，行政机关依旧要承担相应责任。

2. 破坏公共责任平等原则的责任

某些活动，某些行政行为，即使不存在任何过错的情况下，致使集体中一些成员遭受了损失，法官也将裁决行政主体承担责任。这些行为可能涉及法律

---

① CE 21 juin 1895, *Lebon* p. 509, concl. Romieu.
② CE Ass. 9 avril 1993, *Lebon* p. 126.
③ CE Sect. 3 novembre 1997, *Lebon* p. 412.
④ CE Ass. 26 mai 1995, *Cts N'Guyen*, *Lebon* p. 221.

或条约，但这些情况比较罕见。同样也涉及公共工程造成的永久性损害，即非事故损害，此损害是公共工程实施或公共物品运行中不可避免的结果。*Sté Les Maisons de Sophie* 案①就是一个典型例子，该案关于建造一条高速公路不仅造成视听污染而且使得人们难以进入展览馆，从而导致相关公司交易额直线下降。基于公共责任平等原则，公司利益的损失将得到弥补，即便在该高速公路的建设事务上行政机关完全不存在任何的过错。

行政机关拒绝给予公权力协助方面，以 1995 *Lavaud* 案②为例，低租金住房办公室决定关闭 Minguettes 地区的十幢住房楼，造成一位药剂师几乎失去了全部客户，最高行政法院认为低租金住房办公室破坏了公共责任平等原则应当承担责任。然而，1972 年 *Sté Les Vedettes blanches* 案③判例认为公共交通路线的改变导致公共道路方向被改变、或新道路的开辟，即使此类改变致使房地产贬值或客户丢失也无需承担任何责任。后来立法者在《城市规划法典》第 L160—5 条中确定了城市规划土地使用在不对既得权利或房产原有状况造成影响的情况下不予补偿的原则。此原则的目标是为避免造成地方土地整治成本的过度上涨，从而阻碍有关政策得到有效实施。但是原则适用内容仍需由法官进行自由裁量和解释，以期能够与《欧洲人权保护公约》第 1 条有关财产权保护内容相符。因而根据最高行政法院意见，当所有权人承受了一个特别的责任且该责任超过了公共利益获取比例时，行政主体应予以赔偿受害人之损失。这也就是 *Bitouzet* 案④判决中所表现出来的，亦可以说此判例增设一个新的补偿可能性。

3. 地方行政主体之无过错责任

行政法官以 1983 年 1 月 7 日法律为依据，确定有关因集会、聚众违法犯罪造成的损害承担赔偿责任，今天则由《地方行政区域总法典》第 L2216—3 重新进行规制。1992 年为了抗议行政机关颁发了一批许可证而在道路上设置道路障碍，致使一些完全依靠该条道路进行活动的公司遭受了严重的经济损失，此案中最高行政法院在其意见中认为该经济损失源自聚众、集会违法犯罪，国家与地方行政主体应给予受害者相应的赔偿，这就是著名的 *Sté ECS* 案。⑤

然而诉讼委员会指出即使法律规定的责任要件并未得到满足，受害人依旧可以根据无过错责任的一般性认定原则向国家提出赔偿的请求。相反，当法律条件完全得到满足时，赔偿责任的适用范围将变得非常宽泛，甚至还包括商业

---

① CE 18 novembre 1998，*Sté Les Maisons de Sophie*，*à publier au Lebon*.
② CE Sect. 31 mars 1995，*Lavaud*，*Lebon* p. 155.
③ CE Sect. 2 juin 1972，*Sté Les Vedettes blanches*，*Lebon* p. 414.
④ CE Sect. 3 juillet 1998，*Bitouzet*，*à publier au Lebon*.
⑤ Avis CE Ass. 20 février 1998，*Sté ECS*，*Lebon* p. 60.

利益在内，这是 1990 年 *Sté Cofiroute* 案①判决所带来的进步。另外，在 1998 年，*Commune de Roscoff* 案中还增加了地方市镇的无过错责任，主要在道路清洁，公共设施维护等方面。②

当今法国在行政责任归责原则方面，不断地扩大无过错责任的适用范围，公共利益虽然以大多数人福祉为目标，但这并不意味着个人权益就可以被随意地牺牲。随着社会的不断发展，保障个体免受多数人"暴政"的侵扰，无过错行政责任就成为必须建立的制度。当然无过错责任亦非无限度的责任，为了避免行政成本的过度增加，最高行政法院也附加了一系列限制性条件。总而言之，行政的目标是服务民众，而不是扩大民众的负担，在比例原则的基础上建立起适宜的行政责任归责制度是非常值得我们深入探讨的一个重要课题。

---

① Avis CE Ass. 6 avril 1990, *Sté Cofiroute*, Lebon p. 95.
② CE 18 novembre 1998, *Commune de Roscoff*, à publier au *Lebon*.

普通法传统下香港行政赔偿的类型与实践

许 炎[*]

> **目 次**
>
> 一、侵权行为责任
>   （一）职务违法责任
>   （二）过失责任
>   （三）违反法定义务的责任
>   （四）故意侵害行为的责任
> 二、危险责任
> 三、契约责任

香港的行政赔偿制度因袭普通法传统。政府及其行政机关按照民事诉讼的原则承担法律责任，被视为有完全责任年龄和行为能力的成年人，按照约束私人间关系的法律规则承担赔偿责任；在确立责任时强调行为人的主观过错，赔偿所要求的条件较为严格，豁免范围较宽。由于深受英国法制影响，香港在行政赔偿问题上多借鉴英国及其他普通法地区的规则与实践，案件的判决遵循先例原则。在回归前，当事人依普通民事诉讼对政府提起的损害赔偿诉讼，以英国的检察总长为被告，回归后则改为政府律政司司长。行政赔偿类型以侵权行为责任为主，但随着现代行政的发展，危险责任以及契约责任开始逐步受到重视。实践中一般遵循这一原则，即行政对于有过错的行为应当承担责任，因此无效的行政行为、提供错误建

---

[*] 中国政法大学法学院宪法学与行政法学 2004 级博士研究生。

议、违反行政契约等行为引起的经济损失都有可能引起赔偿责任。普通法上的某些范畴,如过失、违反法定义务、故意侵害等同样适用于行政赔偿领域。

一、侵权行为责任

按照普通法,行政机关工作人员执行职务时的侵权行为责任,适用雇主对受雇人职务上的侵权行为负连带责任的原则。在一个诉警务人员的案件中[1],上诉法官认为,法律的基本原则是,如果雇主明确或暗示地授予其雇员代表雇主行为的权利,那么不论雇员的行为是否违法或不当,也不论违法的程度或性质,雇主对于雇员的这种职务行为应当承担代理人责任。

《官方法律程序条例》第4条规定了行政机关的侵权法律责任。其中第1款规定:"在符合本条例条文的规定下,官方假若为一名成年而具有完全行为能力的私人时本会(a)就其受雇人或代理人所犯的侵权行为;(b)就某些责任的违反,而按照普通法该等责任是任何人因作为雇主而对其受雇人或代理人负有的;及(c)就某些责任的违反,而按照普通法该等责任是依存于财产的拥有、占用、管有或控制的,而须承担某些侵权法律责任,则官方须承担所有该等责任:但不得就官方的受雇人或代理人的任何作为或不作为而凭借(a)段针对官方进行法律程序,除非该作为或不作为若非有本条例的条文本会产生一项针对该受雇人或代理人或其遗产的侵权诉讼因由。"[2] 根据条例规定及相关判例,侵权行为责任主要包括下述四类:

(一)职务违法责任

职务违法行为是指违法执行职务的行为,强调行为人的主观过错,即恶意或故意违反。在检察总长诉 Ng Kee 一案中[3],答辩人(被上诉人)申请对其出租车重新发出许可牌照,运输署署长意图根据《道路交通(出租车、公共小型巴士和公共汽车)规例》(现已废除)第6(c)条拒绝其申请。此后查明,运输署署长错误地适用了法律,尽管他可能依据第6(b)条合法行使职权。初审法

---

[1] *Kimmy Suen King-on v. Attorney General* [1987] HKLR331 (CA).

[2] 该条款的英文版本是:"Subject to the provisions of this Ordinance, the Crown shall be subject to all those liabilities in tort to which, if it were a private person of full age and capacity, it would be subject- (a) in respect of torts committed by its servants or agents; (b) in respect of any breach of those duties which a person owes to his servants or agents at common law by reason of being their employer, and (c) in respect of any breach of the duties attaching at common law to the ownership, occupation, possession or control of property. Provided that no proceedings shall lie against the Crown by virtue of paragraph (a) in respect of any act or omission of a servant or agent of the Crown unless the act or omission would apart from the provisions of this Ordinance have given rise to a cause of action in tort against that servant or agent or his estate."

[3] *Attorney General v. Ng Kee* [1978] HKLR 52 (CA).

院认为，该案存在一个职务行为且损害应当恢复，因为运输署署长的行为不仅未能履行对官方及其工作人员具有约束力的法定义务，而且构成故意、独立地误用职权。但在上诉中，上诉人争辩，代表官方执行职务的行为并不构成法律规定的侵权。

上诉获胜，上诉法庭判决认为，尽管运输署署长的行为超越权限，并且该行为给答辩人造成了损失，但答辩人无权请求损害赔偿，唯一可得的救济是获得一项确认行为违法的宣告（declaration）。因为对原告而言仅证明被告的行为造成了损失是不够的，他还必须证明被告的行为构成法律上承认的侵权行为，但本案中运输署署长的行为并不是普通法所规定的任何侵权行为。法院也不需要考虑违反或可能违反契约，因为双方当事人之间并不存在契约关系。并且判决表明，法官认为运输署署长的行为是一个"诚实的错误"（an honest mistake）。这个案件的关键问题在于，如果执行职务的行政人员没有恶意或不知道超越职权，那么因该行政行为而遭受损失的人有无提起侵权诉讼的理由？作出判决的法官否认了这种可能性，他引用另一著名判决[1]的判词予以说明："要求一个人履行作出一项决定的公共义务，如果他履行了义务并且是出于诚实与善意，那么即使该决定的法律效果对其他人的自由或财产造成了不利影响，我们的基本法律原则是对他予以保护，因为一个秉承善意履行义务的人，仅仅因为作出的决定会对他人产生法律效果而遭受危险，与我们的法律原则不相符。"从判决理由和结果看来，法律过于强调行为人的主观过错，忽视了作为行政机关相对人和其他人合法权益的保护。

另外，对于职务违法责任，《官方法律程序条例》规定了某些特定情况下适用该条例的条件。该条例第4条第2款规定，政府受任何法定责任的约束，但其条件为，如果该责任对非政府及政府人员的人亦具有约束力，那么在符合条例规定时，若政府作为一名成年且具完全行为能力的私人，需对其未履行责任承担侵权法律责任，则政府须承担所有该等责任。第3款规定，根据普通法的任何规则，或根据成文法则或法规，将任何职能赋予或委予政府人员，而该名人员在履行或其意是履行该等职务时犯有侵权行为，则政府的侵权法律责任与其下达之命令相当。也就是说，只有在该人员履行其所授职权时发生侵权行为，才可能导致政府应承担的侵权法律责任，如果不是因该等授权而发生的侵权行为，政府不需负侵权责任。

条例还对某类人员作出免责规定并保留对政府提起的对物诉讼。根据条例，

---

[1] *Lord Moultion in Everett v. Griffiths* [1921] 1 AC 631.

司法人员①、邮政人员②、武装部队成员③均属于免责人员。法律也不允许对属于政府的船舶或航空器，或属于政府的货物或其他财产提起申索。法院也不能授权扣留，或就上述物或财产给予任何人留置权，除非原告有合理理由证明该物或财产并非政府所有。④

（二）过失责任

根据《布莱克法律词典》⑤，过失是指依据调整人们行为的通常考虑因素，疏忽去作一个理性的人应作出的某种行为，或某种行为的作出是一个理性、谨慎的人本不会去作的。这一概念仅指法律上的过错或失职，它导致一个人未能表现出应尽的注意，无论这种过失是轻微、一般还是严重。过失主要以怠慢（inadvertence）、轻率（thoughtlessness）、不经心（inattention）等类似表现为特征，而恶意（wantonness）或鲁莽（recklessness）则以故意为特征。过失规则的基础在于每个人对他人作出行为时，应当履行其应尽的正当注意（due care）义务，这种义务有可能导致损害的发生。在这里，行政赔偿中的过失责任就是指行政机关执行职务时没有履行应尽的注意义务，即存在过失，构成侵害行为。

1. 疏忽调查或监督

在考虑过失责任时，如果涉及行政机关运用制定法上的职权，法院有权对授权进行解释。如果没有过失，即使产生损害，行政机关也不承担法律责任。英国上议院一个关于公共机构疏忽调查责任的判决⑥，对过失责任的法律发展具有重大影响。

上议院认为，地方当局有责任遵循1936年的《公共卫生法》规定，检查房屋地基，给予房屋最终所有者相应关注。如果雇员粗心大意地检查地基，或根本没有检查，那么在履行制定法规定的审慎义务方面，地方当局没有给予合理的关注，负有过失责任。1978年，韦伯福斯勋爵（Lord Wilberforce）对该案提出了著名的有关过失责任的两阶段确定法："首先，在被指控违法的被告和声称受到损害的原告之间是否存在充分的相邻关系，以至根据前者合理的思考可以

---

① Cap 300, s 4 (5).
② Cap 300, s 7.
③ Cap 300, s 8.
④ Cap 300, s 25. 该条规定，"Nothing in this Ordinance shall authorize proceedings in rem in respect of any claim against the Crown, or the arrest, detention or sale of any ships or aircraft belonging to Her Majesty or the Government, or of any cargo or other property belonging to the Crown, or give to any person any lien on any such ship, aircraft, cargo or other property".
⑤ See Black's Law Dictionary: Definitions of the Terms and Phrases of American and English Jurisprudence, Ancient and Modern (St. Pan, Minn: West Publishing Co., 6th edn, 1990), p. 1032.
⑥ *Anns v. Merton London Borough Council* [1978] AC 728，即恩斯诉伦敦的默顿镇（1978年）。

预见，其自身的疏忽大意有可能导致后者的损害——在这些案件中确定一个初步注意义务。其次，如果第一个问题的答案是肯定的，那么就有必要考虑是否对责任范围，或负有注意义务人的类型，或违反该义务引起的损害，存在某些否定、减少或限制因素。"[1]

尽管这一确定方法被广为接受，并被大量引用于其后的案件审理中[2]，但仍有不同意见或主张。金克尔的凯思勋爵（Lord Keith of Kinkel）在1985年的皮波第捐赠基金管理人诉林塞·帕金森爵士及有限公司案中认为[3]，案件的真正问题在于，一个特定的被告是否对一个特定的原告负有注意义务，并有努力履行义务的机会，是否该被告处于违反义务的状态并因此给原告造成损失。义务的范围取决于案件中所有的环境因素。在判定一项注意义务时，法庭应当考虑其是否正当、合理。在枢密院审理的阮昆钥诉检察总长案中[4]，凯思勋爵更明确指出，恩斯案中的两步确定方法并不能适用于判断注意义务的任何情形，因为仅有对损害的可预见性不能创设一种义务。在1991年墨菲诉布兰特伍德地区议会案中[5]，凯思勋爵认为，只有在某些公共政策的特别考虑因素排除了任何注意义务后，确定的第二步才开始起作用。第二步判断只是确认，这种性质的损害是否属于地方当局对原告应尽的注意义务。凯思勋爵指出，施加于地方当局的义务在性质上远远超出了对安全和健康造成损害的合理注意义务。如果地方当局对某义务负有责任，那么房屋的建造商也必须负有类似的这种义务；如果建造商应当如此，那么在逻辑或原则上，这一义务就没有理由不延伸到类似的动产制造商，这可能会开启一个非常广泛的索赔范围。在美国，法院已经发展出一种观点，因粗心大意的制造引起的对动产本身的损害不能构成过失责任或产品责任的诉因。恩斯案的判决效力必须保持在合理的范围内，而且只有严格地适用韦伯福斯勋爵的观点，以及排除判决本身的逻辑暗示才可能使判决合理有效，因为这种逻辑推理与长期确定的过失侵权责任相冲突。基于公共利益，地方当局和建造商应承担的责任范围和程度，最好留给立法者考虑。

凯思勋爵在皮波第捐赠基金管理人诉林塞·帕金森爵士及有限公司案的判决，被英国上诉法院援引于1986年审理的工商投资有限公司诉南贝得福德夏区议会一案。法院认为，房地产开发商本身违反制定法义务，在不适当的地基上

---

[1] *Anns v. Merton London Borough Council* [1978] AC 728, 751-752.
[2] 例如，在1983年上议院审理的小布莱克诉威特奇一案中，罗斯奇尔勋爵运用这种方法判决一个建筑物的所有者，对承约建造地板的专业机构造成的工厂地板缺陷引起的损害，有权获得赔偿。上议院的判决认为，承约者负有义务不安装有缺陷的地板，不使建筑物的所有者遭受因此种瑕疵而引起的经济损失。
[3] *Governors of the Peabody Donation Fund v. Sir Lindsay Parkinson & Co Ltd* [1985] AC 210.
[4] *Yuen Kun Yeu v. Attorney General* [1987] HKLR 1154；[1988] AC 175 (PC).
[5] *Murphy v. Brentwood District Council* [1991] AC 398 (HL (E)).

建造仓库，指控地方当局未对其尽保护义务，使之免受因对地方当局专业性咨询的"灾难性依赖"而受的损失，既非正当也非合理。尽管凯思勋爵的不同主张在其他案件中得到尊重，但在加拿大和新西兰，虽有法官不同意确定注意义务的两步法[1]，韦伯福斯勋爵的确定方法仍继续得到适用。这些普通法地区的判例对于香港来说，具有先例作用。当然，法院在审理判决时究竟适用哪一个，取决于案件的具体情况以及审理法官的判断。

2. 过失建议

行政机关或公共机构是政策的制定者和执行者，尽管根据当事人申请对有关政策作出的意见并不具有强制力，也不产生直接的法律效果，但如果当事人因对其意见或建议产生合理的信赖并据此而采取某种行动，那么若该意见或建议不正确且出自疏忽大意，由此而给当事人造成的损害，当事人有权申请赔偿。

1964年的赫德利·拜伦诉赫纳及其合伙人案，确定了过失地作出错误陈述的人，对因信赖其陈述而遭受经济损失的人负有赔偿责任。这一原则同样适用于行政机关或公共机构。罗森伯格爵士（Rosenberg J.）在贝尔诉萨尼市一案中[2]，清楚阐明了确立这种侵权责任的四个要件：第一，注意义务；第二，作出陈述；第三，信赖该错误陈述而遭受不利；第四，因信赖导致的损失。这一判决被援引在其他案件中。

在1981年夏多克诉帕拉玛特市议会案中[3]，澳大利亚高等法院法官吉布斯（Gibbs CJ）经审查后发现，上诉人在订立合同购买一块土地之前，其法律顾问向当地城市规划部门以及市议会咨询，是否当地的道路拓展计划会影响到当事人意欲购买的土地。在得到规划部门的口头否定回答和市议会的书面证明文书后，当事人签订了土地购买合同，但此后市议会制作了道路拓展计划并拟实施。吉布斯根据赫德利·拜伦诉赫纳及其合伙人案确定的原则认为，一个人过失地错误陈述事实或意见，尽管出于诚实，且双方当事人之间不存在合同或信托关系，但他人因信赖其错误陈述而采取某种行为所遭受的损害，过失建议者应负经济损害赔偿责任。

这一案件中的关键问题是确定市议会是否存在一个注意义务。依据一般原则，除非一个人知道或者应当知道，他人相信其在作出建议或提供信息时已经给予合理的注意，依据这种建议或信息他人采取了某种行动，并且这种信赖和

---

[1] 如 *Council of the Shire of Sutherland v. Heyman* (1985) 157 CLR 424，澳大利亚高等法院拒绝遵循恩斯案的判决，法官布伦南（Brennan J）表达了不同意见，认为法律有关过失种类的确定，应该逐步地并通过与已确定类型相类比发展，而不应该通过广泛适用初步注意义务来确定，这种初步注意义务仅仅只为定义不清的"应当对责任的范围，或负有注意义务人的类型，或违反该义务引起的损害存在否定、减少或限制因素"所限制。

[2] *Bell v. City of Sarnia* (1987) 37 DLR (4th) 438 (Ont HC).

[3] *Shaddock v. Paramatta City Council* (1981) 36 ALR 385 (HCA).

行为是合理的,否则该人并不对他人负有合理注意的义务,提供正确的建议或信息。通常,如果与商业或职业交易有关的建议或信息对接受建议者明显十分重要,或提供建议者具有某种专业技能,或他人合理地相信提供建议者具有作出建议的能力,那么提供建议者对他人应负的注意义务就是合理的。该案中市议会正具有这种合理义务,因此它对该法律顾问的当事人,即上诉人应当履行注意义务。市议会知道或者应当知道,上诉人会依据其作出的证明书采取行为,如果证明错误,他会因此而遭受损失。法庭判决上诉成立,并判决市议会赔偿上诉人因其过失的错误陈述而受到的经济损失。法庭支持了原审判决所确定的赔偿额,包括上诉人购买土地时的价格与受道路拓展计划影响时土地价值之间的差价,以及因错误陈述而造成的损害金额和相关利息。吉布斯法官认为,上诉人的损失不仅仅包括土地价值的减损,而且包括在合理的时间内为保持土地价值而支出的费用,以及若非市议会的疏忽大意本不会产生的费用。这些费用并不是不可预见的,对过失的错误建议可恢复损害的标准,应当相当于能使原告回复到信赖该建议之前的状态。法官墨菲爵士(Murphy J)同意该判决,并认为这种过失侵权责任不仅及于经济损失,而且应当延伸至非经济损失。[1]

从上述案例可以看出,对行政机关或公共机构的过失侵权责任,法庭一般会首先确定是否存在一个合理的注意义务,如果答案肯定,则进一步考虑行政机关或公共机构未能履行该义务是否出于疏忽大意或过失,而非故意。对于当事人因这种过失行为而遭受的损害,法庭一般将赔偿责任限制在可预见的经济损失上,大多数情况下不会涉及非经济损害赔偿。赔偿是补偿性而非惩罚性的,以恢复原状为标准。

(三)违反法定义务的责任

行政机关或公共机构未履行制定法规定的义务,可能引起相应的损害赔偿责任。但这种法定义务只能是有关行政的,而非司法的或准司法的。

1987年的M. Y. Khan诉检察总长案中[2],上诉人通过电话向香港廉政公署匿名举报俱乐部委员会的经理、官员以及成员有腐败行为。廉政公署的工作人员向被举报人播放电话录音时,举报人的身份被俱乐部得知,并因此而遭解雇。上诉人指称,廉政公署工作人员泄露其身份的行为违反了《防止受贿条例》[3]第30条的规定[4],上诉人声称自己因工作人员违反法定义务而受到的损害应得

---

[1] *See Mutual Life and Citizens' Assurance Co Ltd v. Evatt* (1968) 122 CLR 556; [1969] ALR 3; (1970) 122 CLR 628; [1971] ALR 235; *also Caltex Oil (Australia) Pty Ltd v. The Dredge "Willemstad"* (1976) 136 CLR 529; 11 ALR 227.

[2] *M Y Khan v. Attorney General* [1987] HKLR 145 (CA).

[3] Cap 201, Prevention of Bribery Ordinance, L. N. 157 of 1999.

[4] 该条规定,向任何受调查之人披露他是该项调查的标的,或任何有关该项调查的细节等,即构成犯罪。

到赔偿。初审判决认为,违反第 30 条规定并不能成为上诉人提起诉讼的诉因,判决原告败诉。上诉人因此而提起上诉。

主审法官认为,第 30 条的主要目的在于保证调查的秘密性和效力,因此禁止未授权或无合法权限地向受调查人披露,其正受到一项调查或任何有关调查的细节。从整个条例看,该案中的上诉人并不属于第 30 条意欲保护的人,上诉被驳回。审理上诉的其他法官发表意见时进一步指出,判断上诉人是否就第 30 条规定的法定义务享有诉权,应当从整体上考虑制定法,明确施加给行政机关或公共机构的法定义务究竟用以保护谁的利益。显然,第 30 条的立法目的是为了公共利益保障廉政公署调查的秘密性,而非对任何私人产生一种法定责任。另一法官援引蒂普洛克爵士(Lord Diplock)的判决表明[1],如果法定义务的设立是指向一般公众或公共利益,特定的受害人不能请求赔偿。只有符合两个条件时,赔偿才有可能成立:第一,根据制定法的真实意图,一项义务的设定明显是为保护某一特定种类的个人;第二,制定法给一般公众创设的权利(public right)不是、也不同于给特定个人在遭受"特定的、直接的、实质的"损害时享有的权利。本案中,由于第 30 条意欲保护的是调查本身的秘密性,并没有为任何特定种类的个人创设任何权利,因此上诉人不能依此获得赔偿。

这一案件以及其他在判决中引用的类似案件说明[2],制定法可能为行政机关或公共机构提供特殊的保护或免责事由,因为他们追求的是某种公共利益。若法定义务的创设是使一般公众享有某种权利,那么特定的受害人无权请求赔偿。如果受害人能证明,该项法定义务的创设是针对某特定类型的人,而他正属于这一特定类型,那么行政机关或公共机构违背该义务而导致损害发生,并且这种损害在法律上规定有赔偿的意图,则该行政机关或公共机构负有损害赔偿责任。可见,能够请求赔偿的损害必须是特定的而非一般的、直接的而非间接的,法院有权对违反法定义务是否引起赔偿责任,依据制定法的立法意图作出解释。

(四)故意侵害行为的责任

这种侵权责任的基础是行政机关或公共机构的故意侵权行为,它发生在其履行公共义务的过程中。不论是滥用权力——确切享有的权力的行为,还是超越权限实施的行为,本质要点在于运用或意图运用法定权力时表现出来的故意。故意通常就是怀有恶意,包括动机不正当或恶意的态度。在明知没有权限而仍采取行为,即存在越权或滥用职权的情况下,故意会表现为不同的个人心理状态。但在没有个人恶意或故意的条件下,也可能构成故意侵害行为。这类案件

---

[1] See *Lord Diplock in Lonrho Led v. Shell Petroleum Co Ltd* (No 2) at p. 185.

[2] See *Leung Chow Public Car Co v. Attorney General* [1981] HKLR 202; *Lonrho Ltd v. Shell Petroleum Co Ltd* (No 2) [1982] AC 173.

中，执行公共职务的官员由于受到附属于、但未经授权的对其有约束力的行为规则的驱使，会运用职权作出对另一个人不利的决定，尽管没有恶意，但有达到某种结果的动机，而这并不在其作出决定或经授权的裁量权限范围内，那么仍属故意侵害行为。

1986年Vermeulen诉检察总长案中[1]，原告是一位归化的西萨摩亚人，以未被任命为卫生署署长为由，向法院申请发出多项命令，包括一个确认任命另一人为署长属于违法的宣告令、一个自己有权受到任命的权利宣告令、一个要求有关机构作出任命行为的履行义务令、一个确认调查委员会的调查程序违反自然正义的宣告令，以及一个请求撤销委员会决定和建议的移审令。诉讼一共包括五名被告，第一位是前任总理（由检察总长代表政府应诉），第二位是公共服务委员会，第三位是前任卫生部长，第四位是与原告在同一部门的执行署长，第五位是调查委员会的成员，该调查委员会由前任总理设立。原告诉称，被告中的许多人包括前总理故意或恶意地对他实施了各种不利行为，阻止他被任命为卫生署署长。原告因此申请对这种故意侵害行为的惩罚性损害赔偿。

法庭认为，尽管本案中不存在部长对原告的恶意或故意，而且尽管部长阻止任命的原因在于他认为原告的种族出身预先排除了这种任命，但这种心理状态仍达到了法律定义的"故意"。所有这些相关的被告都是公共官员，他们故意滥用其职权，或故意实施了其知道超越职权但仍损害原告的行为，原告受到的损害是被告作出的与职务有关的故意侵害行为所造成。因此，法庭判决原告胜诉，允许发出移审令撤销被告的行为，并判决被告承担惩罚性损害赔偿的责任。

对于这种故意侵权行为的构成要件，大多数判决认为应当包括四点，即由（1）公共官员；（2）恶意作出或知道是；（3）滥用职权的行为；（4）导致对原告的损害。实际上，关于"故意"或"恶意"的讨论一直没有定论。英国枢密院认为具有故意是这种侵权行为的本质要件[2]，而有的则认为就对一个特定个人的有目的的伤害而言，无须确定存在故意。[3]

二、危险责任

普通法在传统上不承认行政活动的危险责任，认为一个人为了自己的目的而实施危险行为时，如果侵犯了别人的权利，即使没有过失也应当承担赔偿责任。但行政活动是为了公共利益，因而普通法事实上否定了与政府有关的行政

---

[1] *Vermeulen v. Attorney General* [1986] LRC (Const) 786 (Western Samoa SC).
[2] *Dunlop v. Woollahra MC* [1981] 1 All ER 1202, 1210; [1982] AC 158, 172G (PC).
[3] *R v. Secretary of State for the Home Department*, ex p Ruddock [1987] 2 All ER 518, 532 (QBD) (accord: *Little v. Law Institute of Victoria* (No 3) [1990] VR 257, 270 Vic SC App Div).

领域内的危险责任。

在香港，行政活动的危险责任的案例和讨论较少。制定法涉及危险责任的领域一般在环境卫生、职业安全和建筑物法令内。《官方法律程序条例》第4条第1款承认政府对财产的所有、占有或控制的危险责任。该款第三项规定，在符合条例条文的规定下，官方假若为一名成年且具有完全行为能力的私人时，本会就违反普通法上隶属于财产的所有、占有、管有或控制的责任承担某些侵权法律责任，则官方须承担所有该等责任。第34条第4款也规定，"凡任何财产凭借任何独立于官方的作为或意图而实施的法律规定而归属官方，不得纯粹因财产如此归属官方而致根据本条例官方须承担任何侵权法律责任；但本款的条文并不影响官方根据本条例就官方或代表官方行事的人在事实上取得管有或控制或占用有关财产后的任何期间而须负的法律责任。"

尽管有如此规定，但为了公共利益而实施的行为，如果不存在过错，那么即使对个人造成损害，一般也难以通过诉讼获得赔偿。实际上，在环境保护方面，法律往往会作出比较详细、周全的规定，明确有关政府机关的职责和权限。香港的环境法律适用于政府部门以及私人机构经营的设施或工程。如果私人机构违反法例规定，会被发传票，传召到裁判官席前接受聆讯。如果政府部门营办的设施产生污染物而没有立即终止，环境保护署会首先与有关部门联络，有关部门必须制订计划，纠正情况。只有在问题未纠正至环保署署长满意的情况下，署长才会向政务司长报告违例事项。政务司长会作出干预，采取最佳的可行办法，终止违例情况或避免有关情况的再次发生。因而，政府部门及公职人员因环境问题违法，一般是通过行政措施解决，鲜少采取司法途径。

在其他普通法地区，若因公共利益而实施的行为不存在过错，当事人很难就其受到的损害获得行政赔偿。在英格兰和威尔士，有的制定法规定因公共利益而导致的损害，个人可请求获得赔偿，但赔偿额不大。[①] 对此情况，学者们批评认为，既然行政机关为公共利益而活动，那么它造成的损害就应由公众负担，更多地由行政机关承担责任，由受害人单独承担或主要由受害人承担都是不公正的。

三、契约责任

根据普通法，契约责任的一般规则适用于香港的政府行政机关和有关公共机构。但在某些方面，由于行政职务的特殊性，行政机关或公共机构较之相对

---

① 如1979年《种痘损害偿付法案》规定，在有证据表明种痘引起严重残疾时可支付1万英镑的赔偿，1985年8月起增加为4万英镑。该数额与有关严重残疾引起的民事侵权赔偿相比，显然很小。

方的普通个人或组织享有一定特权。就此意义而言，在立法机关不能给行政机关提供充足的资金履行义务时，契约不能被强制执行；受雇于政府的公务人员，在其雇佣合同被错误地解除时，不能就该解除行为提起诉讼；并且，当契约关涉的事项与社会福利、公共利益相关时，契约不能限制政府就此事项采取任何行为的自由。实际上，政府的行政契约所能享受到的特权，往往与其行政目的所要维护的公共利益紧密相关，这种目的决定了它不可能像普通私人那样绝对地受契约限制。但是，行政机关也不能借口公共利益而随意决定契约的签订或解除。

《官方法律程序条例》第9条就政府根据特权或法定权力作出的事情，规定了保留条文，主要涉及政府（不论战争时或平时）为保卫领土，或为政府的武装部队的训练，或为维持效率所可行使的权力或权限。

1976年的 Choi Sum 等诉检察总长案[1]是行政机关的契约责任与行政特权的一个案例。原告是受雇于政府在新界工作的划界员，依据1976年1月7日开始的与政府发生的劳资纠纷，以合法息工的方式按章工作。公务员事务局局长决定，如果划界员仍坚持合法息工，他们的工资将会减少30%。这一决定被书面告知划界员并于4月1日起开始执行。与此纠纷相关的另一问题是，划界员为其他政府部门或非政府机构送信，是否属于其职务的一部分。原告向法院提起诉讼，请求获得一项宣告令（declaration），宣告减薪决定违反契约，送信命令不合法。

法庭审理后判决原告胜诉，认为原告的雇佣契约中没有明确的或暗示的条款使政府能减少其工资，这种减薪构成违约；并且确定，要求原告递送非政府事务信件的命令违法。在判决中，法庭认为政府与其雇员的关系属于普通契约中的一种，根据一般规则，除非雇员同意，政府只能在契约有明确的或暗示的相关规定时，在契约范围内减薪。实际上，早在1948年丹宁勋爵就对政府不受约束以免限制其将来行为的原则提出质疑。[2] 这一质疑被接受，但通常认为应限制在与国家事务相关的范围内。这个案件中，原告非常明确地表示不接受政府的减薪决定，并以公开游行退还了决定书，因此没有理由认为存在一个暗示条款，表明政府与原告之间的减薪协议。

一般而言，只要契约有效就应当履行。如果契约义务与行政机关的法定权力相抵触，契约就是无效的。实践中，若行政机关或公共机构签订了此类契约，有可能引起契约对方的损失，是否导致行政机关或公共机构的损害赔偿责任仍有争论。普通法上无效的行为并不必然引起损害赔偿，正如前文所述，如果存在故意或恶意，则显然应当承担赔偿责任。

---

[1] *Choi Sum and others v. Attorney General* [1976] HKLR 609.
[2] *Robertson v. the Minister of Pensions* [1949] 1 K. B. 227.

名著精译

风险规制中的标准制定和对责任公共行政的探求[*]

[英] Elizabeth Fisher[**] 著　宋华琳[***] 译

> **目　次**
> 一、风险规制中标准制定的特色
> 　（一）作为规定的风险规制标准
> 　（二）标准、科学和科学的不确定性
> 　（三）标准、专长和专业主义
> 二、不负责任的审议问题
> 　（一）对标准制定的法律约束
> 　（二）责任和透明
> 　（三）不信任的生长
> 三、对责任行政的探求
> 　（一）咨询报告：对良好决策的探寻
> 　（二）政府部门报告：增强公众的信任
> 　（三）中央政府的政策文件：重夺控制权
> 　（四）立法的建议：架构裁量
> 四、向着客观性和可确证性的位移
> 五、结论

---

[*]　本文载于《牛津法学研究杂志》，2000（3）。

[**]　南安普顿大学教授。我想感谢 Roderick Bagshaw, David Faulkner, Gabrielle Ganz, Tim Jewell 和 Nick Wikeley 对本文此前版本的富有助益的和建设性的评论，任何错误或疏忽之处，应由本人负责。
　——伊丽莎白·费舍尔教授的研究方向是环境法和风险规制，她特别关注科学不确定性以及预防原则的问题，她撰写的论文集中于关于环境和公众健康的风险规制，环境法上的预防原则，以及行政法和环境法其他方面。她正在撰写一本关于英国、美国和欧盟的风险规制和宪政主义之下行政的著作。她教授的课程包括宪法和行政法、欧洲商业规制、欧盟法、欧盟社会、环境和消费者法以及法学导论。（译者注）
　——她最近的作品包括 Unpacking the Toolbox: Or Why the Public/Private Divide Is Important in EC Environmental Law（《打开工具箱：为什么在欧盟环境法中公私的界别是重要的》）(in J-B Auby and M Freedland (eds) The Public Law/Private Law Divide: une entente assez cordiale, L. G. D. J. Diffuseur 2004); "The European Union in the Age of Accountability"（《责任时代的欧盟》）Oxford Journal of Legal Studies 24 495–515; "The Rise of the Risk Commonwealth and the Challenge for Administrative Law"（《风险共同体的兴起和对行政法的挑战》）Public Law 2003 455–478 等论文。（译者注）

[***]　译者为南开大学法学院讲师，法学博士。学友胡汝为对译文作了认真的校对和修改，在此谨致谢忱。

摘 要

近年来,有许多政府建议和改革,试图去确保风险规制中的标准制定,能以更负责任更透明的方式展开。这些建议是因政府和风险规制的关系,以及对整个政府更为广泛的不信任,而导致的直接或间接的回应。然而,问题在于,很少有建议和改革建立在对风险规制中标准制定性质理解的基础之上。这样的标准制定有着三个重要特征:它同风险的可接受度这个规范问题直接相关,它是在科学不确定性的情况下实施的,它要求一定形式的专家判断。而且这些建议的基础,都推定标准制定是建立在可确证的和客观的分析过程之上。在标准制定的性质和诸多发展流脉之间可能存在着许多断裂,这些发展包括僵化问题、规范性争论的湮没,以及公共行政性质的根本性位移。这些问题为不考虑决策环境的复杂性,去执行责任机制所面临的危险,提供了一个绝佳的示例。

正 文

政府制定标准以确保公众与环境不会暴露于不可接受的风险之下,成为规制者在最近十年来遭遇到最具争议的领域之一。例如争议涉及疯牛病(BSE)[1]、鸡蛋中的沙门氏菌[2],大肠杆菌O157[3],以及基因修正产品。[4] 在这些领域里,不仅风险规制的正当性受到质疑,就连整个行政过程都受到质疑。如健康和安全部(HSE)所指出的:

> 在广袤的公共政策领域,要为风险规制决定的基础向公众加以解释。在过去,这个问题几乎从未占据显著地位。至少落在了专业技术人员圈子之外。[5]

特别的,日益对标准制定的法律和行政框架予以关注,着重于批评它们缺少透明度,对裁量缺少约束。因此认为这带来了包括无效率、不连贯以及所制

---

[1] S. Ratzan (ed.), The Mad Cow Crisis: Health and the Public Good (1998).
[2] Agriculture Committee, Salmonella in Eggs, Vol. 1, HC 108-I (1989).
[3] The Pennington Group, Report on the Circumstances Leading to the 1996 Outbreak of Infection with E. Coli O157 in Central Scotland (The Stationary Office, Edinburgh, 1997).
[4] R. Grove-White et al., Uncertain World: Genetically Modified Organisms, Food and Public Attitudes in Britain (1997).
[5] Health and Safety Executive, Reducing Risks, Protecting People (1999) at iii.

定的标准倾向于私人利益而非公共利益等许多问题。[①] 目前许多问题是由英国政府提出来的，英国政府还提出了许多建议，包括立法机关和其他机关去建立制度结构、决策过程和责任机制，以确保风险规制中的标准制定能以更为透明和负责任的方式展开。

本文是对风险规制中的标准制定，以及这些近期的和拟议的改革的问题和结果的分析。这样的研究使得律师和学者遭遇到了棘手的问题：在复杂的规制领域中，妥当的责任机制是什么？[②] 而且风险规制领域同公法上的概念，以及关于公共行政角色和性质的争论，有着紧密的关联。[③] 本文特别强调指出，在没有正确判断究竟谁应该负责任的性质问题之前，去探求责任所遭遇到的危险。

本文分为四个部分。第一部分，也是最重要的，是去分析风险规制中的标准制定，这是一个在许多文献中依然相对被忽略的主题。[④] 风险规制中的标准制定有三个特征：标准是规范性的规定；标准是在科学不确定性下制定的；标准需要一定形式的专业或职业判断。第二部分，是对风险规制中标准制定的传统法律和行政框架的概括，并点出这个框架需要改革的问题。第三部分是对许多新的改革建议的简要记述。追求责任性和良好决策会带来助益，如果改革是建立在对风险规制中标准制定特征理解的基础上，将会带来"更好"的和更具有民主正当性的标准制定。目前政府的改革并非以这样的理解为基础，而是将标准制定解释为首先是一个客观的且可确证的分析过程。讨论限于英国政府的改革，以及这对关乎"良好"和"正当"公共行政的性质如何理解。在欧盟[⑤]和全球[⑥]

[①] See A. Jordan, "The Impact on UK Environmental Administration", in P. Lowe and S. Ward (eds), British Environmental Policy and Europe (1998) at 180 – 2.

[②] 对于这个领域的司法审查，参见 R. v. Secretary of State for the Environment, ex parte Kingston Upon Hull City Council [1996] 8 JEL 336; R. v. Secretary of State for the Environment, ex parte Standley & Ors (1998) 10 JEL 92; R. v. Secretary of State for Trade and Industry, ex parte Duddridge (1995) 7 JEL 224（为电磁领域的保护所作的管制）; and MacNeil v. Sutherland [1999] Env H 44（对牛肉骨的管制）。

[③] 这个主题在英国日益得到关注。参见 A. Ogus, Regulation: Legal Form and Economic Theory (1994)，第八章; R. Baldwin and M. Cave, Understanding Regulation (1999)，第十一章。对于欧盟，参见 E. Vos, Institutional Frameworks of Community Health and Safety Regulation (1999)，第三至五章。对于美国行政国家在风险管制中起到的首要的不可避免的作用，参见 C. Sunstein, After the Rights Revolution (1990)。

[④] 参见 R. Baldwin and M. Cave, Understanding Regulation (1999)，第九章中非常简短的讨论。

[⑤] 例如，在这个层次上有着许多不同的创议，在环境保护领域，"向着可持续发展的第五次环境行动计划"要求，将风险评估作为管制的"理性和科学基础"的一部分。也可参见 E. Vos, Institutional Frameworks of Community Health and Safety Regulation (1999)。

[⑥] 例如，世界贸易组织协定。晚近的争议之一是围绕着牛肉中激素含量展开的，这涉及《实施卫生和植物检疫措施协定》的第 5 条，该条款要求以风险评估为基础的举措，参见 W. Douma and M. Jacobs, "The Beef Hormones Dispute and the Use of National Standards under WTO Law" (1999) European Environmental Law Review 137 – 44。

层次，乃至其他国家①，也有着类似的趋势，这些超越了本文论述的范围。在本文最后一部分，论述了政府建议同风险规制固有属性之间的断裂，将可能产生的三个后果。第一层是使得行政过程僵化，无效率；第二层是对无尽科学分析背后所隐藏的无法接近的价值的争论；第三层，也是最令人困惑的，是许多改革其实就是对该领域公共行政角色和性质的激进的，但是却不怎么公开的重新定义。

一、风险规制中标准制定的特色

在英国，风险规制指的是公法中一块相当广袤的领域，这包括环境法、食品安全法及健康和安全规制。风险规制可以被理解为包括三部分：标准制定；通过规制策略适用这些标准；以及规制制度的实施。本文关注的是第一部分，而且面对其间的诸多争议，特别关注标准制定如何以负责任的且正当的方式实施。

责任并非铁板一块的概念，Prosser 认为，"要发展出获得和公开构成决定理由的信息的方式，并将其制度化"②。因此离开了根据决策者的角色，决策者任务的性质，要求决策者负责的机构及两者之间的关系，所作的语境化的实体性的定义，也就没有了意义。理想中的正当责任机制是那些不仅保障透明性，还保障根据规定及实际中机构在说明理由中起到的作用，来说明理由的机制。

因此一个重要的起点，在于去理解风险规制中标准制定的性质，这是困难的。因为目前这还是一个相对被法律学者所忽视的课题。这主要是因为事实上给予了风险规制者相当大的裁量权，迄今为止很少会引发法律问题。对这主题的不多论述，倾向于要更多地借用其他学科特别是经济学的话语，而非仅仅是站在行政和政治的背景下，展开对这类标准的分析。③

标准是规则，因此它是"在特定类型情况下，对行为或活动加以规定或引

---

① 是否由于法院、行政和国会的影响出现了这些，美国是一个很好的例子。参见 J. Applegate, "A Beginning Not an End In Itself: The Role of Risk Assessment in Environmental Decision Making" 63 University of Cincinnati Law Review 1643–78 (1995) and "The Risks of Quantifying Justice: The Role of the Substantial Evidence Test in the Judicial Review of OSHA Rule-making" in R. Baldwin (ed.), Law and Uncertainty (1997) 293–311。

② 13 T. Prosser, "Democratisation, Accountability, and Institutional Design: Reflections on Public Law" in P. McAuslan & J. McEldowney (eds), Law, Legitimacy, and the Constitution (1985) 182.

③ 例如可见 A. Ogus, Regulation: Legal Form and Economic Theory (1994); R. Baldwin and M. Cave, Understanding Regulation (1999)。

导的一般性规范"[1]。健康和安全部将其界定为"要去除或削减特定危害所致风险时，所必须适用的一般性控制措施"[2]。在风险规制的情境下，这样的标准可以有许多不同类型的形式。[3] 英国皇家环境污染委员会在它第二十一份《环境标准制定》报告中，以如下方式承认了环境标准的多样性，并作了如下界定：

我们将环境标准理解为，任何对因人类活动所导致环境改变的可接受性的判断，将要满足如下条件：

（a）它是经过了某些考量之后，正式公布的；旨在适用于特定类型的案例。

（b）由于它同特定的惩罚、奖励或者价值的联系，因此它被期待，将会对影响环境的行为施加正式的或非正式的影响。[4]

标准不一定就是有法律拘束力的，它的制定基础，从理论上可以包括技术资料、伦理考量、经济预测或公共关切。[5] 不同的标准和所针对行为或主题之间的关系，可能也是迥异的。例如，标准可以涉及人类对某物质的接受浓度[6]、环境中空气或水的质量[7]、指定的卸货点[8]、管理或劳工规则[9]、产品规格[10]、标签[11]、或者是这些形式的混合。[12] 标准可能也有不同类型，可以是统一的也可以是分化的，精确程度也迥异，也可以是弹性的。[13] 尽管有着诸多差异，风险规制标准还是具有许多共性，它们都是规范性的规定，它们都是在科学不确定性的背景下制定的，在实行中都要求一定形式的专业或职业判断。

---

[1] W. Twining and D. Miers as quoted in R. Baldwin, Rules and Government (1995) 7.

[2] HSE, Reducing Risks, Protecting People (1999)，57 页。

[3] 有关讨论，可见于 HSE, Reducing Risks, Protecting People (1999), 62~63 页；R. Baldwin and M. Cave, Understanding Regulation (1999)，第九章。

[4] Royal Commission on Environmental Pollution, Setting Environmental Standards, 21st Report (1998) at 1.16.

[5] 法律上唯一的限制，就是要求在于不能在"没有证据"的基础上作出决定，但这几乎无法验证。参见 R. v. Deputy Industries Injuries Commissioner, ex parte Moore [1965] 1 QB 456 at 488.

[6] The Control of Substances Hazardous to Health Regulations 1999 No. 437; Groundwater Regulations 1998 No. 2746; and Environmental Protection (Controls on Hexachloroethane) Regulations 1998 No. 545.

[7] Air Quality Regulations 1997 No. 3043

[8] Road Vehicle (Construction and Use) Regulation 1986.

[9] Control of Major Accident Hazards Regulations 1999 No. 743 and Gas Safety (Installation and Use) Regulations 1998 No. 2451.

[10] Plastics Materials in Contact With Food Regulations 1998 No. 1376; Non-Road Mobile Machinery (Emission of Gaseous and Particulate Pollutants) Regulations 1999 No. 1053; The Bread and Flour Regulations 1998 No. 141; and Contaminants in Food Regulations 1997 No. 1499.

[11] Chemicals (Hazard Information and Packaging) Regulations 1993 No. 1746.

[12] Motor Vehicles (Type Approval of Reduced Pollution Adaptations) Regulations 1998 No. 3093（指出了污染源和技术）。

[13] Best Available Technique Not Exceeding Excessive Cost (BATNEEC); Environmental Protection Act 1990, s 7 (10).

(一) 作为规定的风险规制标准

在过去两个世纪里,风险规制标准并非以系统化或者理性化的方式浮现,而是历史和政治的偶然。当风险被视为新的,或者不可接受时,政府将介入。[1] 不可接受的概念将在下文中得到讨论,但可归因于许多不同的因素:这包括公众的感知;统计学上特定风险类型的增加;欧洲和国际的发展;或者关于可能出现的新风险的新信息的浮现。[2] 干预常常以特别的或是试验性的方式展开,很多时候并非事先有一个规制框架,而是更多的要归因于个人和政治的因素。[3] 例如中世纪的污水管理委员会[4],19世纪的公共卫生改革[5],都是一些早期的例子。但在20世纪后期,这类规制领域呈几何级数增长。[6] 在更为晚近的阶段,这类规制还伴随着诸如环境署及健康和安全部这样的,规制特定领域的公共机构的建立。之所以缺少一个有计划的框架,部分是因为英国公共行政的性质,也是因为风险规制标准是规制性的,因此也是规范性的规定。[7] 它们的肇始,是因为感受到了社会和政治需要,从而通过禁止或者改变行为,来改变现状。

这样的标准的首要功能在于,要在风险的可接受性并非仅仅是风险的维度或者是或然性的产物的情形下,如何去确定什么是一个"可接受的"风险。而且,可接受性将有赖于个人希望如何过自己的生活,以及感觉政府应该为行为设置怎样的限制。[8] 如1996年财政部的一份报告所指出的,在安全规制中,政府经常会以不同的面目出现,或者是"人民权利的维护者",或者是"消费者的代理人"[9]。类似的问题不那么容易解决,而且由于工业社会中相互依赖性的日益增加,使得问题变得更加复杂。[10] 对产生风险的活动所带来的卫生和环境风

---

[1] O. MacDonagh, "The Nineteenth Century Revolution in Government: A Reappraisal" 1 Historical Journal 52-67 (1958). 还可见 R. MacCleod (ed.), Government and Expertise: Specialists, Administrators and Professionals 1860—1919 (1988)。立法的例子包括 Akali Etc., Works Regulation Act 1906, Barbed Wire Act 1893, and Hydrogen Cyanide (Fumigation) Act 1937。

[2] HSE, Reducing Risks, Protecting People (1999), 23页。

[3] 0 Office of the Chemist and Drugist, The Pharmacy and Poison Laws of the United Kingdom: Their History and Interpretation (1893).

[4] E. Henderson, Foundations of English Administrative Law (1963).

[5] See C. Hamlin, Public Health and Social Justice in the Age of Chadwick Britain: 1800—1854 (1998).

[6] 对于之所以如此的一个可能的分析,参见 U. Beck, The Risk Society (1992)。

[7] F. Schauer, Playing By the Rules (1991) 1.

[8] M. Douglas and A. Wildasky, Risk and Culture (1982); S. Krimsky and D. Golding (eds), Social Theories of Risk (1992).

[9] HM Treasury, The Setting of Safety Standards: A Report by An Intergovernmental Group and External Advisors (1996) at 3.2.

[10] W. Freudenburg, "Risk and Recrenacy: Weber, the Division of Labour, and the Rationality of Risk Perceptions" 71 Social Forces 909-32 (1993).

险，其承担者往往并非该行为的受益者。[①] 而且风险也并非在社会中均匀分布的。"风险"并不能从社会和经济问题中分离出来，而是内嵌在其中。因此风险规制中的标准制定，是关乎我们如何发展出自己希望生活方式的"共识"（shared visions）[②]。

因此不证自明的是，对立法和行政而言，可以有许多有依赖于社会政治背景的方式，去界定可接受性的概念。例如，健康和安全部使用短语"尽合理可行程度的低"（as low as reasonably practicable, ALARP）[③]，对污染控制制度的整合，其原则在于"最佳可得技术不得超过过度的成本"（BATNEEC）。[④] 相反，卫生部所运作的原则在于"没有可观测到的不良反应水平"（NOAEL）。[⑤] 其间变数是为不同风险配置不同价值的产物。卫生部直接关心的是对人类健康的规制，因此也就可以理解它们那更为严格的 NOAEL 标准；类似的，健康和安全部必须根据经济现实来规制劳工安全，而对 BATNEEC 的规定，也与动态的一体化的污染控制制度相一致。[⑥] 此外，这些不同的短语，并不能整齐划一地一块适用于某特定的标准。而且，任何特定的标准都会引出一系列不同的短语和规范性的问题，成为衡量不同因素的大致上的导引。因此很难对标准制定予以一般化，因为特定风险问题浮现出来的语境，会对该过程有着至关重要的影响。

法院也界定了"风险"和"危险"，从而去反映法律和社会政治上的情境。[⑦] 在 R. v. Board of Trustees of the Science Museum 案中[⑧]，上诉法院判决，根据 1974 年《工作健康和安全法》第 3（1）款的规定，对"风险"所做的解释是正确的，它不仅指出了风险的证据，也指出了可能的危险，这样的解释是同立法保护公众健康和安全的目标相一致的。[⑨] 因此在健康和安全部执行法定框架之前，没有必要去证明实际风险的存在。类似的，在相关的规划领域，在

[①] 对于自由派理论的问题和风险管理，参见 C. Schroeder, "Rights Against Risk" 86 Columbia Law Review 495-562 (1986)。

[②] National Research Council, Understanding Risk (1996) 18.

[③] Intergovernmental Liaison Group on Risk Assessment, Use of Risk Assessment in Government Departments (1996) 15-19.

[④] 然而，随着欧盟环境污染控制一体化制度的实施，这变成了最佳可得技术（BAT）制度。参见 Pollution Prevention and Control Act 1999。

[⑤] Intergovernmental Liaison Group on Risk Assessment, Use of Risk Assessment in Government Departments (1996) 21.

[⑥] 对于一体化污染控制背后的原初逻辑，参见 RCEP, Best Practicable Environmental Option, 12th Report (1988)。

[⑦] 例如可参见 Briscoe v. Shattock [1999] Env H 108 at 124 and Canterbury CC v. Howletts & Port Lympyne Estates Ltd [1997] ICR 925。

[⑧] [1993] ICR 876.

[⑨] [1993] ICR 882.

Newport BC v Secretary of State for Wales and Browning Environmental Services Ltd 案中①，判决公众对无确实根据的风险的感受，也是规划监督者在拒绝规划许可时，需要纳入考虑范围之列的一个相关考量因素。

（二）标准、科学和科学的不确定性

在制定标准时，在评判某物质或行为可能会有怎样的不利影响，什么样的举措可以成功地去削减该影响时，科学分析和一定形式的预测是重要的。尽管这样的分析既需要常识，又要合乎法治②，但不能去夸大其潜力。如已指出的那样，并不存在标准需要以此类分析为基础的内在要求。

预测中最常使用的分析工具是定量风险评估，其他的分析工具包括成本/收益分析和比较风险评估。风险评估是一个为许多不同学科都在使用的术语，指的是界定危险，评判在怎样的情况下，这类危险将给人体健康和环境带来风险，并确定风险对特定人群影响的程度和或然性的过程。③ 它"从本质上说，是对统计和科学数据加以推演的工具"④，也是被"结构化"的。⑤ 不同的学科会有不同的技术，只是在最近三十年间，这些技术才得到了真正的发展。⑥

此外，使用专业信息的一个突出特色，就是它是在科学不确定性背景下展开的。不确定性很少仅仅是由于需要做更多的工作，相反这个短语是对于确定危险程度时，在方法论上、认识论上乃至本体论上的一系列问题的缩略语。⑦ 在数据收集中，特别是在生态情境下，试验和取样都存在着不确定性。⑧ 在控制过程中也有着技术局限。风险评估依赖于工具模型，而很难去评判一个模型是建设性的简化，还是对它所尝试表征的现实的误解。⑨ 类似的，在评估风险

---

① [1998] Env LR 174.

② T. Porter, Trust in Numbers (1996) 8.

③ T. Porter, Trust in Numbers (1996) 8.

④ Intergovernmental Liaison Group on Risk Assessment, Use of Risk Assessment in Government Departments (1996) 4.

⑤ Department of the Environment, A Guide to Risk Assessment and Risk Management for Environmental Protection (1995) 3.

⑥ 这很大程度上归因于规制和法律上的压力，对此历史的很好记述，参见 National Research Council, Science and Judgement (1994) ch 2.

⑦ See B. Wynne, "Uncertainty and Environmental Learning" 3 Global Environmental Change 111 – 127 (1992) and M. Smithson, "Ignorance and Science" 15 Knowledge: Creation, Diffusion and Utilisation 133 – 142 (1993).

⑧ R. Carpenter, "Limitations in Measuring Ecological Sustainability" In T. Trzyna (ed.), A Sustainable World (1995) 175 – 97.

⑨ National Research Council, Science and Judgement (1994) ch2 at 165; S. Jasanoff and B. Wynne, "Science and Decision Making" in S. Rayner and E. Malone (eds), Human Choice and Climate Change, vol. 1 (1998) 61 – 9.

特别是诸如癌症这样的长期健康风险时,存在着方法学上的问题。[1] 还有认识论上的不确定性,这类不确定性的浮现,是因为"我们不知道我们所不知道的"[2]。

最后,也是最重要的,有着不确定性的问题。风险评估最初是从封闭的工程体系中发展出来的。[3] 相反,在生态和健康风险评估中,分析的主题是一个开放体系,必须将很多变幻莫测的自然环境和人类行为,纳入考虑之列。自然环境是一个由无数复杂的不为人知的相互作用所构成的整体,类似的社会现象也不那么容易以预判分析为依归,如 Rayner 和 Malone 指出的,我们"关于人们自己以及在社会中,如何作决定,为何作决定,有着不完备的乃至冲突的理论"[4]。因此尽管风险管理可以是标准制定过程中一个有用的工具,但它并非总是一个确切的事实陈述。此外,在某些情况下,可能没办法去评判怎样的判断才是准确的。这同样对于成本收益分析和规制影响评估等分析工具也适用。类似的,这只是标准制定过程的一部分,其他的也是更重要的是以上从规范层面的考量。

(三)标准、专长和专业主义

风险规制中的标准制定,要求有许多技能和专业知识。广义而言,专长是某个机构或个人有着国会、法院或"正常"的行政官员或部门没有的专门技能、经验或知识。[5](这句话讲得好!)在风险规制的情境下,专长是同关于特定类型风险问题的知识和经验相联系的。这里有风险评估所要求的正式分析技术,以及对其经济约束的评判。在考虑许多不同的也是难以量度的,包括健康问题、政策事项、经济约束、技术可行性以及标准规范上的理由等问题时,也需要经验和知识。[6] 在对欧盟指令、国际标准和公约的考量中,也日益需要倚重专长。因此,不应对风险规制中"专长"的概念作狭义的理解,将它只限于科学家或某人精于将特定的方法应用于事实之中。

相反,它是指专业化的判断,判断要求直觉、创造力和对问题的敏感把握。任何标准制定者必须对"苦痛的交易"加以考量,对"细节中的共性"予以衡

---

[1] National Research Council, Science and Judgement (1994) ch2, 58-60。
[2] Wynne, "Uncertainty and Environmental Learning" 3 Global Environmental Change. 53 (1992).
[3] Wynne, "Uncertainty and Environmental Learning" 3 Global Environmental Change. 113 (1992).
[4] S. Rayner and E. Malone, Human Choice and Climate Change, vol. 4 (1998) 120. 还可见 P. Bernstein, Against the Gods: The Remarkable Story of Risk (1996), 第18、19章,讨论了对股票市场的预测问题。
[5] E. Fisher, Risk, Expertise and Judicial Review: Scope of Review and Decision Making Under Scientific Uncertainty, unpublished D Phil thesis, St John's College, Oxford (1998).
[6] Health and Safety Executive, Reducing Risks, Protecting People (1999) 7; Royal Commission on Environmental Pollution, Setting Environmental Standards, 21st Report (1998) at chapter eight.

量,致力于同广袤主题相关的事项的知识探求。① 英国皇家环境污染委员会在 1988 年的《最佳可实践环境选择》的报告中,指出在标准制定中所要求的是:

> 一条被架构的但是具有适应性的进路,强调想象性的和批判性的思维,去寻求对一系列可能的选择,作整体上的确证和评判……②

标准还要求对关于自由的重要道德问题,以及制度设计中实用主义的问题加以权衡,而并不是总是很容易对这两者加以区别。在风险评估和对其他因素的考量之间,也没法划定清晰的界限。也并非总是很容易,去摹绘出如是专长的边界。

此外,标准制定并非由某个专家完成的,而是由公共机构完成的,因此专长和专业判断的概念,就同公共行政以及关乎民主治理的问题结合在一起。③公共行政的民主正当性问题是有异议的,而将复杂的风险问题,交由专业化的或专家的判断,也不例外的会遭遇到这样的问题。在英国历史上,曾经对唯理论的专业人士给予强烈的嫌恶,要求"专家应脚踏实地,而非高高在上"④。尽管专长确有必要,但它通过将决定交由未经选举的公共行政之手,从而与让决策更具民主性的要求背道而驰。这个问题在风险规制中变得更为尖锐,因为这需要更为博大的专长。

在英国,目前在以两种方式处理这些问题。首先,为了确保专家"脚踏实地"(on tap),风险问题更倾向于是中央政府的事项,而非庞大的"科学官僚制"的畛域。⑤ 其次,对裁量没有什么限制,因此对于每个个案的事实和情境,都可以行使专业化的判断。倾向于由英国政府部门或权力受到一定限制的特别的独立政府机构,来规制风险问题。诸如健康和安全部、环境署这样的独立规制机构,去致力于风险规制,这只是近期的发展,它们的权力也相对受到限制。风险规制者倾向于发动研究,并依赖于建议。⑥ 建议可以来自许多方面,包括其他的政府部门、大学、委员会的研究、专门或一般咨询委员会、国际组织、

---

① E. Hughes, On Work, Race, and the Sociological Imagination (1994) 38 and 42.
② RCEP, Best Practicable Environmental Option, 12th Report (1988) 8.
③ J. Habermas, Towards A Rational Society (1987),第六章。
④ J. Roberts, "The Professional Expert and Administrative Control" 7 Public Administration 247 - 259 (1929),关于维多利亚时代,参见 MacCleod, "The Nineteenth Century Revolution in Government: A Reappraisal" 1 Historical Journal 28 (1958)。
⑤ 关于对美国实践的讨论,参见 S. Jasanoff, The Fifth Branch: Science Advisors as Policy Makers (1990)。
⑥ 健康和安全部 25% 的资源致力于研究,HSE, Reducing Risks, Protecting People (1999) 26。

欧盟或其他组织。① 因此，比如说英国农业、渔业及食物部（MAFF）就依赖于许多专门的咨询委员会，例如食品微生物安全咨询委员会、疯牛病咨询委员会。同样的，农业、渔业及食物部以及其他的部，都对部门内外的研究给予资助和支持。②

关于这些建议如何获取，怎样才是最适宜的提出建议的方式，很少有法律框架或正式的指南。③ 由于风险问题有赖于特定的事实和情境，因此公共行政可以自由地作出专业化的判断，它可以发现什么才是标准最适宜的基础，而无论它是规范上的考量，还是特定类型的科学和经济分析。介入风险规制中的政府机构专长，总是被描述为审议的一个因素，从而反映出要加以平衡和协调的要求。④ 健康和安全部对收集信息过程的记述中，指出这要求"在健康和安全部与普遍的科学共同体之间诸多的审议商谈活动"⑤。皇家环境污染委员会在它的第二十一份报告中，指出标准制定是一个"实践判断"的过程，它是由"一个努力探求满足多种约束和立场的审议过程"所达致的。⑥ 同时还强调在处理所搜集信息，以及对特定类型问题的相关因素的衡量上，经验的重要意义。（由健康和安全部创设的）Robens 委员会在 1972 年主张，要有一批包含"最广泛意义"上的经验和技能的监督人员。⑦ 类似的，皇家环境污染委员会在 1976 年主张要有一批类似的监督人员，来处理困难的空气污染问题。⑧

二、不负责任的审议问题

从根本上说，风险规制引起了一个关乎英国民主制度中公共行政角色的困难问题。由于风险问题的性质，标准制定者必须有实体性的权力，以便进行他们的专业判断。这个过程具有高度的灵活性，可以给予社会事项以及不那么容

---

① R. May, The Use of Scientific Advice in Policy Making: Implementation of the Guidelines, Office of Science and Technology (1998); D. Everest, "How are Decisions Taken By Governments on Environmental Issues" in R. Bate (ed.), What Risk: Science, Politics and Public Health (1997) 247; and T. Barlow, "Science plc" Prospect, issue 44 (Aug/Sept 1999) 36–40.

② May, The Use of Scientific Advice in Policy Making: Implementation of the Guidelines, Office of Science and Technology (1998) 3–18; 还可见 S. Hughes, "Protecting Health: Can the UK Do Better?" in Ratzan, S. Ratzan (ed.), The Mad Cow Crisis: Health and the Public Good (1998).

③ 关于立法上的限制，见 Health and Safety at Work Act 1974, s 11 (2) (b) and Environment Act 1995, s 5 (2) ~ (3). 还可见于 May, The Use of Scientific Advice in Policy Making: Implementation of the Gaidelines, Office of Science and Technology (1998).

④ 对于风险规制中审议概念的讨论，见 National Research Council, Understanding Risk (1996) 18.

⑤ HSE, Reducing Risks, Protecting People (1999) 26.

⑥ 4 RCEP, Setting Environmental Standards, 21st Report (1998) 117.

⑦ 5 Committee on Health and Safety at Work, Health and Safety at Work, Cm 5034 (1972) at 69–70.

⑧ 6 RCEP, Air Pollution Control: An Integrated Approach, 5th Report (1976), 第九章.

易被量化的事项以一定的权重。① 理想上行政职权的运作，必须应以可负责任的方式展开。但当专家行政成为必要，以这样特定的方式行使裁量权时，就不那么容易承担责任了。英国的行政和法律框架，授予了行政官员大量的裁量权，却少有让他们承担责任的机制。②

（一）对标准制定的法律约束

从法律上，可以将风险规制的标准分为三类：法律、授权立法以及无法律拘束力的规则。很少在法律中规定风险规制标准，即使规定了，也只是高度原则性的规定。③ 国会只能去作原则性的规定，因为它没有专业能力，去对社会的和科学的因素作更为精妙的衡量。④

第二类也是最大一类的标准，是那些包含于授权立法之中的标准。大多数风险规制立法中，都包含了授予（典型的是授予大臣）就广泛主题事项制定规章的普遍权力⑤，以及就特定主题事项制定特定标准的权力。⑥ 许多标准实际上是作为根据欧盟指令的授权立法来实施的。⑦ 尽管这意味着就标准的内容而言，规制者将没有那么多裁量权，但它还是有着相当多的裁量权，在标准的适用范围方面，尤其如此。⑧ 规章的制定必须遵守 1946 年的《法规文件法》（Statutory Instruments Act 1946）。然而这部法律并没有给标准制定者施加多少程序性的或实体性的要求，关于最终规则的唯一义务就是要求公布。⑨ 议会的监督趋于最少，主旨是不要求对每个规章从正面加以确证。⑩ 除非有特别的法律要求，或者标准落入某一受限制的普通法上的例外，否则就没有咨询意见的法定义务或其他的普遍义务。⑪

---

① HSE, Reducing Risks, Protecting People (1999), Part 3.
② 这并非风险规制所特有的问题，公共行政和责任是更为普遍存在的问题。见 C. Harlow and R. Rawlings, Law and Administration (2nd edn, 1997), 第 2～4 章。
③ 最好的例子就是被视为一体化污染控制制度应用的 BPEO 和 BATNEEC 制度，见 1990 年《环境保护法》第 7 节，后为 1999 年《污染预防和控制法》所代替。
④ 关于行政法中授权立法正当性的一般化理由，见 P. Craig, Administrative Law (1999) 366.
⑤ Environment Act 1995, s 87 and Health and Safety at Work Act 1974, s 15.
⑥ Water Resources Act 1991, ss. 82-3; Clean Air Act 1993, s 30-1; Food Safety Act 1990, s 16.
⑦ Implemented under s 2 (2) of the European Communities Act 1972. 这些倾向于属于制定目标的规章。
⑧ 在 Urban Wastewater Treatment Directive: R v Secretary of State for the Environment, ex parte Kingston Upon Hull City Council [1996] 8 JEL 336 案中对"港湾"的界定。
⑨ Statutory Instruments Act 1946, s 2 (1).
⑩ Baldwin, Rules and Government (1995) 65-72.
⑪ 在非常有限的案例中，一般根据程序公正或者正当期待原则才会如此。对于后者在风险规制背景下的示例，参见 R. v. Secretary of State for Health, ex parte United States Tobacco International Inc. [1992] 1 QB 353. That case, however, should be read in the light of R v Secretary of State for the Home Department, ex parte Hargreaves [1997] 1 All ER 397。

最后，某些标准被包容于诸如政策指南和技术评注等部门或规制机构的文件之中。① 这些文件，尽管并非在严格意义上能为法律所实施，但它还是为规制者裁量权的行使提供了一个框架，和/或向那些被规制者就他们必须要做什么，提出了建议。此类规则的地位和正当性，是一个在公法上存有异议的问题。② 但不言而喻它们切合了自我规制和回应性规制的理念，在风险规制中扮演着越来越重要的角色。③

（二）责任和透明

从理论上说对风险规制者有着多重归责机制。④ 他们政治上向议会负责，财政上向财政部负责，法律上向法院负责，同样还要服从中央政策和来自内阁办公室的组织上的导引。此外，他们偶尔还会向指出风险问题的公众负责。然而在实践中，在这个领域并没有什么严格的责任机制。

关于部长责任的宪法惯例，是让公共行政承担责任的传统手段，但在许多风险争议中，发现这还是有欠缺的。⑤ 例如当疯牛病和沙门氏菌爆发时，将信息递交给国会，就被忽略，或者变成了问题的，因为由于科学的不确定性，本身存在着许多问题。⑥ 类似的，对风险规制标准的司法审查是非常少见的，审查的范围很窄，而且限于法律问题。⑦ 法院宣称他们不能审查事实问题，而是倾向于尊重决策者就复杂的和技术性的问题所做的决定，特别是所通过的授权立法。⑧（法律审和事实审的问题）对于诸如疯牛病和沙门氏菌爆发这类全国性的争议，在相当程度上要倚重于公共调查⑨，但这些调查多在事后，更多倾向

---

① 最好的例子是 Approved Codes of Practices under s 16 of the Health and Safety at Work Act 1974. 还可见于 Department of Environment, Transport and the Regions, Environmental Protection Act Part IIA Contaminated Land (Draft Circular, 1999)。

② G. Ganz, Quasi Legislation (1987).

③ Baldwin and Cave, Understanding Regulation (1999), ch 10 and I; Ayres and J. Braithwaite, Responsive Regulation (1992).

④ C. Polidano, "Why Bureaucrats Can't Always Do What Ministers Want: Multiple Accountabilities in Westminster" 13 Public Policy and Administration 35 – 50 (1998).

⑤ A. Tomkins, The Constitution After Scott (1998) 38 – 9.

⑥ Agriculture Committee, Salmonella in Eggs, Vol. 1, HC 108-I (1989).

⑦ J. Black, "Reviewing Regulatory Rules: Responding to Hybridisation" in J. Black, P. Muchinski, and P. Walker (eds), Commercial Regulation and Judicial Review (1998) 128 – 9.

⑧ R v Medical Appeal Tribunal (North Midland Region), ex parte Hubble [1958] 2 QB 677; R v Licensing Authority Established Under Medicine Act 1968 [1990] 1 AC 109; and R v Radio Authority, ex parte Bull [1996] QB 169.

⑨ The Pennington Group, Report on the Circumstances Leading to the 1996 Outbreak of Infection with E. Coli O157 in Central Scotland (The Stationary Office, Edinburgh, 1997), 以及目前的 Phillips 调查。在项目开始前进行调查的例外，是规划调查，例如可见 Sir Frank Layfield, Sizewell B Public Inquiry (1989).

于"抑制或掩饰公众的不安",因此不一定就要纳入决策者考量的范围之内。[1] 这对于国会遴选出来的委员会也同样适用。[2]

由于这些责任机制时断时续,而且高度尊重化的性质,就很难知道标准的制定是因为裁量权认真精细的运作,抑或还是"胡话和污点,混沌智识的沼泽地……以及行政的粗心大意"[3]。

此外,也许更重要的,标准制定本身并非透明的运作,也没有任何责任机制能让这个过程更为公开。关于不同的咨询团体,所开展的研究,决定作出的方式,都殊少公开,也没有多少正式的公共咨询权利。[4] 类似的,这些正式的对风险规制的调查,遭遇到雾霭环绕的相互冲突的证据,而这些调查报告都不能为专业界所得到[5],或者被扣在决策者之手。[6] 因此不仅仅是风险规制者常常无需负责任,而且他们实际上所做的,也很少公开或者受到严格审查。

(三) 不信任的生长

由于责任问题,风险规制中的标准制定过程普遍为公众不信任。自从 20 世纪 70 年代以来,对政府官僚体系和专长的普遍怀疑开始增长。而 Matrix Churchill 案也没有能阻止这个趋势。[7] 同样的,从 20 世纪 80 年代开始,风险规制的争议数量有了戏剧化的增长。沙门氏菌[8]、疯牛病以及出血性大肠杆菌 O157 的爆发[9],都是有风险冲突,而认为政府决策是不可接受的示例。[10] 主张包括认为存在制度惯性、无效率、决策以政治而非科学背景为基础,认为政府部门已经被产业界所"俘获"[11]。其他人主张风险规制问题的处理太过官僚化,

---

[1] L. Blom-Cooper, "Some Reflections on Public Inquiries" in J. Peay (ed.) Inquiries After Homicide (1996) 57.

[2] T. Lang, "BSE and CJD: Recent Developments" in Ratzan, S. Ratzan (ed.), The Mad Cow Crisis: Health and the Public Good (1998) 65.

[3] Rose 的话,引自 Jordan, "The Impact on UK Environmental Administration" in P. Lowe and S. Ward (eds), British Environmental Policy and Europe 183.

[4] P. Birkinshaw, Freedom of Information: The Law, the Practice and the Ideal (2nd edn, 1996) 186.

[5] Agriculture and Health Committees, "Bovine Spongiform Encephalopathy and Creutzfeldt-Jakob Disease: Recent Developments" H-331 (1996).

[6] R. v. Secretary of State for Trade and Industry, ex parte Duddridge (1995) 7 JEL224.

[7] H. Perkin, The Rise of the Professional Society (1989),第 10 章,以及 Tomkins, The Constitution After Scott (1998) 38-9.

[8] Agriculture Committee, Salmonella in Eggs, Vol 1, HC 108-I (1989).

[9] The Pennington Group, Report on the Circumstances Leading to the 1996 Outbreak of Infection with E. Coli O157 in Central Scotland (The Stationary Office, Edinburgh, 1997).

[10] 其他的冲突包括 Brent Spar 钻井平台事件,基因修饰生物以及避孕药。

[11] Agriculture Committee, Salmonella in Eggs, Vol 1, HC 108-I (1989).

缺乏一贯性，给予了过多防护。①

然而最主要的问题还在于保密。在对任何批评加以核实时，都遭遇到这样一个非常实在的困难。边沁曾经指出"保密，作为阴谋的工具……应该永远不属于政府常规体系的一部分"②。公众日渐推定标准制定是不合法实践的产物，而政府有责任证明并非如此。即使是在英国报道鸡蛋中有沙门氏菌的恐慌之后，农业委员会还是指出：

> 一般而言，对于政府，特别是对于农业、渔业及食物部，有着一定的回旋余地，去让公众深信，他们心中装着消费者的利益。③

三、对责任行政的探求

由于有这些争议，特别是在政府内部，要求在风险规制中的标准制定改革，从而让它能"负责任"且"更透明"的声音，也日渐响亮。如 Lang 指出的，讨论"不再是是否要改变政府的肌体，而是如何去改变"④。在过去五年里已经有十五份报告直接或间接地提及风险规制中的标准制定，以下将对其中有些非常冗长的文件予以必要的简略勾勒。尽管所有报告都关切到责任危机的问题，但报告背后的驱动力则是多样的。有些，例如 1999 年新颁布的《食品标准法》，是对特定争议的直接回应；然而有些，例如源自财政部和内阁办公室的报告，关注的则是蔓延的行政改革，以及对良好政府一般原则的规定。政府部门的报告倾向于对两者的回应。

（一）咨询报告：对良好决策的探寻

我们已经说了，许多政府咨询机构的专门报告都关注了"良好决策"，强调这个领域的标准制定是一个弹性的有赖于特定语境的，面对不确定的情形，要求专家对规范考量和科学信息加以考量的过程。议会的科学和技术办公室（Parliamentary Office of Science and Technology，简称 POST）在 1996 年出版了一份关于风险评估和新成立的环境署的报告。⑤ 这份报告尽管强调风险评估可以是标准制定中的一个有用工具，但是还是通过引述说明"遵守以理性、科

---

① Better Regulation Taskforce, Better Regulation Taskforce (1998) 6 and Cabinet Office, Modernising Government, Cm 4310 (1999) 16.
② Birkinshaw, Freedom of Information: The Law, the Practice and the Ideal (2nd edn, 1996) 19.
③ Agriculture Committee, Salmonella in Eggs, Vol 1, HC 108-I (1989), at xxviii.
④ S. Ratzan (ed.), The Mad Cow Crisis: Health and the Public Good (1998) 66.
⑤ POST, Safety in Numbers? -Risk Assessment and Environmental Protection (1996).

学为基础的专家统治论理路下的规制，本身是不够的"[1]。在1998年10月英国皇家污染控制委员会出版了它们关于环境标准制定的报告[2]，其目的在于找到"标准制定的更为一贯且坚实的基础"[3]。他们主张标准制定是一个需要严格分析、透明[4]、咨询[5]和审议[6]的"实践判断"的运作过程。

政府的首席科学顾问罗伯特·梅（Robert May）先生在1997年3月和1998年7月的两份备忘录里，都强调了使用科学建议中内在的问题。第一份文件中强调探求科学建言中内在的不确定性和复杂性。[7] 第二份文件是对政府部门强调见解的多样性以及公众咨询的重要意义实践的一个综述。[8] 然而更多文件还是在讨论风险评估应该扮演怎样的适宜角色，这些文件还是处于少数的地位。

（二）政府部门报告：增强公众的信任

在最近五年里，环境部[9]，健康和安全部[10]以及跨部的风险评估联络小组（ILGRA）[11]都出版了风险评估和标准制定报告，几乎所有报告都关注到在规制体系中"增强公众的信任"[12]。有几个部的关于风险沟通的报告，就特别关注到这个方面。[13] 这些报告是就公众对风险规制过程本身不信任的直接回应。

增加公众信任的方法有很多，而只有健康和安全部不论风险评估如何，去

---

[1] POST, Safety in Numbers? -Risk Assessment and Environmental Protection (1996).

[2] Royal Commission on Environmental Pollution, Setting Environmental Standards, 21st Report (1998).

[3] Royal Commission on Environmental Pollution, Setting Environmental Standards, 21st Report (1998), p. 1.

[4] Royal Commission on Environmental Pollution, Setting Environmental Standards, 21st Report (1998), p. 124.

[5] Royal Commission on Environmental Pollution, Setting Environmental Standards, 21st Report (1998), 第7章。

[6] Royal Commission on Environmental Pollution, Setting Environmental Standards, 21st Report (1998), p. 130.

[7] R. May, 'The Use of Scientific Advice in Policy Making: A Note by the Chief Scientific Advisor', Office of Science and Technology (1997).

[8] May, The Use of Scientific Advice in Policy Making: Implementation of the Guidelines, Office of Science and Technology (1998).

[9] DOE, A Guide to Risk Assessment and Risk Management for Environmental Protection (1995) 3.

[10] HSE, Reducing Risks, Protecting People (1999) at iii.

[11] ILGRA, Intergovernmental Liaison Group on Risk Assessment, Use of Risk Assessment in Government Departments (1996).

[12] DOE, A Guide to Risk Assessment and Risk Management for Environmental Protection (1995), 3、32页。

[13] ILGRA, Risk Communication: A Guide to Regulatory Strategy (1998); Department of Health, Communicating About Risks to Public Health: Pointers to Good Practice (1997).

强调一贯性，特别强调伦理和社会事项的重要意义，以及预防原则。① 其他的报告主要在强调要为标准设定，特别是风险评估的使用，设定更为严格更为正式的框架②，从而保证部内以及政府部门之间标准制定的一贯性。③ 据说以科学为基础的一贯性，能确保决定不会带来过度保护，也不会带来负担，保证这个过程不被产业界的利益所俘获。④ 同时它还遵守了排除恣意裁量的法治概念，以及政府除非必要时不得介入的自由主义观念。⑤ 因此这些文件的重点不在于规范上的争论，更多的则是在于对正确分析程序的强调。可以强调公众参与的重要性所在，但很难弄清楚公众参与是如何影响标准制定过程结果的。

最初建立跨部门的风险评估联络小组，是为了提供一个有着更多一致性和一贯性的平台。⑥ 在它们第一份描述风险评估的报告里，认为风险评估是"为了让社会能去接受理性化的风险决定的，一个必不可少的结构"⑦。报告发现风险评估的使用并未得到"系统化的发展"⑧。在1996年，作为对跨部风险评估联络小组报告的回应，英国财政部的报告中强调需要发展出一个普遍的框架，从而为"政策判断和标准制定提供一个普遍基础"⑨。相反，健康和安全部将此作为讨论风险问题性质的起点，因此对风险评估给予了更少信任。尽管健康和安全部还是认识到分析一贯性的价值所在，他们强调只有他们的行为"反映了普遍的社会价值"，才能确保获得公众的信赖。⑩

（三）中央政府的政策文件：重夺控制权

在内阁办公室的规定以及财政部的改革中，对分析一贯性的欲求就更为显著，而这机制略有不同。内阁办公室控制着制度结构和人员问题，而财政部控制着预算。这两个机构通过使用绩效标准、审计以及从私人部门中借过来的其他工具，来推行的风险规制改革策略，是整体上公共行政"现代化"与革新的

---

① HSE, Reducing Risks, Protecting People (1999)，第三部分。

② DOE, A Guide to Risk Assessment and Risk Management for Environmental Protection (1995), 3页。

③ ILGRA, Intergovernmental Liaison Group on Risk Assessment, Use of Risk Assessment in Government Departments (1996) pp. 34-6.

④ HSE, Reducing Risks, Protecting People (1999) at iii.

⑤ T. Lowi, 'The Welfare State, The New Regulation and the Rule of Law' in A. Hutchinson & P. Monahan (eds), The Rule of Law: Idea or Ideology (1987) 22.

⑥ Terms of Reference, www.open.gov.uk/hse/dst/ilgra.htm.

⑦ ILGRA, Intergovernmental Liaison Group on Risk Assessment, Use of Risk Assessment in Government Departments (1996), 13页。

⑧ Intergovernmental Liaison Group on Risk Assessment, Use of Risk Assessment in Government Departments (1996), 29页。

⑨ HM Treasury, The Setting of Safety Standards: A Report by An Intergovernmental Group and External Advisors (1996) at 5.1.

⑩ HSE, Reducing Risks, Protecting People (1999) at vii.

一部分。① 而如此改变的需要，是由于对政府部门幻想的日益破灭及日渐增加的不信任，特别是感到无效率的乃至带来负担的规制，成为了一个严重的问题。

内阁办公室已经建立了独立的"更好规制工作组"（Better Regulation Taskforce，简称BRT）及"规制影响小组"（Regulatory Impact Unit）。更好规制工作组是一个咨询机构，建议政府如何去改进"政府规制的有效性和置信度"②，它拟就的五个"良好"规制原则是：透明、责任、靶向（targeting）、一贯性及比例。③ 工作组还对风险管理的问题予以探究。④

规制影响小组要求与规制影响评估（regulatory impact assessment，RIA）相伴的，要有法律、（包括执行欧盟指令）的规章以及咨询文件。这要求标准制定者开展定量工作，对"风险、成本和收益进行全面的评估"⑤。规制影响分析旨在确保任何规制都是必要的，而且尽可能以最合比例，最有效率的方式制定。规制影响分析很大程度上倚重于诸如成本/收益分析之类的经济学方法论，而且以能找到最优化规制的假定为基础。因此它将规范问题和科学不确定性问题推向了边际。而且，任何立法行为的正当性都是由评估所确定的。⑥

财政部引入了公共服务协定（Public Service Agreements，简称PSAs），这将预算同绩效指标联系在一起，而之所以这样做的催化剂还是更为有效率政府的需要，而在风险规制的情境下，这些指标强调风险规制首要的是同客观目标实现相关联的。⑦ 因此，例如根据公共服务协定，农业、渔业及食物部必须减少疯牛病的发生率，提高公众对食品安全规制的信任度。信任度是要通过民意调查来评估的。⑧ 他们还必须在2002年3月31日之前，建立一个度量标准绩效，以及标准是否的确削减风险的体系。⑨ 规制中的科学不确定性问题，以及任何复杂系的问题，又一次被忽略了。

---

① Cabinet Office, Modernising Government, Cm 4310 (1999) 16; D. Osborne and T. Gaebler, Reinventing Government (1993). 关于行政现代化概念的讨论，见 C. Hood, The Art of the State: Culture, Rhetoric and Public Management (1998)，第九章。

② BRT. Better Regulation Taskforce (1998) 2.

③ BRT. Better Regulation Taskforce (1998) 6.

④ BRT, "Experts Debate Risky Business of Government", News Release (8 February 1999).

⑤ T. Blair, Prime Minister's Foreword, www.cabinet.office.gov.uk/bru/1998/brg/brg - pmintro.htm (1998).

⑥ 关于美国的经验，可见 T. McGarity, Reinventing Rationality: The Role of Regulatory Analysis in the Federal Bureaucracy (1991).

⑦ HM Treasury, Public Services For the Future: Modernisation, Reform, Accountability Cm 4181 (1998).

⑧ HM Treasury, Public Services For the Future: Modernisation, Reform, Accountability Cm 4181 (1998), 97页。

⑨ HM Treasury, Public Services For the Future: Modernisation, Reform, Accountability Cm 4181 (1998).

(四) 立法的建议：架构裁量

由于法律框架的极简性质，因此有许多立法建议，也就不足为奇了。特别的，如"更好规制工作组"指出的，"规制者的责任清晰，这才能让公众满意。需要让人民知道，影响他们的行为有着法律上的基础"[1]。这样的法律基础是确保信任的途径之一；在通过受到广泛批评的《污染预防和控制法》时，指出这一点将是有用的。该法是作为执行《欧盟污染预防和控制一体化指令》的手段而制定的。[2] 在1999年初，政府因"不适当的对次级权力的授出"，而遭到了来自"授权和放松规制特别委员会"的严厉责备。[3] 因为这部法案赋予了环境部部长太大的裁量权。作为回应，政府主张对于复杂的IPC领域而言，这样的裁量是有必要的。[4] 尽管该法案已获修正，但围绕它展开的争论，揭示出来风险规制中授权固有的紧张。

第二个也是更具开创性的法律，是1999年《食品标准法》，它是一系列咨询文件的产物，据此确立起了新的食品标准机构。[5] 这些文件始终强调需要根据许多导引原则，来建立食品标准，这包括：

机构对食品标准和安全性的评估，应该是无偏私的，并以最佳可得科学建议为基础，这是由专家在他们自己立场上给出的独立建议。

....

机构的决定和行为应该合乎风险的比例；适当付出的值，应考虑到那些受影响者的成本和收益；避免过度规制。[6]

而这些改革肇始的原因，在于需要去确保责任机制，而非食品安全中所固有的问题。因此可以将这部《食品标准法》，理解为培植公众的信任，以及让行政过程更有效率两方面欲求共同作用的产物。（确实如此！）标准其实就是理性的外化理想地，该法将确保机构以"公开、透明和最佳科学"为基础[7]，由"理性来驱动"[8]。这部法律尝试对标准制定的裁量权运作，予以更多法律上的

---

[1] BRT, Modernising Government, Cm 4310 (1999) 5.

[2] Council Directive 96/61/EC.

[3] House of Lords, Hansard col. 465 (15 February 1999).

[4] House of Lords, Hansard col. 465 (15 February 1999), at cols 475, 480, and 509.

[5] P. James, Food Standards Agency: An Interim Proposal (1997); MAFF, The Food Standards Agency - A Force For Change Cm 3830 (1998); and MAFF, The Food Standards Agency: Consultation on Draft Legislation Cm 4249 (1999).

[6] MAFF (1998), The Food Standards Agency: Consultation on Draft Legislation Cm 4249 (1999) chapter 2.

[7] Second Reading Speech, House of Commons, Hansard col. 786 (21 June 1999) per Nick Brown, Minister of Agriculture, Fisheries and Food.

[8] Second Reading Speech, House of Commons, Hansard col. 793 (21 June 1999) per Nick Brown, Minister of Agriculture, Fisheries and Food.

限制。该法第 23 节第 2 款对主要的法定义务作了规定：

在考虑是否行使任何权力，或者行使任何权力的方式时（除了其他的以外），机构应考虑以下因素：

(a) 关乎公众健康的任何风险，或者同决定相关的其他风险的性质和维度（包括因可得信息的充分性或可信赖度所带来的不确定性）；

(b) 行使权力，或者不行使权力，或者以机构所考虑的任何方式行使权力，所带来的可能成本和收益；以及

(c) 无论是否依机构的请求，由咨询委员会提出的建议或信息。

当这样会被认为是不合理时，就可不适用这样的分析义务。[1] 但该法赋予了大臣当觉得没有遵守上述条款时，可以采取特定行为的权力。[2] 食品标准机构的任务首先是致力于风险评估的分析过程，而非任何更为复杂的问题。科学不确定性的问题以及类似的问题，都被放到了边缘化的位置。

四、向着客观性和可确证性的位移

从以上可以清晰地看出，风险规制的标准制定中的这些改革，并非仅仅是风险规制问题本身的产物，且也要归因于政府中更为普遍的趋势。因此尽管这个领域的责任危机可能是一个变化的正当化根据，其背后所关系到的一个更为普遍的问题，是行政治理（用公共治理？是否更好）的责任问题。特别的，由中央政府对规制活动的更多控制，以及通过可确证的程序来增强公众的信任，都和这些有关。之所以如此做的原因在于，在不信任的空气中，可确证性和客观性是确保责任的手段。如 Porter 写到的那样：

客观性意味着法治而非人治……它暗示着政治上的个人利益和偏见，要向公共的标准屈服。[3]

似乎也可以保证标准可能是最有效率和效果的，因为他们是以对事实精密且专业的分析为基础的。

需要追问的根本问题，也是在本文开始之际提出的问题，是这些改革是否在事实上带来了更负责任且更具正当性的标准制定。如本文第一部分指出的，良好的责任机制是那些与决策性质及情境相一致的机制。而对于多数的改革而言，却并非如此。除了那些由咨询机构及健康和安全部提出的建议外，强调的多是发展出标准制定的分析结构，以及以规则为边界的结构，而这些规则是管理事实的方法规则。尽管已经指出了公众参与、科学的不确定性以及公众对风

---

[1] Section 23 (23) (a).
[2] Section 24 (a).
[3] T. Porter, Trust in Numbers (1996) 74.

险的感知的重要性，但这些并未作为影响决定的法律或行政责任的因素，得到认真的讨论。

这些改革和风险规制现实之间存在断裂的理由在于，这些建议并非以对风险规制中标准制定的审查为基础，而更多的是不信任文化的产物。[1] 由于对行政过程的不信任，这些改革试图通过给予其他两个过程以权力，来确保信任。首先是议会过程和民选政府。许多改革的目标在于，确保中央政府能对行政的扭曲失真予以监控，而决策者被严格限定在他们被认为的领域。推定立法和诸如公共服务协定之类的政策工具，将是标准制定中所需要考虑的规范性考量的表现。尽管依然承认政府部门的政策制定角色，而这不是他们的最主要角色。

第二个也是最重要的过程是科学。改革要求标准制定者使用诸如规制影响分析和风险评估等分析工具，作为标准制定的首要手段。尽管已经指出来科学不确定性以及公众关切的问题，但这些从根本上只是被解释为分析的运作，而非认真地作为影响标准制定正当性的因素。信任是以科学方法为基础，从而去确保标准的客观性和正当性。这样的客观性保证了比例[2]、"公正"和无偏私。[3] 同样的，可以通过去看方法论如何更好地得到了应用，而非仅仅是去求诸于决定的实体内容，去评估标准的"质量"和"完整性"。对于责任而言，这不仅避免了重新开启高度政治化决定的问题，还意味着普通的决策者，可以通过评估决策者遵从诸如风险评估或成本收益分析之类正式方法的程度，来对技术决定进行严格审查。

问题在于，风险规制行政是进行实体性审议的场所之一，而这些工具是建立在一系列与之相矛盾推定的基础上。而且，在这些改革下，风险规制者只是在完成一个简单的任务——将特定的方法适用于事实之中。标准制定者的职权不大也不小。一方面，存在着民主责任的范式，国会似乎还保留着控制；另一方面它带来了一系列严重的问题，这些问题都源自风险规制现实和这些新的责任工具之间的不匹配。在美国也遭遇到了这些问题[4]，这包括规则的僵化，将规范上的争论转化为技术上的争论，而最为重要的在于，引起了在该领域公共行政的性质和作用的变形（metamorphosis）。

首先，这些大型正式分析工具的执行是一项资源密集型的事业，而当更多的重心放在信息收集和评估时，就更是如此。但这样是否会使决定更有效率或效果，还是有待商榷的，因为由于科学的不确定性，那么对风险或者成本收益

---

[1] T. Porter, Trust in Numbers (1996) 8.
[2] BRT, Modernising Government, Cm 4310 (1999) 3.
[3] T. Porter, Trust in Numbers (1996) 74.
[4] E. Fisher, Risk, Expertise and Judicial Review: Scope of Review and Decision Making Under Scientific Uncertainty, unpublished D Phil thesis, St John's College, Oxford (1998) chapter 3 and 5.

的精确评估,是无法实现的。从长远看,对分析的强调,会导致标准制定过程的僵化,或者影响美国风险规制的"因分析而瘫痪"(paralysis by analysis)。[1]当标准制定因分析上和程序上的要求而变得不堪重负,标准制定过程通常都要五到十年时,就会出现这种情况。[2] 如果一个描述性标准的质量要以对作为其基础的信息质量的评判为根据,而标准又是在科学不确定性的情境下制定的,那么关于信息的要求以及标准质量的争论,可以是无穷无尽的。

其次,这样的信息工具并无法阻止标准制定中固有的政治和规范争论,而只是将这些转化为关于科学的争论。关注的可能是科学上的有效性,而非我们想过上怎样生活的问题,但规范价值也还是一样的。这些分析工具的使用,因此也成了一个非常昂贵的间接地承载着价值的讨论。同样的,由于科学对话是深奥的,因此从表象上看,这样的分析决策可以不向公众做进一步的公开。[3]

然而这两个问题,都没有第三个重要:这些工具导致了风险规制中行政的作用和性质的根本性位移。这些文件并不只是要让标准制定更为透明,或者暗示还有附加的分析"工具"。责任工具有着强有力的型塑功能,它不仅能改变决策的方法,还能改变制度本身的性质。如前所述,新的改革将更多的权力和信任,放在议会过程和分析手段上。推定议会是适于就规范展开争论的场所,因此标准制定最主要的应经由诸如风险评估这类工具之手。风险规制者的"专长"不仅同主要将方法学适用于事实的创造性专业判断有关,而且更为根本地改变了它的性质。这不仅与科学问题有关,而且还和公众参与有关,因为规制者要对固定化的公民偏好加以评判[4],从而可以将这些信息整合入分析过程之中。尽管以上我们看到的,标准制定要求在公共行政中实体职权的授予,但这些改革否认了这样的职权。公共行政不再是一个能对特定风险问题予以回应的实体性角色,它只能以分析为基础,按照更为明确的要求行事。

森斯坦教授在对美国类似的发展加以评论时,也暗示随着"成本/收益国家"的浮现,我们正在见证一个"宪法时刻"[5]。它的隐喻在于,围绕对行政国家作用和性质的理解,正在发生着一场根本性的也是革命性的位移。然而,这

---

[1] T. McGarity, "Some Thoughts on DeOssifying the Rule‐making Process" 41 Duke LJ 1385–462 (1992).

[2] Carnegie Commission on Science, Technology, and Government, Risk and the Environment (1993) 108. 最近的一个用了十年才制定出来的规则的示例,是由职业安全和卫生署颁布的亚甲基氯的规则。见 62 Fed R 1494 (10 January 1997)。一般而言,僵化是为风险规制和相关领域所独有的问题。参见 R. Pierce, "Seven Ways to DeOssify Agency Rule-making" 47 Administrative LR 59 (1995).

[3] A. J. Brown, 'Prayers of Sense and Reason: Mining, Environmental Risk Assessment, and the Politics of Objectivity' 9 Environmental Planning and Assessment Journal 387–410 (1992).

[4] HM Treasury, Public Services For the Future: Modernisation, Reform, Accountability Cm 4181 (1998), at 5.3.

[5] C. Sunstein, Free Markets and Social Justice (1997) 348.

样一个"时刻"概念的背后,是否有着民主的支持,无论在英国还是美国,都是富有争议的。① 在英国,大多数这样的改革都是由行政实施的,几乎没有碰到什么争议。

五、结 论

从以上的分析可以清晰地看出,如果不去考虑所应负责任的性质,单凭可确保更多的责任机制,来证明改革的正当性,是没有意义的。对任何特定建议正当性(不通顺)的评判,都不能脱离这样的情境。在这里并未出现这样的情况,当下的政府改革只是会导致让规制过程沉溺于僵化的规则制定过程,淹没于对规范的讨论,而且让公共行政的性质发生了根本性的位移。成功的改革必须以对风险标准中标准制定的性质和情境的理解为基础,就连财政部也承认需要"去更多地理解规制博弈展开的制度过程"②。

然而,如果说目前的政府进路有着根本性的缺失,并不是说目前的体系就是可接受的或是正当的。如本文第二部分所揭示的,当下的规制框架没有提供多少对决策者予以审查监督的机会,也没有对裁量权提供充分的法律上的限制。如此责任的缺失,对于这样一个机构的民主合法性而言,是一个根本性的问题;同时它也同疯牛病爆发时相关的争议有关联。

在发展新的制度结构和过程时,必须要认识到公共行政在标准制定中发挥着实质性的作用。进一步的,这样的标准是对规范的描述,要求对不同社会和政治因素的衡量,以及在科学不确定性的语境下,对科学及其他专业信息的考量。这样的运作,要求将经验、专业判断和审议能力都能整合于其间的专长。

无须掩饰,这并非一个简单的任务,而尊重、责任以及职权的问题,是长期以来萦绕在公众和法律人心怀中的问题。③ 进而,由于风险规制者的正当性与责任问题,是同行政国家和行政法这样更大的问题缠绕在一起的,因此问题就更为复杂了。然而,只是去探求责任,而忽略这些问题,其结果首先只能是导致"沉溺"于行政过程之中,以及对规制中民主理性的阻碍。

---

① B. Ackerman, We the People: Transformations (1998) 5.
② HM Treasury, Public Services For the Future: Modernisation, Reform, Accountability Cm 4181 (1998), at 1.2.
③ See W. Bulter, 'The Rising Tide of Expertise' 15 Fordham LR 19 - 60 (1946).

对独立机关独立性的争论
——一种实证考察

[美] Geoffrey P. Miller* 著　苏苗罕** 译

晚近的宪法学理论开始重新探讨政府结构的问题。随着权利革命的成熟和步入主流，这一争论开始回到国父们所提出的问题：什么样的政府组织形式能够最有效地确立正义、促进普遍福利、提供公共安全和确保自由的福祉之实现？

近代以来的一个突出问题便是如何对待行政国家。[①] 宪法中考虑了官僚机构的问题，但是并没有清晰地对其权力进行分配。[②] 理论

---

* 现为纽约大学法学院教授。作者感谢 John M. Olin 基金会提供的资助及 Linda Brinker 在研究上给予的帮助。本文原题为"The Independence of Independent Agencies: Introduction: The Debate Over Independent Agencies in Light of Empirical Evidence"，载于 Duke L. J. 215 (1988)。

** 中国社会科学院法学研究所宪法与行政法学专业博士研究生，研究方向：行政法、政府规制。Email: sumiaohan@163.com。

① 最高法院近年的一些分权案件多数都是由行政权的分配问题所引发的。See Morrison v. Olson, 108 S. Ct. 2597 (1988)（负责对高级行政官员犯罪实施的侦查指控的"独立检察官"的作用）; Bowsher v. Synar, 478 U. S. 714 (1986)（总审计长在编制联邦预算中的作用）; Commodity Futures Trading Comm'n v. Schor, 478 U. S. 833 (1986) (CFTC 在对普通法诉讼中提起的反诉进行裁决中的作用); Thomas v. Union Carbide Agric. Prods. Co., 473 U. S. 568 (1985)（纠纷解决中的约束性裁决的作用）; INS v. Chadha, 462 U. S. 919 (1983)（国会在否决机关行为中的作用）; Northern Pipeline Constr. Co. v. Marathon Pipe Line Co., 458 U. S. 50 (1982)（破产法官在裁决私人权利中的作用）; Buckley v. Valeo, 424 U. S. 1 (1976)（国会在任命联邦选举委员会委员中的作用）。行政的问题在最近的 3 起最高法院案件中也是非常突出的，Ameron, Inc. v. United States Army Corps of Eng'rs, 809 F. 2d 979 (3d Cir. 1986), cert. granted, 108 S. Ct. 1218 (1988) (No. 87-163)（总审计长在延迟采购合同的付款和履行中的作用），and United States v. Johnson, 682 F. Supp. 1033 (W. D. Mo.), cert. granted sub nom. United States v. Mistretta, 108 S. Ct. 2818 (1988) (No. 87-1904)（"司法部门中的独立委员会"在起草判决指南中的作用）; Mid-America Pipeline Co. v. Dole, No. 86-C-815-E (N. D. Okla. Feb. 8, 1988) (LEXIS, Dist file, No. 7363), cert. granted, 57 U. S. L. W. —— (U. S. Oct. 3, 1988)（交通部在通过对受规制产业的评估对规制项目进行资助中的作用）。

② U. S. CONST. art. II,？2, cl. 1 ("每一个行政部门中的高级官员 principal Officer"); id.？2, cl. 2 (美国的"官员"和"下级官员")。

上，对行政机关的控制主体可以有：（1）总统；（2）国会；（3）既非总统亦非国会；（4）既有总统，亦有国会。每一方案各有利弊。前两方案突出了单一部门；后两方案则模糊立法和行政部门之间的区别。每一种都是被作为对行政国家确立合理的权力关系的建议。①

在行政机关之间分配权力的问题，在独立机关的问题上尤为严重。② 这些机关的特征在于其主要官员受到保护，不受总统的任意免职。③ 免职权通常被认为是蕴含有高度的监督权："官员一旦得到任命，他就只需对免职权而非任命权有所戒备，并在职务履行时服从命令。"④ 相应地，任何对免职权的实质限制都会削弱对在位者的监督权。⑤ 总统对独立机关的首长所拥有的权力，如"仅出于合理事由"免职的权力，也因而被认为是弱于他对"行政"机关首长的免

---

① 有关立法观点的例子，see E. Krasnow, L. Longley & H. Terry, The Politics of Broadcast Regulation 89 (3d ed. 1982) (Sam Rayburn 议长对 FCC 主席 Newton Minow 的谈话，"你们机关是国会的臂膀；你们隶属于我们"); 5 SENATE COMM. ON GOVERNMENTAL AFFAIRS, 95TH CONG., 1ST SESS., STUDY ON FEDERAL REGULATION 31（支持"国会的臂膀"理论）。行政部门的视角，see Meese, Towards Increased Government Accountability, 32 FED. B. NEWS & J. 406, 408 (1985)（重印在联邦律师协会的讲话，1985 年 9 月 13 日）（对机关独立于总统的理由提出了质疑）。独立于任何部门的机关是早期新政理论家们，尤其是 James Landis 所亲睐的模式. See J. LANDIS, THE ADMINISTRATIVE PROCESS 111 (1938)。多数现代的学者都赞同共同控制的理论，See, e.g., Bruff, Presidential Power and Administrative Rulemaking, 88 YALE L. J. 451 (1979); Strauss, The Place of Agencies in Government: Separation of Powers and the Fourth Branch, 84 COLUM. L. REV. 573 (1984).

② 早期有关论述独立机关合宪性的作品，see Anderson, Revisiting the Constitutional Status of the Administrative Agencies, 36 AM. U. L. REV. 277 (1987); Bruff, On the Constitutional Status of the Administrative Agencies, 36 AM. U. L. REV. 491 (1987); Bruff, supra note 3; Currie, The Distribution of Powers After Bowsher, 1986 SUP. CT. REV. 19; Cushman, The Constitutional Status of the Independent Regulatory Commissions (pts. 1 & 2), 24 CORNELL L. Q. 13, 163 (1938—1939); Donovan & Irvine, The President's Power to Remove Members of Administrative Agencies, 21 CORNELL L. Q. 215 (1936); Miller, Independent Agencies, 1986 SUP. CT. REV. 41; Parker, The Removal Power of the President and Independent Administrative Agencies, 36 IND. L. J. 63 (1960); Sargentich, The Contemporary Debate About Legislative-Executive Separation of Powers, 72 CORNELL L. REV. 430, 460 - 64 (1987); Shane, Conventionalism in Constitutional Interpretation and the Place of Administrative Agencies, 36 AM. U. L. REV. 573 (1987); Strauss, supra note 3; Tiefer, The Constitutionality of Independent Officers as Checks on Abuses of Executive Power, 63 B. U. L. REV. 59 (1983); Verkuil, The Status of Independent Agencies After Bowsher v. Synar, 1986 DUKE L. J. 779; Note, In Defense of Administrative Agency Autonomy, 96 YALE L. J. 787 (1987); Note, Incorporation of Independent Agencies into the Executive Branch, 94 YALE L. J. 1766 (1985).

③ 而且，独立机关通常都会体现出部分甚至全部以下特征：(1) 合议制领导；(2) 任命的政治标准，只允许出现任一党派委员的简单多数；(3) 广泛的规则制定权；(4) 根据案卷记录作出裁决的权力；(5) 进行调查和提起执行诉讼的权力；(6) 要求机关要么关注特定产业或者特定的综合性问题的专业化使命。

④ Bowsher v. Synar, 478 U. S. 714, 726 (1986) (quoting Synar v. United States, 626 F. Supp. 1374, 1401 (D. D. C. 1986)).

⑤ See Morrison v. Olson, 108 S. Ct. 2597, 2621 & n. 34 (1988).

职权，总统可以出于任何理由，甚至是在没有理由的情况下免除其职务。从这一点来说，可以推出这样的结论，即规制委员会是"独立于"总统权。"独立"这个词有其自身的生命力，迷惑着分析研究。

其主要问题并非狭义上的宪法问题。[①] 最高法院在 Humphrey's Executor 一案中支持"有理由"的免职权限制。[②] 最高法院在最近的 Morrison v. Olson[③] 案的判决意见中对这些限制的持续有效性并无甚质疑，至少是在适用于传统的规制委员会时。因此，尽管存在理论上的不一致性[④]，独立机关不会在近期被司法判决无效。[⑤]

有关独立机关的最为有趣的问题是一个政治理论上的问题。建立独立机关而非行政机关的政策理由何在？哪些政府力量影响着行政体制的决定？独立机关和行政机关的实际职责上存在哪些区别？这些区别有多大重要性？就其存在而言，他们改进还是削弱了行政的品质了呢？

这次研讨会集中的议题正是这些实证性的问题。尽管这些作者在政治观点上有很大差别，他们都关注独立性对于行政机关的现实运作的实际意义。这些文章为这些有时过度偏重法律的讨论提供了有益的修正。[⑥] 未来对独立机关的政治合法性的任何分析都将从这些文章中受益。

就这一意义上讲，Susan Bartlett Foote 对独立机关的争论的客观分析尤为值得欢迎。[⑦] 借助于这些政治学的实证分析文献，Foote 揭穿了行政机关和独立机关之间泾渭分明的神话。这两种机关都是处在复杂的政治力量环境中运作，包括受到总统、相关国会委员会、受规制产业和其他利益团体的压力。Foote

---

[①] 对分权分析中的理论构成的讨论，see G. Miller, The Law of Separation of Powers: A Primer on Doctrine (Oct. 3, 1988) (unpublished manuscript).

[②] Humphrey's Executor v. United States, 295 U. S. 602, 626 (1935). 尽管通常被理解为对独立机关的直接认可，Humphrey's Executor 仍然不是十分切题，因为该案中的争议不是总统是否可以随意免去官员的职务，而是官员在被免职之后是否有权获得薪资报酬. See Miller, supra note 4, at 94 n. 195.

[③] 108 S. Ct. 2597 (1988). Morrison 支持该法，也就是说，允许总统（通过司法部长）只在"有合理事由、身体或精神疾病，或任何其他对其职责履行有实质影响的条件下"免去"独立检察官"的职务。) Id. at 2604 (quoting the Ethics in Government Act, 28 U.S.C.A. ? 596 (a) (1) (West Supp. 1988)).

[④] See Currie, supra note 4, at 19 – 20.

[⑤] See SEC v. Blinder, Robinson & Co., 855 F. 2d 677 (10th Cir. 1988) (支持证券交易委员会提起民事执行诉讼 civil enforcement actions). 但是，仍然存在以下几个严重的问题：（1）除规制委员会委员之外还有什么官员是受到保护免于总统随意免职的；（2）免职的理由，是否可以包括官员未遵守总统的指令. See G. Miller, The Removal Power After Morrison (Sept. 14, 1988) (未刊稿).

[⑥] 早期有用的实证性研究的作品，see M. Bernstein, Regulating Business by Independent Commission (1955); H. Friendly, The Federal Administrative Agencies (1962); Hector, Problems of the CAB and the Independent Regulatory Commissions, 69 YALE L. J. 931 (1960).

[⑦] Foote, Independent Agencies Under Attack: A Skeptical View of the Importance of the Debate, 1988 DUKE L. J. 223.

将独立机关的支持和反对两方激烈争辩的主旨归结于政治争议而非中立的分析，正确地观察到许多对机关独立性的批评者都是支持里根政府的，而对独立机关的支持者则往往是政治上属于自由主义者。我相信 Foote 夸大了政治对这场争论的影响；而宪法上的抽象原则常常用于遮盖政治上的短期目标，除了正反两方之外，学术文献还有一部分是没有私心杂念的研究者的作品。而且，尽管 Foote 在独立机关和行政机关的区分常常受夸大这一点是正确的，甚至她所引用的研究表明，与传统的行政机关相比，独立机关可能对国会更具回应性，而相较之下不大受总统的影响。① 参加这次研讨会的有着在独立机关实际工作经验的作者们证明国会对于这些机关的活动有着实际的影响。② 只有在边界地带才可以发现差别，这一事实并不能证明其就不甚重要；问题是这些边际性的差别的重要性已足以提出对独立机关的有效性和合法性的质疑。

前联邦通讯委员会委员 Glen O. Robinson，对于"独立性"是否产生很大的变化这一点上，与 Foote 同样持怀疑的态度。③ Robinson 发现总统的影响实际上从未对裁决产生作用，无论是对独立机关还是行政机关来说，而且，如果有发生作用的话，那将是对正当程序来说不合适的。对于规则指定和法律执行，总统对行政机关或独立机关并没有让其与立法要求相悖的方式行事的权力。即使是在行为有着实质的裁量权的情况下，无论总统是否对结果产生影响，其所得出的结论也必须是可以在司法审查时独立证明其正当性的。

而且，即使是在剩下的裁量权范围之内，在 Robinson 看来，过度强调免职权在总统影响力中的意义，也是错误的。总统在威胁免职的权力之外，还有着很多种权利可以对机关的行为施加影响，包括任命、预算控制、允诺更高的职位等。反过来说，总统在"有理由"免职的要求之外，也受到诸多限制。Robinson 对这些实际因素的分析是非常有见地和令人信服的。考虑到行政机关和独立机关之间区分的相对非重要性，我对他的主张不太信服，最好的解决方案就是维持现状。如果有着双重的宪法依据的政府结构，可以在没有发生重要的行政瓦解的情况下就会被认为无效——我认为在独立机关的情形下很容易做到④——似乎更符合逻辑的就是应当由那些试图维持这种安排的人士来承担举证责任。与

---

① See Weingast & Moran, *Bureaucratic Discretion or Congressional Control? Regulatory Policymaking by the Federal Trade Commission*, 91 J. POL. ECON. 765 (1983); Moe, *Regulatory Performance and Presidential Administration*, 26 AM. J. POL. SCI. 197 (1982).

② See Miller, *A Reflection on the Independence of Independent Agencies*, 1988 DUKE L. J. 297, 298-99; Peters, *Reflections on the Independence of Independent Agencies*, 1988 DUKE L. J. 286, 293-96; Robinson, *Independent Agencies: Form and Substance in Executive Prerogative*, 1988 DUKE L. J. 238, 243-46; Wiley, *"Political" Influence at the FCC*, 1988 DUKE L. J. 280, 282.

③ Robinson, *supra* note 16, at 250.

④ See Miller, *supra* note 4, at 86-90.

Robinson 相类似的主张本来可以针对立法否决的情形作出①，其理由是国会已经制定了将近 200 项立法否决规定，这些带有立法否决条款的法律与不带有立法否决条款的法律之间的差别，实际上是比较细微的。最高法院否决了这一主张，并认定这些法律无效——对政府运作没有明显的不良影响。为什么对于独立机关来说类似的结果会是不合适的呢？

Alan Morrison，也许是分权领域的国内最杰出的私人律师②，他同样对于"独立性"的实际作用持怀疑态度。③尽管在其看来，独立机关比起行政机关来说更独立于总统的影响，就总统和行政部门所保有的重要权力，如任命权、预算控制和诉讼权等来说，这点区别"并不具有实质性"④。而且，机关独立性的传统理由，诸如于政治的绝缘机制，由合议制机构对行政法官所做的决定进行审查等的要求，并不具有太多意义。不仅如此，尽管独立机关是"一种异类"，Morrison——表现出执业律师的令人尊敬的本能——认为考虑到这一区别的实际意义不大，对这一情形来说没有也不应该采取什么措施。Morrison 很可能会同意 Robinson，主张由那些将独立机关重新改为行政机关的人来承担举证责任。

Paul Verkuil 的作品⑤考察了一项极其重要的问题：将一项行政职能赋予独立机关，而将另一项行政职能赋予行政机关，这样的选择除了出于政治上的便宜之外，还有什么理由可以解释呢？Verkuil 的论文认为传统的合议制机关最适合于履行裁决的职能，但是当这些机关参与广泛的规则制定和法律执行活动时，其形式和职能之间存在不匹配之处。他的建议——为消除戒心他称之为"最轻微的"——⑥就是分出合议制机构的裁决职能，而将规则制定和法律执行的职能重新放在行政机关中，而让这些行政机关的首长受"有理由"免除职务的限制之保护，作为国会削弱其对政策制定施加影响的某些权力而提供的补偿。Verkuil 的文章梳理了看起来杂乱无章的组织模式而值得高度评价⑦，即使阅读起来需要一些剪切粘贴的努力。就其所指出的合议制组织更适合于作为上诉性

---

① INS v. Chadha, 462 U. S. 919 (1983).

② Morrison 成功地提出 Chadha 诉讼，现在正参与最高法院一起挑战美国判决委员会（U. S. Sentencing Commission）合宪性的案件，United States v. Johnson, 682 F. Supp. 1033 (W. D. Mo.), *cert. granted sub nom.* United States v. Mistretta, 108 S. Ct. 2818 (1988) (No. 87-1904).

③ Morrison, *How Independent Are Independent Agencies?*, 1988 DUKE L. J. 252.

④ *Id.* at 253.

⑤ Verkuil, *The Purposes and Limits of Independent Agencies*, 1988 DUKE L. J. 257.

⑥ *Id.* at 275.

⑦ See, *e. g.*, Miller, *supra* note 4, at 72-75; Strauss, *supra* note 3.

对独立机关独立性的争论◇ 343

质的裁决行为的审判所而非规则指定者或法律执行者来说，Verkuil 无疑是正确的。① 但是，我相信他低估了其对传统的行政机关官员以"有理由"免职限制加以保护的建议可能带来的缺乏规制协调和降低问责度之问题的严重性。② 尽管如此，他的建议是很有创见的；如得到采纳，将会对联邦政府的结构产生巨大的变化。

　　Richard E. Wiley，前联邦通讯委员会主席，对其在真实世界中获取的经验和对机关所受政治影响的见解（误解）提供了生动的说明。③ Wiley 的结论——"对 FCC 的最有力和长期性的"政治"影响显然是来自国会拨款和监督委员会而立法机关的其他重要成员④"往往主张独立机关应该比行政机关更多地受到国会的影响。但是 Wiley 显然认为机关的任务在于保持不受来自总统或国会的政治影响；他的机构忠诚度，很有可能是由大多数其他独立机关的委员共有的，主要是对于机关及其命令。因此，Wiley 可能会支持本文第 2 部分所提到的作为规范性事项的自治模式，而非受总统或国会俘获的模式。

　　Aulana Peters，前证券交易委员会委员，与 Wiley 一样偏好独立机关的自治模式，尽管和 Wiley 一样，她很担心总统和国会的各种正式的和非正式的机制会试图影响机关的决定。在她看来，独立机关是"独立于其他三个部门的第四部门，但是又处在三部门的监督和审查之下"⑤。尽管有一些实际问题，诸如解决有关独立机关的机关间纠纷的困难，她认为独立机关的形式满足技术专长的需要和使执法责任免受政治干预而具有合理性。⑥ 在这次研讨会的所有论文之中，Peter 的观点可能最为接近于最初由 James Landis 和新政时期的其他人所提出的独立机关的传统"职能"存在理由。⑦

　　James C. Miller，III 在他提交的论文⑧中带来了其作为独立机关——联邦贸易委员会（FTC）主席和总统下设的行政机关——管理预算局（OMB）的主任的经历。Miller、Peters 和 Wiley 都将独立性视为赋予机关首长以自治地位的特

---

　　① 建国之初也是有一教训可循的，当时国会试图采用合议制组织来治理国家，但是最后证明合议制组织运作不佳而放弃了这一努力而选了单一制行政机关。See Guggenheimer, *The Development of the Executive Departments*, 1775—1789, in ESSAYS IN THE CONSTITUTIONAL HISTORY OF THE U-NITED STATES IN THE FORMATIVE PERIOD: 1775—1789, at 116, 120 (J. Jameson ed. 1970); C. THACH, THE CREATION OF THE PRESIDENCY, 1775—1789: A STUDY IN CONSTITUTIONAL HISTORY 59 - 70 (1969).
　　② See Miller, *supra* note 4, at 75 - 83.
　　③ See Wiley, *supra* note 16, at 280.
　　④ *Id.* at 282.
　　⑤ Peters, *supra* note 16, at 286.
　　⑥ *Id.* at 290 - 93.
　　⑦ See J. LANDIS, *supra* note 3.
　　⑧ Miller, *supra* note 16, at 297.

定实际措施，免受其他来源的游说活动，尤其是国会议员的压力。但是 Miller 与这些作者不同，他认为独立性是不幸的，因为它会降低政治问责度和禁止政策协调。相应地，Miller 倾向于取消机关独立性，将独立机关所承担的责任施加到取悦于总统的官员身上。

　　这次研讨会的文章充分地展示了这一主题的重要性。我认为所有这些文章为美国政治生活中一项最为棘手的问题提供了杰出而深刻的洞见。

《联邦行政程序法》中的一个非立法性规则条款[*]

[美] Russell L. Weaver[**] 著　郑淑霞[***] 译

<blockquote>

目　次

导论

一、《联邦行政程序法》的现行条款

二、此前试图修改《联邦行政程序法》的尝试

三、修正《联邦行政程序法》的建议

（一）应该鼓励行政机关运用立法程序来制定规则和公共政策

（二）……但是不应该阻碍行政机关通过非立法性方式来宣示政策

（三）只要满足特定条件，法院就应该尊重有权行政机关的解释，即使这些解释是用非立法性的方式阐明的

（四）法院只需要尊重行政机关在职权范围内的非立法性解释

（五）第一项条件是这些解释必须公布在联邦登记上，或者通过别的公开方式为公众所知悉

（六）第二项条件是当行政机关适用一个具有溯及力的非立法性规则而引发不适当的困难时，审查法院必须拒绝行政机关这样做

（七）法院没有必要过多地关注行政机关的立场是否前后一致，只要这种行为的改变没有不适当地侵犯到溯及性的利益，也没有与规制性条款所体现的意图不一致

四、结论

</blockquote>

---

[*] 本文原题为"An APA Provision On Non-legislative Rules?"，刊载于《行政法学评论》（Administrative Law Review），2004年第56卷。

[**] [美] Russell L. Weaver，作者现为路易斯维尔大学法学院法学教授、杰出大学教授。作者于1978年以优等成绩毕业于密苏里州立大学法学院，现教授宪法、高级宪法、行政法、刑法、刑事程序法等课程。作者在行政法、宪法和法律教育领域的研究取得了丰硕的成果。在行政法领域，他研究侧重于对制定法和规则的解释，还是一部重要行政法案例书的合作者。

[***] 译者为南开大学法学院宪法与行政法学专业硕士研究生，中国人民大学法学学士。电子邮件地址：zhengshuxia_2001@163.com。

导 论

《联邦行政程序法》[1]从诞生到现在已近60年了,是考虑应不应该对其加以修改的时候了。如果回答是肯定的,那么又该如何修改。本文主要指出《联邦行政程序法》中需要包含一个关于非立法性规则的司法审查及尊重条款。有一些参加了前两届论坛的与会者也许会对这个建议嗤之以鼻甚至表示反对。毕竟,在第二届论坛上,参与者已经投入了大量的时间来讨论非立法性规则问题,而且也达成一致结论准备在第三届论坛上讨论其他问题。

然而,在第三届论坛上,为何又回到了非立法性规则这个议题呢?原因在于在判例法[2]体系下,对此还存在好多困惑与混淆。有充足的证据表明,法院在适用非立法性审查的尊重原则上存在着前后不一致的情况[3],从而使那些受非立法性规则解释影响的利害关系人很难甚至都无法知道相关解释能否被法院采纳。[4]因此,遵循一定的原则和一致性显得实用又有价值。

本文不敢宣称一个《联邦行政程序法》的修正案能成为解决这些问题的万能药,但确实值得思考一下《联邦行政程序法》是否应该包含一个具体条款来处理非立法性规则的司法审查问题。所以,尽管本文文字有限,却描绘了如何构建《联邦行政程序法》相关条款的一些想法。

一、《联邦行政程序法》的现行条款

尽管《联邦行政程序法》包含了大量有关非立法性规则的条款,却没有一个条款具体细致地写明尊重问题。

最重要的条款,是该法第553节[5],它授予行政机关发布解释性规则和一般政策说明的权力。第533节很重要,因为它含蓄地承认了行政机关有权颁布解

---

[1] Administrative Procedure Act, ch. 324, 60 Stat. 237 (June 11, 1946)(修正后汇编于 5 U.S.C. §§ 551–559, 701–706 (2000))。

[2] See Russell L. Weaver, The Emperor Has No Clothes: Christensen, Mead and Dual Deference Standards, 54 ADMIN. L. REV. 173 (2002).

[3][4] See Russell L. Weaver, Some Realism About Chevron, 58 Mo. L. REV. 129 (1993). [下文简称 Realism About Chevron]。

[5] 5 U.S.C. § 553 (b)(3)(2000). 553节没有很明显地授予行政机关制定解释性规则和政策声明的权力,但是含蓄地认可了这样的权力并且免除了这些文件的立法性程序:"除非法律规定必须发布公告或举行听证以外,本分节不适用于下列事项:解释性的法规,关于政策的一般说明,关于机关的组织、程序或手续的规则",等等。

释性声明和规则,但它没有指明法院应该如何处理这些声明和规则,而且对于法院是尊重还是忽视这些解释性规则,以及给予行政机关的说服力多少权重,都未置可否。

第706节名称为"司法审查的范围"①,看似告知了法院如何处理法律问题(这其中当然包括了解释性规则和一般政策说明)。该节中最重要的部分是开始的段落,它把解释权授予了法院:对当事人提出的主张,在判决所必要的范围内,审查法院应决定全部有关的法律问题,解释宪法和法律条文的规定,并且决定机关行为的词句所表示的意义或适用。②

第706节的含义在马伯里诉麦迪逊案中得到了强化③,案件中阐述道:"应该着重强调司法部门有职权和义务来界定什么是法律。"④尽管有第706节和马伯里案,法院在选择如何尊重行政机关的解释时却有多种方式和手段。⑤"他们之所以这样做是因为行政机关在其被授权的特定领域内往往比法院更专业,因此在对相关法律和规则的解释上也比法院更到位。"⑥所以,不管是第706节还是马伯里案都没能给法院提供更多的指导来处理非立法性规则问题。

《联邦行政程序法》确实有规定非立法性规则的条款。第552节要求行政机关在联邦登记公布"机关制定和采取的一般政策的说明,和机关采取的普遍适用的解释的说明"⑦。同时它还规定"应在联邦登记上公布而未公布的文件,不得以任何方式要求任何人遵守或受到不利的影响,"除非该人"就文件的内容实际上已经及时得到通知"⑧。但是这些条款被遵守的频率跟被突破的频率几乎同样高。

二、此前试图修改《联邦行政程序法》的尝试

如果国会考虑采纳有关非立法性规则的司法审查条款,也将不会是第一次尝试。早在20世纪70~80年代,阿堪萨斯州的参议员Bumpers曾倾向于通过限制司法审查的尊重来修改《联邦行政程序法》中的司法审查条款。他声称法院只是机械地例行公事地尊重行政解释,以至于几乎都不可能对这些解释产生

---

①② 5 U.S.C. § 706 (2002).
③④ 5 U.S. 137 (1803).
⑤⑥ 参见 Russell L. Weaver, *Judicial Interpretation of Administrative Regulations: The Deference Rule*, 45 U. PITT. L. REV. 587 (1984) [下文简称 *The Deference Rule*].
⑦ 5 U.S.C. § 552 (a) (1) (D) (2000).
⑧ 5 U.S.C. § 552 (a) (1) (E) (2000).

质疑与挑战。[1] 为了推翻这个假定，Bumpers 提出了所谓的"Bumpers 修正案"，即通过立法主动废除尊重原则的概念，但之后他自己把它修改为严格地限制尊重的适用范围。[2]

Bumpers 修正案最终没有通过。这个提议也遭遇了强烈的学术批评[3]，评论者认为这种阻止法院尊重行政解释的观点有失妥当：

> 那些持规则制定是为了更好地适用法律的观点的学者们一致认为应该保留相关的尊重原则。他们认为，行政性的解释是代表性地建立在行政机关的见多识广的判断、专业意见和经验之上的，这为法院提供了特殊的调查途径来获悉国会意图达到的对制定法的解释。[4]

三、修正《联邦行政程序法》的建议

如果说 Bumpers 修正案没能为尊重问题提供最好的解决之道，那么国会到底应该采纳什么样的修正案来解决非立法性规则的司法审查问题呢？本文接下来就要阐述几个自认为应该被《联邦行政程序法》修正案包括进去的主张。本文把尊重视为一种注重实效的而非公式化的过程；也就是说，法院不应该过多地受到外在的明示的尊重标准的影响，不管它是谢弗林（Chevron）尊重标准[5]

---

[1] 参见 122 CONG. REC. 22, 012（1976）；行政法上长期存在一个原则，就是法院尊重行政机关作出的法律约束下的解释。尽管这一原则在建立之初是好的，但是在实践中，至少在这些年的实践中，这使得法院对行政机关的司法审查成了纯粹的橡皮图章。首席大法官 Marshall 着重指出，司法部门的职责在于指明什么才是法律。

[2] 参见 S. 1080, 98th Cong.（1983）. 在1982年，这个法案声称要修改美国联邦行政法中关于司法审查部分的内容，5 U. S. C. § 706（1982），具体如下：对当事人提出的主张，在判决所必要的范围内，审查法院应该独立决定全部有关法律的问题，解释宪法和法律条文的规定，并且决定机关行为的词句所表示的意义或适用。当法院根据这一节的（a）（2）（C）分节对法律的权限和权力作出决定时，应该要求行政机关所作行为明显是在法定的管辖权限、权力范围内，即使出现含糊的情况，也应该有可确定的立法意图作为证据。当法院对其他法律问题作出决定时，不应该依据任何假定来支持或反对行政机关的行为。但是在对行政机关的法律解释行为进行审查时，应该给予机关解释相应的权重，比如授权根据和法律赋予机关的裁量权。

[3] See The Deference Rule, Some Realism About Chevron, 58Mo. L. REV.（1993）558；还可见 Henry P. Monaghan, Marbury and the Administrative State, 83 COLUM. L. REV. 1（1983）; James T. O'Reilly, Deference Makes a Difference: A Study of Impacts of the Bumpers Judicial Review Amendment, 49 U. CIN. L. REV. 739（1980）; David R. Woodward & Ronald M. Levin, In Defense of Deference: Judicial Review of Agency Action, 31 ADMIN. L. REV. 329（1979）.

[4] See The Deference Rule, Some Realism About Chevron, 58Mo. L. REV.（1993）604.

[5] Chevron, U. S. A., Inc. v. Natural Res. Def. Council, Inc., 467 U. S. 837（1984）.

还是斯德基莫（Skidmore）尊重标准。① 因此，文章更关注行政程序，因为关注行政过程会使我们得到更多的东西，通过寻求改善这些过程的方法，要比关注专门的尊重标准更为有效。

（一）应该鼓励行政机关运用立法程序来制定规则和公共政策

没有人会反对适用立法程序，尤其是通告评论程序，为规则的制定和政策的声明提供了上好的工具。② 同时国会也建立了一些非正式的程序来保障那些受拟议规则影响的人在立法过程中表达诉求。非正式程序主要是通过要求行政机关在联邦登记上公布拟议制定规则的通告③，从而给予相关利益集团表达评论的机会。④ 通告评论程序的目的，用道格拉斯大法官的话来说，"是为了迫使那些重要的问题完全公之于众，以此促使行政机关作出行动时能更负责任。⑤ 同时，也希望行政机关能从相关评论中有所学习进而制定出更好的最终性规则"⑥。

还有一种政策宣告机制是不具有这些特征的。某种程度上，当行政机关发布一个解释性的规则时，无论是关于政策的一般说明，还是关于机关的组织、程序或手续的规则，都是不需要经过通告评论程序的。⑦ 同样的，当行政机关通过裁决来宣示政策时，它在具体的案件中创制规则，而此时往往只有案件当事人才被允许参与裁决过程。行政机关很少提供机会给公众来讨论和辩论与裁

---

① Skidmore v. Swift & Co., 323 U. S. 134 (1944).

② 例可参见 Arthur Earl Bonfield, *The Federal APA and State Administrative Law*. 72 VA. L. REV. 297, 326 - 34 (1986); Cornelius J. Peck, *The Atrophied Rule-Making Powers of the National Labor Relations Board*, 70 YALE L. J. 729 (19961); Glen O. Robinson, *The Making of Administrative Policy: Another Look at Rulemaking and Adjudication and Administrative Procedure Reform*, 118 U. PA. L. REV. 485 (1970); David L. Shapiro. *The Choice of Rulemaking or Adjudication in the Development of Administrative Policy*, 78 HARV. L. REV. 921 (1965); Peter L. Strauss, Rules, *Adjudications, and Other Sources of Law in an Executive Department: Reflections on the Interior Department's Administration of the Mining Law*, 74 COLUM. L. REV. 1231, 1233 (1974); J. Skelly Wright, *The Courts and the Rulemaking Process: The Limits of Judicial Review*, 59 CORNELL L. REV. 375. 376 (1974).

③ 5 U. S. C. § 553 (b) (2000).

④ 5 U. S. C. § 553 (c) (2000).

⑤⑥ 参见 NLRB v. Wyman-Gordon CO., 394 U. S. 759, 777 - 79 (1969) (Douglas 法官的不同意见：规则制定程序发挥着重要功能。它给予社会各组成部分关于即将来临的控制和管辖的通知。它为利益相关者提供了听证的机会——行政机关发现他们并非总是最终知识的贮藏室，他们可以从外界的建议和意见中受益。这是一个使社会得以维持的良好过程。随着行政机关数量的增加及其权力的扩张，他们已经越来越远离受其行为影响的公民，而且权力的行使也变得越来越专横随意。通过规则制定让问题公之于众能够促使行政机关关注公众需求，同时这也是抑制政府不断增长的专制主义的重要制动器。)

⑦ 5 U. S. C. § 553 (b) (3) (2000).

决决定相关的问题。[1]

(二) ……但是不应该阻碍行政机关通过非立法性方式来宣示政策

尽管我们偏好立法程序，但是要求行政机关在制定规则时必须通过立法的方式来宣示所有的政策恐怕是不切实际也难以运行的。在 SEC v. Chenery Corp. II 案中[2]，尽管法院表示了对立法程序的强烈喜好并建议行政机关努力使用那些程序，但它也总结道行政机关应该有权通过裁决方式自由地制定规则。[3] 事实上，法院还认为，让行政机关适当地拥有即席（ad hoc）决策权是必然的：

> 因为在案件中有可能会出现行政机关无法合理预见的问题，也有可能出现无法通过现有的相关规则就能解决的问题；或者行政机关可能不具备足够的处理特殊问题的经验来确保不致使尝试性的判断变成确定而僵化的规则；或者问题太过专业化和变化多端，以至于无法在一般规则的范围内来解决。在上述情况下，行政机关必须在遵循先例原则下拥有处理个案问题的权力，这样才能使行政程序也变得有效。[4]

基于 Chenery II 的事实，法院感觉到不得不支持非立法性规则的存在。[5]

Chenery II 判决是正确的。让行政机关一律通过立法性程序来宣示所有政策确实是不可能的。即使行政机关尝试这么做，国会和行政机构也还是不免会

---

[1] 当一个裁决性的规则被宣告出来时，那些最初没有参与到裁决过程中的人在随之而来的程序中可以对此发出质疑。参见 Shell Oil Co. v. Fed. Energy Regulatory Comm'n, 707 F. 2d 230, 235-36 (5 th Cir. 1983)（赞成壳牌石油公司有权对之前通告的裁决产生的规则发出质疑，并声称："Bell Aerospace 案很清楚地表明行政机关可以在个别的裁决中制定一个普遍的规则。"但是，不管是那个决定还是别的任何决定都排除了后来的质疑，即对于不是裁决中一方当事人的，这个规则也是有法律效力的。行政机关可以在后来的裁决中推翻这个规则。

[2] 32 U. S. 194, 202 (1947).

[3] 法院陈述：的确我们有先前的决定明确认可在法律授予的规则制定权内，委员会可以通过公布一般规则来处理相关事务，以防我们所考虑的与所遇到的事务截然不同。但我们并无意暗示委员会因此而将无法预测到这个问题，并且收回所有的权力来发布一个一般规则以便在这个案件中履行法律职责。如果坚持委员会除了赞成这项被提议的业务以外别无选择，那么发布一些可能在将来的案子中用到的一般规则会使得行政过程变为徒劳。所以我们拒绝这么做——为了履行其职能——行政机关可以在制定一般性法规和作出独立的行政裁决两种方式中进行选择。过分坚持一种方式而排除另一种方式是重形式而不重需要的表现。

32 U. S. 201~202 (1947).

[4] See S. DOC. NO. 77-78 (1941).

[5] See Russell L. Weaver, Chenery 11: *A Forty-Year Retrospective*, 40 ADMIN. L. REV. 161 (1988).

制定出一些暧昧含混、模糊不清的法律和规则的。① 而且，就算法律和规则被制定得非常清晰，起草者也不能完全预见将会发生的所有问题并为之提供解决之道。②

当现有的法律和规则难以充分处理一个问题时，行政机关的工作人员有义务处理好相关问题。如果时间许可，他们应该尽量通过立法性规则来解决。但事实上时间总是不够。如果在审判案件或者执行规制框架过程中出现了解释性问题，那么试图通过立法程序来解决几乎是不可能也不现实的。而且，并非所有问题都是可以很容易地法典化的。在解释和适用规制框架时，行政机关不得不作出数以百计的解释性决定。我们当然希望行政机关都能够通过立法性程序来作出所有的决定，但这是不现实也无法操作的。

（三）只要满足特定条件，法院就应该尊重有权行政机关的解释，即使这些解释是用非立法性的方式阐明的

即使行政机关通过非立法性方式阐明它的解释，这些解释仍然是应该得到尊重的。这也许会激起有些行政法学者的疑问："你这是什么？哪种类型的尊重？法院应该给一个非立法性解释以谢弗林（Chevron）尊重还是斯德基莫（Skidmore）尊重？"理论上来说，这两种尊重之间有着实质的区别。在谢弗林尊重之下，审查法院应该把行政机关的解释视为"有控制力"的，即是说法院应该接受并采纳合理的解释。与此不同，在斯德基莫尊重下，审查法院拥有对规制条款的解释权，法院只需要基于行政机关解释的说服力大小给予相应的权重。然而坦率地说，我并没有看出这两个尊重原则之间存在实质性的区别。事实也表明法院并没有严格遵循任何一个尊重标准。即使是有"控制力"的谢弗林尊重标准，法院在运用它时还是经常不一致，而且经常排除行政机关的解释。③

---

① 参见 Felix Frankfurter, *Some Reflections on the Reading of Statutes*, 47 COLUM. L. REV. 527, 528 (1947). 任何记载的东西都会产生一个含义问题，而确定其含义也正是法官在解释法律中最基本的工作。这个问题来源于单词的含义本身。因为每一个单词都代表着一个意思。但是与数学符号不同，法律文件的习惯用语，尤其在一个复杂的法律文本中，很难探求到绝对精确而最多只能是近似精确。而如果每一个单词都有着不确定的含义和多种用法，那么把它们组合起来后就更难获知确定意思了。

② See Karl N. Llewellyn, *Remarks on the Theory of Appellate Decision and the Rules or Canons About How Statutes Are To Be Construed*, 3 VAND. L. REV. 395, 400 (1950); 也可见 J. A. Corry, *Administrative Law and the Interpretation of Statutes*, 1 U. TORONTO L. J. 286, 289-290 (1936); Frank E. Horack, Jr., *In the Name of Legislative Intention*, 38 W. VA. L. REV. 119, 121 (1932); Quintin Johnstone, *An Evaluation of the Rules of Statutory Interpretation*, 3 U. KAN. L. REV. 1, 13-15 (1954); James M. Landis, *A Note On "Statutory Interpretation,"* 43 HARV. L. REV. 886, 888 (1930); Warren Lehman, *How To Interpret a Difficult Statute*, 1979 WIS. L. REV. 489, 500; Max Radin, *Statutory Interpretation*, 43 HARV. L. REV. 863, 870~871 (1930).

③ 参见 *Realism About Chevron*, supra note 3, at 129 (1993); 也可见 The Deference Rule, at 590-602.

本文在前面已经阐明这里的尊重是更注重实际效果而非追求形式化的。法院尊重行政机关是基于好多微妙而明智的原因的，而非因为国会或者联邦最高法院告诉他们应该这么做。① 当法院被一个模棱两可的规制框架所困扰并且找寻这个解释性问题的答案时，很自然地，它就会试图从相关的责任机关中寻求指南。在某些情况下，规制框架需要专家意见或专门技术，行政机关往往在此时显得比审查法院更有专业优势。在大多数情况下（不包括国会赋予特定行政机关有限的权力时），国会已经授予了行政机关超越规制框架所规定的权力。基于这样的情况，法院自然而然地倾向于尊重行政机关的判断：这种尊重也许可以解释为"推定"的统一性或正确性吧。但这种推定仅限于某些特定情况，而且它不能强迫法院接受一个让它觉得错误或容易引发不公的解释。不管适用哪种标准，审查法院都会拒绝不合理或者不公正的解释的。

既然尊重是讲求实效而非形式性的，那么尊重是基于谢弗林原则还是基于斯德基莫原则就变得无关紧要了。适用谢弗林（Chevron）尊重是有风险的，因为它为 Chevron 严格的解释拉响了警报。有学者甚至认为 Chevron 尊重应该被限制在特定的范围内，即当"国会试图授权给行政机关让其以特定的方式来解释并使之具有法律效力"②。这种说法是没有太大意义的。③ 在大多数情况下，国会总是模糊地表达有关尊重方面的意图和意见，而且很少会对解释的形式提供指南。比如，国会不会通过什么"尊重规制解释法案"来规定解释的各种形式要求。因此，把国会意图授予行政机关规则制定权看得如此神圣是完全不必要的，除非涉及一些立法性规则。

（四）法院只需要尊重行政机关在职权范围内的非立法性解释

法院必须首先确认行政机关所作的非立法性解释是否表明了行政机关的立场，再来决定是否应该尊重该解释。在行政机关内部，总是存在诸多行政雇员通过大批的文本及其他形式作出解释性声明。④ 作为一项普遍的规则，只有"官方的"或者"行政机关的"声明才必须符合非立法性规则的形式。正如临时紧急上诉法院在 Pennzoil Co. v. Unites States Department of Energy 案中所确认

---

① 参见 Russell L. Weaver, Chevron: Martin, Anthony, and Format Requirements, 40 U. KAN. L. REV. 587 (1992). [下文简称 Format Requirements]

② Robert A. Anthony, Which Agency Interpretations Should Bind Citizens and the Courts?, 7 YALE J. ON REG. 1, 4 (1990).

③ See Russell L. Weaver, Chevron: Martin, Anthony, and Format Requirements, 40U. KAN. L. REV. 587 (1992).

④ 参见 Russell L. Weaver, Evaluating Regulatory Interpretations: Individual Statements, 80 KY. L. J. 987, 1005 (1991—92). [下文简称 Individual Statements]（确定个人的身份以及由个人所制作的文件声明都应该作为法院对相关解释予以尊重的依据）

的,"除非相关的意见是具有制度性质的(institutional),否则将不会有多大的权重"①。有关制度性(institutional)与非制度性的(non-institutional)问题足够构成另一个话题,这里想强调的是只有制度性的解释才能得到尊重。②

(五)第一项条件是这些解释必须公布在联邦登记上,或者通过别的公开方式为公众所知悉

鼓励行政机关尽可能多用立法程序来宣示公共政策是非常重要的,而同样重要的是,应该鼓励行政机关将它们制定的非立法性规则公之于众。光是这种公开程序就能够极大地完善行政机关的行政过程。因为在这过程中,受规制的实体被公平地告知了他们今后可预期的标准。

那么强制行政机关完全公开他们的解释具有多大的可能性呢?十分坦率地说,可能性不大。但不管怎么说,《联邦行政程序法》在第552节中已经规定了必须在联邦登记上公布"机关制定和采取的基本政策的说明,和机关采取的普遍适用的解释的说明"③。同时它还规定,"应在联邦登记上公布而未公布的文件,不得以任何方式要求任何人遵守或受到不利的影响",除非该人"就文件的内容实际上已经及时得到通知"④。但是就如上文所言,法院很少强迫行政机关执行上述条款。

这个条款显示,有关尊重的条件也许并不是很有效用。但毕竟,它使得每个人都有权告诉法院(或者行政机关),对解释的尊重只限于那些在联邦登记上公布过的或者通过其他途径为公众所知悉的。如果强调尊重的实际效用而非形式,就无法阻止法院选择性地尊重行政机关的解释,甚至是没有公布过的解释。如果行政机关具有专业性,法院就会因此而尊重行政机关的权威;甚至会在指出行政机关没有将解释公布这一缺陷的同时仍然采纳行政机关的解释。

然而,还是需要在公开性和有效性上对尊重的条件增加一些外在的检验标准。如果行政机关真正关心他们能否得到尊重,他们也许会积极地公布更多的解释来获取尊重。与此同时,也会有法院对公开性和有效性提出要求的。这样一来,行政过程就会得到完善。

(六)第二项条件是当行政机关适用一个具有溯及力的非立法性规则而引发不适当的困难时,审查法院必须拒绝行政机关这样做

不管适用哪种尊重原则,法院应该采用追溯力的分析方法来解决非立法性

---

① 680 F. 2d 156, 171 (Temp. Emer. Ct. App. 1981), cert. denied, 459 U. S. 190 (1983).
② 参见 Individual Statements;也可见 Format Requirements。
③ 5 U. S. C. § 552 (a) (l) (D) (2000).
④ 5 U. S. C. § 552 (a) (2000).

规则的溯及适用问题。① 立法性规则往往具有预期效力，面向未来适用，而与此不同的是，非立法性规则（尤其是裁判规则）在适用时往往有溯及力的。② 就一个案子来说，其中牵涉的事实往往先于某个判决，而规则往往在裁判过程决定这些事实的法律意义，这样一来规则就具有了溯及力。③ 事实上，追溯力是一种普遍规则而非例外。在 Wyman-Gordon's 案的多数意见看来，裁决性的规则不应该赋予纯粹的预期效力。④

追溯力的缺陷在于它会破坏确定的预期⑤，而且剥夺了法律要求的公民的受告知权和遵守法律的机会。⑥ 在宣告一个非立法性规则之前，那些受法律或者规制条款影响的人也许相信行政机关会依照某种方式解释相关规则，并且基于自身的推断作出相应行动。那么一旦行政机关决定用另一种方式加以解释，

---

① 参见 Russell L. Weaver, *Retroactive Regulatory Interpretations: An Analysis of Judicial Responses*, 61 NOTRE DAME L. REV. 167 (1986)［下文简称 *Retroactive Regulatory Interpretations*］. 见 *Louisiana v. Dep't of Energy*, 507 F. Supp. 1365, 1376 (W. D. La. 1981), aff'd, 690 F. 2d 180 (Temp. Emer. Ct. App. 1982), cert. denied, 460 U. S. 1069 (1983): 这些案件清除地表明：在一个模糊不清的规则最初颁布到后来的相关解释出来之前，任何受规制的主体如果接受并适用了合理的解释，那么行政机关之后所作的相关解释不应该强制性地溯及性地适用于前述受规制主体。（引用 Standard Oil Co. v. FEA, 453 F. Supp. 203, 237 – 38 (N. D. Ohio 1978)); 同时可见 Saint Francis Mem'l Hosp. v. Weinberger, 413 F. Supp. 323, 332 – 35 (N. D. Cal. 1975)（发现"溯及性地适用非立法性的《医疗保险服务者退还手册》与联邦《宪法》第五修正案'正当程序原则'所体现的基本的公平公正观念是不相符的"）; Blair Moody, Jr., Retroactive Application of Law-Changing Decisions in Michigan, 28 WAYNE L. REV. 439, 461 (1982). （主张"溯及性适用是个复杂的问题，取决于这一规则是给人的第一印象还是基于推翻了前面的规则"。）

② 参见 NLRB v. Bell Aerospace Co., 416 U. S. 267, 295 (1974); 也可见 SEC v. Chenery Corp., 332 U. S. 194, 203 (1947).

③ 参见 *Retroactive Regulatory Interpretations*.

④ 参见 NLRB v. Wyman-Gordon Co., 394 U. S. 759, 774 – 75 (1969). （判决只能预期性地使用规则会造成不公平而且会使试图适用该规则的努力加倍）

⑤ 例可参见 Daughters of Miriam Ctr. for the Aged v. Mathews, 590 F. 2d 1250, 1260 (3d Cir. 1978). （溯及性的法律对于私人相对人在法律促进和安定预期上的干扰比预期性的法案更大。）（引用 Adams Nursing Home of Williamstown, Inc. v. Mathews, 548 F. 2d 1077, 1080 (1st Cir. 1977)); Leedom v. Int'l Bd. of Elec. Worker, Local 108, 278 F. 2d 237, 240 (D. C. Cir. 1960). （"溯及性固有的缺陷是它试图破坏可预见性、削减信赖——而这两者都是法律的重要目的。"）

⑥ 参见 Stephen R. Munzer, *A Theory of Retroactive Legislation*, 61 TEX. L. REV. 425, 426 – 27 (1982). （法律的中心目的是指导行为。当法律制定了规则时，个人就会形成法律将如何作用于他的行为的适当预期。溯及性的法律阻挠了这种中心目的，因为它破坏了预期和基于对法律的信赖而采取的行为之间的关系。这种破坏经常是代价巨大而且很难预防的。更重要的是，溯及性的法律制定破坏了所谓的法律的规则，就是说，人们被剥夺了通过事先的公开公平的规则来指导他们行为的权利。这种破坏减少了公民自治，阻碍了人们制订计划并基于对他人权利尊重而实施计划的能力。）

而且这种解释使得规则获得认可与支持,新规则的溯及力也许就会产生不公正了。[①] 这种不公正也许还会因为行政机关改变他们的裁判性规则而得到强化。行政机关在先的决定和行动鼓励当事人对解释产生信任,但之后它却有可能强加以一个不同的解释。[②]

当然,并非所有的溯及力都是不公平而且不受欢迎的。[③] 在 Chenery II 案中,法院承认了溯及力问题,但它总结说溯及力"对于规则的效力问题并不必然就是致命的"[④]。法院指出:只要法院或者行政机关在一个决定中宣布一项新的原则,溯及力问题就会产生,而且强调只注重适用新规则所带来的预期是存在潜在的负面影响的。[⑤]如果一个新规则对于规制框架是非常重要的,那么不适用这个规则也许反而会对人产生一种伤害,因为人们会以为政府在试图制定与立法本意、法治原则和公平原则相违背的规则来制造法律适用的障碍。[⑥]最终,法院认为应该权衡溯及力对这些主体产生的不良后果和他们所受的这种"伤害"[⑦]。如果这种伤害比溯及力的不良影响还要大,那么这种溯及力就不是法律所要禁止的类型。[⑧]

在 Bell Aerospace 案中,法院又一次对溯及力问题表示了尊重。[⑨] 在这个案件中,Bell Aerospace 声称管理局否决了针对 Bell 公司作出的先前决定(而这一决定是 Bell 公司所信赖的)。然而,法院重申了 Chenery II 中的平衡测试论断,指出"没有证据表明管理局决定的改变对 Bell 公司的信赖产生了足够大的负面作用以至于需要排除管理局在裁决过程中重新作出的行为"[⑩]。不仅如此,法院还强调在这个案件中没有强加给相对人不利后果或者造成损失。[⑪]最后,由于事件需要送还取证并继续进行审查,法院拒绝推测管理局是否会公布这个裁决性规则并且推翻先前的相关案例。[⑫]

---

① 例可参见 Stewart Capital Corp. v. Andrus, 701 F. 2d 846, 849-50 (10th Cir. 1983) (认为"溯及性地适用新规则是不公平的,因为相对人信任原来的标准");Pederson v. NLRB, 234 F. 2d 417, 419 (2d Cir. 1956) (列举了几个不适当地溯及适用的例子,包括"溯及行为引发诱捕物种");NLRB v. Atkinson, 195 F. 2d 141, 149 (9th Cir. 1952) (认为"如果个人并不知悉他的行为会引发侵权结果,那么溯及性地适用一个事前没有通告或者在联邦登记上公布过的规则是不公正的")。

② 例可参见 *Stewart Capital Corp.*, 701 F. 2d at 846;McDonald v. Watt, 653 F. 2d 1035 (5th Cir. 1981);Runnells v. Andrus, 484 F. Supp. 1234, 1238 (D. Utah 1980)。这些案件涉及土地管理局的油气出租规则。在这些规则之下,行政机关经常递交提议。几年来,他们都遵照常规,允许粘贴客户的签名。然而,在一次裁决性的决定中,土地管理局声称这种做法是不可接受的。管理局决定,如果一个提议是由行政机关或者实质上的代理人署名的,必须附一份署名的文件表明是以行政机关或者代理人身份。管理局把这个决定适用于前面所提交的提议中。三个法院拒绝维持管理局的行为。

③ 参见 *Retroactive Regulatory Interpretations*。

④⑤⑥⑧ SEC v. Chenery Corp., 332 U. S. 194, 203 (1947)。("第一印象对于每一个案件来说都是具有溯及力的,不管这一新的原则是由法院还是行政机关通告的。")

⑨⑩⑪⑫ NLRB v. Bell Aerospace Co., 416 U. S. 267, 295 (1974)。

所以，在某种程度上，法院其实是尊重非立法性规则的，他们也需要更严格地适用具有溯及力的规则来减少不公。当然，溯及力分析不是为了给尊重原则制造障碍。这种分析模式也许排除了行政机关在规则已经公告的案件中溯及性地适用，但是并不排除行政机关在未来的案件中预期性地适用。一旦规则公布，未来的诉讼人就有了被公平告知的权利，也被赋予了公平的接触机会。只要诉讼相对人被赋予了机会来准备和提交额外证据，行政机关也许还是会被允许在最初的案件中适用具有追溯力的规则的。① 而且，如果溯及适用的成本足够低，适用的规则也已经通告，行政机关也许就不会被排除适用溯及力分析方法。②

（七）法院没有必要过多地关注行政机关的立场是否前后一致，只要这种行为的改变没有不适当地侵犯到溯及性的利益，也没有与规制性条款所体现的意图不一致

很显然，就像前文所述，如果行政机关改变了对法律或规则的解释，这种改变就隐含着溯及力问题。这种情况在行政机关通告了一个非立法性解释，受规制实体也信赖了这个通告，而行政机关却采用了前后不一致的解释时体现得更明显更真实。但是，如前所述，这种问题可以通过追溯力分析的方式加以解决。

更棘手的问题是，行政机关改变了对法律或者规制性条款的解释，但是却并非关乎溯及力的问题。传统上，法院是不乐意尊重同一机关作出的前后不一的解释的。在斯德基莫尊重下③，法院会认为这种解释是几乎不具有说服力的。在 North Haven Board of Education v. Bell 案④中，联邦最高法院面临着一个在模糊的和前后不一致的环境中产生的解释⑤：行政机关几次改变对于规则的观点甚至在司法程序中还几次改变相关解释。在这种混淆不清的情况下，法院认定没有任何解释值得尊重，然后根据规制条款本身来确定其含义。

如果不是 North Haven 案中体现的混淆程度过高，一个在后的解释并不必

---

① 行政机关甚至可以在类似的案件中适用一个新的标准，只要这个标准只是稍微夸大了法律含义，或者是能够被合理预期到的。在 Nicholson v. Brown, 599 F. 2d 639, 648－49 (5th Cir. 1979) 中，行政机关创造而且信赖了所谓的"共同利益要素标准"。请求者认为"陪审团没有经过事先通告就适用这个标准，缺乏告知程序，剥夺了他运用有关文件资料来证明他的案件也是符合所述标准的。"法院否决了他的意见。法院作出结论认为这种标准是在规则的含义中放入了"完全合理的注释"。

② 参见 Retroactive Regulatory Interpretations.

③ 例可参见 Skidmore, 323 U. S. at 140. （界定行政机关解释的范围应该通过考虑"证据的完整性，推理的有效性，前后通告的一致性，以及所有具有控制力或者说服力的因素"）。

④ 456 U. S. 512 (1982).

⑤ 参见 Sauder v. Dep't of Energy, 648 F. 2d 1341, 1346－47 (Temp. Emer. Ct. App. 1981); 还可见 Bethlehem Steel Corp. v. Occupational Safety and Health Review Comm'n, 573 F. 2d 157, 160 (3d Cir. 1978).

然地就该被剥夺尊重。① 在法律解释的问题上,联邦最高法院曾经尊重过一个后来的解释,因为行政机关能够拿出充足的理由来证明放弃前一个解释是合理的。② 在 Andrus v. Sierra Club 案中③,法院认可了一个环境质量委员会(Council on Environmental Quality)发表的用于解释国家环境政策法(National Environmental Policy Act)的咨询性指导方针。后来,针对 Andrus 的解释发生了改变,因为总统命令委员会重新审查其指导方针并且要求将它转化为强制性规则。此案中,行政机关是在司法审查过程中改变了对法案的解释。但是委员会证明了它之后的解释是正确的,最后法院也选择接受他的解释。④ Andrus 案是在依照谢弗林案前(pre-Chevron)的尊重标准判决的。因此,法院并没有被要求给予行政机关的解释以控制力,也就是说,法院接受或者拒绝解释完全是建立在自己所感知的说服力基础上的。在 Rust v. Sullivan 案⑤中,尽管法院适用的是谢弗林尊重,也依然尊重行政机关前后不一致的解释。

　　Andrus 案和 Rust 案的判决是正确的。如果行政机关在后的解释是合理的,而且能够为自己改变解释提供充分的理由,有时就应该允许行政机关改变解释。在此过程中产生的主要是溯及力问题。尊重标准能鼓励那些受规制标准影响的相对人信赖行政机关的解释并且依照行政机关的指示行动。如果行政机关随后就被准许改变它的解释,而且后来的解释还能被视为具有"控制力",那些受规则影响的相对人就会陷入法律的进退维谷之中——他们会被法院和行政机关强制遵守行政通告的内容,却也因为这种服从行为受到处罚。⑥ 但是,这种问题是可以通过溯及力分析方法得到解决的。法院可以允许行政机关改变他们的解

---

① 参见 Russell L. Weaver, *A Foolish Consistency is the Hobgoblin of Little Minds*, 44 BAYLOR L. REV. 529 (1992)。

② 例可参见 Nat'l Muffler Dealers Ass'n, Inc. v. United States, 440 U. S. 472, 480 - 83 (1979). (指出委员们修改"line of business"定义的决定是符合这一规则制定的意见的,而且还是在体现委员们经验的基础上对规则适用的一个发展)

③ 442 U. S. 347 (1979).

④ 法院认为:以往我们确实很少倾向于尊重行政性的指南,尤其是当这些指南与行政机关先前作出的宣告存在不一致时。但是 CEQ(环境质量委员会)撤销解释的行为发生在一个详细而又可以理解的过程中,是基于总统的命令,将建议性的指南转化为强制性的规则从而适用于所有的联邦行政机关的。
See 442U. S. 347 (1979).

⑤ 500 U. S. 173 (1991).

⑥ 正如一位评论者所说:用不了多久,一个解释性的规则就会变得成熟老练。它会变得让人们有理由信任它;然后禁止溯及的原则也会具有控制力。这个时候应该来临,但是在此之前,一个解释性规则往往会通过时就远远超出委员们的权限范围,以至于他们不可能作出一个具有溯及力的修正案。只要溯及性的变化得到关注和重视,同期性和长期性因素以及要求的确定性和可断定性一定很快就会超过形式一致性和行政机关的随意性。
See Erwin A. Griswold, *A Summary of the Regulations Problem*, 54 HARV. L. REV. 398, 413 - 14 (1941); Robertson v. Downing, 127 U. S. 607, 613 (1887).

释而且给新解释以控制力。对于信赖先前解释的相对人,需要禁止溯及地适用后来的解释来减少不公,对于这些个人或实体而言,新的解释只应该可预期性地适用,只能对未来发生适用。

四、结 论

国会应该修改《联邦行政程序法》,使其包含一个有关非立法性规则的条款。修正案可以表述如下:

> 应该鼓励行政机关运用立法程序来制定规则和宣示政策,但是也不应该阻碍行政机关通过非立法性方式来宣示政策。只要满足了特定条件,法院就应该尊重行政机关的解释,即使这些解释是通过非立法性方式表述出来的。首先,法院应该确认这种解释是否代表了机关的立场(而非行政机关雇员个人的意见表达)。其次,作为获得尊重的条件,这些解释必须公布在联邦登记上,或者通过别的公开方式为公众知悉。最后,当行政机关溯及性地适用非立法性规则而引发不适当的困难时,审查法院必须拒绝行政机关这样做。同时,只要行政机关改变立场的行为没有不适当地侵犯到溯及性的利益,也没有与规制条款所体现的意图不一致,法院就没有必要过多地关注行政机关的立场是否前后一致。

新著评介

感悟法国的行政法治
―― 在读译《法国行政法》之间

高秦伟[*]

> **目　次**
> 一、引言
> 二、王名扬《法国行政法》对中国行政法学的影响
> 三、译作《法国行政法》的内容概要
> 四、法国行政法的域外影响
> 五、结论

一、引　言

王名扬老先生九十华诞之际，恰值我与学友翻译的《法国行政法》也出版了。[①] 赠送各位师长学友时，他们一致的疑问就是：此书与王名扬先生的同名著作《法国行政法》[②] 有何区别与相同之处？这样的巧合至少说明了两个问题：一是说明了中国行政法学界对于法国行政法近些年来的变化极为关注，原因在于自从王老 1988 年出版《法国行政法》以来，法国行政法究竟出现了哪些新的变革，系统性的介绍国内至今并不多见，所以他们特别希望能够在新的译作之中看到这样一些内容；二是说明了中国行政法学在发生、发展时期受到了法国行政法体系的高度影响，甚至有所谓"法国人的思路与我们比较接近"的断言，故而在学科建构方面多有承继之风。[③]

---

[*] 中央财经大学法学院副教授，法学博士。电子邮箱为 gaoqinwei@126.com。
[①] 参见［英］L·赖维乐·布朗，约翰·S·贝尔著，高秦伟、王锴译：《法国行政法》，北京，中国人民大学出版社，2006。
[②] 参见王名扬：《法国行政法》，北京，中国政法大学出版社，1988。
[③] 参见胡建淼：《比较行政法——20 国行政法评述》，192 页，北京，法律出版社，1998。

虽然国内目前有关法国行政法的著作有几本①，但不可否认这种影响大多均是从王老的这本《法国行政法》而来的，其是我们了解法国行政法的"全部知识"，中国行政法学中行政组织、行政行为、行政公产、公共工程这样的经典概念及其内涵均是承继于法国行政法（确切地讲这种承继自《行政法概要》中已经开始了②），因而学者与学生们均希望能够从这本英文版的《法国行政法》看到与王老展现给我们的法国行政法同样的图景及异样的风情（可谓是比较法与比较法之间的比较）。

那么，法国行政法究竟对中国行政法产生了什么样的影响，中国对法国行政法的认识又到了什么样的程度，王老的引介到底给我们了解法国行政法起到了多大的作用？所有这些问题均促使我去思考，终于完成了本文的写作。这里的"读"是指的王老的原著，而"译"则是自己译的英国人的作品，尚请读者注意。

二、王名扬《法国行政法》对中国行政法学的影响

在王名扬先生外国行政法三部曲之中，《法国行政法》并不是最先出版的，相反是《英国行政法》最早与读者面世的。③ 但无论从影响力还是对中国行政法学学术的借鉴力而言，其均难与《法国行政法》相提并论，一个例证就是苏力先生前些年作的一项研究。④ 这是为什么呢？其中的原因可能在于法国行政法的概念、体系更能与中国国情、中国人的思维以及中国法学尤其是行政法学的学术传统（中国行政法学没有古典史，但在近代却毫无疑问地发生过）相吻合：

> 据王先生自己介绍，《法国行政法》的构思其实在法国留学时已经形成，那是近三十年前的事了。《法国行政法》的写作，结构不是大问题，主要的问题是对新资料的搜集。早年师从王名扬、当年正在法国留学的学生徐鹤林帮忙找了不少资料。王老指出，"我认为写比较法著作必须全凭第一手资料，绝不能用第二手，我的三本书都是这样做的"。应松年教授在接受

---

① 如［法］古斯塔夫·佩泽尔著，廖坤明、周洁译：《法国行政法》，北京，国家行政学院出版社，2002；［法］莫里斯·奥里乌著，龚觅等译：《行政法与公法精要》，沈阳，春风文艺出版社、辽海出版社，1999。相对于德国、日本等传统大陆法系国家，国内有关法国行政法的著作与译著数量并不多。这与法国作为行政法的"母国"地位极为不对称，但这也正从另一个方面体现了王老《法国行政法》的影响力。

② 参见王岷灿主编：《行政法概要》，北京，法律出版社，1983。

③ 参见王名扬：《英国行政法》，北京，中国政法大学出版社，1987。当然，英国行政法中的"自然正义"、"越权无效"原则对中国行政法学影响也是颇深。

④ 参见苏力：《也许正在发生：转型中国的法学》，第一章"从法学著作引证看中国法学"，北京，法律出版社，2004。

笔者电话采访时也谈到在这部著作中，王名扬对行政行为理论的全面介绍在今天仍然是中国行政法学研究的基石；该书介绍的行政合同制度，整整影响了一代行政法学家；更为重要的是作者在这部书中对行政法院制度的介绍，成为我国行政诉讼法的范本和国家赔偿法立法时的重要参考资料。事实证明了，《法国行政法》的影响更是深远，几乎可以称其为是行政法学研究的"概念工具百宝箱"①。

第一，对中国行政法学"理论基础"提法及其论争的影响。王老《法国行政法》中提到的知识和概念，如行政法院、公务理论、公务法人等，在中国行政法学初创期激发了学者们的学术想象力与争鸣，其中"公务理论"就曾经激发中国学者提出了"中国行政法的理论基础"这一经典命题②，并由此引发了中国行政法学理论为数不多的一次学术争论。③

法国行政法学中为什么要讨论"法国行政法的基本观念"呢？王老在他的著作中写道：

> 法国行政法是一个公法体系，独立于私法体系；行政诉讼由行政法院管辖，不由普通法院管辖。而法国行政机关的活动并不完全属于行政法的范围和由行政法院管辖，有时也适用私法规则和由普通法院管辖。因此，在法国行政制度中存在一个根本性问题：如何区别公法和私法？这种区别不仅是一个实际问题，可以说触及行政法的基本观念，即行政法和私法的区别根据什么标准？这种标准确定以后，行政法的适用范围和行政法院的管辖范围便迎刃而解，这个标准是行政法的中心观念。④

根据这一描述，我们知道了在法国行政法学界为什么这样关注基本观念的问题了。因为法国存在着公法与私法的区分、存在着行政法院与普通法院的区分，因此有必要从理论上界定行政法的适用范围，界定行政机关的哪些行为属于公法行为、属于行政法院的管辖领域，进而有所谓的"公共权力说"、"公务说"、"公共利益说"、"新公共权力说"等理论。而到了中国，虽然我们对于公

---

① 陈夏红：《身居陋室名扬天下——记我国行政法学泰斗王名扬的学术生涯》，载《法制日报》，2003-05-26，6版，也可参见康茂林编辑整理：《中国行政法学泰斗——王名扬》，载http://211.64.240.16/law/ReadNews.asp?NewsID=958。
② 王老在他的著作第一章第二节中提到了"法国行政法的基本观念"，介绍了公共权力学说、公务学说、公共利益学说、新公共权力学说等观点。
③ 参见应松年、朱维究、方彦：《行政法学理论基础问题初探》，载《北京政法学院学报》，1983(2)。后来引发了管理论、控权论与平衡论的争论。
④ 王名扬：《法国行政法》，24页，北京，中国政法大学出版社，1988。

法与私法的区分并不十分清晰，也仅存在着一个体系的法院组织，不过行政法学在初创时期需要一个"理念启蒙"式的概念工具①，故而有关"行政法的理论基础"便出现于中国大陆。结果也如一位学者所言："重视对行政法理论基础问题的探讨，无疑是我国行政法学研究中的可喜现象，它表明行政法学已开始摆脱完全以'术'来指导行政法学研究的单一状态，是行政法学走向成熟和繁荣的标志，也是'术'与'学'相结合的正确的学术态度的具体表现。"② 当然需要指出的是，一些学者对"理论基础"的提法有所异议③，甚至将之视为"行政法的功能"④，但我认为此种演变及后期的发展依然割裂不了它与法国行政法的关联。

第二，对中国行政法学"行政行为"理论的影响。行政行为是行政法学体系中一个重要的概念，在中国大陆改革开放以来的行政法学著作中最早出现于1983年出版的《行政法概要》之中⑤，以后绝大多数行政法专著相继沿用了这一概念，但关于行政行为内涵与外延的讨论则颇多、存在着一些分歧，观点有十余种。⑥ 目前的通说则基本与法国行政法中关于行政行为的界定是一样的，而且起源恰恰就在于此。这可以从应松年的演讲中得出佐证：

> 《行政法概要》中的行政行为就是他编的。现在来看，那本书的框架还不错，但是论述显得过时了。唯一能留下来还有价值的就是王名扬先生编的行政行为那一章。我们现在所说的抽象行政行为、具体行政行为的分类，行政行为的效力都是王名扬老先生提出的观点，王老是有真才实学的。⑦

---

① "因此，要在中国搞法治，要在中国播种行政法，首先要启蒙，要对国人进行法治和行政法的启蒙教育，首先要让国人知道什么是法治，什么是行政法，知道行政法的基本概念、基本范畴、基本原则和基本功能。王老当年著书立说，无论是其参编《行政法概要》，还是其独著《英国行政法》、《法国行政法》和《美国行政法》，或者是其主编《法、美、英、日行政法简明教程》和《外国行政诉讼制度》，所做的就是这种启蒙教育工作。"王名扬：《比较行政法》，序（姜明安著），3页，北京，北京大学出版社，2006。

② 杨解君：《关于行政法理论基础若干观点的评析》，载《中国法学》，1996（3）。

③ 如有学者主张用"基本理论"代替"理论基础"，参见湛中乐：《行政法基本理论研究之我见——以"平衡论"构建当代中国行政法学体系》，载罗豪才主编：《现代行政法的平衡理论》，106页，北京，北京大学出版社，1997。

④ 关于"行政法功能"的提法，可参见姜明安主编：《行政法与行政诉讼法》，29~35页，北京，法律出版社，2003。

⑤ 参见王岷灿主编：《行政法概要》，北京，法律出版社，1983。

⑥ 参见姜明安主编：《行政法与行政诉讼法》，2版，第十一章"行政行为概述"，北京，北京大学出版社、高等教育出版社，2005。

⑦ 应松年：《中国行政法的回顾和展望》，载http://www.masfzb.gov.cn/news/news_view.asp?newsid=505，2006年5月7日访问。应松年教授曾于中山大学、西北政法学院等校进行过类似的演讲，多次提到了这句话。

行政行为一词最早出现于法国行政法学，但作为一个精密、特定的理论概念，最早却是由德国行政法学创始人奥特·玛雅（Otto Mayer）运用概念法学的方法提炼、概括出来的。① 此后，奥特·玛雅的观点被大陆法系国家所接受，成为主流学说，但作为"行政法母国"的法国则基本上保持了行政法学产生阶段对行政行为的界定，认为行政行为是具有行政法（公法）意义或效果的行为。也就是说行政行为既包括抽象行政行为，也包括具体行政行为。抽象行政行为是为不特定行政相对人设定行政法上权利义务的行为，具体行政行为是为特定行政相对人设定行政法上权利义务的行为。全部公法行为说是目前法国和中国大陆行政法学界的通说。② 而目前在德国、日本以及中国台湾地区行政法学上的通说则认为行政行为是行政主体就具体事件所作的公法行为，从这一点上看，虽然有学者主张具体行为说③，但中国大陆行政法学在行政行为这个关键性的概念上仍然沿袭了法国行政法学的主张，这正是王老的影响。当然，需要指出的是在目前中国大陆极为关注抽象行政行为司法审查问题的情形之下，不知我们是否又可以将目光回转到法国呢？

第三，对中国行政法学有关构建"行政法院制度"学说的影响。目前中国大陆在制度上并无行政法院体系的设置，但这不妨碍在理论上对"行政法院"制度的研究。从国内现有的介绍行政法院制度的文章来看，基本以介绍法国行政法院制度为主。④ 而同时，因为《中华人民共和国行政诉讼法》施行多年暴露出来的问题较多，许多学者为此提出我们应尽快修改《行政诉讼法》，并建立

---

① 参见［德］奥托·迈耶著，刘飞译：《德国行政法》，97页，北京，商务印书馆，2002；姜明安主编：《行政法与行政诉讼法》，2版，173页，北京，北京大学出版社、高等教育出版社，2005。
② 参见王名扬：《法国行政法》，134～138页，北京，中国政法大学出版社，1988；罗豪才主编：《行政法学》，105、116页，北京，北京大学出版社，1996。
③ "行政行为，是指行政主体依法行使国家行政权，针对具体事项或事实，对外部采取的能产生直接法律效果使具体事实规则化的行为。"杨建顺：《关于行政行为理论与问题的研究》，载《行政法学研究》，1995（3）。
④ 例如参见周佑勇、王诚：《法国行政法院及其双重职能》，载《法国研究》，2001（1）；陈红：《论建立我国行政法院体制的必要性和可行性》，载《浙江学刊》，2001（4）；王敬波、孙丽：《法国行政法院裁决评价之诉的基本原则及其借鉴》，载《国家行政学院学报》，2005（5）；陈娟：《法国行政法院及对我国的启示》，载《辽宁行政学院学报》，2005（4）；张德瑞：《法国行政法院制度的启示与借鉴》，载《河南大学学报（社会科学版）》，2005（6）。

行政法院制度从而解决中国大陆行政诉讼制度独立性与专业性不足的问题。[1]应该讲这两个问题正是各国在构建行政诉讼或司法审查制度时所考量的两个核心问题，比如，美国学者就十分关注行政法院的建构，甚至提出过成立类似机构的设想[2]，目的在于通过设立行政法院来审查证券、能源以及交通规制委员会的行政决定。这样一方面可以更好地审查行政机关的决定，提高行政机关政策决定程序与结果的一致性；另一方面可以减轻行政机关的许多费时的裁决任务，从而使它们在政策制定和管理职能上更加集中精力。但并不是说世界各国尤其是大陆法系国家或地区要直接"克隆"法国的行政法院制度，而是要结合各国的国情、历史、法制状态进行批判吸收（如德国就是一个典型例子[3]）。所以在中国学界也有人提出了反对意见。[4] 尽管如此，建立行政法院似乎成了包治中国"行政诉讼难"之"顽疾"的灵丹妙药，那么究竟如何构建，这一课题颇为值得人们深思。另外，法国的行政法院除普通系列之外（即除最高行政法院、行政上诉法院与行政法庭三级），尚有许多专业性的行政法院[5]，中国如何借鉴亦成问题。

其他的影响可能还包括了对行政公产的影响，行政合同的影响，公务员制度的影响，行政学院制度的影响，中央与地方关系的影响等等，这里限于篇幅关系，不作详细论述。当然作者感到遗憾的是中文文献中有关法国行政法的学

---

[1] 例如可参见马怀德、解志勇：《行政诉讼案件执行难的现状及对策——兼论建立行政法院的必要性与可行性》，载《法商研究》，1999（6）；段书臣、杨成：《试论我国行政法院制度建构》，载《广东行政学院学报》，2003（6）；李世秋：《论我国建立独立行政法院的必要性》，载《中南民族大学学报（人文社会科学版）》，2003（2）；李晓光、朱晓青：《论我国行政法院执行模式的建立》，载《中共南京市委学校学报》，2003（4）；吉龙华、李治：《我国行政司法监督的弊端与行政法院的建构》，载《行政与法》，2005（1）；翁怡洁：《试论我国行政审判体制的改革与完善——以建立独立的行政法院为路径的思考》，载《上海行政学院学报》，2005（3）；宋智敏：《论我国行政法院制度的建构》，载《湖南科技大学学报（社会科学版）》，2006（1）；冯举：《也谈我国行政法院的建立》，载《陕西教育（理论）》，2006（1）。

[2] 参见［美］布雷耶等：《行政法：难点与案例》（影印本），221～222页，北京，中信出版社，2003。但反对者认为法院有限的管辖权不可能给予诉讼者以足够的权利保障，而且将作为基本工作的裁决职能从规制委员会中分离出来不利于它们制定正确的政策，因为只有熟悉个案才能使规制委员会制定的政策更加具有灵活性。

[3] 关于德国行政法院制度的文献可参见刘飞：《建立独立的行政法院可为实现司法独立之首要步骤——从德国行政法院独立性谈起》，载《行政法学研究》，2002（3）。

[4] 参见尹华容：《设置行政法院：行政诉讼突围中的重大误区》，载《甘肃政法学院学报》，2006（1）。

[5] 这一点在王老的著作中仅有提及，没有作充分论述，译作中附录作了一些介绍。详细也可参见 Marie Louise Stern, *Some Lessons From French Administrative Law Experience*, 1 N. Y. L Sch. Student L. Rev. 1 (1951—1952)。

术文章并不多，期待以后能有更多的出现。①

三、译作《法国行政法》的内容概要

译作《法国行政法》的原版是英文，作者也是两位英国知名行政法学者。②英国人对于法国行政法（droit administratif）的态度，最初我们可以从英国著名学者戴西的那句名言中得知③，甚至不肯将法国行政法直译为"administrative law"，但经历了多年的发展，法国行政法终于得到了全面的发展，不仅有了特殊的司法机构（行政法院）④，而且成为法律学科中的独立一枝，所以戴西自己后来也改变了对法国行政法的傲慢与偏见。至此，英国学者也开始关注与研究行政法学了。英文版《法国行政法》第一版于1962年发行，时至今日已修订为第五版。该书为英语世界的法律人学习和了解法国行政法打开了一扇窗户。这或许正是比较法的魅力：

> 在许多的部门法中这种比较模式十分有益，但在行政法中格外重要，这是这一前沿问题的性质使然，特别是政府如何能被国家与公民利益所制约的问题，对所有西方的发达国家而言是共同的，对第三世界的许多发展中国家而言也是现实的。⑤

译作基本的内容包括以下几个方面：

第一，关于行政法院制度。

包括英国人在内的世界所有的法律人，都对法国行政法充满了好奇，因为在法典化的法系中还存在着这样一个部门法——行政法，它并没有法典化，其

---

① 可以参见周佑勇、尚海龙：《论法国行政法基本原则》，载《法国研究》，2000（2）；王桂源：《论法国行政法中的均衡原则》，载《法学研究》，1994（3）；宋智敏：《法国行政法治原则及其借鉴价值》，载《湖南冶金职业技术学院学报》，第5卷第1期；尚海龙：《论法国行政法的基本特征》，载《孝感学院学报》，第26卷第2期；黄元全：《我国行政侵权责任主体制度的重构探讨——法国行政法"过错区分"理论的启示》，载《渝西学院学报（社会科学版）》，第4卷第4期。

② 两位作者是：L·赖维乐·布朗，男，英国伯明翰大学法学院比较法荣誉教授，法学博士、律师、荣获英帝国勋章的军官，在法国法与欧洲法方面的著作颇丰。约翰·S·贝尔，男，英国利兹大学公法与比较法教授，法学博士。其曾出版过关于法国宪法、法国法原则等方面的专著。

③ See A. V. Dicey, *Introduction to the Study of the Law of the Constitution*, Macmillan Education, 1959, p. 390.

④ 英美法系国家对法国行政法院的批评可参见王名扬：《英国行政法》，1、12、267页，北京，中国政法大学出版社，1987。

⑤ [英] L·赖维乐·布朗，约翰·S·贝尔著，高秦伟、王锴译：《法国行政法》，1页，北京，中国人民大学出版社，2006。以下限于篇幅不再加注，敬请读者在阅读时参照译作。

大部分的内容均来自行政法院的判决。民法典一旦废除，整个市民社会将发生巨大的动荡，但行政法规的废除并不会有同样的后果，因为行政法院会发挥它所独有的功能。可能是基于行政法院在法国行政法具有特殊地位的原因，在法国，行政诉讼也特别受到行政法学界的关注，行政法课程中以判例作为解释行政法内容的主要方式，行政法原则基本上以行政诉讼法原则发展而来的。本书也是同样如此，两位作者用了五章的篇幅对行政法院的历史、结构、组成、审判程序、管辖权、司法审查的前置条件等内容进行了详细论述。本书重视理论与实际的结合，大量引用判例，并加以分析和解剖，本书出版后，在英语世界产生了非常广泛的影响。在翻译的过程之中，我们切身感受到了行政法院细腻的工作制度与流程，试想中国何时能够达到如此程度？

第二，关于行政本身及相关背景的介绍。

本书还对法国的宪法与行政背景进行了介绍。自第五共和国以来，法国的政治框架发生了一些重大的变化，如政府制定条例权（pouvoir reglementaire）与议会立法权（pouvoir legislatif）的区分、宪法委员会功能的强化等等，这些都是我们在学习法国宪法时所能够了解到的。但同时，本书还给我们讲述了法国现代行政的变迁，主张专业化无疑是最为显著的特征。最近几年，这种情景被建立独立或自治的机构来规制或监督特殊的政策或政策领域的做法所证明：如规制计算机与数据库使用的国家信息自由委员会、监管垄断、接管及限制相关运作的竞争委员会、实施民意调查的调查委员会、在消费者问题上提出建议的消费委员会、规制财政市场的证券交易委员会等等，这种方式被作者视为是一种隔开政治家来解决的问题的方式，其既可以保持政策的中立性，也可以保持政策的连续性与一贯性。对此，两位作者还将其和自己所在国度的一种重要的制度——行政裁判所进行了比较。在当代英国，许多福利国家的职能，如卫生服务、工业保险、社会保障，都是通过建立行政裁判所来实施的。这是因为英国天生不信任行政官员，所以行政裁判所所体现出来的特质是一种司法性的，显然与法国的情形并不相同。孰优孰劣很难评判，或许也只有与本国的国家结合，适应本国的需要才可展开评价，这或许也是我们在进行不同的法律制度的比较，并对之借鉴时均应采取的态度：无论是要建构行政法院制度抑或建立独立的监管机构，如书中所讲的"行政和司法功能的相互渗透是件好事"，对专业性与独立性的强调才是问题的关键。

最近几年，法国行政法开始加强了对替代性争议解决方式（如和解、调停）的重视，这些方式对于缓解行政机关与行政相对方的关系、以和谐的方式解决争议具有积极的意义。此外，关于地方分权亦是法国最近几年来宪政体制的一大变化，本书作了相关介绍。而关于文官体系，除介绍传统的观点以外，本书还对一些新的变化，如行政部门或行政任务民营化之后如何保障公务员的权利问题等进行了介绍。

第三，关于行政法原则的介绍。

行政法不仅仅是诉讼法或程序法，其本身也包含着实体法的内容。本书以两章的内容对实体法进行了介绍，虽然笔墨不多，但涉及的内容相当丰富。如在行政责任原则中论述了行政侵权行为、行政机关的责任类型、归责原则、风险理论、行政合同等。而在行政合法性原则一章中，两位作者谈及了更为广泛的知识，如关于法国行政合法性原则的具体内容，其与英国越权无效原则的差异；关于行政裁量权的种类及其运作等等。

以原则来展现实体法，既使得原则显得饱满生动且极具操作性，又使得实体法整体化而不至于杂乱无章。这是本书两位作者的高明之处，这为中国行政法教科书的撰写提供了范本。中国行政法的基本原则，目前有多种提法，诸如两原则、三原则、四原则、五原则甚至更多，内涵外延极不清晰。而关于行政合法性原则中的"合法性"标准，大多停留在"形式"意义之上，即要求行政机关的行政行为如果遵守法律、做到与法律的一致性。至于"法"本身的"合法性"尚未顾及。或许通过本书的阅读，读者会对中国行政法基本原则尤其是行政合法性原则的建构有一个初步的答案，会对合法性原则并不仅仅拘泥于法，尚包括合法期待、比例性原则以及其他的一些非规范性的原则有一个深刻的理解。

限于译者不谙法语，所以我们在翻译之前再次仔细阅读了王老的《法国行政法》，力求相关的术语与人名等能与其相一致，从而能够更好地延续王老的思想与影响。但这仅仅是理想，由于水平有限，所以，翻译上的缺点、错误在所难免，恳请广大读者批评指正。

四、法国行政法的域外影响

译作第十章以类似的标题介绍了法国行政法的对外影响，尤其是着墨于对欧洲大陆国家（比利时、荷兰、意大利、德国、希腊）以及欧洲联盟的影响，感兴趣的读者可参阅第十章的具体内容。而法国行政法对英国的影响以及与英国相关制度的对比（如行政法院与行政裁判制度的比较），译作也有交代。这里我想以美国为例，谈一下法国行政法对美国学者的影响。

美国学者对法国行政法研究最为深入的当属伯纳德·施瓦茨教授了。他撰写了一篇名为《法国与盎格鲁撒克逊的行政法概念》的文章[1]以及一本名为

---

[1] See Bernard Schwartz, *French and Anglo-American Conceptions of Administrative Law*, 6 Miami. L. Q. 433 (1951—1952).

《法国行政法与普通法世界》的著作。① 在这些论述之中，伯纳德·施瓦茨教授认为美国行政法受到了大陆法系国家尤其是法国的影响，主要可以归纳为这样几个方面②：

一是对美国行政法学研究范围的影响。与法国行政法的研究范围相比，早期美国的含义则相对狭窄一些，弗伦德等人的观点就可以作为佐证。③ 当时美国行政法主要关注委任立法与司法审查的问题，直到 20 世纪 40～50 年代才逐渐关注行政程序的问题。这显然是法国行政法影响的缘故。④

二是在司法审查领域，由于受到法国行政诉讼的影响，继续坚持了法官造法（judge-made law）的惯例。美国的法律人学习法国法遇到的第一大障碍就是对法典作用的理解，法官在"解释与填补法典的漏洞时"的有限作用均是他们无法想象的。但是，他们却在法国的行政诉讼领域发现了与美国相似的地方，"在一领域，司法在填补法典漏洞时的角色不在有限。法官犹如普通法的创造者"⑤。考虑到现代国家行政的发展，美国人认为要尽量减少行政的危险，除了要有立法机关的制定法拘束其以外，还需要法官在权力运作过程中的技艺。从法国的经验美国人坚持了他们的选择。⑥

三是美国对行政法院制度的关注与"借鉴"。美国人一直认为法国的"行政法院"是一种自相矛盾的东西且与法治原则相悖，他们认为这些机构不是真正的"司法裁判法庭"而是政府的机关。⑦ 显然这些观念的根源来自于戴西的断言，事实上，"这些所谓的行政法院今天完全是司法法庭。它们被授权来解决行

---

① See Bernard Schwartz, *French Administrative Law and the Common-Law World*, New York University Press, 1954. 相关的书评可参见 Cornelius P. Cotter, *French Administrative Law and the Common-Law World*, The Western Political Quarterly, Vol. 7, No. 3, Sep., 1954; Stefan A. Riesenfeld, *French Administrative Law and the Common-Law World*, The American Political Science Review, Vol. 49, No. 1 (Mar., 1955)。

② 其他人的论述可参见 George A. Bermann, *The Scope of Judicial Review in French Administrative Law*, 16 Colum. J. Transnat'l L. 195 (1977); Stefan Riesenfeld, *The French System of Administrative Justice: A Model For American Law?*, 18 B. U. L. Rev. 48 (1938); Roger Warren Evans, *French and German Administrative Law: With Some English Comparisons*, 14 Int'l & Comp. L. Q. 1104 (1965); James W. Garner, *French Administrative Law*, 33 Yale L. J. 597 (1923—1924).

③ See Davis, Administrative Law 2 (1951), cited from Bernard Schwartz, *French and Anglo-American Conceptions of Administrative Law*, 6 Miami. L. Q. 433 (1951—1952).

④ 有关美国行政法学研究范围的文献，可参见王名扬：《美国行政法》（上），61～68 页，北京，中国法制出版社，1995。

⑤ Bernard Schwartz, *French and Anglo-American Conceptions of Administrative Law*, 6 Miami. L. Q. 433 (1951—1952).

⑥ Davidson v. City of New Orleans, 96 U. S. 97, 104 (1877).

⑦ See Frederick P. Walton, *The French Administrative Courts and The Modern French Law as to the Responsibility of The State for The Faults of Its Officials: A Comparison With the Common Law*, 13 Ill. L. R. 205 (1918—1919).

政机关与个人之间的纠纷从而作出司法判决"[1]。这样，美国的学者开始关注法国行政法院制度甚至提议建立行政法院[2]，在《联邦行政程序法》的几个草案之中我们就可以看到对法国制度模仿的痕迹。[3] 不过，反对的人比较多，如美国海关律师协会、美国律师协会专利和商标部、美国律师协会的联邦税则委员会、联邦律师协会，都异口同声认为新的行政法院体系会破坏已有法院体系和律师们的专业技能。[4] 伯纳德·施瓦茨教授自己也认为普通法国家应该有挑选地借鉴法国行政法的内容，而没有必要去建立双轨制的法院系统。[5]

其他诸如程序性正当程序受到法国行政法的影响[6]，行政责任受到法国行政法的影响[7]，行政机关与法院之间的关系受到法国行政法的影响[8]，等，这里限于篇幅不作一一论述，有兴趣的读者可参见引注中的原文。

五、结 论

法国行政法（droit administratif）与拿破仑的民法典被世人称为是法国法律科学最为著名的成就，甚至在法国法律人的心目中前者更为值得他们自豪。王老的著作与我们的译作为中国提供了一个完整的法国行政法的全貌。正如两本书中所展现的法国行政法具有许多的优点，如由行政法院创制和适用的实体法适应性特别强的特征；它们的判例法和救济的灵活性和原则性的特征；它们发展出的特别程序；以及行政法律的原则引入行政过程本身的主动性。但不可

---

[1] Bernard Schwartz, *French and Anglo-American Conceptions of Administrative Law*, 6 Miami. L. Q. 433 (1951—1952).

[2] See Caldwell, *The Proposed Federal Administrative Court: The Arguments for Its Adoption*, 36 A. B. A. J. 13 (1950). 英国的罗布森博士也提出了类似的观点。

[3] 著名的 Norris Bills、Logan Bills、Logen and Celler Bill、Walter and Loger Bil 等均是对行政法院制度的模仿。See Marie Louise Stern, *Some Lessons From French Administrative Law Experience*, 1 NY. L Sch. Student L. Rev. 1 (1951—1952). 中文文献参见陈亚平：《美国联邦行政程序法典化之研究》，载《华侨大学学报（哲学社会科学版）》，1997 (4)。

[4] 理论界的批评可参见 R. Cooper, *The Proposed Administrative Court* (Parts 1 & 2), 35 Mich. L. Rev. 193 (1936); A. J. Schweppe, *The Administrative Court Bill: An Analysis*, 35 A. B. A. J 533, 612 (1949).

[5] See Cornelius P. Cotter, *French Administrative Law and the Common-Law World*, The Western Political Quarterly, Vol. 7, No. 3, (Sep., 1954).

[6] See Richard L. Herrmann, *Procedural Due Process in Administrative Law: Some Thoughts From The French Experience*, 1 Prospectus 45 (1968); Armin Uhler, *The Doctrine of Administrative Trespass in French law: An Analogue of Due Process*, 37 Mich. L. R. 209 (1938—1939).

[7] See Louis Trotabas, translated by Nancy, *Liability in Damages Under French Administrative Law*, 12 J. Comp. Legis. & Int'l L. 3d ser 44 (1930).

[8] See Frank J. Goodnow, *The Executive and the Courts*, Political Science Quarterly, Vol. 1, No. 4. (Dec., 1886).

否认法国行政法也存在着一些缺点，诸如公法与私法区分的困难、二元制司法之间的冲突、行政法院的诉累与低效、判决执行不力等都困扰着法国的法律人。当然，最近几年法国行政诉讼也进行了具有针对性的改革，尤其是在提高诉讼效率方面（如一些快速简易程序的适用）颇有建树。享受这些传统与革新的同时，也让我们感受到了比较法的魅力[1]，不过借鉴并不是简单地照搬，正如译作的两位英国作者所言："为了更好地理解应对我们的行政法引起的问题的解决方案，了解其他高度发达的法律制度的对应机制中相同或类似问题的处理方式是有指导意义和借鉴价值的。学习普通法的其他审判问题可获巨大收益，但有时跳出普通法的圈子，与拥有不同的历史和传统的法律制度进行比较也是有价值的。"虽然如此，国情同样重要[2]，这也是中国的行政法制建设今后要解决的重要的课题，也是比较行政法研究的重要课题。

王老在他的《法国行政法》序言开篇中写道："行政法学是一门年轻的科学，也是最富有朝气和发展前途的学科。和其他法律学科相比，行政法学大有后来居上，压倒其他法律学科的趋势。"相信任何一位从事行政法学研究的人都承认这个判断，但真正要超过其他的法律学科，可能还需要我们去努力，去借鉴国外的先进理论与制度，去完善、丰富中国的理论与制度。

---

[1] 参见张正钊、韩大元主编：《比较行政法》，"导言"，北京，中国人民大学出版社，1998。
[2] 任何一种制度均是有其优缺点的，这是我们在进行比较法研究时应该持有的一种基本态度。See Prosper Weil, *The Strength and Weakness of French Administrative Law*, 1965 Cambridge L. J. 242 (1965).

附 录
《比较行政法》文丛及约稿函

2006年8月26日,中国人民大学宪政与行政法治研究中心比较行政法研究所举行了成立仪式,同时举办了首届比较行政法学术研讨会。比较行政法研究所由中国人民大学法学院教授、博士生导师杨建顺任所长,并邀请上海交通大学法学院教授、博士生导师朱芒任副所长,聘请了在外国行政法和比较行政法领域作出一定贡献的十余位中青年学者为首批研究员。

来自国内各高等院校和研究机构的三十多位专家学者参加了首届比较行政法学术研讨会,并提交了论文。这是一次高质量的学术研讨会。此次研讨会所收到的文章大都是利用域外原版文献或者第一手资料完成的,体现了中国比较行政法和外国行政法研究的最新进展。本书正是对此次研讨会所收论文和相关领域的其他优秀研究成果进行整合汇编而成的。

比较行政法研究所建在人民大学,其所面向的是国内有志于比较行政法研究的所有学者与学子,以及关注、关心比较行政法研究这项共同学术事业的一切人士。比较行政法研究所创办的《比较行政法》文丛,以研究比较行政法与外国行政法为职志,鼓励对于行政法学的原创性研究,尤其注重利用域外原版文献或者第一手资料展开国外行政法制度与学说的整理与译介、借鉴与比较。

本作品可谓精彩纷呈。其作者大多是年轻学者和学子,他(她)们的问题意识、选题视角、研究方法和论证过程,他(她)们在域外留学、访问、交流等的学术背景以及其对中国行政法理论研究和制度建设的关注和关切,注定了其所提供的作品都是颇具实力和特色的。我们相信,本书只是一个崭新的开始,是一个令人欢欣鼓舞的起点。我们将立足于该起点,并不断地将其发扬光大,将

《比较行政法》文丛办成一个开放的学术交流平台，为中国行政法理论研究和制度决策的选择提供宝贵的比较行政法视角或者可资借鉴的思考方法和替代方案。

《比较行政法》文丛的出版得到中国人民大学出版社的鼎力支持。欢迎更多的学者惠赐更多的才智和优秀的作品。论文、译文、评论、述评和书评等，形式不限。来稿注释请采用脚注形式，遵循本书的注释体例并请附作者简介及联系方式。来稿请发送电子版并另行提交书稿打印版。

编辑部将于收到稿件3个月内通报采用结果。

来稿请寄：
《比较行政法》文丛编辑部
地　　址：北京市海淀区中关村大街59号中国人民大学法学院比较行政法研究所
邮政编码：100872
电邮地址：xzf.yang@126.com
联 系 人：张步峰

《比较行政法》文丛编辑部
2007年5月

图书在版编目（CIP）数据

比较行政法——方法、规制与程序/杨建顺主编．
北京：中国人民大学出版社，2007
ISBN 978-7-300-08373-5

Ⅰ.比…
Ⅱ.杨…
Ⅲ.行政法-比较法学-文集
Ⅳ.D912.101-53

中国版本图书馆 CIP 数据核字（2007）第 121370 号

比较行政法——方法、规制与程序
主　编　杨建顺

出版发行	中国人民大学出版社		
社　址	北京中关村大街 31 号	邮政编码	100080
电　话	010-62511242（总编室）	010-62511398（质管部）	
	010-82501766（邮购部）	010-62514148（门市部）	
	010-62515195（发行公司）	010-62515275（盗版举报）	
网　址	http://www.crup.com.cn		
	http://www.ttrnet.com（人大教研网）		
经　销	新华书店		
印　刷	河北三河市新世纪印务有限公司		
规　格	170 mm×240 mm　16 开本	版　次	2007 年 8 月第 1 版
印　张	23.75 插页 1	印　次	2007 年 8 月第 1 次印刷
字　数	439 000	定　价	38.00 元

版权所有　侵权必究　印装差错　负责调换